ZHONGGUO WENHUA WENWU HE LÜYOU
TONGJI NIANJIAN

中国文化文物和旅游统计年鉴

中华人民共和国文化和旅游部　编

2022

国家图书馆出版社
National Library of China Publishing House

图书在版编目（CIP）数据

中国文化文物和旅游统计年鉴. 2022 / 中华人民共和国文化和旅游部编. —北京：国家图书馆出版社, 2022.12

ISBN 978-7-5013-7733-6

Ⅰ. ①中… Ⅱ. ①中… Ⅲ. ①文化事业－统计资料－中国－2022－年鉴②文物工作－统计资料－中国－2022－年鉴③旅游业－统计资料－中国－2022－年鉴 Ⅳ.①G12-66 ②K87-66 ③F592-66

中国版本图书馆 CIP 数据核字(2022)第 257631 号

书　　名　中国文化文物和旅游统计年鉴 2022
著　　者　中华人民共和国文化和旅游部　编
责任编辑　王炳乾

出版发行　国家图书馆出版社（北京市西城区文津街 7 号　100034）
（原书目文献出版社　北京图书馆出版社）
010-66114536　63802249　nlcpress@nlc. cn（邮购）
网　　址　http://www.nlcpress.com
印　　装　河北鲁汇荣彩印刷有限公司
版次印次　2022 年 12 月第 1 版　2022 年 12 月第 1 次印刷

开　　本　880×1230　1/16
印　　张　25.75
字　　数　536 千字
书　　号　ISBN 978-7-5013-7733-6
定　　价　298.00 元

《中国文化文物和旅游统计年鉴 2022》

编者说明

一、《中国文化文物和旅游统计年鉴2022》系统收录了全国和各省、自治区、直辖市2021年文化和旅游发展各方面的统计数据，以及其他重要历史年份的统计数据，是一部全面反映我国文化建设和旅游发展情况的综合性统计资料。

二、本年鉴正文内容共分为九个部分：一、综合；二、公共图书馆；三、群众文化；四、艺术；五、旅游；六、文化市场；七、文物；八、教育、科技、动漫及其他；附录资料。为方便读者使用，多数篇末附有《主要统计指标解释》。

三、本资料尚缺香港、澳门特别行政区及台湾省的资料。

四、符号使用说明：资料中的空缺项表示该项统计指标数据不足本表最小单位数、无该项数据或该项统计指标数据不详，“#”表示主要项。

五、因时间仓促，年鉴中若有遗漏和不足之处，请读者批评指正，以便在内容上不断完善和充实。

编　　者

2022年11月

目　　录

一、综合

二、公共图书馆

三、群众文化

四、艺术

五、旅游

六、文化市场

七、文物

八、教育、科技、动漫及其他

附录资料

1 综　合

2021年全国文化和旅游发展主要统计数据

指标	单位	总量指标		增幅/%
		2020年	2021年	
机构和人员				
机构数	万个	33.96	31.21	-8.1
从业人员数	万人	496.30	484.98	-2.3
经费投入				
文化和旅游事业费	亿元	1088.26	1132.88	4.1
人均文化和旅游事业费	元	77.08	80.20	4.0
公共图书馆				
机构数	个	3212	3215	0.1
总藏量	万册(件)	117930	126178	7.0
总流通人次	万人次	54146	74614	37.8
群众文化				
机构数	个	43687	43531	-0.4
#文化站	个	40366	40215	-0.4
提供文化服务次数	万次	192.65	252.17	30.9
举办展览	万个	13.79	16.75	21.5
组织文艺活动	万次	108.89	139.15	27.8
组织公益性讲座	万次	3.06	4.19	37.1
举办训练班	万次	66.89	92.07	37.6
文化服务惠及人次	万人次	56327	83289	47.9
艺术表演团体				
机构数	个	17581	18370	4.5
演出场次	万场次	223.20	232.53	4.2
#农村演出场次	万场次	84.26	109.82	30.3
国内演出观众人次	万人次	88952	79204	-11.0
#农村观众人次	万人次	32553	32757	0.6
演出收入	万元	866292	1129901	30.4
艺术表演场馆				
机构数	个	2770	3093	11.7
艺术演出场次	万场次	31.70	64.26	102.7
艺术演出收入	万元	384826	722910	87.9
文化市场				
机构数	万个	20.79	19.10	-8.1
从业人员数	万人	155.48	151.11	-2.8
旅游业				
国内旅游人数	亿人次	28.79	32.46	12.7
国内旅游收入				
#星级饭店营业收入	亿元	1221.53	1379.43	12.9
#旅行社营业收入	亿元	1374.56	1857.13	35.1
文物业				
机构数	个	11314	10545	-6.8
总藏品	万件(套)	5089.10	5580.45	9.7
参观人次	万人次	61632	84591	37.3

按年份全国主要文化和旅游机构数

单位：个

年 份	公共图书馆	文化馆	博物馆	旅行社	星级饭店	A级景区
1949年	55	896	21			
1952年	83	2430	35			
1957年	400	2748	72			
1962年	541	2575	230			
1965年	562	2660	214			
1970年	323	2332	182			
1975年	629	2670	242			
1978年	1218	2840	349			
1980年	1732	3130	365			
1985年	2344	3295	711			
1986年	2406	3330	777			
1987年	2440	3321	827	1245		
1988年	2485	3333	903	1573		
1989年	2512	3321	967	1617		
1990年	2527	3321	1013	1561		
1991年	2535	3265	1075	1603	853	
1992年	2558	3272	1106	2592	1029	
1993年	2572	3256	1130	3238	1186	
1994年	2589	3261	1161	4382	1556	
1995年	2615	3259	1194	3826	1913	
1996年	2620	3284	1219	4252	2349	
1997年	2628	3286	1282	4986	2724	
1998年	2662	3287	1339	6222	3248	
1999年	2669	3294	1363	7326	3856	
2000年	2675	3297	1392	8993	6029	
2001年	2696	3241	1461	10532	7358	
2002年	2697	3243	1511	11552	8880	
2003年	2709	3228	1515	13361	9751	
2004年	2720	3221	1548	14927	10888	
2005年	2762	3226	1581	16245	11828	
2006年	2778	3214	1617	17957	12751	
2007年	2799	3217	1722	18943	13583	
2008年	2820	3218	1893	20110	14099	
2009年	2850	3223	2252	20399	14237	
2010年	2884	3264	2435	22691	11779	4521
2011年	2952	3285	2650	23690	11676	5573
2012年	3076	3301	3069	24944	11367	6042
2013年	3112	3315	3473	26054	11687	7104
2014年	3117	3313	3658	26650	11180	8026
2015年	3139	3315	3852	27621	10550	8954
2016年	3154	3322	4109	27939	9861	9845
2017年	3166	3328	4721	29717	9566	10496
2018年	3176	3326	4918	37309	8962	11924
2019年	3196	3326	5132	38943	10130	12402
2020年	3212	3321	5452	31074	8430	13332
2021年	3215	3316	5772	31001	7676	14196

按年份全国文化和旅游事业费基本情况

	文化和旅游事业费/亿元	国家财政总支出/亿元	文化和旅游事业费占国家财政比重/%
1978年	4.44	1122.09	0.40
1979年	5.84	1281.79	0.46
1980年	5.61	1228.83	0.46
“六五”时期	**36.03**	**7483.18**	**0.48**
1985年	9.32	2004.25	0.47
“七五”时期	**62.45**	**12865.67**	**0.49**
1986年	10.74	2204.91	0.49
1987年	10.77	2262.18	0.48
1988年	12.18	2491.21	0.49
1989年	13.57	2823.78	0.48
1990年	15.19	3083.59	0.49
“八五”时期	**121.33**	**24387.46**	**0.50**
1991年	17.28	3386.62	0.51
1992年	19.46	3742.20	0.52
1993年	22.37	4642.30	0.48
1994年	28.83	5792.62	0.50
1995年	33.39	6823.72	0.49
“九五”时期	**254.51**	**57043.46**	**0.45**
1996年	38.77	7937.55	0.49
1997年	46.19	9233.56	0.50
1998年	50.78	10798.18	0.47
1999年	55.61	13187.67	0.42
2000年	63.16	15886.50	0.40
“十五”时期	**496.13**	**128022.85**	**0.39**
2001年	70.99	18902.58	0.38
2002年	83.66	22053.15	0.38
2003年	94.03	24649.95	0.38
2004年	113.63	28486.89	0.40
2005年	133.82	33930.28	0.39
“十一五”时期	**1220.40**	**318970.83**	**0.38**
2006年	158.03	40422.73	0.39
2007年	198.96	49781.35	0.40
2008年	248.04	62592.66	0.40
2009年	292.31	76299.93	0.38
2010年	323.06	89874.16	0.36
“十二五”时期	**2669.62**	**703076.19**	**0.38**
2011年	392.62	109247.79	0.36
2012年	480.10	125952.97	0.38
2013年	530.49	140212.10	0.38
2014年	583.44	151785.56	0.38
2015年	682.97	175877.77	0.39
“十三五”时期	**4708.10**	**1096206.86**	**0.43**
2016年	770.69	187755.21	0.41
2017年	855.80	203085.49	0.42
2018年	928.33	220904.13	0.42
2019年	1065.02	238858.37	0.45
2020年	1088.26	245679.03	0.44
“十四五”时期			
2021年	1132.88	246322.00	0.46

注：文化和旅游事业费：1953—1980年系国家财政决算数(“一五”至“四五”时期含文物、出版经费，“五五”时期不含文物、出版经费)，1981年以后系文化事业统计年报数(不含文物、出版及科学研究费，不含基本建设的财政拨款和行政运行经费)。以下各表同。

按年份各地区文化和旅游事业费

单位：万元

地　区	1995年	2005年	2010年	2015年	2019年	2020年	2021年
全　国	**333853**	**1338193**	**3230646**	**6829708**	**10650217**	**10882645**	**11328810**
北　京	8427	64587	161693	275832	474695	463029	439536
天　津	5098	31592	56348	153744	170602	133272	135123
河　北	11393	39626	70307	185348	297965	353883	360111
山　西	9215	29832	78000	182007	282299	274503	286593
内蒙古	8624	30543	112982	228905	285708	295807	316283
辽　宁	17525	47578	113430	165405	206020	179199	188375
吉　林	10613	26566	90327	156425	260153	207929	201602
黑龙江	10722	33742	74631	152601	192592	210064	222599
上　海	15431	79201	186266	365523	629480	483672	590110
江　苏	18234	77658	163123	403417	720520	860604	871549
浙　江	14764	110397	242002	488225	798956	850347	1048686
安　徽	8836	30541	76813	146252	218762	225055	228851
福　建	11023	42949	101855	187522	305916	335728	305356
江　西	7404	23398	73401	127094	234405	230014	267697
山　东	16315	61687	138876	299770	451910	503101	530152
河　南	12447	37708	95143	206034	318108	332758	358209
湖　北	11268	43585	114389	235648	410234	432862	469331
湖　南	10525	34771	86133	193798	354322	347866	371421
广　东	27486	128095	269940	539257	1023404	1107240	1154761
广　西	8617	28089	80097	172230	251940	322285	247902
海　南	2965	6007	27356	57512	84248	82829	67432
重　庆		17505	77350	169727	241452	230720	245862
四　川	16905	44523	143902	395788	472219	520403	562922
贵　州	4785	18731	53676	119936	185675	246931	197105
云　南	14563	42036	86881	191211	388802	353527	331149
西　藏	2124	8003	21050	57816	102479	112986	111209
陕　西	8583	23462	89457	205168	245213	265389	266859
甘　肃	6935	20882	55563	113802	204940	184417	183183
青　海	2574	7349	41114	65393	125985	114591	99418
宁　夏	2108	9646	24483	58611	82222	94306	93600
新　疆	7371	24877	71273	160088	193045	275083	270743

按年份各地区文化和旅游事业费占财政支出比重

地区	2000年		2005年		2010年		2015年		2019年		2020年		2021年	
	比重/%	位次	比重/%	位次	比重/%	位次	比重/%	位次	比重/%	位次	比重/%	位次	比重/%	位次
全国	**0.40**		**0.39**		**0.36**		**0.39**		**0.45**		**0.44**		**0.46**	
北京	0.54	14	0.61	4	0.60	2	0.48	8	0.64	6	0.65	2	0.61	5
天津	0.53	15	0.71	3	0.41	14	0.48	9	0.49	16	0.42	23	0.43	23
河北	0.46	28	0.40	24	0.25	31	0.33	27	0.36	27	0.39	26	0.41	25
山西	0.55	11	0.44	14	0.40	15	0.53	4	0.60	7	0.54	10	0.57	10
内蒙古	0.59	8	0.44	15	0.50	7	0.54	3	0.56	12	0.56	9	0.60	6
辽宁	0.52	17	0.39	25	0.35	22	0.37	24	0.36	28	0.30	30	0.32	30
吉林	0.90	1	0.42	18	0.51	6	0.49	7	0.66	5	0.50	15	0.55	12
黑龙江	0.45	30	0.42	19	0.33	25	0.38	21	0.38	24	0.39	26	0.44	22
上海	0.68	5	0.48	9	0.56	4	0.59	2	0.77	2	0.60	7	0.70	2
江苏	0.61	6	0.46	12	0.33	26	0.42	15	0.57	10	0.63	5	0.60	7
浙江	0.82	2	0.87	1	0.75	1	0.73	1	0.79	1	0.84	1	0.95	1
安徽	0.49	23	0.42	20	0.30	29	0.28	31	0.30	31	0.30	30	0.30	31
福建	0.69	4	0.72	2	0.60	3	0.47	10	0.60	8	0.64	3	0.59	9
江西	0.48	26	0.41	22	0.38	18	0.29	30	0.37	25	0.35	28	0.39	26
山东	0.51	18	0.42	21	0.34	23	0.36	25	0.42	23	0.45	19	0.45	19
河南	0.47	27	0.33	31	0.28	30	0.30	28	0.31	29	0.32	29	0.34	28
湖北	0.53	15	0.55	6	0.46	10	0.38	22	0.51	14	0.51	12	0.59	8
湖南	0.49	23	0.39	26	0.32	28	0.34	26	0.44	20	0.41	25	0.44	20
广东	0.55	11	0.55	7	0.50	8	0.42	16	0.59	9	0.63	5	0.63	4
广西	0.57	10	0.45	13	0.40	16	0.42	17	0.43	21	0.52	11	0.43	24
海南	0.51	18	0.39	27	0.47	9	0.46	12	0.45	19	0.42	23	0.34	29
重庆	0.49	23	0.35	29	0.45	11	0.45	13	0.50	15	0.47	17	0.51	15
四川	0.45	30	0.41	23	0.34	24	0.53	5	0.46	18	0.46	18	0.50	16
贵州	0.46	28	0.35	30	0.33	27	0.30	29	0.31	30	0.43	22	0.35	27
云南	0.58	9	0.54	8	0.38	19	0.41	20	0.67	4	0.51	12	0.50	17
西藏	0.71	3	0.43	16	0.38	20	0.42	18	0.47	17	0.51	13	0.55	11
陕西	0.51	18	0.36	28	0.40	17	0.47	11	0.43	22	0.45	19	0.44	21
甘肃	0.50	22	0.48	10	0.38	21	0.38	23	0.52	13	0.44	21	0.46	18
青海	0.55	11	0.43	17	0.55	5	0.43	14	0.68	3	0.59	8	0.53	13
宁夏	0.60	7	0.60	5	0.44	12	0.51	6	0.57	11	0.64	3	0.66	3
新疆	0.51	18	0.47	11	0.42	13	0.42	19	0.37	26	0.50	15	0.51	14

按年份各地区人均文化和旅游事业费及位次

地区	2000年		2005年		2010年		2015年		2019年		2020年		2021年	
	金额/元	位次	金额/元	位次	金额/元	位次	金额/元	位次	金额/元	位次	金额/元	位次	金额/元	位次
全国	**4.99**		**10.23**		**24.11**		**49.68**		**76.07**		**77.08**		**80.20**	
北京	17.37	2	41.99	2	82.44	1	127.08	3	220.38	3	211.50	2	200.79	3
天津	9.79	4	30.29	3	43.55	7	99.39	5	109.22	8	96.11	10	98.41	10
河北	2.81	25	5.78	25	9.78	31	24.96	29	39.25	29	47.43	28	48.35	28
山西	3.74	19	8.89	16	21.84	17	49.67	16	75.70	18	78.62	15	82.35	13
内蒙古	6.11	11	12.80	9	45.73	5	91.16	6	112.48	7	123.00	7	131.78	6
辽宁	6.32	10	11.27	12	25.93	14	37.74	23	47.34	27	42.07	29	44.54	29
吉林	5.76	12	9.78	14	32.89	9	56.81	11	96.68	9	86.37	12	84.89	12
黑龙江	4.50	16	8.83	17	19.48	21	40.03	22	51.34	22	65.95	21	71.23	18
上海	25.45	1	44.54	1	80.92	2	151.34	2	259.26	2	194.47	3	237.09	2
江苏	5.18	15	10.39	13	20.74	19	50.58	14	89.28	10	101.55	9	102.47	9
浙江	7.55	5	22.54	5	44.46	6	88.14	7	136.57	5	131.70	5	160.35	5
安徽	2.65	26	4.99	30	12.91	29	23.81	30	34.36	30	36.88	30	37.44	30
福建	6.39	9	12.15	11	27.61	12	48.85	17	77.00	16	80.82	14	72.93	17
江西	2.58	28	5.43	27	16.47	25	27.84	28	50.24	26	50.90	26	59.26	23
山东	3.41	21	6.67	21	14.50	27	30.44	26	44.88	28	49.55	27	52.13	25
河南	2.26	31	4.02	31	10.12	30	21.73	31	33.00	31	33.49	31	36.25	31
湖北	3.21	23	7.63	19	19.98	20	40.27	21	69.21	19	74.95	16	80.50	14
湖南	2.57	29	5.50	26	13.11	28	28.57	27	51.22	24	52.35	25	56.09	24
广东	6.75	7	13.93	7	25.88	15	49.71	15	88.83	12	87.87	11	91.04	11
广西	3.25	22	6.03	24	17.40	24	35.91	24	50.79	25	64.29	22	49.22	27
海南	4.41	17	7.25	20	31.55	11	63.14	10	89.15	11	82.16	13	66.11	22
重庆	2.96	24	6.09	23	26.81	13	56.27	12	77.29	15	71.98	19	76.54	15
四川	2.46	30	5.42	28	17.89	23	48.24	18	56.38	21	62.19	24	67.24	21
贵州	2.59	27	5.02	29	15.45	26	33.98	25	51.25	23	64.03	23	51.17	26
云南	5.58	13	9.45	15	18.90	22	40.32	20	80.03	13	74.89	17	70.61	19
西藏	16.27	3	28.89	4	70.12	4	178.46	1	291.96	1	309.71	1	303.85	1
陕西	3.88	18	6.31	22	23.97	16	54.09	13	63.26	20	67.14	20	67.49	20
甘肃	3.56	20	8.05	18	21.73	18	43.78	19	77.42	14	73.71	18	73.57	16
青海	7.14	6	13.53	8	73.07	3	111.13	4	207.21	4	193.44	4	167.37	4
宁夏	6.45	8	16.18	6	38.85	8	87.76	8	118.31	6	130.93	6	129.10	7
新疆	5.46	14	12.38	10	32.67	10	67.84	9	76.51	17	106.41	8	104.57	8

2021年全国文化和旅游

	总计					
	机构数/个	从业人员数/人	专业技术人才	正高级职称	副高级职称	中级职称
总　　计	**312067**	**4849781**	**420019**	**12178**	**42376**	**104853**
一、文化和旅游合计	**287326**	**4668289**	**364798**	**9172**	**33664**	**81967**
艺术表演团体	18370	453254	192962	4992	14289	29272
其中：公有制艺术表演团体	2031	112003	80484	4992	14289	29272
艺术表演场馆	3093	73827	18603	192	711	2237
其中：公有制艺术表演场馆	1176	24008	6647	192	711	2237
公共图书馆	3215	59301	40867	938	6475	18979
文化馆	3316	54595	40901	1092	6439	17947
文化站	40215	135412	35299			
其中：乡镇综合文化站	32524	105606	30238			
艺术展览创作机构	824	7418	4612	450	891	1794
其中：美术馆	682	6249	3711	272	680	1470
文化和旅游部门教育机构	107	13127	9487	513	2183	4350
文化和旅游科研机构	179	4917	3523	403	925	1450
文化市场经营机构(不包括非公有制院团和场馆)	172762	1120042				
旅行社	31001	278760				
星级饭店	7676	699760				
A级旅游景区	14196	1574840				
文化和旅游行政部门	3244	111049				
其他文化和旅游机构	3324	81987	18544	592	1751	5938
其中：文化市场执法机构	1459	20002	3365	20	178	1284
二、文物合计	**10545**	**181492**	**55221**	**3006**	**8712**	**22886**
博物馆	5772	125704	41257	2350	6518	17228
文物保护管理机构	2257	30212	8998	165	1151	3800
文物科研机构	132	5970	2955	357	675	1092
文物行政部门	2086	13883				
其他文物机构	298	5723	2011	134	368	766

机构数和从业人员情况

按执行会计制度分								
事业						企业		
机构数/个	从业人员数/人	专业技术人才	正高级职称	副高级职称	中级职称	机构数/个	从业人员数/人	专业技术人才
65990	**681535**	**256752**	**9948**	**36830**	**92943**	**246077**	**4168246**	**163267**
55654	**504028**	**202872**	**7043**	**28386**	**70496**	**231672**	**4164261**	**161926**
1378	73635	54063	3263	9861	20286	16992	379619	138899
1378	73635	54063	3263	9861	20286	653	38368	26421
752	10088	3572	79	352	1310	2341	63739	15031
752	10088	3572	79	352	1310	424	13920	3075
3215	59301	40867	938	6475	18979			
3316	54595	40901	1092	6439	17947			
40215	135412	35299						
32524	105606	30238						
824	7418	4612	450	891	1794			
682	6249	3711	272	680	1470			
107	13127	9487	513	2183	4350			
179	4917	3523	403	925	1450			
						172762	1120042	
						31001	278760	
						7676	699760	
						14196	1574840	
3244	111049							
2424	34486	10548	305	1260	4380	900	47501	7996
1459	20002	3365	20	178	1284			
10336	**177507**	**53880**	**2905**	**8444**	**22447**	**209**	**3985**	**1341**
5772	125704	41257	2350	6518	17228			
2257	30212	8998	165	1151	3800			
132	5970	2955	357	675	1092			
2086	13883							
89	1738	670	33	100	327	209	3985	1341

续表

				按单位所属部门分		
				文化和旅游部门		
	正高级职称	副高级职称	中级职称	机构数/个	从业人员数/人	专业技术人才
总　　计	**2230**	**5546**	**11910**	**65305**	**710429**	**275763**
一、文化和旅游合计	**2129**	**5278**	**11471**	**57003**	**561945**	**228875**
艺术表演团体	1729	4428	8986	1947	106690	76634
其中：公有制艺术表演团体	1729	4428	8986	1947	106690	76634
艺术表演场馆	113	359	927	1075	18242	5544
其中：公有制艺术表演场馆	113	359	927	1075	18242	5544
公共图书馆				3215	59301	40867
文化馆				3316	54595	40901
文化站				40215	135412	35299
其中：乡镇综合文化站				32524	105606	30238
艺术展览创作机构				774	6786	4426
其中：美术馆				636	5661	3528
文化和旅游部门教育机构				107	13127	9487
文化和旅游科研机构				178	4915	3522
文化市场经营机构(不包括非公有制院团和场馆)						
旅行社						
星级饭店						
A级旅游景区						
文化和旅游行政部门				3244	111049	
其他文化和旅游机构	287	491	1558	2932	51828	12195
其中：文化市场执法机构				1455	19977	3363
二、文物合计	**101**	**268**	**439**	**8302**	**148484**	**46888**
博物馆				3666	96720	33855
文物保护管理机构				2225	27632	8543
文物科研机构				131	5958	2955
文物行政部门				2086	13883	
其他文物机构	101	268	439	194	4291	1535

			其他部门					
			机构数/个	从业人员数/人	专业技术人才			
正高级职称	副高级职称	中级职称				正高级职称	副高级职称	中级职称
10854	**39830**	**99037**	**246762**	**4139352**	**144256**	**1324**	**2546**	**5816**
8654	**32496**	**79194**	**230323**	**4106344**	**135923**	**518**	**1168**	**2773**
4711	13512	27744	16423	346564	116328	281	777	1528
4711	13512	27744	84	5313	3850	281	777	1528
159	610	1965	2018	55585	13059	33	101	272
159	610	1965	101	5766	1103	33	101	272
938	6475	18979						
1092	6439	17947						
436	868	1743	50	632	186	14	23	51
258	659	1420	46	588	183	14	21	50
513	2183	4350						
403	925	1450	1	2	1			
			172762	1120042				
			31001	278760				
			7676	699760				
			14196	1574840				
402	1484	5016	392	30159	6349	190	267	922
20	177	1283	4	25	2		1	1
2200	**7334**	**19843**	**2243**	**33008**	**8333**	**806**	**1378**	**3043**
1611	5361	14538	2106	28984	7402	739	1157	2690
154	1062	3607	32	2580	455	11	89	193
357	675	1092	1	12				
78	236	606	104	1432	476	56	132	160

2021年全国文化和旅游部门

	本年收入合计	财政拨款预算收入	基建拨款	上级补助收入	事业预算收入
总　　计	**288661295**	**167241986**	**7856343**	**1583775**	**7679389**
一、文化和旅游合计	**227136315**	**116305747**	**3017644**	**799392**	**3581746**
艺术表演团体	20131337	14647748	624463	369209	1577889
艺术表演场馆	3832620	1650355	8120	28277	142734
公共图书馆	18439579	17824757	854861	109747	242380
文化馆	13779674	13228411	567768	158373	107159
文化站	16894818	16361567			
其中：乡镇综合文化站	12321007	11920295			
艺术展览创作机构	3028533	2623371	125457	56701	180048
其中：美术馆	2513898	2144503	78160	54356	154753
文化和旅游部门教育机构	4781228	3833713	257407	6125	801642
文化和旅游科研机构	2091715	1801893	534012	2787	249467
文化和旅游行政部门	124364252	35903336			
其他文化机构	19792559	8430596	45556	68173	280427
其中：文化市场执法机构	3515735	3468974	5855	12140	9256
二、文物合计	**61524980**	**50936239**	**4838699**	**784383**	**4097643**
博物馆	32399104	29288880	3650746	477196	1603717
文物保护管理机构	8809008	7021019	463351	285180	779976
文物科研机构	4884099	2961430	130149	10144	1517441
文物行政部门	11890393	11144037	492021		
其他文物机构	3542376	520873	102432	11863	196509

所属机构经费收支基本情况

单位：千元

经营收入	附属单位上缴收入	其他收入	本年支出合计	基本支出	项目支出	经营支出
1672776	**21634**	**110461735**	**294321615**	**96934774**	**162876208**	**1678374**
881147	**10915**	**105557368**	**229852103**	**73869717**	**128304151**	**808618**
78653	1254	3456584	20383569	8708988	5066766	122173
212991	485	1797778	3935177	793511	321087	169608
9542	8043	245110	18929518	10133291	8173317	7626
6516	294	278921	13997115	8609738	4874819	5790
		533251	17866648	8480609	7198106	
		400712	13233045	6490905		
57991	10	110412	3040059	1433503	1527668	38382
56178	10	104098	2498066	1133452	1292824	37243
25519		114229	4869143	3173121	1603031	26715
1192		36376	1952881	957238	906779	131
		88460916	126025715	26016076	95829147	
488743	829	10523791	18852278	5563642	2803431	438193
3591	184	21590	3530397	2944658	509492	3300
791629	**10719**	**4904367**	**64469512**	**23065057**	**34572057**	**869756**
283181	4265	741865	35738164	15609881	16908109	420920
164707	6454	551672	9050288	3600531	5028521	134437
170150		224934	4637689	979070	3435098	183292
		746356	12057613	2521636	8843203	
173591		2639540	2985758	353939	357126	131107

续表

		在支出合计中			
	工资福利支出	商品和服务支出	差旅费	劳务费	福利费
总　　计	**71327946**	**82042934**	**1378472**	**7829975**	**689111**
一、文化合计	**53731463**	**60023507**	**1019527**	**4794816**	**478370**
艺术表演团体	8107924	3813943	186667	1080316	69772
艺术表演场馆	587749	433091	4402	45508	10157
公共图书馆	8025632	4664518	57016	436249	71312
文化馆	6831487	3837227	91686	509163	66718
文化站	5490372				
其中：乡镇综合文化站	4410486				
艺术展览创作机构	982879	1337476	16249	100938	10084
其中：美术馆	765184	1164363	12493	84385	7871
文化和旅游部门教育机构	2347464	1446743	24969	228236	30603
文化和旅游科研机构	711429	613941	12916	82542	7167
文化和旅游行政部门	16237247	41624108	560581	2148257	169292
其他文化机构	4409280	2252460	65041	163607	43265
其中：文化市场执法机构	2507995	588027	35594	41093	19445
二、文物合计	**17596483**	**22019427**	**358945**	**3035159**	**210741**
博物馆	12417066	12560859	172313	1664209	128130
文物保护管理机构	2629016	2530975	30132	237538	50293
文物科研机构	642397	3178119	101565	839116	7033
文物行政部门	1689873	3392583	44800	170714	16710
其他文物机构	218131	356891	10135	123582	8575

单位：千元

各种税金支出	对个人和家庭补助支出	抚恤金和生活补助	其他资本性支出	各种设备购置费	资产总计	固定资产净值
441109	**6998509**	**1290858**	**28413963**	**5853252**	**899186515**	**457487295**
274318	**6004938**	**1151784**	**21895392**	**4935761**	**504794898**	**268495436**
67346	691620	116742	610779	245800	27152665	14444340
14759	63059	9930	53121	22243	17158909	10276585
15637	623966	75037	3353087	2802430	79443339	61687531
9799	705751	138884	725958	181352	70459095	21676441
					110768276	84060298
					50681804	41188579
35901	109937	9242	182422	36274	11712353	7505766
35757	74682	5806	128279	29905	10130967	6429192
6452	306117	20878	530082	193459	11296599	6944490
4589	119146	15491	381235	23711	3585856	1091822
47692	2901133	702709	15783606	1331799	130617359	51468626
72143	484209	62871	275102	98693	42600447	9339537
1100	77733	12019	58732	22493	991005	449852
166791	**993571**	**139074**	**6518571**	**917491**	**394391617**	**188991859**
54498	585454	72099	3887849	725766	312485092	168645136
21632	147708	16094	984948	38657	19482784	7952232
67085	86759	8201	321178	82570	6454443	1175749
10955	163354	39605	1208321	62309	38766090	9221835
12621	10296	3075	116275	8189	17203208	1996907

2021年各地区主要文化和旅游机构数

单位：个

地 区	公 共 图书馆	文化馆	文化站	博物馆	艺术表演团体	艺术表演场馆	旅行社	星级饭店	A级景区
全 国	**3215**	**3316**	**40215**	**5772**	**18370**	**3093**	**31001**	**7676**	**14196**
北 京	20	19	337	79	495	64	1140	363	221
天 津	20	17	255	69	112	114	323	64	100
河 北	177	180	2280	172	874	128	1299	264	486
山 西	128	130	1361	182	814	172	840	186	261
内 蒙 古	117	118	1083	168	221	36	983	168	404
辽 宁	129	123	1355	65	184	85	1111	254	568
吉 林	66	80	910	105	114	104	456	76	256
黑 龙 江	103	141	1254	177	97	62	683	112	402
上 海	22	23	218	116	298	83	1353	164	134
江 苏	123	116	1265	366	704	329	2374	353	619
浙 江	103	101	1350	425	1357	273	2455	453	909
安 徽	133	123	1505	223	2870	106	1342	247	657
福 建	96	97	1113	140	545	72	845	249	449
江 西	114	117	1737	189	395	82	899	302	489
山 东	153	158	1821	629	1572	198	2212	405	1193
河 南	169	207	2485	367	2249	222	977	278	624
湖 北	117	126	1302	227	415	70	1046	283	518
湖 南	144	146	2209	162	675	122	1202	229	553
广 东	150	144	1617	339	447	136	2395	483	560
广 西	116	125	1175	169	72	34	585	354	661
海 南	24	23	219	39	127	44	556	86	81
重 庆	43	41	1031	111	1286	62	676	142	269
四 川	207	206	4089	267	663	159	848	332	793
贵 州	99	99	1622	97	133	23	486	190	570
云 南	151	149	1459	165	312	50	956	341	471
西 藏	82	82	697	13	89	27	236	123	134
陕 西	117	122	1355	312	577	102	809	265	523
甘 肃	104	105	1348	228	392	55	728	284	371
青 海	50	54	388	24	116	44	376	189	160
宁 夏	27	27	245	64	43	6	155	73	117
新 疆	110	117	1130	78	113	22	655	364	643

2021年各地区主要文化和旅游机构从业人员数

单位：人

地　区	公共图书馆	文化馆	文化站	博物馆	艺术表演团体	艺术表演场馆	旅行社	星级饭店	A级景区
全　国	**59301**	**54595**	**135412**	**125704**	**453254**	**73827**	**278760**	**699760**	**1574840**
北　京	1224	843	3390	4657	14737	2068	15935	44211	57283
天　津	1090	768	965	1567	3827	2485	3418	7589	8357
河　北	2149	2207	5336	4469	16368	1943	5541	27427	56706
山　西	1788	1828	2629	4620	20902	2597	4909	13276	28167
内蒙古	1813	1837	3099	2978	9785	738	4114	12094	26715
辽　宁	2193	1791	2671	2465	6488	2815	5495	19093	60717
吉　林	1485	2261	2024	2050	4142	934	3443	5317	15790
黑龙江	1558	2191	2861	2872	4598	1033	3098	6277	33672
上　海	2158	911	3908	4178	10546	3807	23727	33492	16112
江　苏	3825	2227	5249	7990	18028	8179	19228	49739	70536
浙　江	3902	2401	6903	6766	41543	8391	24121	51959	62459
安　徽	1622	1483	4658	3472	41314	1600	8395	22418	39502
福　建	1672	970	3084	2824	16331	2926	10703	31898	33425
江　西	1389	1795	4508	4164	8217	1092	5873	20895	43807
山　东	2995	2974	6194	10114	33708	4071	12072	50980	107984
河　南	2877	3205	8532	7837	51545	4859	6916	24171	50708
湖　北	2155	2211	3273	4664	11826	1831	9681	19068	52575
湖　南	2168	2133	9038	4100	20096	3552	15787	22112	139788
广　东	5417	2644	11553	6545	12699	5971	31068	68349	85615
广　西	1763	2157	3451	2839	2210	901	5593	18723	51713
海　南	358	344	453	685	2593	865	5828	13425	23042
重　庆	1049	941	4034	3258	21654	1763	9834	13167	25540
四　川	2450	3064	7992	6879	13397	2960	9475	32575	267906
贵　州	1238	1579	5265	1879	5676	664	4086	10544	43825
云　南	1777	2386	5191	2119	9170	2399	9839	21343	42660
西　藏	198	584	4983	284	2682	121	1764	1142	2087
陕　西	2101	2617	4221	8511	17783	1106	7632	22428	53357
甘　肃	1530	1634	4359	5303	16489	1207	3771	15190	21837
青　海	495	767	823	470	5092	359	2397	3054	7612
宁　夏	562	611	799	885	1584	86	1142	1971	13064
新　疆	987	1231	3966	1207	5117	328	3875	15833	32279

主要统计指标解释

一、行业、机构指标解释

本年鉴调查的机构是由文化和旅游部门主办或实行行业管理的各类机构。

文艺创作与表演：指文学、美术创造和表演艺术（如戏剧、戏曲、歌舞、舞蹈、音乐、曲艺、杂技、马戏、木偶、皮影等各种表演艺术）等活动，包括文学（含电影、电视剧剧本）、音乐、歌曲、舞蹈、戏曲、曲艺等的创作，美术（绘画、雕塑）、工艺品、书法、篆刻等的艺术创作，编导、演员的表演、创作活动，剧务、舞台美工、服装道具、灯光音响等活动，民族艺术创作，其他未列明的文艺创作、表演及辅助活动。

艺术创作机构：指有专职创作人员、独立建制的剧目创作室（组）、美术创作室（组）等专门从事艺术创作的机构。不包括业余性质的文艺创作机构。

艺术表演团体：指由文化和旅游部门主办或实行行业管理（经部门审批并领取营业性演出许可证），专门从事表演艺术等活动的各类专业艺术表演团体，含民间职业剧团（不包括群众业余文艺表演团队）。

艺术表演场馆：指由文化和旅游部门主办的或实行行业管理（经部门审批并领取营业性演出许可证），有观众席、舞台、灯光设备，公开售票，专供文艺团体演出的文化活动场所，包括附属于文化和旅游部门机构内的非独立核算的剧场、排演场。

图书馆：指各类图书馆（对文献和信息进行搜集、整理、存储、利用和管理，向社会公众开放并提供科学、文化等各种知识普及教育的机构），包括公共图书馆和各类机构内部举办的或单独举办的图书馆，不包括部队系统以及文化馆（文化中心、群众艺术馆）、文化站内设的图书室。

群众文化活动：指开展群众文化活动的场所管理和组织的活动，包括文化馆（含综合性文化中心、群众艺术馆）、文化站、文化宫、少年宫等开展的群众文化活动。在本年鉴中，目前暂不统计文化和旅游部门以外的文化宫和少年宫。

文化馆：指专门从事群众文化活动的群众文化场馆（含综合性文化中心、群众艺术馆、文化站），不包括临时抽调人员组成、没有编制的农村和街道文化工作队、服务站等。

美术馆：指由文化和旅游部门主办或实行行业管理的具备展览、典藏、研究及公共教育和服务功能的向公众开放的国有美术馆，以及在民政部门登记注册并在文化和旅游部门备案的具备展览、典藏、研究及公共教育和服务功能的向公众开放的非营利性的民营美术馆。

画院：指由文化和旅游部门主办或实行行业管理的各级国有和民营的非营利性的专门的美术创作、研究机构，有专职创作研究人员和独立建制，包括书画院、书法院、油画雕塑院等，不包括业余性质的美术创作机构。

文化艺术研究机构：指有明确的研究方向和任

务，有一定水平的学术带头人和一定数量、质量的研究人员，有开展工作的基本条件，主要进行文化艺术研究（含科技）的机构。

文化和旅游部门教育机构：指文化和旅游部门主办的高等艺术职业院校和中等专业学校、文化干部院校、其他文化艺术教育机构。

其他文化和旅游企业：指不属于以上分类的文化和旅游部门所属各类企业。

文化市场经营机构：指经文化市场行政部门审批或备案并领取相关许可或备案文件的从事文化经营和文化服务活动的机构。

娱乐场所：指以营利为目的，并向公众开放、供消费者娱乐的歌舞、游艺等场所，以及各地文化行政部门依据相关规定管理并发放《娱乐场所经营许可证》的其他娱乐场所。

互联网上网服务营业场所（网吧）：指通过计算机等设备向公众提供互联网上网服务的营业性娱乐文化服务场所。

旅行社：指以营利为目的，为旅游者提供代办出境、入境和签证手续，安排、接待旅游者，为旅游者安排食宿等有偿服务的企业。

星级饭店：经全国旅游饭店星级评定，为游客提供短期住宿的企业场所。

A 级景区：由国家旅游景区质量等级评定委员会依照《旅游景区质量等级的划分与评定》国家标准进行评审，颁发“国家 A 级旅游景区”标志牌，以旅游及其相关活动为主要功能或主要功能之一的空间或地域。

动漫企业：经文化和旅游部、财政部、国家税务总局三部门联合认定的从事漫画创作、动画创作、网络动漫（含手机动漫）创作、动漫舞台剧制作、动漫软件开发和动漫衍生产品研发等动漫业务的企业。

博物馆：指为了研究、教育、欣赏的目的，收藏、保护、展示人类活动和自然环境的见证物，向公众开放的非营利性、永久性社会服务机构，包括以博物馆（院）、纪念馆（舍）、科技馆、陈列馆等专有名称开展活动的单位。

文物考古研究所：是各省级文物行政管理部门领导下的文物保护和科学研究机构，承担有关文物的调查、保护、发掘、研究和宣传工作，对地、市、县的文物工作进行业务辅导。

文物商店：经各级文物行政部门依法批准设立的文物购销经营单位。

非物质文化遗产保护中心：指从事非物质文化遗产的调查、抢救、保护、研究、宣传、展示以及其他相关保护活动的专业综合机构。

二、从业人员指标解释

本年鉴调查的从业人员是在文化和旅游部门主办或实行行业管理的各类机构工作并取得劳动报酬的全部人员，包括职工、再就业的离退休人员以及在各机构中工作的外方人员。

专业技术人才：指在专业技术岗位上工作的人员（包括正高级职称、副高级职称、中级职称以及初级及以下人员），不包括在管理岗位上工作具有专业技术职称（职务）的人员。

安全保卫人员：指从事文物安全保卫工作和安全管理工作的人员，包括聘用人员。

在编人员：是指经当地编办批准、列入事业编制的人员。

专职人员：指长期从事业务工作的专业人员。

三、经费指标解释

（一）事业经费指标解释

资产合计：是指文化事业单位占有或者使用的能以货币计量的经济资源，包括各种财产、债权和其他权利，如流动资产、固定资产、在建工程、无形资产和对外投资等。

固定资产原价：文化事业单位使用年限在一年以上、单位价值在1000元以上（其中，专用设备单位价值在1500元以上），并在使用过程中基本保持原来物质形态的资产，包括房屋及构筑物，专用设备，通用设备，文物和陈列品，图书、档案，家具、用具、装具及动植物等，按原值（计提折旧的，按净值）进行反映。

本年收入合计：文化事业单位在本年取得的全部收入，包括行政事业类资金收入和基本建设类收入，具体有财政拨款、上级补助收入、事业收入、经营收入、附属单位上缴收入和其他收入。

财政补贴收入：文化事业单位本年度实际收到的本级财政拨款，包括一般预算财政拨款和政府性基金预算财政拨款。一级预算单位收到的应拨给下级单位使用的款项，年终时尚未拨出的，在编制财务决算表和填报统计报表时，应列为本单位的财政拨款。

基建拨款：指财政部门按基本建设计划拨付的基本建设款项。

上级补助收入：文化事业单位从行政主管部门和上级单位取得的非财政补贴收入。

事业收入：文化事业单位开展专业业务活动及辅助活动取得的收入。

经营收入：文化事业单位在专业业务活动及辅助活动之外开展非独立核算经营活动取得的收入。

附属单位上缴收入：文化事业单位附属的独立核算机构按有关规定上缴的收入。

其他收入：文化事业单位取得的除上述规定以外的各项收入，包括投资收益、利息收入、捐赠收入等。

本年支出合计：文化事业单位在业务活动中发生的各项资产耗费和损失等支出情况，包括基本支出、项目支出、经营支出等内容。按经济功能分类，还可分为工资福利支出、商品和服务支出、对个人和家庭补助支出、其他资本性支出等内容。

基本支出：文化事业单位为保障其机构正常运转、完成日常工作任务而发生的人员支出和公用支出。

项目支出：文化事业单位为完成本机构特定的工作任务或事业发展目标，在基本支出之外发生的各项支出。

经营支出：文化事业单位开展专业业务活动及辅助活动之外开展非独立核算经营活动发生的支出。在经营活动中应正确归集实际发生的各项费用数，无法归集的应按规定的比例合理分摊。

工资福利支出：文化事业单位支付给在职职工和编制外长期聘用人员的各类劳动报酬以及为上述人员缴纳的各项社会保险费等，主要包括基本工资、津贴补贴、奖金、社会保障缴费、伙食费、伙食补助费、绩效工资、其他工资福利支出等。

商品和服务支出：文化事业单位在开展业务活动中购买商品和服务的支出（不包括用于购置固定资产的支出、战略性和应急储备支出等），主要包括办公费、印刷费、咨询费、手续费、水费、电费、邮电费、取暖费、物业管理费、交通费、差旅费、出国费、维修（护）费、租赁费、会议费、培训费、招待费、专用材料费、专用燃料费、劳务费、委托业务费、工会经费、福利费等日常公用支出。

差旅费：文化事业单位工作人员出差的住宿费、旅费、伙食补助费、杂费以及干部及大中专学生调遣费、调干家属旅费补助等方面的支出。

劳务费：文化事业单位支付给单位和个人的劳务费用，如临时聘用人员、钟点工工资，翻译费，咨询费，评审费，手续费等。

福利费：文化事业单位根据国家规定按工资总额一定比例提取的福利费。

各种税金支出：文化事业单位向国家交纳的各种税金，如房产税、营业税、车船使用税、土地使用税、城市维护建设税、印花税、教育费附加、养路费、排污费等。从基本建设支出、结余和收益中支付的税金不包括在内。

对个人和家庭补助支出：政府对个人和家庭的补助支出，包括离休费、退休费、退职（役）费、抚恤金、生活补助、救济费、医疗费、助学金、奖励金、生产补贴、住房公积金、提租补贴、购房补贴以及其他对个人和家庭的补助支出等。

抚恤金和生活补助：抚恤金指按规定支付给烈士家属、牺牲病故人员家属的一次性和定期抚恤金，革命残疾人员的抚恤金，离退休人员等其他人员的各项抚恤金。生活补助指按规定支付给优抚对象、退伍军人的生活补助费，行政事业单位职工和家属生活补助，因公负伤等住院治疗、住疗养院期间的伙食补助费、长期赡养人员补助费等。

其他资本性支出：除发展与改革部门以外其他部门安排的用于购置固定资产、战略性和应急性储备、土地和无形资产，以及购建基础设施、大型修缮和财政支持企业更新改造所发生的支出，如房屋建筑物购建、办公设备购置、专用设备购置、交通工具购置、大型修缮、信息网络购建、物资储备、土地补偿、安置补助、拆迁补偿等。

各种设备、交通工具、图书购置费：用于购置不够基本建设投资额度，但按会计制度规定纳入固定资产核算范围的各种设备的支出，主要包括办公设备购置费、专用设备购置费、交通工具购置费（含车辆购置税）、信息网络购建费（计算机硬件和软件开发应用）、图书购置费、档案设备购置费等。

（二）企业经费指标解释

资产总计：企业拥有或控制的能以货币计量的经济资源，包括各种财产、债权和其他权利。资产按其流动性（即资产的变现能力和支付能力）划分，有流动资产、长期投资、固定资产、无形资产、递延资产和其他资产等分类。

固定资产原价：企业在建造、购置、安装、改建、扩建、技术改造某项固定资产时所支出的全部货币总额。

当年提取的折旧总额：企业在报告年度内提取的固定资产折旧合计数。

负债合计：企业过去的交易、事项形成的现有义务合计数，履行该义务预期会导致经济利益流出企业。

所有者权益合计：所有者在企业资产中享有的经济利益，其金额为资产减去负债后的余额。

实收资本（股本）：企业的各投资者实际投入的资本（或股本）总额。

国家资本：有权代表国家投资的政府部门或机构、直属事业机构对企业投资形成的资本金。

营业收入：企业经营主要业务和其他业务所取得的收入总额。

营业成本：企业在报告期内从事销售商品、提供劳务及转让资产使用权等日常经营活动中所发生的各种耗费，包括营业成本（主营业务成本、其他业务成本）、营业税金及附加、销售费用、管理费用、财务费用等。

养老、医疗、失业等各种社会保险费：企业为职工缴纳的基本养老保险、基本医疗保险、失业保险费、工伤保险、生育保险费。

住房公积金和住房补贴：报告期内企业为职工缴纳的住房公积金和企业支付的职工住房补贴。

工会经费：企业按规定计提的拨交工会使用的费用。

营业利润：企业进行生产经营活动所实现的利润。

营业外收入：企业发生的与经营业务无直接关系的各项营业外收入，包括非流动资产处置利得、非货币性资产交换利得、债务重组利得、政府补助、盘盈利得、捐赠利得等。

政府补助（补贴收入）：企业从政府无偿取得的货币性资产或非货币性资产，但不包括政府作为企业所有者投入的资本。

营业外支出：企业发生的与经营业务无直接关系的各项营业外支出，包括非流动资产处置损失、非货币性资产交换损失、债务重组损失、公益性捐赠支出、非常损失、盘亏损失等。

利润总额：企业在生产经营过程中各种收入减去各种耗费后的盈余，反映填表企业在报告期内实现的亏盈总额，包括营业利润和营业外收支净额。

本年应发工资总额：企业在报告期内应发放支付给本单位全部职工的劳动报酬（含临时工和聘用人员），包括工资、奖金、津贴和补贴，反映企业报告期内累计应发放的工资总额。

本年支付的职工福利费：企业在报告期内根据国家有关规定开支的各项福利支出。

四、公用房屋建筑面积指标解释

实际使用房屋建筑面积：指文化和旅游部门实际使用办公和业务用房面积，包括租借房屋面积。

实际拥有产权面积：指文化和旅游部门实际拥有产权的各种办公和业务用房面积，包括出租产权房屋面积，具体以房屋产权证上登记产权面积为准。

2 公共图书馆

按年份全国公共图书馆主要业务活动情况

年　份	机构数/个	从业人员/人	总藏量/万册(件)	总流通人次/万人次	外借人次	书刊文献外借册次/万册次	书架单层总长度/万米	实际持证读者数/人	本年新购藏量/万册(件)
1979年	1651		18353	7787		9625			
1980年	1732		19904	9045		11830			
1985年	2344	29350	25573	11614		18942			1343
1986年	2406	31849	26133	11722		16205	504	523	1359
1990年	2527	40247	29064	12435		20242	772	603	895
1991年	2535	42037	30614	20496	7949	13325	758	631	771
1992年	2558	43051	31175	18495	7653	12625	748	563	740
1993年	2572	44656	31410	16973	6970	11685	797	562	631
1994年	2589	44367	32332	14451	7232	11852	776	552	556
1995年	2615	45323	32850	14142	7160	11814	899	540	551
1996年	2620	46457	33686	14793	7731	13544	967	527	577
1997年	2628	47882	37549	16114	8561	15685	817	556	680
1998年	2662	48313	38514	17058	8910	15422	873	582	700
1999年	2669	48792	39539	18040	9075	16290	934	596	678
2000年	2675	51342	40953	18854	9600	16913	978	623	692
2001年	2696	48579	42130	20757	9829	17559	945	792	819
2002年	2697	48447	42683	21950	10428	20021	995	918	946
2003年	2709	49646	43776	21440	10666	18775	1035	943	1049
2004年	2720	49069	46152	22095	10140	18536	1247	1056	1228
2005年	2762	50423	48056	23332	10821	20269	1320	1062	1535
2006年	2778	51311	50024	25218	11408	21039	1413	1160	1686
2007年	2799	51650	52053	26103	11454	21319	1318	1273	1871
2008年	2820	52021	55064	28141	12251	23129	1112	1454	2071
2009年	2850	52688	58521	32167	13277	25857	1216	1749	2939
2010年	2884	53564	61726	32823	13934	26392	1200	2020	2956
2011年	2952	54475	63896	37423	15316	28452	1218	2214	3985
2012年	3076	54997	68827	43437	17402	33191	1216	2485	5826
2013年	3112	56320	74896	49232	20552	40868	1191	2877	4865
2014年	3117	56071	79092	53036	22737	46734	1210	3944	4742
2015年	3139	56422	83844	58892	23085	50896	1262	5721	5151
2016年	3154	57219	90163	66037	24892	54725	1335	5593	6275
2017年	3166	57567	96953	74450	25503	55091	1432	6736	7034
2018年	3176	57617	103659	81827	25503	58010	1487	7252	6895
2019年	3196	57796	111181	90135	26609	61373	1615	8627	6986
2020年	3212	57980	117930	54146	17467	42087	1612	10251	6732
2021年	3215	59301	126178	74614	23809	58730	1704	10314	7407

按年份全国公共图书馆经费收支及设施情况

年份	收入合计/万元	财政拨款	支出合计/万元	新增藏量购置费	新购图书/万册	实际使用房屋建筑面积/万平方米	书库	阅览室	阅览室座席数/万个
1979年	5040	5040	5206	2163		86.6	38.1	21.1	
1980年	5476	5476	5486	2273		92.0	42.1	23.5	
1985年	15272	15272	13393	4164	1343	172.0	64.1	46.1	23.1
1986年	19891	19070	17242	5300	1359	210.2	73.0	53.4	33.7
1990年	32328	29292	30271	8474	895	326.0	98.4	76.1	32.1
1991年	36764	32593	34388	8927	771	349.1	104.3	80.0	34.0
1992年	45354	39010	41132	9916	740	363.6	105.3	84.3	34.4
1993年	50917	42975	48211	10698	631	368.0	108.0	85.0	34.3
1994年	74586	60639	63295	9252	556	409.1	113.6	85.7	34.8
1995年	79685	65829	74080	16788	551	415.5	117.8	88.3	35.2
1996年	93235	76582	88963	19626	577	441.4	120.8	94.0	35.6
1997年	114004	93177	113927	25527	680	471.5	124.9	98.0	37.4
1998年	129082	107521	127032	28067	700	492.5	131.7	101.8	39.9
1999年	137430	115830	135826	30473	678	506.0	137.4	105.7	41.6
2000年	163799	139321	157173	37141	692	598.2	139.0	109.7	41.6
2001年	183368	152732	187661	36489	819	561.8	146.4	114.4	43.7
2002年	213322	176882	208929	41853	946	582.8	151.6	122.6	43.9
2003年	242188	205252	235819	44407	1049	588.6	156.0	129.7	46.1
2004年	281234	238141	275034	50780	1228	625.1	158.4	138.6	47.2
2005年	325880	277848	312571	59781	1535	677.0	170.0	150.0	48.0
2006年	366089	319479	344076	66095	1686	718.9	175.5	159.0	50.0
2007年	450512	395441	431326	78262	1871	741.4	181.6	169.2	52.7
2008年	531926	477616	519841	83832	2071	780.0	183.5	179.3	55.4
2009年	613175	550808	606630	104404	2939	850.3	194.7	203.5	60.2
2010年	646085	583685	643629	111093	2956	900.4	204.5	220.6	63.1
2011年	813232	756357	794778	141477	3985	994.9	212.9	245.3	68.1
2012年	1002068	934890	977556	147785	5826	1058.4	230.1	281.9	73.5
2013年	1151163	1070575	1130035	165959	4865	1158.5	240.2	318.9	81.0
2014年	1212979	1137210	1163583	170133	4742	1231.6	252.4	331.8	85.6
2015年	1358370	1270354	1340481	197468	5151	1301.5	268.4	358.0	91.1
2016年	1494998	1415668	1451469	216020	6275	1424.3	281.9	398.2	98.6
2017年	1801356	1722791	1692580	236506	7034	1515.3	302.7	433.5	106.4
2018年	1829159	1754512	1876015	204622	6894	1596.0	318.5	458.4	111.7
2019年	1912115	1835549	1928714	234890	6986	1699.7	335.1	497.6	119.1
2020年	1914647	1821282	1883153	225760	6732	1785.8	345.7	537.3	126.5
2021年	1843958	1782476	1892952	221364	7407	1914.2	366.1	598.1	134.4

按年份各地区公共图书馆机构数

单位：个

地　区	1995年	2000年	2005年	2010年	2015年	2019年	2020年	2021年
全　国	**2615**	**2675**	**2762**	**2884**	**3139**	**3196**	**3212**	**3215**
北　京	22	24	25	24	24	23	23	20
天　津	31	31	32	31	31	29	27	20
河　北	134	145	153	165	172	173	176	177
山　西	119	121	122	126	126	128	128	128
内蒙古	107	108	110	113	117	117	117	117
辽　宁	127	128	126	128	129	130	129	129
吉　林	51	60	63	65	66	66	66	66
黑龙江	96	97	96	107	107	110	103	103
上　海	31	31	28	28	25	23	23	22
江　苏	94	101	103	111	114	117	120	123
浙　江	81	83	90	97	100	103	104	103
安　徽	83	84	88	88	122	127	131	133
福　建	78	81	84	86	90	94	97	96
江　西	104	104	104	108	114	114	114	114
山　东	130	133	145	149	154	154	154	153
河　南	132	134	136	142	158	164	166	169
湖　北	100	103	102	107	112	116	117	117
湖　南	116	115	120	124	137	141	143	144
广　东	114	124	129	132	140	146	148	150
广　西	99	94	95	108	112	116	116	116
海　南	19	19	20	20	21	24	24	24
重　庆		42	43	43	43	43	43	43
四　川	166	129	141	161	203	206	207	207
贵　州	87	89	91	93	96	98	100	99
云　南	148	148	149	150	151	151	149	151
西　藏	18	1	4	4	79	81	81	82
陕　西	114	114	111	112	110	111	117	117
甘　肃	86	91	92	94	103	104	104	104
青　海	41	38	43	44	49	52	50	50
宁　夏	20	22	20	20	26	27	27	27
新　疆	66	80	96	103	107	107	107	110

按年份各地区公共图书馆从业人员

单位：人

地　区	1995年	2000年	2005年	2010年	2015年	2019年	2020年	2021年
全　国	**45323**	**51342**	**50423**	**53564**	**56422**	**57796**	**57980**	**59301**
北　京	886	1080	1219	1307	1263	1218	1228	1224
天　津	1084	1111	1057	1077	1189	1060	1163	1090
河　北	1592	1711	1690	1789	1855	1892	2020	2149
山　西	1370	1527	1631	1575	1554	1670	1765	1788
内蒙古	2015	1833	1776	1804	1942	1795	1784	1813
辽　宁	2859	4916	2888	3152	2805	2423	2295	2193
吉　林	1596	1724	1783	1661	1628	1566	1471	1485
黑龙江	2014	1846	1669	1846	1693	1594	1535	1558
上　海	1686	2513	2597	2180	2113	2164	2112	2158
江　苏	1953	2092	2363	2838	3183	3617	3684	3825
浙　江	1565	1936	2122	3040	3577	4055	3876	3902
安　徽	1168	1241	1217	1239	1510	1509	1572	1622
福　建	1077	1172	1110	1190	1330	1612	1643	1672
江　西	1386	1462	1373	1406	1395	1372	1387	1389
山　东	2318	2506	2690	2680	2750	2816	2904	2995
河　南	2352	2626	2742	2762	2949	2910	2906	2877
湖　北	2054	2299	2253	2151	2212	2101	2089	2155
湖　南	1733	1925	1963	1993	2092	2063	2066	2168
广　东	2355	2837	3252	3761	4159	4729	5163	5417
广　西	1335	1540	1459	1509	1509	1680	1680	1763
海　南	252	250	250	374	325	316	363	358
重　庆		785	755	854	874	984	953	1049
四　川	2415	1719	1869	1972	2261	2295	2365	2450
贵　州	869	876	905	937	1046	1088	1084	1238
云　南	1429	1571	1661	1760	1826	1785	1755	1777
西　藏	50	42	62	64	187	185	198	198
陕　西	1317	1572	1691	1988	2121	2383	2056	2101
甘　肃	979	1110	1179	1306	1443	1433	1488	1530
青　海	400	378	365	398	411	469	488	495
宁　夏	498	537	509	543	558	586	568	562
新　疆	770	907	951	978	1083	1015	977	987

按年份各地区公共图书馆总藏量

单位：万册(件)

地　区	1995年	2000年	2005年	2010年	2015年	2019年	2020年	2021年
全　国	**32850**	**40953**	**48056**	**61726**	**83844**	**111181**	**117930**	**126178**
北　京	670	767	1121	1715	2425	3012	3133	3317
天　津	677	786	869	1258	1697	2099	2175	2282
河　北	845	1081	1307	1611	2200	3064	3432	3984
山　西	777	867	963	1208	1548	2026	2153	2296
内蒙古	621	683	744	940	1513	1996	2050	2145
辽　宁	1786	1970	2326	2953	3736	4395	4533	4670
吉　林	921	1030	1202	1380	1768	2168	2258	2401
黑龙江	1094	1186	1291	1644	1827	2319	2357	2430
上　海	1586	5500	6049	6809	7568	8063	8092	8222
江　苏	2420	2669	3179	4370	6847	9887	10546	11161
浙　江	1511	1715	2324	3761	6250	9433	9867	10619
安　徽	752	787	847	1236	1942	3123	3546	3770
福　建	902	985	1274	1682	2821	4254	4606	5251
江　西	1070	1122	1282	1520	2159	2659	2857	3111
山　东	1724	1989	2746	3636	4727	6616	6975	7526
河　南	1062	1239	1429	1837	2472	3409	4065	4106
湖　北	1445	1678	1923	2361	3003	4221	4416	4651
湖　南	1362	1514	1667	1961	2555	3567	3923	4828
广　东	1651	2316	3119	4615	7008	10543	11687	12687
广　西	1243	1312	1491	1881	2606	2902	3003	3027
海　南	137	154	184	285	424	598	665	697
重　庆		811	768	1031	1304	1901	1997	2341
四　川	2356	1722	2002	2599	3328	4172	4350	4613
贵　州	616	681	764	812	1221	1606	1674	1825
云　南	1104	1254	1371	1566	1944	2338	2344	2419
西　藏	51	60	42	53	162	245	249	263
陕　西	733	837	887	1127	1506	2097	2155	2295
甘　肃	670	745	860	1042	1340	1700	1814	1953
青　海	280	286	324	358	415	494	582	602
宁　夏	338	380	378	462	706	749	803	856
新　疆	489	579	817	1113	1303	1490	1513	1601

按年份各地区人均拥有公共图书馆藏量

单位：册(件)

地 区	1995年	2000年	2005年	2010年	2015年	2019年	2020年	2021年
全 国	**0.27**	**0.32**	**0.37**	**0.46**	**0.61**	**0.79**	**0.84**	**0.89**
北 京	0.54	0.55	0.73	0.87	1.12	1.40	1.43	1.52
天 津	0.72	0.79	0.83	0.97	1.10	1.34	1.57	1.66
河 北	0.13	0.16	0.19	0.22	0.30	0.40	0.46	0.53
山 西	0.25	0.26	0.29	0.34	0.42	0.54	0.62	0.66
内蒙古	0.27	0.29	0.31	0.38	0.60	0.79	0.85	0.89
辽 宁	0.44	0.46	0.55	0.68	0.85	1.01	1.06	1.10
吉 林	0.36	0.38	0.44	0.50	0.64	0.81	0.94	1.01
黑龙江	0.30	0.32	0.34	0.43	0.48	0.62	0.74	0.78
上 海	1.12	3.29	3.40	2.96	3.13	3.32	3.25	3.30
江 苏	0.34	0.36	0.43	0.56	0.86	1.23	1.24	1.31
浙 江	0.35	0.37	0.47	0.69	1.13	1.61	1.53	1.62
安 徽	0.13	0.13	0.14	0.21	0.32	0.49	0.58	0.62
福 建	0.28	0.28	0.36	0.46	0.73	1.07	1.11	1.25
江 西	0.26	0.27	0.30	0.34	0.47	0.57	0.63	0.69
山 东	0.20	0.22	0.30	0.38	0.48	0.66	0.69	0.74
河 南	0.12	0.13	0.15	0.20	0.26	0.35	0.41	0.42
湖 北	0.25	0.28	0.34	0.41	0.51	0.71	0.76	0.80
湖 南	0.21	0.24	0.26	0.30	0.38	0.52	0.59	0.73
广 东	0.24	0.27	0.34	0.44	0.65	0.92	0.93	1.00
广 西	0.27	0.29	0.32	0.41	0.54	0.59	0.60	0.60
海 南	0.19	0.20	0.22	0.33	0.47	0.63	0.66	0.68
重 庆		0.26	0.27	0.36	0.43	0.61	0.62	0.73
四 川	0.21	0.21	0.24	0.32	0.41	0.50	0.52	0.55
贵 州	0.18	0.19	0.20	0.23	0.35	0.44	0.43	0.47
云 南	0.28	0.29	0.31	0.34	0.41	0.48	0.50	0.52
西 藏	0.21	0.23	0.15	0.18	0.50	0.70	0.68	0.72
陕 西	0.21	0.23	0.24	0.30	0.40	0.54	0.55	0.58
甘 肃	0.27	0.29	0.33	0.41	0.52	0.64	0.73	0.78
青 海	0.58	0.55	0.60	0.64	0.70	0.81	0.98	1.01
宁 夏	0.66	0.68	0.63	0.73	1.06	1.08	1.11	1.18
新 疆	0.29	0.30	0.41	0.51	0.55	0.59	0.59	0.62

按年份各地区公共图书馆总流通人次

单位：万人次

地区	1995年	2000年	2005年	2010年	2015年	2019年	2020年	2021年
全国	**14142**	**18854**	**23332**	**32823**	**58892**	**90135**	**54146**	**74614**
北京	272	320	715	775	1264	1969	413	724
天津	265	461	483	606	789	1621	759	861
河北	473	736	635	736	1428	2563	857	2157
山西	227	261	256	374	830	2030	989	1477
内蒙古	282	270	380	312	649	1377	744	837
辽宁	829	1184	1133	1457	2068	3123	1562	1738
吉林	385	409	505	503	732	971	415	510
黑龙江	631	608	505	622	968	1152	396	509
上海	687	1225	1249	1853	3931	2734	668	1294
江苏	883	1227	1735	3006	6001	8425	9047	10961
浙江	555	1140	1398	3454	7942	13935	8461	10999
安徽	372	561	461	760	1739	3582	2392	4099
福建	466	647	734	1193	2396	3895	1660	2295
江西	413	485	534	639	1258	1859	1396	2651
山东	509	795	1422	1717	2729	5245	3574	4251
河南	650	713	828	1026	2233	4295	2526	3091
湖北	559	714	1145	1516	1955	2646	1293	1996
湖南	618	808	787	1028	1617	2662	3118	4107
广东	1447	2235	3543	4540	7855	12201	5494	8654
广西	809	927	896	1343	2065	2113	1163	1790
海南	94	121	115	172	445	444	309	437
重庆		266	595	621	1235	1598	1190	1465
四川	776	554	766	1168	2010	2739	1744	2146
贵州	462	228	187	369	594	930	705	1390
云南	559	654	735	907	1223	1693	1073	1085
西藏		2	2	3	20	38	26	34
陕西	242	275	365	519	982	1538	825	1126
甘肃	225	185	317	468	678	907	588	801
青海	39	58	68	89	112	168	106	111
宁夏	140	142	167	163	282	531	339	368
新疆	140	263	212	350	474	575	246	485

按年份各地区公共图书馆书刊文献外借册次

单位：万册次

地 区	1995年	2000年	2005年	2010年	2015年	2019年	2020年	2021年
全 国	**11814**	**16913**	**20269**	**26392**	**50896**	**61373**	**42087**	**58730**
北 京	283	442	678	804	940	1266	309	630
天 津	237	274	380	572	859	1067	459	741
河 北	379	673	469	493	972	1713	892	1866
山 西	204	207	272	282	547	1044	728	1023
内蒙古	239	233	243	312	574	784	541	477
辽 宁	856	1119	1173	1456	1708	1982	1387	1889
吉 林	332	387	794	412	748	710	363	354
黑龙江	500	527	789	479	688	884	288	354
上 海	507	970	1028	1461	8681	2151	786	1536
江 苏	967	1269	1494	2542	4980	6153	6240	8020
浙 江	550	1054	1233	2924	5727	7846	5546	7399
安 徽	343	455	341	683	1481	2340	1714	2281
福 建	517	779	729	1097	2465	4176	2268	3391
江 西	383	543	723	562	1119	1688	1271	1752
山 东	573	718	1379	1514	2331	3623	2412	3494
河 南	517	695	647	915	1676	2465	1602	2014
湖 北	543	769	927	1846	1816	2298	1211	1731
湖 南	562	735	801	1059	1540	2409	2151	3582
广 东	687	1192	2037	2267	4377	7933	5991	8676
广 西	528	688	761	733	1155	1061	596	869
海 南	49	64	28	86	222	228	158	224
重 庆		435	472	706	949	1324	1064	1184
四 川	691	564	651	924	1617	1929	1317	1618
贵 州	133	189	118	222	476	642	534	753
云 南	529	680	701	702	1072	1056	793	907
西 藏		11	4	4	7	11	7	9
陕 西	238	305	264	305	681	1003	569	751
甘 肃	173	153	261	345	588	715	373	578
青 海	51	52	58	42	91	93	65	49
宁 夏	125	265	212	182	302	354	240	222
新 疆	91	251	175	317	440	362	200	325

按年份各地区公共图书馆财政拨款

单位：万元

地　　区	1995年	2000年	2005年	2010年	2015年	2019年	2020年	2021年
全　　国	**65829**	**139321**	**277848**	**583685**	**1270354**	**1835549**	**1821282**	**1782476**
北　　京	1683	8734	15554	32746	58565	74926	73607	73605
天　　津	1295	2751	10980	18500	37294	64223	48730	49733
河　　北	1827	2980	6717	10034	28569	35300	42593	45647
山　　西	1184	2150	4862	9838	22710	42261	36189	36707
内 蒙 古	1432	2452	5086	17898	38852	36952	37436	36250
辽　　宁	3737	6822	15446	31121	48542	52927	44701	48420
吉　　林	1707	3364	5861	12385	28732	34036	31270	28466
黑 龙 江	2088	3104	7752	13616	28784	31013	27606	30151
上　　海	5558	22870	30636	56345	85027	156373	188139	130308
江　　苏	3620	6729	16075	34240	82558	136072	128116	142201
浙　　江	2356	6509	20316	43536	94626	133723	132525	142048
安　　徽	1165	2054	5436	10008	24786	45391	40791	41691
福　　建	1778	3681	6579	14975	35015	49944	62688	62226
江　　西	1184	2022	3780	9726	24660	31278	34008	35595
山　　东	2814	6129	12039	22996	54919	74024	75597	71547
河　　南	1766	3591	5987	12252	33275	55535	52687	50074
湖　　北	1649	2896	6498	29240	47629	59526	57305	58176
湖　　南	1816	2550	5376	12154	29914	45615	45329	44705
广　　东	6110	11868	28592	58296	127501	234178	235388	236231
广　　西	1563	2851	5469	12191	32734	43378	39641	35918
海　　南	378	322	631	3373	9758	9955	24580	19710
重　　庆		1491	2957	7650	23778	32073	32578	32956
四　　川	2591	2877	7229	16955	64020	61442	62218	63170
贵　　州	746	1259	3401	5939	15290	61815	39127	43331
云　　南	2178	5134	6096	11763	24864	40968	49667	47156
西　　藏	72	111	336	1145	6932	6245	8994	6569
陕　　西	934	2038	3973	11547	25922	34586	32977	44010
甘　　肃	985	1752	4438	9648	22858	25579	27046	26271
青　　海	724	678	1237	3096	9340	10493	11784	11551
宁　　夏	408	786	1504	5067	12731	11882	11266	12365
新　　疆	1062	1476	3360	8089	21635	21600	19024	20236

按年份各地区公共图书馆总支出

单位：万元

地区	1995年	2000年	2005年	2010年	2015年	2019年	2020年	2021年
全　　国	**74080**	**157173**	**312571**	**643629**	**1340481**	**1928714**	**1883153**	**1892952**
北　　京	1851	5326	16840	26706	59616	74400	71609	74402
天　　津	2128	3074	7548	20119	35517	59775	51152	50746
河　　北	2044	3458	7208	11062	28024	36871	42382	47519
山　　西	1170	2270	5085	10787	23050	41861	43440	35284
内 蒙 古	1458	2536	4959	15124	39865	39053	38309	37347
辽　　宁	4392	7783	16225	32183	49577	53354	47535	47852
吉　　林	1835	3520	6295	12613	29390	32865	32279	30983
黑 龙 江	2139	3409	8602	13500	31318	31220	27753	28797
上　　海	7021	24425	36757	63728	93556	141282	194038	168390
江　　苏	4046	8400	20630	37964	86604	143067	129244	145435
浙　　江	3082	8500	22905	47316	100338	166239	136592	145727
安　　徽	1384	2641	5767	11788	26927	43534	42662	43031
福　　建	1710	3916	7446	15517	34971	57532	65034	59679
江　　西	1323	2343	4343	10432	25599	34173	35446	40705
山　　东	2968	6881	13242	23206	56509	78346	77636	74620
河　　南	2140	3902	6377	13452	32060	57976	54013	51806
湖　　北	2372	3952	8120	31444	50295	62709	58583	59938
湖　　南	2329	3399	6431	13378	30504	48584	47725	62558
广　　东	6807	14597	33777	61294	134518	240520	232773	239893
广　　西	1769	3077	6288	13369	35915	44243	40367	37218
海　　南	369	355	658	4320	9808	12801	24021	19699
重　　庆		2026	3856	9335	24115	35160	35355	34752
四　　川	3245	3462	8218	17841	59960	68280	63570	65155
贵　　州	810	1428	3497	6736	17210	64014	41620	41950
云　　南	2234	3928	6786	12632	27661	40346	46813	48225
西　　藏	61	110	336	689	5146	6550	8041	7155
陕　　西	951	2263	4405	11820	27944	38002	40501	46396
甘　　肃	1011	1799	4399	9592	25254	28366	29648	28698
青　　海	424	780	1315	3155	9074	12007	12294	12118
宁　　夏	430	783	1574	5786	12828	14135	12182	13610
新　　疆	1119	1677	3999	8890	26944	25569	20076	21456

按年份各地区公共图书馆新增藏量购置费

单位：万元

地　区	1995年	2000年	2005年	2010年	2015年	2019年	2020年	2021年
全　国	**16788**	**37141**	**59781**	**111093**	**197468**	**234890**	**225760**	**221364**
北　京	251	914	3413	4483	8392	7382	7446	7600
天　津	318	563	1527	3267	4870	9331	6986	7499
河　北	302	428	677	1524	4063	4214	4555	5272
山　西	131	292	385	1482	2466	4469	5749	4415
内蒙古	86	166	169	939	3209	2940	3690	2985
辽　宁	768	948	2027	5165	6801	6509	4749	4674
吉　林	250	459	777	1312	3877	3367	3315	2890
黑龙江	235	395	410	1584	2436	2900	2231	2481
上　海	2204	11210	10342	14950	19127	16030	15410	14850
江　苏	732	1780	3739	8279	15421	18308	15090	16483
浙　江	578	1577	3994	10908	17781	25282	25214	26527
安　徽	262	297	619	1454	4634	6431	7664	6492
福　建	311	716	1599	2801	6229	9979	9299	7848
江　西	99	302	646	1299	2624	5080	4701	6407
山　东	506	978	1868	4000	7665	9515	10275	9656
河　南	255	413	655	1449	4166	6053	6996	6103
湖　北	299	699	1296	1847	8752	10400	7469	7602
湖　南	207	415	900	1672	3933	6344	5243	5682
广　东	1186	2832	7394	12506	23670	37892	31289	32514
广　西	291	520	674	1863	5043	5739	4735	3642
海　南	59	41	92	874	873	1434	1554	1019
重　庆		330	569	1626	3230	4858	3981	3854
四　川	431	485	1095	2129	4912	7259	6176	8292
贵　州	100	166	301	682	1446	2144	2309	3513
云　南	441	538	720	1700	2699	2312	2462	2674
西　藏	14	16	43	119	1176	348	502	575
陕　西	104	117	701	1527	3270	3972	7468	3748
甘　肃	170	289	594	1177	2382	2871	3242	2781
青　海	33	54	72	153	785	848	1310	1098
宁　夏	41	68	136	501	1355	1162	959	1309
新　疆	91	136	347	925	1480	1117	1007	1652

按年份各地区公共图书馆人均购书费

单位：元

地　区	1995年	2000年	2005年	2010年	2015年	2019年	2020年	2021年
全　国	**0.14**	**0.29**	**0.46**	**0.83**	**1.43**	**1.68**	**1.60**	**1.57**
北　京	0.20	0.66	2.22	2.29	3.87	3.43	3.40	3.47
天　津	0.34	0.56	1.46	2.53	3.15	5.97	5.04	5.46
河　北	0.05	0.06	0.10	0.21	0.55	0.56	0.61	0.71
山　西	0.04	0.09	0.12	0.42	0.67	1.20	1.65	1.27
内蒙古	0.04	0.07	0.07	0.38	1.28	1.16	1.53	1.24
辽　宁	0.19	0.22	0.48	1.18	1.55	1.50	1.12	1.11
吉　林	0.10	0.17	0.29	0.48	1.41	1.25	1.38	1.22
黑龙江	0.06	0.11	0.11	0.41	0.64	0.77	0.70	0.79
上　海	1.56	6.70	5.82	6.49	7.92	6.60	6.20	5.97
江　苏	0.10	0.24	0.50	1.05	1.93	2.27	1.78	1.94
浙　江	0.13	0.34	0.82	2.00	3.21	4.32	3.91	4.06
安　徽	0.04	0.05	0.10	0.24	0.75	1.01	1.26	1.06
福　建	0.10	0.21	0.45	0.76	1.62	2.51	2.24	1.87
江　西	0.02	0.07	0.15	0.29	0.58	1.09	1.04	1.42
山　东	0.06	0.11	0.20	0.42	0.78	0.95	1.01	0.95
河　南	0.03	0.05	0.07	0.15	0.44	0.63	0.70	0.62
湖　北	0.05	0.12	0.23	0.32	1.50	1.76	1.29	1.30
湖　南	0.03	0.06	0.14	0.25	0.58	0.92	0.79	0.86
广　东	0.17	0.33	0.80	1.20	2.18	3.29	2.48	2.56
广　西	0.06	0.12	0.15	0.41	1.05	1.16	0.94	0.72
海　南	0.08	0.05	0.11	1.01	0.54	1.52	1.54	1.00
重　庆		0.11	0.20	0.56	1.07	1.56	1.24	1.20
四　川	0.04	0.06	0.13	0.27	0.60	0.87	0.74	0.99
贵　州	0.03	0.05	0.08	0.20	0.41	0.59	0.60	0.91
云　南	0.11	0.13	0.16	0.37	0.57	0.48	0.52	0.57
西　藏	0.06	0.06	0.16	0.40	3.63	0.99	1.38	1.57
陕　西	0.03	0.03	0.19	0.41	0.86	1.03	1.89	0.95
甘　肃	0.07	0.11	0.23	0.46	0.92	1.08	1.30	1.12
青　海	0.07	0.10	0.13	0.27	1.33	1.39	2.21	1.85
宁　夏	0.08	0.12	0.23	0.80	2.03	1.67	1.33	1.81
新　疆	0.06	0.07	0.17	0.42	0.63	0.44	0.39	0.64

按年份各地区公共图书馆购书费支出占总支出的比重

单位：%

地　区	1995年	2000年	2005年	2010年	2015年	2019年	2020年	2021年
全　国	**22.7**	**23.6**	**19.1**	**17.3**	**14.7**	**12.2**	**12.0**	**11.7**
北　京	13.6	17.2	20.3	16.8	14.1	9.9	10.4	10.2
天　津	14.9	18.3	20.2	16.2	13.7	15.6	13.7	14.8
河　北	14.8	12.4	9.4	13.8	14.5	11.4	10.7	11.1
山　西	11.2	12.9	7.6	13.7	10.7	10.7	13.2	12.5
内蒙古	5.9	6.5	3.4	6.2	8.0	7.5	9.6	8.0
辽　宁	17.5	12.2	12.5	16.0	13.7	12.2	10.0	9.8
吉　林	13.6	13.0	12.3	10.4	13.2	10.2	10.3	9.3
黑龙江	11.0	11.6	4.8	11.7	7.8	9.3	8.0	8.6
上　海	31.4	45.9	28.1	23.5	20.4	11.3	7.9	8.8
江　苏	18.1	21.2	18.1	21.8	17.8	12.8	11.7	11.3
浙　江	18.8	18.6	17.4	23.1	17.7	15.2	18.5	18.2
安　徽	18.9	11.2	10.7	12.3	17.2	14.8	18.0	15.1
福　建	18.2	18.3	21.5	18.0	17.8	17.3	14.3	13.1
江　西	7.5	12.9	14.9	12.4	10.3	14.9	13.3	15.7
山　东	17.0	14.2	14.1	17.2	13.6	12.1	13.2	12.9
河　南	11.9	10.6	10.3	10.8	13.0	10.4	13.0	11.8
湖　北	12.6	17.7	16.0	5.9	17.4	16.6	12.7	12.7
湖　南	8.9	12.2	14.0	12.5	12.9	13.1	11.0	9.1
广　东	17.4	19.4	21.9	20.4	17.6	15.8	13.4	13.6
广　西	16.4	16.9	10.7	13.9	14.0	13.0	11.7	9.8
海　南	16.0	11.5	14.0	20.2	8.9	11.2	6.5	5.2
重　庆		16.3	14.8	17.4	13.4	13.8	11.3	11.1
四　川	13.3	14.0	13.3	11.9	8.2	10.6	9.7	12.7
贵　州	12.3	11.6	8.6	10.1	8.4	3.3	5.5	8.4
云　南	19.7	13.7	10.6	13.5	9.8	5.7	5.3	5.5
西　藏	23.0	14.5	12.8	17.2	22.8	5.3	6.2	8.0
陕　西	10.9	5.2	15.9	12.9	11.7	10.5	18.4	8.1
甘　肃	16.8	16.1	13.5	12.3	9.4	10.1	10.9	9.7
青　海	7.8	6.9	5.5	4.8	8.7	7.1	10.7	9.1
宁　夏	9.5	8.7	8.6	8.7	10.6	8.2	7.9	9.6
新　疆	8.1	8.1	8.7	10.4	5.5	4.4	5.0	7.7

按年份各地区公共图书馆新购图书册数

单位：万册

地　区	1995年	2000年	2005年	2010年	2015年	2019年	2020年	2021年
全　国	**551**	**692**	**1535**	**2956**	**5151**	**6986**	**6732**	**7407**
北　京	11	33	114	125	196	171	119	152
天　津	12	17	35	74	102	248	119	158
河　北	26	15	33	68	122	261	307	422
山　西	7	12	17	45	81	168	130	165
内蒙古	7	11	8	67	68	88	123	120
辽　宁	41	39	72	157	179	154	113	107
吉　林	14	14	32	52	96	117	94	72
黑龙江	17	17	26	71	88	86	70	91
上　海	44	67	100	176	242	184	161	187
江　苏	41	57	106	259	478	577	578	604
浙　江	33	54	142	337	643	816	894	769
安　徽	9	11	23	61	191	236	422	245
福　建	18	25	71	103	211	480	352	533
江　西	9	15	26	65	91	134	179	194
山　东	23	32	64	133	259	399	407	466
河　南	16	21	30	95	124	230	252	209
湖　北	23	28	43	60	185	304	185	208
湖　南	19	24	54	80	134	218	293	466
广　东	69	77	316	368	557	937	918	917
广　西	16	20	26	56	149	152	97	96
海　南	6	3	3	25	27	39	48	30
重　庆		12	23	52	104	105	100	183
四　川	25	21	47	95	211	217	200	256
贵　州	5	8	7	27	61	111	86	141
云　南	22	15	26	43	93	95	62	83
西　藏			2	2	39	13	15	17
陕　西	5	6	25	43	79	105	117	141
甘　肃	7	7	12	26	55	87	72	81
青　海	1	2	3	6	19	17	21	21
宁　夏	2	3	5	31	33	42	70	75
新　疆	6	5	15	32	93	59	57	76

按年份各地区公共图书馆阅览室座席数

单位：万个

地　区	1995年	2000年	2005年	2010年	2015年	2019年	2020年	2021年
全　国	**35.2**	**41.6**	**48.0**	**63.1**	**91.1**	**119.1**	**126.5**	**134.4**
北　京	0.5	0.8	1.1	1.3	1.5	1.6	1.6	1.8
天　津	0.5	0.7	1.0	0.9	1.5	2.0	2.1	2.2
河　北	1.4	1.8	2.0	2.2	3.3	4.6	4.8	5.7
山　西	0.9	1.1	1.2	1.6	2.7	3.9	4.2	4.3
内蒙古	1.2	1.3	1.4	1.7	2.6	3.3	3.6	3.6
辽　宁	1.7	2.0	2.3	3.0	3.5	4.1	4.2	4.1
吉　林	0.9	1.2	1.2	1.4	1.9	2.3	2.3	2.3
黑龙江	1.1	1.1	1.3	1.8	2.3	2.8	2.8	2.9
上　海	1.2	1.5	1.5	1.9	2.2	2.4	2.4	2.3
江　苏	1.8	2.2	2.5	3.9	5.1	7.3	7.7	8.0
浙　江	1.2	1.6	2.5	3.5	6.1	8.5	8.6	9.8
安　徽	0.9	0.8	1.0	1.6	3.3	4.6	4.9	5.1
福　建	1.3	1.3	1.7	2.5	3.2	4.5	4.6	4.6
江　西	1.6	1.6	1.7	2.2	3.1	4.0	4.8	5.2
山　东	1.4	2.0	2.7	3.7	5.6	6.4	7.0	7.4
河　南	1.2	1.6	1.7	2.4	4.2	6.2	6.5	6.7
湖　北	2.1	2.1	2.4	2.7	3.7	4.8	5.0	5.1
湖　南	2.2	2.5	2.3	3.0	3.3	4.2	4.6	5.3
广　东	2.6	3.0	4.0	5.9	9.0	11.0	12.5	13.4
广　西	1.8	2.0	1.8	2.5	2.8	3.4	3.7	3.8
海　南	0.3	0.3	0.3	0.4	0.6	0.7	0.7	0.7
重　庆		0.8	0.8	1.4	2.1	3.1	3.2	3.4
四　川	2.2	2.1	2.3	2.6	4.6	6.2	6.3	6.9
贵　州	0.8	1.0	1.1	1.2	2.0	2.7	2.9	3.2
云　南	1.5	1.9	1.9	2.1	2.6	3.3	3.2	3.5
西　藏					0.3	0.4	0.3	0.4
陕　西	0.9	0.9	1.3	1.4	2.0	2.8	3.2	3.4
甘　肃	0.7	0.8	1.0	1.3	1.9	2.8	3.3	3.6
青　海	0.2	0.2	0.2	0.3	0.4	0.5	0.7	0.8
宁　夏	0.4	0.4	0.5	0.5	0.9	1.3	1.4	1.4
新　疆	0.5	0.7	1.0	1.4	2.3	3.0	3.0	3.1

按年份各地区每万人公共图书馆建筑面积

单位：平方米

地　区	1995年	2000年	2005年	2010年	2015年	2019年	2020年	2021年
全　国	**34.3**	**47.3**	**51.8**	**67.2**	**94.7**	**121.4**	**126.5**	**135.5**
北　京	56.7	75.3	99.5	86.6	113.6	138.4	136.6	156.8
天　津	81.6	99.9	162.0	103.1	167.4	278.7	313.8	317.7
河　北	26.9	33.5	38.5	34.6	59.2	75.0	81.4	97.1
山　西	27.6	34.3	45.0	67.8	114.3	148.8	162.6	167.2
内蒙古	46.0	53.0	65.8	90.4	135.5	170.4	182.5	209.8
辽　宁	53.8	61.6	81.3	100.8	126.7	141.2	144.5	147.0
吉　林	35.5	39.6	50.1	53.3	98.9	114.2	128.4	138.6
黑龙江	33.6	36.6	48.2	65.0	76.6	91.8	110.2	116.3
上　海	85.8	132.6	137.2	160.9	173.2	182.9	183.2	177.9
江　苏	30.3	35.5	57.9	83.1	129.3	195.4	190.1	191.0
浙　江	34.8	57.7	83.7	106.7	171.7	223.4	204.0	238.9
安　徽	14.6	15.9	23.9	37.0	65.0	89.5	99.2	104.0
福　建	42.2	47.5	65.9	117.1	99.1	152.2	148.3	159.5
江　西	38.6	39.9	47.6	61.1	80.1	95.2	120.1	129.8
山　东	22.6	26.9	42.3	49.7	83.8	107.2	113.0	119.5
河　南	21.6	25.9	27.2	34.5	57.9	75.3	79.5	84.2
湖　北	35.1	39.3	49.9	57.3	91.9	121.4	126.1	128.2
湖　南	33.6	38.7	39.7	54.9	61.1	77.1	92.0	106.6
广　东	43.2	132.1	57.8	80.6	115.9	131.2	134.5	138.7
广　西	38.1	46.8	45.1	55.8	72.0	95.4	98.6	98.7
海　南	36.0	41.9	53.1	98.2	88.5	97.0	95.6	98.2
重　庆		37.5	47.2	70.8	97.6	118.4	119.4	124.7
四　川	22.6	27.3	34.2	42.1	68.5	81.2	83.4	98.7
贵　州	23.9	39.7	35.7	44.5	63.7	79.1	77.9	100.6
云　南	44.6	48.5	78.4	65.5	75.1	84.7	85.9	91.7
西　藏	52.1	61.1	104.7	89.6	156.2	168.3	169.1	196.4
陕　西	32.8	33.8	52.7	53.5	64.4	93.8	104.5	108.8
甘　肃	34.5	43.7	41.6	63.2	84.3	123.2	149.0	154.0
青　海	60.5	73.4	68.1	78.9	105.9	151.4	188.9	217.7
宁　夏	78.2	78.3	68.8	133.9	158.8	200.3	194.2	204.6
新　疆	43.1	44.7	54.7	82.0	100.6	140.5	139.0	145.8

2021年公共图书馆

	机构数/个	从业人员/人					总藏量/万册(件)
			专业技术人才				
				正高级职称	副高级职称	中级职称	
总　计	**3215**	**59301**	**40867**	**938**	**6475**	**18979**	**126178.02**
其中：少儿图书馆	143	2610	1786	66	314	802	5491.27
按隶属关系分：							
中央	1	1313	1235	1	508	598	4230.15
省区市	38	7686	6724	355	1440	3116	22635.34
地市	385	15967	11996	381	2075	5675	32354.53
县市区	2791	34335	20912	201	2452	9590	66958.00
县图书馆	1548	14339	9288	74	1120	4296	23435.54

续表 1

	在藏量中		音视频资源总量/千万小时	电子文本、图片文献资源总量/TB	线上服务人次/万人次	书架单层总长度/米
	开架书刊	少儿文献				
总　计	**67918.49**	**16626.92**	**1677.40**	**6823600.43**	**214524.03**	**17041812**
其中：少儿图书馆	3501.98	2743.04	10.74	168075.57	5523.32	442894
按隶属关系分：						
中央	170.69	8.56	0.03	2435.00	25938.41	
省区市	6010.46	1263.79	42.16	54699.83	78473.63	3133682
地市	19866.15	5864.11	100.93	1209568.03	75269.25	6462906
县市区	41871.19	9490.46	1534.28	5556897.57	34842.74	7445224
县图书馆	13321.52	3056.40	1043.49	2617512.97	9324.70	3000310

基本情况

图书	盲文图书	古籍	善本	报刊	视听文献	缩微制品	其他
102204.83	**135.56**	**2682.90**	**290.70**	**10432.88**	**2289.95**	**1558.79**	**7010.67**
4920.14	5.90	57.23	7.97	249.51	158.60	4.24	101.62
1679.58	0.67	199.51	38.26	1644.79	49.39	173.00	483.89
14691.86	14.58	1340.08	169.43	2190.69	418.06	1299.67	2695.00
27597.50	37.67	670.21	43.42	2609.59	731.20	7.82	738.35
58235.89	82.64	473.10	39.59	3987.81	1091.30	78.30	3093.43
19746.16	37.56	198.36	18.93	2013.22	338.30	34.65	1105.91

本年新增藏量/万册(件)	本年新增电子图书/万册	当年购买的报刊种类/种	实际持证读者数/人	总流通人次/万人次	书刊文献外借人次	书刊文献外借册次/万册次	组织各类讲座次数/次
7406.83	**7697.38**	**1005341**	**103139289**	**74613.69**	**23809.24**	**58730.15**	**83278**
329.01	260.91	37663	3222617	3476.23	1191.93	3682.80	6234
122.18	3.15	16010	5359933	164.68	19.04	33.31	48
619.81	1587.09	135466	14186876	5935.96	1142.05	3918.28	2912
1839.72	1815.76	302757	39416092	21179.61	6118.68	18012.90	19962
4825.12	4291.38	551108	44176388	47333.44	16529.47	36765.66	60356
1711.17	1673.05	212086	11312841	16896.54	6743.27	12467.98	21830

续表 2

	为读者举办各种活动					开展基层培训辅导人次/万人次
	参加人次/万人次	举办展览/个	参加人次/万人次	举办培训班/次	培训人次/万人次	
总　计	**2148.03**	**49839**	**9213.95**	**69451**	**530.51**	**138.11**
其中：少儿图书馆	120.68	2945	450.11	3812	24.79	5.46
按隶属关系分：						
中央	0.75	7	2.63	1508	4.47	0.19
省区市	785.84	2520	1172.40	2496	79.95	34.24
地市	481.65	9724	3082.40	20846	167.28	15.05
县市区	879.79	37588	4956.52	44601	278.81	88.63
县图书馆	318.01	18407	1725.97	15084	108.65	46.27

续表 3

	购书专项经费	上级补助收入	事业预算收入	经营收入	附属单位上缴收入	其他收入
总　计	**2105425**	**109747**	**242380**	**9542**	**8043**	**245110**
其中：少儿图书馆	97144	932	3334	1511		10980
按隶属关系分：						
中央	95000		107697	138	8000	25550
省区市	610338	40	95414	1647		71523
地市	632849	19222	11546	7679		49486
县市区	767238	90485	27723	78	43	98551
县图书馆	176595	55374	8260	9	43	26585

本单位受训人次/万人次	计算机/台	供读者使用电子阅览室终端数	图书馆网站访问量/人次	本年收入合计/千元	财政拨款预算收入	免费开放资金	中央资金
27.46	**224473**	**139417**	**2728185413**	**18439579**	**17824757**	**1776912**	**509535**
1.30	8697	4842	53605211	911766	895009	111579	29962
1.01	4104	503	1221574205	695921	554536		
6.35	20165	8535	453396484	4059971	3891347	293689	37010
7.48	53422	29607	716088001	5413359	5325426	687339	115268
12.62	146782	100772	337126723	8270328	8053448	795884	357257
5.70	66642	47936	152512502	2605775	2515504	313329	175317

本年支出合计/千元	基本支出	项目支出	经营支出	在支出合计中			
				工资福利支出	商品和服务支出	差旅费	劳务费
18929518	**10133291**	**8173317**	**7626**	**8025632**	**4664518**	**57016**	**436249**
986375	453262	517692	1099	358989	220229	2666	17033
718077	400214	317863		297939	259840	827	19832
4154635	1853684	2299372	1549	1493831	1054571	11146	44820
5534277	2940559	2535786	1793	2390868	1404035	12587	141252
8522529	4938834	3020296	4284	3842994	1946072	32456	230345
2652317	1712962	716339	1740	1313935	404789	14577	54412

续表 4

	福利费	各种税金支出	对个人和家庭补助支出	抚恤金和生活补助	其他资本性支出	各种设备、交通工具、图书购置费
总　计	**71312**	**15637**	**623966**	**75037**	**3353087**	**2802430**
其中：少儿图书馆	2567	1485	25686	4110	132587	120883
按隶属关系分：						
中央	874	6248	39258	1845	121040	101868
省区市	14507	3845	122253	11384	820431	623179
地市	19475	1734	235551	20699	987306	864426
县市区	36456	3810	226904	41109	1424310	1212957
县图书馆	10457	1314	71139	14087	463325	352573

续表 5

	电子阅览室面积	实际拥有产权面积/万平方米	阅览室座席数/个	少儿阅览室座席数	盲人阅览室座席数	志愿者服务队伍数/支
总　计	**68.31**	**1050.18**	**1344188**	**334953**	**32478**	**11804**
其中：少儿图书馆	2.14	32.64	55898	35630	1174	287
按隶属关系分：						
中央	0.26	27.81	5339	300	12	1
省区市	3.40	131.77	89092	12408	871	963
地市	14.05	276.81	356273	79128	6785	1107
县市区	50.60	613.79	893484	243117	24810	9733
县图书馆	24.05	270.78	378774	113079	12193	2922

新增藏量购置费	新增数字资源购置费	资产总计/千元	固定资产净值	实际使用公用房屋建筑面积/万平方米	书库面积	阅览室面积	书刊阅览室面积
1865861	**347774**	**79443339**	**61687531**	**1914.24**	**366.09**	**598.10**	**450.04**
82390	19925	2676309	1653054	67.83	10.38	23.20	18.13
92219	66	5366342	4755645	27.81	6.93	2.30	2.04
447613	103882	22263598	14441568	199.15	43.54	54.23	44.69
519489	147273	21064238	16702018	561.73	105.18	177.40	143.61
806540	96553	30749161	25788300	1125.55	210.44	364.17	259.70
238919	30290	8215332	6703575	439.75	88.38	145.27	95.29

志愿者服务队伍人数/人	图书馆延伸服务情况			
	流动图书车数/辆	流动服务书刊借阅人次/万人次	流动图书车书刊借阅册次/万册次	分馆数量/个
603797	**2951**	**1651.26**	**3315.44**	**43603**
32716	37	79.20	165.97	1233
300				19
81539	20	37.42	139.41	1144
204043	407	488.88	1079.08	5688
317915	2524	1124.96	2096.95	36752
92560	1102	567.41	867.10	15261

2021年各地区公共

地　区	机构数/个	从业人员/人	专业技术人才	正高级职称	副高级职称	中级职称	总藏量/万册（件）
全　国	**3215**	**59301**	**40867**	**938**	**6475**	**18979**	**126178.02**
北　京	20	1224	929	16	83	399	3316.70
天　津	20	1090	830	22	146	368	2281.54
河　北	177	2149	1354	37	224	636	3983.67
山　西	128	1788	1108	22	147	472	2296.48
内蒙古	117	1813	1496	28	376	627	2145.06
辽　宁	129	2193	1642	79	271	937	4670.42
吉　林	66	1485	1232	61	295	494	2401.13
黑龙江	103	1558	1266	106	349	571	2430.38
上　海	22	2158	1939	58	183	817	8222.16
江　苏	123	3825	2374	62	385	1074	11160.84
浙　江	103	3902	2182	59	275	1069	10619.26
安　徽	133	1622	1022	10	114	451	3770.00
福　建	96	1672	1120	15	101	520	5251.24
江　西	114	1389	845	12	96	358	3110.99
山　东	153	2995	2336	58	410	1117	7525.63
河　南	169	2877	1669	34	216	748	4105.89
湖　北	117	2155	1614	28	206	848	4650.84
湖　南	144	2168	1563	16	162	805	4828.07
广　东	150	5417	3182	59	322	1589	12687.22
广　西	116	1763	1335	20	167	618	3026.99
海　南	24	358	232	1	9	121	696.83
重　庆	43	1049	639	38	109	281	2340.69
四　川	207	2450	1441	14	153	631	4612.55
贵　州	99	1238	918	11	119	345	1824.56
云　南	151	1777	1610	17	596	706	2419.40
西　藏	82	198	128	2	12	23	262.62
陕　西	117	2101	1256	9	102	615	2295.00
甘　肃	104	1530	954	24	102	465	1953.05
青　海	50	495	267	5	39	122	601.64
宁　夏	27	562	385	8	60	179	856.17
新　疆	110	987	764	6	138	375	1600.85

图书馆基本情况

图书	盲文图书	古籍	善本	报刊	视听文献	缩微制品	其他
102204.83	**135.56**	**2682.90**	**290.70**	**10432.88**	**2289.95**	**1558.79**	**7010.67**
3082.72	0.46	47.00	7.07	64.26	77.26	0.30	45.18
2039.32	1.30	65.47	10.47	76.24	29.90	1.23	69.36
3344.39	6.81	58.12	3.25	267.25	120.79	9.90	183.24
1875.77	4.50	75.70	11.12	257.70	25.38	1.75	60.29
1789.07	4.98	35.96	3.11	178.61	28.86	0.91	111.68
3789.09	3.30	137.20	16.22	328.73	124.47	2.73	288.25
1946.53	3.02	45.42	7.11	182.31	37.20	18.04	171.64
2003.41	3.19	43.34	2.38	274.84	44.15	35.09	29.69
3901.06	2.08	200.80	19.71	409.45	147.52	1235.94	2327.37
9780.52	7.57	352.95	27.58	614.31	171.10	5.70	236.40
9574.70	7.25	191.85	22.77	523.34	235.67	0.92	92.88
3356.40	8.66	62.91	5.41	188.97	50.11	1.01	110.74
4183.12	3.00	46.06	3.55	320.74	148.34	2.87	550.11
2546.93	5.30	78.25	9.92	293.79	23.78	1.08	167.18
6448.15	8.24	141.40	24.75	636.26	61.68	5.29	233.01
3503.36	10.43	110.20	8.42	391.22	45.95	1.67	53.54
3896.50	5.86	94.90	8.30	421.16	68.21	37.42	132.76
4166.06	6.82	117.52	8.48	368.34	75.13	2.23	98.90
11031.02	9.15	70.12	5.15	557.18	333.82	3.12	692.01
2341.83	1.31	39.76	2.35	495.78	39.16	1.16	109.46
614.75	0.29	1.21	0.06	39.04	39.02	0.82	1.99
1964.60	4.89	67.45	9.34	202.41	29.61	1.17	75.48
3839.84	7.92	144.35	10.43	440.40	68.27	6.55	113.18
1538.72	2.66	18.11	1.15	165.97	17.28	0.93	83.62
1816.26	2.89	93.20	6.44	341.86	84.14	1.24	82.75
217.80	0.81	3.86	0.32	14.90	1.15	0.41	24.51
1959.46	3.55	55.76	6.12	186.99	25.12	0.41	67.34
1535.07	4.26	52.74	9.84	241.97	13.70	2.25	107.39
506.83	1.10	15.09	1.13	42.90	2.65	2.76	31.52
614.75	1.44	4.21	0.14	85.07	56.03	0.11	96.06
1317.22	1.85	12.48	0.35	176.10	15.11	0.78	79.25

续表 1

地　区	在藏量中		音视频资源总量/千万小时	电子文本、图片文献资源总量/TB	线上服务人次/万人次	书架单层总长度/米
	开架书刊	少儿文献				
全　国	**67918.49**	**16626.92**	**1677.40**	**6823600.43**	**214524.03**	**17041812**
北　京	1868.79	474.14	0.93	1593.89	2697.44	313028
天　津	1004.25	316.26	0.11	6880.09	2319.22	239819
河　北	2297.50	474.72	9.48	212952.85	2985.18	456948
山　西	1283.48	262.95	15.04	749586.19	3020.30	291733
内蒙古	1160.81	196.80	20.36	124327.22	1857.95	480078
辽　宁	2753.72	701.79	78.12	317975.27	4079.22	551594
吉　林	902.95	247.82	1.97	93542.60	8153.38	279787
黑龙江	1257.48	207.38	44.28	436874.75	5031.26	423000
上　海	2335.96	438.53	0.33	2709.67	16952.61	623008
江　苏	6160.71	1565.87	6.96	1990.16	21947.52	1123368
浙　江	7047.35	2116.21	2.58	3564.71	22438.72	1387419
安　徽	2203.89	511.69	9.95	6356.53	8458.23	384758
福　建	2758.41	898.31	3.31	1232.27	9076.33	426945
江　西	1470.07	391.72	168.55	294985.88	1668.36	338843
山　东	5023.39	867.49	166.78	2204253.20	22466.86	877240
河　南	2498.36	659.92	158.93	288491.56	1363.93	495936
湖　北	2287.63	497.89	83.46	34838.83	9187.34	604668
湖　南	2664.73	726.45	125.19	1089656.54	6122.61	1237329
广　东	8706.82	2612.68	90.18	172123.93	19013.51	2248787
广　西	1383.26	356.30	3.40	139669.90	5046.79	518763
海　南	469.30	91.81	2.02	313.96	1865.74	91280
重　庆	1449.91	329.84	4.18	1095.94	1850.92	430116
四　川	2472.21	506.62	0.20	2197.93	2125.63	1503179
贵　州	1191.52	190.45	67.25	227387.32	1512.39	344158
云　南	1244.53	196.18	591.84	264722.27	1240.48	481266
西　藏	53.83	12.76	0.37	53.21	9.57	23788
陕　西	1263.72	237.52	15.83	1097.17	2261.83	316404
甘　肃	1115.38	214.84	4.65	103084.04	1688.16	208559
青　海	206.44	39.28	0.55	7779.57	496.19	84868
宁　夏	385.81	105.51	0.11	454.16	1024.63	108140
新　疆	825.59	168.63	0.46	29373.82	623.32	147003

本年新增藏量/万册(件)	本年新增电子图书/万册	当年购买的报刊种类/种	实际持证读者数/人	总流通人次/万人次	书刊文献外借人次	书刊文献外借册次/万册次	组织各类讲座次数/次
7406.83	**7697.38**	**1005341**	**103139289**	**74613.69**	**23809.24**	**58730.15**	**83278**
152.24	134.18	21928	1929435	723.93	152.12	629.93	1765
157.73	410.67	22335	1388364	860.67	212.14	741.28	1056
422.22	295.15	32355	2281912	2157.31	936.08	1865.76	3940
165.18	235.01	18953	2050341	1476.78	578.70	1022.89	2060
119.60	61.32	19933	988922	837.48	248.45	476.97	789
106.68	22.52	35810	2303968	1737.57	487.96	1888.64	1439
72.35	128.78	19494	1078096	509.86	161.08	353.62	1518
90.59	37.16	20688	679601	508.58	145.28	354.11	693
187.29	36.20	40502	5872263	1293.60	275.66	1536.38	1632
603.92	253.88	76795	20266863	10960.86	4499.65	8019.63	5512
769.17	750.35	76258	7930802	10998.80	1823.50	7398.97	6583
244.92	210.07	33603	3676991	4099.17	1135.61	2281.37	3946
533.34	328.28	36884	2361966	2294.92	1043.58	3390.51	1852
193.51	151.28	33051	1994577	2650.69	863.74	1752.22	3102
466.00	563.44	53321	5979442	4251.01	1754.62	3493.55	7259
208.60	379.95	32588	2584518	3090.55	1280.47	2013.96	4552
208.34	556.33	32875	2812443	1996.26	815.28	1730.76	2078
466.48	325.12	36060	3408188	4107.26	1728.96	3582.06	5415
917.28	258.84	92922	15310995	8654.07	2007.25	8675.90	10292
95.63	386.86	35360	1991096	1790.06	396.49	868.96	1685
30.45	28.83	9103	364239	437.48	83.31	223.81	407
183.25	277.15	24668	2934256	1465.21	484.97	1184.27	1535
256.34	581.30	49745	3220524	2145.59	826.30	1618.29	2972
141.18	203.34	17963	939531	1390.29	495.75	752.88	1451
83.36	344.93	32618	784426	1085.12	354.48	906.81	3482
16.66	117.70	2819	18041	34.39	4.44	8.78	63
140.62	176.92	25137	842037	1126.48	380.24	750.68	1861
80.64	139.65	21204	564638	801.01	268.06	577.70	1560
20.68	10.68	4827	203607	111.40	27.71	48.85	240
74.52	184.50	8381	357732	368.06	129.08	222.46	251
75.88	103.84	21151	659542	484.55	189.24	324.84	2240

续表 2

地　区	为读者举办各种活动					开展基层培训辅导人次/万人次
	参加人次/万人次	举办展览/个	参加人次/万人次	举办培训班/次	培训人次/万人次	
全　国	**2148.03**	**49839**	**9213.95**	**69451**	**530.51**	**138.11**
北　京	75.81	595	125.84	686	3.77	1.02
天　津	6.63	547	99.81	1003	4.50	1.19
河　北	56.62	2935	285.47	2741	24.58	4.35
山　西	24.60	1197	407.00	1785	36.22	2.43
内蒙古	9.93	662	36.86	317	2.40	1.14
辽　宁	33.41	1084	236.05	1351	10.16	1.41
吉　林	11.99	1072	100.66	330	4.44	0.67
黑龙江	4.06	575	65.50	415	1.46	0.38
上　海	29.92	333	141.32	1078	5.30	0.74
江　苏	88.20	4071	1767.71	5760	50.37	40.09
浙　江	258.39	4741	912.75	11338	69.72	4.97
安　徽	75.66	2561	266.70	3321	20.33	9.96
福　建	32.28	1036	128.68	1415	7.81	0.90
江　西	44.57	1659	220.84	1098	9.74	3.60
山　东	69.82	3164	352.51	6749	40.38	6.27
河　南	64.88	1972	304.26	1944	17.76	5.64
湖　北	62.64	1495	188.40	1711	13.39	6.88
湖　南	691.01	2495	440.62	4337	50.84	12.98
广　东	294.29	3629	1599.61	9297	52.92	5.08
广　西	21.50	1235	278.90	1509	8.26	2.10
海　南	4.19	152	51.81	1655	4.25	2.34
重　庆	15.92	1379	139.25	1438	10.43	3.42
四　川	35.06	1486	220.40	1241	6.77	8.85
贵　州	21.68	979	136.52	1155	10.39	2.22
云　南	34.80	2242	177.71	987	5.12	1.69
西　藏	0.46	211	1.11	159	0.51	0.03
陕　西	36.68	2512	147.16	1344	44.06	2.66
甘　肃	13.74	869	91.59	507	4.71	1.50
青　海	2.88	194	9.71	112	0.83	0.21
宁　夏	5.32	265	128.92	116	0.84	0.54
新　疆	20.34	2485	147.65	1044	3.78	2.66

本单位受训人次/万人次	计算机/台	供读者使用电子阅览室终端数	图书馆网站访问量/人次	本年收入合计/千元	财政拨款预算收入	免费开放资金	中央资金
27.46	**224473**	**139417**	**2728185413**	**18439579**	**17824757**	**1776912**	**509535**
0.93	4724	2029	15389764	742992	736045	37343	22625
0.16	4562	2829	10339495	505250	497333	13329	4046
0.33	8112	5708	19403644	465991	456471	51406	21287
1.03	6983	4560	25112317	373876	367070	40642	17394
0.22	6331	4086	6110748	366486	362498	34590	20953
3.12	9438	5688	21828850	487008	484195	48258	9744
0.90	4398	2656	4990378	296233	284662	14653	7639
	5254	3240	19527581	303722	301513	21379	15060
0.71	6713	2697	127574703	1411411	1303076	54190	53900
0.41	13144	6886	156226630	1450562	1422005	63303	9835
2.65	11842	7169	211915411	1449155	1420484	135225	6791
2.43	8198	5696	39978342	435757	416914	50408	16813
1.13	7298	4422	69016555	641780	622259	31677	3075
0.54	7233	5240	23043645	368824	355952	62044	11816
1.02	11690	7692	70496431	738220	715472	68385	14183
0.96	10512	6853	18442058	513314	500742	44813	24620
1.14	7047	4395	54505869	595804	581756	31535	14327
2.09	7918	5383	41952407	461436	447049	42606	15858
2.89	20155	12466	354652705	2393921	2362314	536820	11542
0.72	6548	4316	31523846	371024	359182	33718	21672
0.13	1588	1034	4632965	198063	197097	10773	3398
0.29	4073	2758	35792793	350304	329561	40270	16440
0.03	10902	7601	25458444	637445	631699	84101	38245
0.42	5794	3810	42277317	448356	433305	38412	13134
0.60	7405	4907	44926060	483529	471561	37813	24518
0.04	1441	1020	3660146	69742	65691	18754	13800
0.92	6224	4105	20184842	453648	440099	34285	17572
0.24	5346	3360	2346626	267468	262705	37312	19907
0.03	2216	1203	1014491	119572	115508	15462	11664
0.14	2178	1470	1453368	130579	123646	11722	6535
0.23	5102	3635	16473559	212186	202357	31684	21142

续表 3

地区	购书专项经费	上级补助收入	事业预算收入	经营收入	附属单位上缴收入	其他收入
全国	**2105425**	**109747**	**242380**	**9542**	**8043**	**245110**
北京	87919		5502	24		1421
天津	62282	360	3911			3646
河北	42928	1065	617	45		7793
山西	41310	2776	20	908		3102
内蒙古	23996		2057			1931
辽宁	53773	1443	497			873
吉林	31558	10	5427			6134
黑龙江	20942	343	1814			52
上海	207828		60105	1364		46866
江苏	151643	6909	5124	5241		11283
浙江	245531	2625	1597	1		24448
安徽	53317	11881	1647			5315
福建	67543	5118	700	1530		12173
江西	51670	5329	906			6637
山东	80294	10463	5169			7116
河南	55502	3155	809	125		8483
湖北	77267	5569	204			8275
湖南	45351	5072	5635		38	3642
广东	301399	15254	7476			8877
广西	35097	7362	560			3920
海南	7970	344	86			536
重庆	44943	1151	14402			5190
四川	67440	480	943			4323
贵州	34752	7611	2204			5236
云南	23566	4000	507	166		7295
西藏	7716	94				3957
陕西	37727	3097	3618			6834
甘肃	21657	1294	2969			500
青海	10721	351	168		5	3540
宁夏	8166	4487				2446
新疆	8617	2104	9			7716

本年支出合计/千元	基本支出	项目支出	经营支出	在支出合计中			
				工资福利支出	商品和服务支出	差旅费	劳务费
18929518	**10133291**	**8173317**	**7626**	**8025632**	**4664518**	**57016**	**436249**
744024	419212	321242		330632	255689	1328	9133
507457	305270	186259		233845	156361	196	8474
475193	238430	225614	586	176421	101639	1168	9729
352844	165259	178843	803	148155	85940	1115	8808
373473	264536	96931	8	201303	81552	1149	3848
478520	265072	152092	1997	224391	114173	850	14612
309829	197140	110051		166223	72575	1165	10788
287968	218262	69705		166355	49344	587	4186
1683897	735687	946943	1267	560073	438613	642	7600
1454346	842326	595803	224	689563	394521	3842	39099
1457274	762901	674187		616197	387223	4030	50137
430310	245688	157038	192	177044	105527	1568	5708
596788	266100	322356	949	197270	152517	372	32437
407050	212513	171867	628	174589	87875	2642	6603
746201	456865	254990	14	353561	153334	1463	18332
518062	335085	142232	126	264957	99219	1637	10508
599375	360953	230143	24	309675	133196	1632	14677
625577	322577	134645		231739	95488	2085	9520
2398933	1102360	1263863	160	869443	665689	1304	69076
372178	231957	133806	12	195176	72919	2640	4365
196993	44810	149709		33940	43567	610	5854
347515	199011	147690		153733	97536	9943	19075
651548	324939	315472		273316	184728	5998	18738
419498	183059	208943	60	125271	54419	1020	5178
482250	275926	198258	206	241953	68157	1865	8183
71547	36398	31502	53	26866	17650	224	24
463960	222424	211206	252	199515	77478	1612	6621
286984	182035	90097	45	136846	57369	1605	6638
121181	71921	44898		57143	20904	245	2237
136102	95750	38398		71176	27245	242	1818
214564	148611	50671	20	121322	52231	1410	4411

续表 4

地区	福利费	各种税金支出	对个人和家庭补助支出	抚恤金和生活补助	其他资本性支出	各种设备、交通工具、图书购置费
全国	**71312**	**15637**	**623966**	**75037**	**3353087**	**2802430**
北京	4432	807	14112	2790	101978	88958
天津	1666	462	6291	621	83855	83030
河北	1210	127	16969	2977	138878	72103
山西	2124	7	4702	400	56513	52606
内蒙古	1374	51	9561	1545	54592	47808
辽宁	141	35	9929	3920	61083	58498
吉林	1216		5940	2212	42700	36274
黑龙江	932	28	23680	2077	31853	28555
上海	6684	538	10416	2404	180167	162062
江苏	4478	406	64440	2589	234396	212616
浙江	20279	817	20270	3341	330367	308765
安徽	2233	371	17849	2032	80915	75826
福建	207	81	14117	1461	107211	94078
江西	1810	141	9226	1670	100104	94013
山东	750	619	44987	2341	131183	126788
河南	1806	50	23923	3825	92502	79216
湖北	4060	491	18115	974	114637	101265
湖南	2111	239	23689	2678	83473	70786
广东	4629	642	138398	5907	506813	426175
广西	469	737	8275	2624	50986	47990
海南	24	17	656	87	15569	12401
重庆	844	584	16500	6330	57803	49574
四川	2230	370	24381	8302	135103	125504
贵州	429	171	12595	794	129008	66232
云南	1307	276	9090	3510	35522	34452
西藏			517		7244	6731
陕西	922	750	3134	1202	155072	50202
甘肃	1193	94	18258	1971	50035	34901
青海	300		5496	721	19228	17651
宁夏	11	461	4204	778	19394	15103
新疆	567	17	4988	1109	23863	20399

新增藏量购置费	新增数字资源购置费	资产总计/千元	固定资产净值	实际使用公用房屋建筑面积/万平方米	书库面积	阅览室面积	书刊阅览室面积
1865861	**347774**	**79443339**	**61687531**	**1914.24**	**366.09**	**598.10**	**450.04**
64255	11747	2368336	1564304	34.33	5.94	9.02	7.54
57592	17400	1398320	1143101	43.62	7.57	11.69	7.66
47403	5312	1562293	1180274	72.30	12.93	27.23	20.89
35024	9122	2294022	1887158	58.17	8.43	19.04	14.15
25576	4277	1381540	1235180	50.35	6.25	15.54	11.12
35808	10927	3224969	2748934	62.18	10.98	17.49	13.18
23478	5426	846316	721252	32.92	5.45	10.64	8.27
19835	4970	1087687	875297	36.35	6.15	11.34	7.41
133526	14974	8448778	4640643	44.29	9.18	11.13	9.43
134681	30145	9145291	7731204	162.42	19.58	46.01	36.75
225582	39692	6439582	5848738	156.21	22.68	46.53	39.82
54664	10253	2646050	2112009	63.55	11.06	22.48	15.67
62988	15489	2574881	2010645	66.80	17.73	26.04	20.63
55712	8359	1582850	1349729	58.63	14.29	18.61	13.08
89915	6644	2286156	1714964	121.56	24.76	32.60	23.66
50680	10345	2255040	1667838	83.21	19.40	23.95	16.22
63834	12187	2601435	2124507	74.76	17.91	25.16	18.24
47635	9180	1048282	838127	70.62	18.70	19.93	14.97
265136	60006	7227761	5926643	175.87	34.31	62.56	51.16
27918	8504	1371128	1116791	49.71	12.09	12.59	9.27
8312	1879	489860	183954	10.02	2.48	3.61	2.95
31374	7163	1145399	941390	40.05	7.50	12.40	8.82
73031	9888	2083506	1733076	82.65	15.14	29.73	22.54
28475	6658	2747223	1799502	38.77	8.79	13.41	7.69
20682	6054	1288839	854631	43.02	11.58	13.29	8.37
5652	101	144625	126202	7.19	1.37	1.88	1.03
33276	4203	1301503	750319	43.02	9.64	14.84	11.58
20866	6941	1287064	568220	38.35	5.84	11.92	7.73
9473	1509	291171	214884	12.93	1.66	5.19	3.77
8438	4653	484081	424208	14.83	2.78	5.32	3.98
12821	3700	1023009	898162	37.75	6.99	14.63	10.42

续表 5

地　　区	电子阅览室面积	实际拥有产权面积/万平方米	阅览室座席数/个	少儿阅览室座席数	盲人阅览室座席数
全　　国	**68.31**	**1050.18**	**1344188**	**334953**	**32478**
北　　京	0.80	13.95	18078	3602	231
天　　津	0.85	3.62	21658	3154	361
河　　北	3.30	40.24	56849	13283	1384
山　　西	2.41	45.74	42932	9879	1177
内 蒙 古	1.94	22.92	35801	8347	1212
辽　　宁	2.40	31.49	40967	8849	895
吉　　林	1.18	19.14	23434	5002	482
黑 龙 江	1.42	16.84	28641	7048	782
上　　海	1.07	26.85	22565	5456	302
江　　苏	3.35	69.07	79767	22000	1602
浙　　江	4.19	59.41	97889	27270	1443
安　　徽	2.48	39.70	50833	13542	1652
福　　建	1.99	37.59	46217	12552	896
江　　西	2.23	36.34	52462	13715	1624
山　　东	4.17	55.83	74398	17429	2546
河　　南	3.51	50.01	67239	19410	1910
湖　　北	2.99	56.63	50777	12790	1250
湖　　南	2.98	46.72	53150	17168	1327
广　　东	5.82	91.83	133606	31877	1635
广　　西	2.02	26.86	38166	10419	730
海　　南	0.43	6.26	7057	2077	70
重　　庆	1.29	33.37	33944	7264	839
四　　川	4.24	52.44	68708	16452	2040
贵　　州	1.59	20.43	31650	7408	916
云　　南	2.61	31.25	35053	9384	1226
西　　藏	0.43	4.66	4322	894	157
陕　　西	1.84	26.67	33771	7885	943
甘　　肃	1.35	25.85	35810	8990	1056
青　　海	0.53	3.83	8125	1377	213
宁　　夏	0.84	9.89	14147	2895	368
新　　疆	1.80	16.94	30833	7235	1197

志愿者服务队伍数/支	志愿者服务队伍人数/人	图书馆延伸服务情况			
		流动图书车数/辆	流动服务书刊借阅人次/万人次	流动图书车书刊借阅册次/万册次	分馆数量/个
11804	**603797**	**2951**	**1651.26**	**3315.44**	**43603**
100	32447	14	2.52	44.95	472
68	5884	13	25.45	50.21	313
309	11268	96	57.20	87.55	1310
269	23454	153	46.57	84.44	2596
183	7971	57	19.82	26.90	1510
326	17177	20	52.28	121.64	1354
111	5947	57	14.87	29.58	721
177	8887	41	18.03	47.26	909
282	8872	5	61.81	108.66	239
328	66443	46	129.39	203.27	7854
387	58591	78	227.76	567.85	3504
352	17176	35	66.86	99.13	1442
221	10256	32	42.56	232.21	899
228	9351	40	28.03	47.14	855
3366	22061	63	95.53	159.06	2225
515	17190	91	101.11	133.01	1613
896	14013	96	90.00	125.98	1287
863	70101	840	85.79	157.36	2366
264	118068	383	155.30	464.75	2974
186	11311	67	29.48	49.03	508
69	2653	7	7.08	9.08	122
140	8152	39	36.69	74.82	1408
347	17006	154	53.62	88.72	1667
162	6589	82	75.15	92.65	792
329	14234	115	43.40	71.05	1402
79	681	63	0.63	0.82	10
733	7354	99	28.56	36.71	1055
204	4563	55	16.38	29.93	974
44	371	45	7.39	11.75	149
115	2429	12	22.22	50.06	177
150	2997	53	9.78	9.87	877

2021年各地区省级

地　区	机构数/个	从业人员/人	专业技术人才	正高级职称	副高级职称	中级职称	总藏量/万册（件）
全　国	**38**	**7686**	**6724**	**355**	**1440**	**3116**	**22635.34**
北　京	1	358	326	12	40	149	941.69
天　津	1	325	306	15	66	153	941.67
河　北	1	199	139	10	39	64	360.79
山　西	1	227	208	14	48	96	337.80
内蒙古	1	165	163	7	54	64	434.44
辽　宁	1	218	190	17	50	94	772.34
吉　林	1	176	166	13	45	46	521.61
黑龙江	1	171	153	8	27	88	442.94
上　海	2	923	873	55	129	409	5922.87
江　苏	1	530	415	24	122	187	1262.23
浙　江	1	257	242	6	38	134	784.85
安　徽	1	177	149	6	40	68	389.31
福　建	2	211	195	3	33	103	509.77
江　西	1	156	144	8	38	72	452.09
山　东	1	228	223	20	45	110	946.11
河　南	2	216	155	14	52	77	434.47
湖　北	1	302	284	16	66	127	941.96
湖　南	2	322	298	11	60	145	648.56
广　东	1	289	259	7	50	134	940.55
广　西	3	345	309	15	69	143	830.59
海　南	1	94	87	1	5	69	202.65
重　庆	2	296	249	20	53	105	519.42
四　川	1	304	185	6	29	70	583.97
贵　州	1	217	181	8	36	44	315.37
云　南	1	178	164	7	88	54	380.75
西　藏	1	55	40	2	9	14	56.97
陕　西	1	198	164	6	20	94	569.48
甘　肃	1	221	191	12	32	88	496.45
青　海	1	115	74	3	13	28	190.52
宁　夏	1	128	114	6	28	48	208.55
新　疆	1	85	78	3	16	39	294.57

公共图书馆基本情况

图书	盲文图书	古籍	善本	报刊	视听文献	缩微制品	其他
14691.86	**14.58**	**1340.08**	**169.43**	**2190.69**	**418.06**	**1299.67**	**2695.00**
789.28	0.08	41.83	6.74	48.30	49.78	0.03	12.48
844.61	0.09	59.05	10.08	16.97	19.52	1.23	0.29
291.09	0.53	8.17	0.56	44.88	12.23	2.80	1.63
212.70	0.53	29.68	5.02	90.55	2.73	0.40	1.73
329.54	1.92	22.08	2.00	30.90	1.66	0.52	49.75
634.11	0.44	48.44	12.39	63.70	11.41	0.63	14.06
425.72	0.15	23.14	5.35	56.13	2.22	2.60	11.80
340.62	0.34	13.37	0.66	49.83	4.19	34.93	
1762.73	0.78	192.23	19.24	383.66	39.71	1235.93	2308.61
935.31	0.30	160.00	14.00	117.64	30.80	5.21	13.28
586.04	0.58	82.24	15.01	102.38	13.57	0.48	0.14
315.57	0.14	35.21	3.31	36.78	1.08	0.52	0.15
416.65	0.38	25.34	2.07	52.93	13.23	1.62	
328.44	0.64	37.91	4.21	43.21	1.99	0.20	40.33
625.56	0.28	75.36	20.00	137.13	8.89	0.86	98.30
342.65	0.12	50.66	3.00	37.90	2.92	0.25	0.09
778.05	0.65	46.18	5.87	74.09	30.94	3.54	9.16
488.37	0.99	62.14	5.00	60.65	33.32	0.46	3.62
725.07	1.22	37.81	3.25	137.10	34.74	2.55	3.28
623.71	0.15	26.65	1.65	113.94	15.26	0.20	50.84
190.44	0.19	0.02	0.01	6.40	5.74		0.04
381.37	1.75	45.26	6.99	77.09	8.79	1.05	5.86
420.49	0.36	53.01	6.60	102.84	4.83	2.80	0.01
263.30	0.42	11.76	0.40	34.86	1.00	0.31	4.13
238.58	0.29	59.62	3.32	77.84	4.52	0.12	0.06
46.91	0.05	1.50	0.17	8.53	0.04		
455.38	0.31	32.84	4.37	65.66	7.53	0.03	8.04
393.23	0.59	31.76	6.78	66.00	4.74	0.25	0.47
153.42	0.20	12.07	1.00	22.63	0.47	0.05	1.89
106.80	0.03	3.52	0.12	12.67	50.21	0.08	35.26
246.12	0.08	11.23	0.26	17.50		0.02	19.70

续表 1

地　区	在藏量中		音视频资源总量/千万小时	电子文本、图片文献资源总量/TB	线上服务人次/万人次	书架单层总长度/米
	开架书刊	少儿文献				
全　国	**6010.46**	**1263.79**	**42.16**	**54699.83**	**78473.63**	**3133682**
北　京	123.23	146.63	0.04	300.65	189.82	109297
天　津	302.90	161.50	0.04	252.00	392.80	137149
河　北	121.07	19.49		0.12	104.58	71800
山　西	200.88	40.47	0.01	12.25	1735.55	36505
内蒙古	116.98	12.55		1.30	1362.46	85196
辽　宁	259.34	33.30	0.02	735.00	1890.94	157878
吉　林	68.95	11.57		50.00	1871.28	101196
黑龙江	80.16	13.29		8.20	3397.61	55472
上　海	875.74	131.71		847.22	15378.86	422696
江　苏	90.00	10.30	0.02	110.84	2198.22	260000
浙　江	519.64	13.92	0.05	241.00	5808.60	133629
安　徽	107.13	18.47	0.02	574.72	5552.18	60168
福　建	170.43	111.95	0.01	330.80	135.76	8658
江　西	158.74	15.48	0.01	260.00	626.61	8204
山　东	498.72	54.44	1.46	447.90	15345.90	154116
河　南	134.54	65.11	0.02	100.50	15.46	46016
湖　北	255.66	61.52	0.19	65.00	5282.10	163732
湖　南	178.66	42.02	0.03	497.20	3607.04	91888
广　东	315.67	32.96	39.70	46890.00	4892.48	178841
广　西	89.23	39.58	0.02	773.80	4548.36	169729
海　南	142.05	40.29	0.01	164.10	26.30	33947
重　庆	144.91	54.22		250.48	1112.07	44901
四　川	85.49	9.10	0.05	497.86	70.90	40221
贵　州	254.47	13.87		200.00		185062
云　南	56.15	5.50		145.00	210.00	129035
西　藏	7.16	2.22	0.28	1.00	0.17	22708
陕　西	188.74	39.10	0.03	408.60	827.14	115876
甘　肃	272.80	26.54	0.09	282.00	986.05	9975
青　海	52.30	4.80	0.01	69.37	412.61	50642
宁　夏	78.81	12.19	0.05	181.42	491.78	44896
新　疆	59.91	19.70		1.50		4249

本年新增藏量/万册(件)	本年新增电子图书/万册	当年购买的报刊种类/种	实际持证读者数/人	总流通人次/万人次	书刊文献外借人次	书刊文献外借册次/万册次	组织各类讲座次数/次
619.81	**1587.09**	**135466**	**14186876**	**5935.96**	**1142.05**	**3918.28**	**2912**
23.38	2.74	6814	718287	227.83	14.29	70.99	57
34.62	342.28	7553	711598	175.31	68.72	308.20	66
8.82	75.00	4581	314600	46.21	12.78	42.66	30
8.66	11.70	2566	464721	81.92	37.17	109.77	136
16.12	8.50	2253	174677	44.15	12.68	21.51	15
21.81		5213	315978	311.34	27.08	130.57	31
9.91		4057	185760	86.53	6.38	29.42	40
11.03	10.00	2288	26002	101.39	8.76	40.39	14
88.22	2.94	12931	3814313	381.46	55.05	257.20	143
13.63	10.81	3759	922582	223.29	68.10	72.32	46
41.19	13.36	6467	48191	287.17	69.87	151.78	47
14.25	13.53	2817	267034	176.11	20.53	107.40	70
19.13	12.74	6018	284861	115.73	25.59	230.89	137
33.91	3.00	7428	318694	214.78	39.48	157.93	29
18.22	2.71	6069	71141	122.39	22.75	85.86	283
10.97	157.15	2247	219207	96.77	35.01	101.79	29
38.87	30.00	5702	701843	206.23	49.88	227.32	118
22.74	0.74	2128	394505	181.77	42.98	210.67	411
36.51	21.29	5746	1508748	1255.18	206.60	532.13	50
25.69	323.27	6359	1142086	495.47	51.12	181.34	171
6.87	7.85	2218	231248	140.78	23.65	95.49	157
15.43	130.34	4663	539046	222.79	48.22	147.45	102
11.31	88.12	6283	49615	110.19	20.74	60.60	44
30.14			130309	117.54	29.00	29.00	37
8.87	163.87	3531	136195	115.09	54.18	253.51	47
2.74	110.20	1461	6130	16.92	1.08	2.35	17
18.31	16.40	4937	47908	92.63	31.08	139.03	64
14.11	3.50	4084	99176	51.25	30.70	48.27	72
6.47	5.10	1292	61722	40.01	3.68	11.04	43
5.15	3.55	1887	107206	70.40	7.39	22.75	17
2.73	16.40	2114	173493	127.33	17.51	38.65	389

续表 2

地 区	为读者举办各种活动					开展基层培训辅导人次/万人次
	参加人次/万人次	举办展览/个	参加人次/万人次	举办培训班/次	培训人次/万人次	
全 国	**785.84**	**2520**	**1172.40**	**2496**	**79.95**	**34.24**
北 京	0.96	108	37.01	1		0.52
天 津	0.42	25	47.79	66	0.50	0.09
河 北	0.54	31	7.85	19	0.05	0.01
山 西	1.83	59	3.31	4	0.03	0.05
内蒙古	0.40	15	0.50	10	0.28	0.15
辽 宁	3.29	89	97.68	207	1.28	0.66
吉 林	1.81	50	28.68			0.30
黑龙江	0.15	64	30.34	74	0.16	0.07
上 海	3.35	53	16.23	73	1.81	0.24
江 苏	2.25	30	7.47	58	0.38	27.01
浙 江	0.75	74	13.19	94	0.26	0.09
安 徽	1.11	41	4.05	304	0.67	0.68
福 建	17.67	108	32.85	96	0.58	0.05
江 西	0.58	9	18.76	62	0.57	0.30
山 东	2.70	80	8.10	428	0.66	0.03
河 南	0.29	76	8.91	12	0.55	
湖 北	2.02	50	42.28	35	0.26	0.31
湖 南	615.14	1007	96.36	153	26.35	0.74
广 东	94.45	110	316.70	107	2.44	0.02
广 西	3.50	69	153.71	46	0.53	0.16
海 南	1.04	20	5.33	113	0.34	
重 庆	1.77	105	31.58	261	2.04	1.56
四 川	0.79	7	43.61	10	0.13	0.13
贵 州	0.18	27	4.25	176	2.12	0.11
云 南	0.32	45	10.49	20	0.13	0.10
西 藏	0.07	2	0.02	1	0.01	
陕 西	18.05	31	16.36	50	37.71	0.59
甘 肃	0.74	7	2.35	6	0.04	0.14
青 海	0.93	22	0.94	4	0.02	0.02
宁 夏	0.34	97	20.37	2	0.02	0.03
新 疆	8.40	9	65.33	4	0.03	0.08

本单位受训人次/万人次	计算机/台	供读者使用电子阅览室终端数	图书馆网站访问量/人次	本年收入合计/千元	财政拨款预算收入	免费开放资金	中央资金
6.35	**20165**	**8535**	**453396484**	**4059971**	**3891347**	**293689**	**37010**
	1010	520	7408815	248501	241747	26941	21240
0.03	1445	906	3823198	187296	181503	2241	
0.02	204	49	448952	60689	60612	16245	
0.06	670	267	492642	105235	103505	12240	
	576	424	611762	47571	47303	8130	
2.78	783	434	1216444	118178	116872	30100	3447
0.19	792	405	1481120	72015	67526	1152	
	257	80	13714108	55701	53887	3598	
0.02	2834	712	102921816	771258	669485		
0.05	1084	138	22594429	236749	233773	11100	
	731	358	131113465	147432	144571	1297	
0.16	271	106	866776	67189	67139	3412	
0.09	615	282	40906993	189444	188803	6979	500
0.27	705	545	337061	92630	92372	34000	
0.01	525	250	777508	101894	100444	3985	
0.22	280	128	833216	74964	72788	6560	1400
0.41	865	360	29703620	151134	149276		
1.15	377	96	17725781	83813	82821	8854	
0.27	1346	255	11444100	224305	221491	3480	2030
0.42	970	689	21914595	109949	106528	6626	
0.01	290	106	3278049	129616	129616	4159	
	407	153	15812050	108063	89608	13750	400
0.01	400	130	3689195	86836	85893	25708	
0.07	500	300		169995	169995	20623	3
0.02	332	136	4750374	57716	55670	2500	
	73	54	3640000	29819	29819	2374	
0.04	528	167	11321134	152146	149630	8445	
0.02	444	164	322791	62993	62648	13000	
	411	150	22000	41309	40833	7990	7990
	290	110	140379	37675	37376	2000	
0.03	150	61	84111	37856	37813	6200	

续表 3

地区	购书专项经费	上级补助收入	事业预算收入	经营收入	其他收入
全国	**610338**	**40**	**95414**	**1647**	**71523**
北京	35711		5499		1255
天津	43270	40	3911		1842
河北	8500				77
山西	4684				1730
内蒙古	6600				268
辽宁	20000		440		866
吉林	11546		9		4480
黑龙江	6500		1796		18
上海	137561		60033	1364	40376
江苏	20630		1931		1045
浙江	46000		1387	1	1473
安徽	9510				50
福建	11779		133		508
江西	21000				258
山东	14990		711		739
河南	10690			116	2060
湖北	40610				1858
湖南	11590		449		543
广东	39430		2814		
广西	15650		347		3074
海南	2640				
重庆	18032		14402		4053
四川	12998		943		
贵州	19903				
云南	10000		255	166	1625
西藏	3200				
陕西	8094				2516
甘肃	12000		345		
青海	4250				476
宁夏	2970				299
新疆			9		34

本年支出合计/千元	基本支出	项目支出	经营支出	在支出合计中			
				工资福利支出	商品和服务支出		
						差旅费	劳务费
4154635	**1853684**	**2299372**	**1549**	**1493831**	**1054571**	**11146**	**44820**
247244	141500	105743		94560	91240	97	720
171240	89289	81951		75974	49489	24	147
51382	23511	27871		20400	24044	508	2900
70464	33763	36700		29354	15572	130	424
47471	27144	20327		24535	12715	227	433
100887	48545	52342		39053	43881	436	3136
68526	28092	40434		21784	36531	381	1942
55495	33520	21975		23825	14683	198	254
1037040	302924	732849	1267	254984	220200	431	5339
218284	142904	75380		133856	52589	357	5048
148520	85175	63344		61251	29508	385	2441
63122	46239	16883		27971	19777	125	1548
122761	55752	67009		31867	18082	108	3361
100496	29753	70743		31849	33456	438	88
102011	60616	41395		42606	26889	315	2937
67458	42018	25324	116	34616	19083	295	629
155328	73390	81938		65952	47592	240	4128
90305	52623	37682		44402	22840	123	904
218611	134657	83953		103630	43254	49	245
111581	64386	47195		48517	19641	425	891
129641	18051	111565		12629	16216	178	484
105821	65856	39964		54567	25589	3553	2507
86662	38094	48568		37527	32352	650	208
146101	27120	118981		22310	25325	23	
58534	33066	25302	166	30392	16564	256	815
34355	16944	17411		14683	16804	151	
156691	33603	123088		30240	20201	167	201
76074	30623	45451		23804	24293	671	2117
35779	21138	14641		19616	8070	17	351
38514	29941	8573		22780	8705		
38237	23447	14790		14297	19386	188	622

续表 4

地　区	福利费	各种税金支出	对个人和家庭补助支出	抚恤金和生活补助	其他资本性支出	各种设备、交通工具、图书购置费
全　国	**14507**	**3845**	**122253**	**11384**	**820431**	**623179**
北　京	1231	726	2708	299	58736	46157
天　津	614	350	2313	381	43464	43464
河　北	241		1182	169	5756	5756
山　西	555		1730	55	6296	4877
内蒙古	386		1086	106	9135	9135
辽　宁		29	2529	1281	15424	15424
吉　林	551		1125	213	9086	9086
黑龙江	647		4555	640	6572	6572
上　海	2366	538	5690	1107	95938	95854
江　苏	226	89	10521	386	21318	19866
浙　江	2830	645	3654	2199	54107	48685
安　徽	897	111	4546	18	10625	10625
福　建		5	3105	608	13794	13466
江　西	525	110	3434	281	31757	31757
山　东	299		15073	332	17442	17188
河　南	436		4705	223	8980	8980
湖　北	1321		2909	29	38875	38875
湖　南		200	7377	932	15286	11716
广　东		13	19712	195	52015	49640
广　西	180	377	2635	330	16771	16771
海　南		6	43	32	4487	4487
重　庆	25	463	4606		20205	15907
四　川	284	19	3569	223	13213	13125
贵　州			3161	304	95305	36296
云　南	195	160	386		11192	11192
西　藏			463		2405	2300
陕　西	172		390	159	105860	8542
甘　肃	393		4149	273	23828	17085
青　海			2163	16	4247	4243
宁　夏			2000	581	5029	2825
新　疆	133	4	734	12	3283	3283

		资产总计/千元		实际使用公用房屋建筑面积/万平方米			
新增藏量购置费	新增数字资源购置费		固定资产净值		书库面积	阅览室面积	书刊阅览室面积
447613	**103882**	**22263598**	**14441568**	**199.15**	**43.54**	**54.23**	**44.69**
34158	9942	1367912	726464	9.40	1.25	2.52	2.34
35070	8200	680309	624724	12.78	2.03	5.08	2.67
5600		364978	323637	5.06	1.12	0.93	0.86
2777	2100	536083	436858	7.49	1.07	1.71	1.66
4184	1470	271095	250184	3.50	0.58	1.56	1.28
13700	1724	1312316	1033533	10.32	1.74	3.81	3.32
8696		193802	163854	6.30	1.02	2.11	2.05
4500	2000	243576	219101	3.39	0.34	1.22	1.22
84770	5503	6429503	2835689	14.49	5.58	1.29	1.12
10967	6210	968230	839840	10.30	1.03	1.80	1.69
32878	13976	605449	514259	5.52	2.18	1.10	1.06
7086	2050	260387	160467	3.69	0.87	0.97	0.89
8883	3681	505429	263751	2.80	0.55	0.48	0.42
24763	4000	241745	213663	9.62	3.27	1.26	1.16
14978	54	460353	402235	7.07	1.36	1.14	0.96
5742	1945	182492	149569	3.89	1.04	1.46	1.38
26195	7709	1178020	993260	10.23	1.80	4.20	3.90
7846	3557	157417	148784	4.40	1.36	1.42	1.38
32409	6712	1229522	1139263	9.10	1.84	1.49	1.46
11321	4329	555407	454855	10.60	3.29	1.84	1.67
2640	1462	315788	62054	2.50	0.57	1.72	1.67
10957	3977	597015	524809	5.61	1.07	1.47	1.04
9500	3498	674663	600411	5.19	0.52	1.45	1.38
12850	1925	719638	210979	8.10	2.60	3.00	
6600	3400	227359	186185	3.04	0.75	0.82	0.75
2300		4510	3914	1.90	0.42	0.34	0.26
7166	928	659918	260207	4.98	1.03	1.72	1.62
9488	3530	539466	6751	6.52	1.04	0.86	0.64
4243		114304	65607	2.40	0.26	1.23	0.76
2338		275694	249445	3.32	0.90	1.33	1.24
3008		391218	377216	5.64	1.06	2.90	2.84

续表 5

地　　区	电子阅览室面积	实际拥有产权面积/万平方米	阅览室座席数/个	少儿阅览室座席数	盲人阅览室座席数
全　　国	**3.40**	**131.77**	**89092**	**12408**	**871**
北　　京	0.18		3525	570	49
天　　津	0.25	0.14	4734	307	12
河　　北	0.07	5.06	3670	280	22
山　　西	0.04	7.49	3425	200	23
内 蒙 古	0.28	3.50	2793	759	103
辽　　宁	0.49	9.93	5862	196	80
吉　　林	0.06	1.38	3308	120	8
黑 龙 江		3.05	2385	259	52
上　　海	0.18	13.38	1686	472	9
江　　苏	0.10	3.40	1847	420	12
浙　　江	0.04	4.99	1334	62	42
安　　徽	0.04	3.69	1545	320	36
福　　建	0.04	4.20	978	754	30
江　　西	0.11	9.62	6000	411	34
山　　东	0.10	4.54	1500	160	20
河　　南	0.08	2.95	2078	932	4
湖　　北	0.30	10.23	5703	1160	24
湖　　南	0.04	4.29	3194	1359	28
广　　东	0.03	7.77	8109	398	33
广　　西	0.17	7.34	3967	812	36
海　　南	0.05		1670	380	9
重　　庆	0.08	5.01	2319	605	32
四　　川	0.07	5.19	2958	150	8
贵　　州	0.10		2800	142	
云　　南	0.07	3.04	1159	156	37
西　　藏	0.07	2.97	300	85	13
陕　　西	0.10		1851	147	14
甘　　肃	0.06	3.92	2540	150	30
青　　海	0.04	1.37	1152	132	26
宁　　夏	0.10	3.32	1700	350	25
新　　疆	0.06		3000	160	20

志愿者服务队伍数/支	志愿者服务队伍人数	图书馆延伸服务情况			
		流动图书车数/辆	流动服务书刊借阅人次/万人次	流动图书车书刊借阅册次/万册次	分馆数量/个
963	**81539**	**20**	**37.42**	**139.41**	**1144**
59	11807		0.01	2.86	16
4	1603	1	0.05	0.18	55
1	289	1			55
5	5357				291
2	200				125
76	4750	3	7.36	8.95	2
14	620				1
8	101				93
102	2036	1	3.67	6.42	
1	368		3.76	3.04	2
6	5563				41
8	441				12
1	199	2	0.26	59.37	63
3	700				48
35	2600		1.88	4.01	2
23	577	1			38
1	1207	1	0.40	1.10	14
477	27500		4.48	25.81	10
2	4021				95
5	1981	2	6.63	8.71	20
25	400				13
12	2515	1	5.07	12.81	40
44	3454	1	0.35	0.72	27
3	320				4
16	1072				19
1	49	1	0.06	0.13	
23	1059	1	0.09	0.28	26
2	607	1			6
2	48	1	0.01	0.01	6
1	15	1	3.34	5.01	
1	80	1			20

2021年各地区地市级

地　区	机构数/个	从业人员/人					总藏量/万册（件）
			专业技术人才	正高级职称	副高级职称	中级职称	
全　国	**385**	**15967**	**11996**	**381**	**2075**	**5675**	**32354.53**
北　京							
天　津							
河　北	12	670	435	25	95	207	1115.50
山　西	10	564	293	6	49	103	683.15
内蒙古	12	510	453	10	117	188	553.17
辽　宁	23	925	766	55	135	424	2311.89
吉　林	10	500	429	34	138	164	906.04
黑龙江	13	593	423	46	116	196	980.27
上　海							
江　苏	17	1197	784	25	128	391	3081.41
浙　江	12	1102	775	31	109	362	2786.40
安　徽	23	544	370	3	37	167	1140.73
福　建	13	651	444	8	36	199	1631.92
江　西	11	341	258	3	36	116	712.48
山　东	17	989	779	33	156	369	2159.09
河　南	21	837	656	16	94	237	1412.89
湖　北	16	647	577	12	101	285	1502.77
湖　南	18	600	436	5	67	222	1078.58
广　东	27	1851	1489	40	191	805	5008.52
广　西	15	636	470	4	70	212	831.20
海　南	4	73	54		3	26	156.41
重　庆							
四　川	22	642	447	6	74	207	1416.73
贵　州	10	341	276	3	48	118	390.05
云　南	18	453	414	8	125	199	559.85
西　藏	6	54	34		1	6	71.48
陕　西	10	282	198	1	27	103	453.99
甘　肃	18	394	282	3	32	151	498.88
青　海	8	141	89	1	17	44	210.46
宁　夏	5	124	101	1	17	38	200.84
新　疆	14	306	264	2	56	136	499.83

公共图书馆基本情况

图书	盲文图书	古籍	善本	报刊	视听文献	缩微制品	其他
27597.50	**37.67**	**670.21**	**43.42**	**2609.59**	**731.20**	**7.82**	**738.35**
860.52	2.11	44.04	2.21	115.27	20.18	4.41	71.06
600.01	1.97	17.14	1.43	50.58	10.96		4.48
488.08	1.40	11.81	0.71	43.76	8.06		1.44
1813.81	1.21	85.47	2.91	216.32	78.83	1.37	116.11
782.52	0.80	21.03	1.73	69.13	16.69	0.14	16.52
770.32	1.23	29.56	1.71	140.97	33.85	0.05	5.54
2641.94	1.66	128.14	9.91	242.91	68.19	0.02	0.25
2456.91	2.23	57.65	4.47	138.36	129.61	0.01	3.88
1035.97	2.09	15.57	1.71	64.62	18.11	0.01	6.43
1205.71	1.28	9.73	0.63	131.78	26.22	0.02	258.46
609.31	1.04	16.39	1.84	68.64	9.10	0.04	9.02
1849.22	1.57	42.50	2.26	235.58	11.76	0.51	19.56
1205.31	1.54	44.63	4.21	148.20	11.91	0.69	2.14
1273.00	2.62	35.51	1.41	143.35	14.09	0.13	36.65
977.49	2.25	14.14	0.57	65.92	17.55	0.13	3.40
4528.86	4.18	20.07	0.69	214.81	186.05	0.18	58.50
690.41	0.54	6.62	0.54	114.99	10.31	0.01	8.89
138.30	0.06	0.58	0.01	13.92	2.49	0.02	1.09
1187.78	2.58	46.68	2.09	132.04	32.69	0.04	17.51
349.89	0.39	2.34	0.06	32.57	3.49		1.75
462.50	0.97	6.50	0.38	80.32	5.16		5.37
64.88	0.37	0.03	0.03	0.81	0.05		5.70
422.99	0.63	3.61	0.76	17.99	3.86		5.56
389.54	1.24	9.15	1.03	44.78	2.75	0.01	52.68
189.72	0.35	0.44	0.05	10.54	0.46	0.02	9.31
170.59	0.24	0.12		19.53	0.51		10.09
431.92	1.12	0.76	0.07	51.90	8.27	0.01	6.96

续表 1

地　区	在藏量中		音视频资源总量/千万小时	电子文本、图片文献资源总量/TB	线上服务人次/万人次	书架单层总长度/米
	开架书刊	少儿文献				
全　国	**19866.15**	**5864.11**	**100.93**	**1209568.03**	**75269.25**	**6462906**
北　京						
天　津						
河　北	774.63	159.83	0.26	869.50	2125.49	145344
山　西	432.21	115.45	0.02	758.30	1164.15	111791
内蒙古	344.47	64.73	0.01	138.27	362.38	65010
辽　宁	1549.71	411.80	27.79	864.66	1908.81	235354
吉　林	303.54	134.22	0.32	317.11	6186.08	88175
黑龙江	489.70	79.53	0.05	790.78	1505.73	263132
上　海						
江　苏	1729.42	583.13	0.09	480.72	16089.28	304215
浙　江	1305.75	655.55	0.23	1207.77	8520.57	597771
安　徽	790.26	182.29	4.73	804.83	1805.91	152784
福　建	926.48	313.11	0.03	458.33	7242.54	189168
江　西	336.81	92.91	2.07	319.43	577.31	53675
山　东	1450.91	285.77	0.10	1355.86	5842.32	345072
河　南	926.27	296.16	26.28	260352.43	939.91	200855
湖　北	902.97	128.96	0.15	994.61	3347.17	220815
湖　南	729.49	188.94	0.13	850362.54	1336.28	505103
广　东	3678.37	1470.10	35.12	2570.71	10311.26	1423908
广　西	584.79	179.87	0.02	60208.29	367.72	149978
海　南	111.70	21.83	2.01	118.60	1779.37	20789
重　庆						
四　川	778.23	181.94	0.03	505.33	846.85	995316
贵　州	252.53	70.16	0.11	124.60	708.48	43432
云　南	323.99	41.09	0.28	190.37	300.90	118359
西　藏	37.27	3.10	0.06	41.21	9.31	18
陕　西	318.56	34.32	0.43	235.26	843.73	68486
甘　肃	295.61	66.72	0.03	25158.06	367.72	86958
青　海	95.51	17.50	0.51	27.00	21.21	9963
宁　夏	106.73	28.06	0.01	135.28	307.90	20622
新　疆	290.24	57.04	0.06	178.18	450.87	46813

本年新增藏量/万册(件)	本年新增电子图书/万册	当年购买的报刊种类/种	实际持证读者数/人	总流通人次/万人次	书刊文献外借人次	书刊文献外借册次/万册次	组织各类讲座次数/次
1839.72	**1815.76**	**302757**	**39416092**	**21179.61**	**6118.68**	**18012.90**	**19962**
49.71	53.39	8420	924622	582.63	191.52	379.95	527
105.52	200.55	6211	1064757	678.99	305.91	502.03	296
24.02	24.93	5448	370960	279.46	73.98	138.37	194
51.45	15.43	16917	1149305	763.37	258.36	1384.63	712
25.56	6.26	8521	707448	177.04	75.17	161.36	452
45.20	20.86	6311	334514	225.29	64.26	145.65	172
141.49	44.74	29289	11546994	3098.49	1042.39	2192.16	1349
160.09	87.37	18504	2240637	2007.30	364.58	1766.10	1822
74.09	74.66	12562	1733339	1859.05	223.19	777.71	1473
186.81	101.94	11326	1074186	835.14	436.30	1332.30	338
33.65	35.06	6473	732403	602.92	161.79	375.37	1050
182.24	151.12	18490	2367778	1601.40	491.65	1109.89	1404
65.73	101.64	13774	1109630	1264.77	386.52	588.46	2032
63.19	365.70	11528	1201916	877.92	272.82	634.90	699
55.12	118.06	7527	1062803	686.79	280.07	725.50	1133
263.70	78.97	51398	8220548	2789.75	779.89	4198.08	3231
34.76	19.51	13435	577474	786.69	120.22	308.95	483
8.72	0.21	1933	65442	100.66	22.55	61.88	40
74.21	92.22	16406	1472576	546.61	201.97	419.68	639
51.36	11.91	4889	241485	262.85	63.27	149.59	136
29.97	44.03	7433	179927	302.30	74.41	175.11	577
6.67	7.50	1089	8869	9.39	0.80	2.22	10
17.40	55.02	6756	312595	341.89	78.53	164.98	161
14.03	44.20	8260	186382	262.40	60.05	159.15	579
9.70	2.10	1728	110681	25.70	9.14	18.75	37
46.07	23.30	1746	125594	84.59	24.77	48.41	94
19.26	35.08	6383	293227	126.22	54.57	91.72	322

续表 2

地区	为读者举办各种活动					开展基层培训辅导人次/万人次
	参加人次/万人次	举办展览/个	参加人次/万人次	举办培训班/次	培训人次/万人次	
全国	**481.65**	**9724**	**3082.40**	**20846**	**167.28**	**15.05**
北京						
天津						
河北	11.19	324	82.22	303	5.20	0.28
山西	2.96	148	352.89	1208	33.07	0.61
内蒙古	2.08	126	12.26	29	0.26	0.25
辽宁	19.64	408	88.80	757	6.86	0.17
吉林	5.41	349	40.38	155	2.99	0.08
黑龙江	0.68	180	7.42	185	0.50	0.07
上海						
江苏	13.50	1178	548.06	1573	5.96	0.96
浙江	133.30	1034	282.00	3983	30.43	0.58
安徽	17.45	611	83.81	1122	7.05	3.46
福建	3.09	209	38.55	502	3.53	0.09
江西	11.21	289	39.85	115	1.13	0.29
山东	14.95	719	172.53	2736	21.02	0.63
河南	37.86	513	193.03	576	3.12	1.60
湖北	43.70	335	66.56	841	5.98	0.41
湖南	13.76	214	145.35	2120	5.98	0.58
广东	107.78	903	601.31	3061	24.01	2.70
广西	7.94	400	71.97	583	3.25	0.42
海南	1.20	24	6.45	76	0.44	0.06
重庆						
四川	7.42	179	61.41	163	0.79	0.61
贵州	3.59	168	31.38	93	1.33	0.17
云南	12.49	434	34.64	186	1.23	0.30
西藏	0.10	102	0.23	139	0.25	0.01
陕西	2.51	185	37.82	28	0.17	0.25
甘肃	3.34	204	32.49	179	2.16	0.17
青海	0.46	20	4.18	10	0.13	0.02
宁夏	2.42	51	7.89	18	0.13	0.17
新疆	1.62	417	38.92	105	0.31	0.11

本单位受训人次/万人次	计算机/台	供读者使用电子阅览室终端数	图书馆网站访问量/人次	本年收入合计/千元	财政拨款预算收入	免费开放资金	中央资金
7.48	**53422**	**29607**	**716088001**	**5413359**	**5325426**	**687339**	**115268**
0.10	1835	1065	10434256	160378	158417	7820	3615
0.69	1872	994	21602337	131951	130669	5050	3000
0.08	1161	555	2677139	130574	130466	8957	7329
0.22	3413	1709	19811678	192813	191806	8683	3067
0.51	1042	567	1566885	101897	96188	4769	2179
	1397	655	3997978	104388	104337	4485	3780
0.27	4173	1639	97114560	556402	547646	18129	6000
0.50	2974	1495	71242568	455217	447921	67794	1630
0.30	2531	1613	26292120	176880	173986	22854	6550
0.87	2945	1640	22144322	251651	241566	12601	692
0.16	1089	738	16888100	95077	94213	9857	3550
0.41	3506	2048	39737622	287789	286848	24841	8272
0.36	2868	1522	12534748	216584	211775	11875	6000
0.43	1846	1053	16452035	208065	205998	9165	4154
0.26	1796	1080	10232663	147749	141886	10118	4491
1.17	6644	3898	316934815	1129301	1122374	396152	3039
0.20	1649	1000	4145027	150903	144759	7790	6070
0.05	385	283	883727	29324	29223	1635	950
0.01	2183	1357	7431391	218820	217843	11874	8800
0.16	1010	410	7164450	129366	123210	4169	3411
0.22	1759	918	3502924	221469	219958	10074	6859
	296	254	18922	21697	17740	2600	2160
0.26	997	497	1220518	72116	70739	4500	3300
0.14	1245	777	617559	69339	69321	8530	6700
0.02	608	389	873354	39026	38368	3280	2000
0.05	615	438	35468	34760	32472	2950	2000
0.04	1583	1013	530835	79823	75697	6787	5670

续表 3

地　区	购书专项经费	上级补助收入	事业预算收入	经营收入	其他收入
全　国	**632849**	**19222**	**11546**	**7679**	**49486**
北　京					
天　津					
河　北	12421		100		1861
山　西	31098	25		908	349
内蒙古	8037				108
辽　宁	28619	1000			7
吉　林	13236		5418		291
黑龙江	9836		18		33
上　海					
江　苏	58864		421	5241	3094
浙　江	72791		200		7096
安　徽	27022				2894
福　建	29606	154	566	1530	7835
江　西	11980	370	19		475
山　东	37737				941
河　南	21891	20	69		4720
湖　北	19956	1500	10		557
湖　南	16512	811	4695		357
广　东	153697	3314			3613
广　西	11701	6037			107
海　南	2620				101
重　庆					
四　川	22300				977
贵　州	6963	2234			3922
云　南	7852		30		1481
西　藏	2613				3957
陕　西	8530	20			1357
甘　肃	4365	18			
青　海	3660	103			555
宁　夏	3007	2107			181
新　疆	5935	1509			2617

本年支出合计/千元	基本支出	项目支出	经营支出	在支出合计中			
				工资福利支出	商品和服务支出	差旅费	劳务费
5534277	**2940559**	**2535786**	**1793**	**2390868**	**1404035**	**12587**	**141252**
156077	95477	60600		68602	47722	356	3515
145477	39762	104930	785	38473	47265	454	5258
139086	91731	47355		64981	44853	447	387
192454	109922	75095		96462	49789	212	7910
114370	79109	35261		69801	20661	338	5769
107286	84446	22840		63803	16967	145	2603
568729	308155	260323	59	254868	174666	1929	19829
462728	243233	219495		197727	138874	758	21083
175596	86456	85447		68785	52617	573	1689
269106	99471	168686	949	76583	81111	126	17711
101313	62948	38362		54375	21905	377	2382
290797	170769	119784		127481	76476	381	9093
230558	131475	80227		107983	54344	463	6274
211129	128166	82962		110388	50358	512	4693
151341	105003	41132		79201	28941	513	3507
1132613	575739	555179		462408	261449	550	9535
149694	81219	67745		82263	34896	759	964
29324	8993	20330		6838	14793	87	1568
227454	96165	131286		77564	60964	921	5647
125869	56975	64338		47398	19751	262	2693
219011	85951	132970		69704	23507	547	2519
22628	8661	13520		7515	794	22	24
74351	36860	33737		36317	26417	254	1561
71952	53302	17606		33640	15895	352	1445
45677	25038	18810		22866	7675	73	1179
37882	22270	15612		20152	10538	156	248
81775	53263	22154		44690	20807	1020	2166

续表 4

地　区	福利费	各种税金支出	对个人和家庭补助支出	抚恤金和生活补助	其他资本性支出	各种设备、交通工具、图书购置费
全　国	**19475**	**1734**	**235551**	**20699**	**987306**	**864426**
北　京						
天　津						
河　北	402	117	8606	814	28250	26586
山　西	949	6	831	28	33848	32406
内蒙古	490		3240	649	19177	15155
辽　宁	43	6	4007	1243	34248	32905
吉　林	497		2260	1558	15644	14494
黑龙江	210	28	10119	636	15288	12957
上　海						
江　苏	1282	111	27162	1034	90258	77084
浙　江	6386	4	5136	379	87598	81366
安　徽	442	257	6604	543	33184	33035
福　建	161	59	6910	162	48885	46208
江　西	243		1899	410	19307	16594
山　东	358	20	19534	707	54357	53112
河　南	835	29	11835	1588	38418	34736
湖　北	1225	41	7089	167	39423	34209
湖　南	760	14	10226	1000	28917	24756
广　东	2343	519	72187	928	223937	169509
广　西	181	80	2445	915	22534	20182
海　南		1	274	22	3959	3564
重　庆						
四　川	915	49	11390	4245	71072	64579
贵　州	314	4	6953	264	18651	16573
云　南	641	75	3786	1919	12930	12226
西　藏			54		2239	2239
陕　西	95		150	129	9594	9032
甘　肃	376		7770	367	6924	4656
青　海			2107	249	11447	10604
宁　夏	2	314	985	101	5892	5792
新　疆	325		1992	642	11325	9867

新增藏量购置费	新增数字资源购置费	资产总计/千元	固定资产净值	实际使用公用房屋建筑面积/万平方米	书库面积	阅览室面积	书刊阅览室面积
519489	**147273**	**21064238**	**16702018**	**561.73**	**105.18**	**177.40**	**143.61**
16515	1806	444232	356154	19.25	2.28	5.38	4.87
24048	6358	1324142	1115610	20.92	2.17	7.60	6.02
8600	2096	666100	619753	18.15	1.53	3.63	3.20
16224	7623	1100811	991247	25.97	4.83	6.72	4.84
6513	4921	352431	314989	12.24	1.80	3.55	2.87
8501	2266	470146	430079	14.78	2.64	4.00	2.60
48273	10397	1622502	963338	47.69	6.61	14.67	13.32
60882	13234	1490260	1211000	35.44	5.57	10.10	8.77
23916	6670	1811683	1492635	23.96	4.24	8.95	7.10
29192	10600	1320287	1123567	31.01	7.94	15.30	12.95
10230	2725	235638	189714	14.54	3.86	5.02	3.79
31091	5510	1000049	706249	44.29	8.56	13.49	11.04
19194	6131	1172523	961949	33.40	7.87	8.57	6.06
19616	2032	644645	500831	26.30	8.05	9.20	6.59
17827	1704	336752	278019	18.82	5.59	4.36	3.51
104233	44221	3878449	3196951	67.32	12.11	22.26	19.60
9006	3071	543542	440049	19.68	3.41	4.93	3.85
2769	150	74824	41031	1.71	0.60	0.39	0.31
28947	1583	451667	370004	18.80	3.58	5.72	4.75
5285	3744	361612	159836	8.84	1.34	2.81	2.64
6449	2082	531513	249181	12.98	3.53	4.26	2.83
1854	70	85273	71467	2.38	0.33	0.60	0.35
5241	1109	217250	166151	9.93	2.05	3.84	3.62
3097	1139	336244	271333	11.31	1.58	5.13	2.57
4035	900	124850	107065	5.88	0.64	2.41	1.99
2385	2627	62753	49157	4.04	0.49	1.24	1.06
5566	2504	404060	324659	12.10	1.98	3.27	2.51

续表 5

地　区	电子阅览室面积	实际拥有产权面积/万平方米	阅览室座席数/个	少儿阅览室座席数	盲人阅览室座席数
全　国	**14.05**	**276.81**	**356273**	**79128**	**6785**
北　京					
天　津					
河　北	0.37	10.51	12888	2665	243
山　西	0.57	11.50	13835	2899	147
内蒙古	0.29	8.59	8397	1157	198
辽　宁	0.72	10.60	15159	3371	304
吉　林	0.29	8.05	7529	1190	105
黑龙江	0.30	5.27	8950	1612	88
上　海					
江　苏	0.62	24.83	23689	5237	393
浙　江	0.66	10.12	19746	5878	193
安　徽	0.58	14.53	19260	4318	424
福　建	0.82	13.31	19942	3411	215
江　西	0.40	5.78	10065	2683	301
山　东	1.17	22.28	21178	4595	376
河　南	0.79	19.68	24123	7256	465
湖　北	0.67	14.73	16809	3405	324
湖　南	0.56	10.18	11975	3395	246
广　东	1.91	28.20	38347	9097	386
广　西	0.63	5.66	13323	3420	200
海　南	0.08	2.06	1425	436	15
重　庆					
四　川	0.48	11.57	15358	3137	361
贵　州	0.14	4.87	6597	1793	165
云　南	0.60	8.29	9722	1713	416
西　藏	0.16	0.87	1273	233	66
陕　西	0.23	7.71	7782	1122	157
甘　肃	0.31	7.71	11486	2475	203
青　海	0.14	0.89	3589	296	36
宁　夏	0.16	2.21	4662	1048	52
新　疆	0.40	6.81	9164	1286	706

志愿者服务队伍数/支	志愿者服务队伍人数/人	图书馆延伸服务情况			
		流动图书车数/辆	流动服务书刊借阅人次/万人次	流动图书车书刊借阅册次/万册次	分馆数量/个
1107	**204043**	**407**	**488.88**	**1,079.08**	**5688**
26	2273	3	3.95	8.59	113
63	9512	10	13.84	39.57	167
19	1123	4	0.82	1.37	182
84	7253	3	30.64	81.06	590
26	3262	4	2.88	3.80	27
16	4768	3	14.74	40.94	153
98	41022	17	37.98	37.61	441
100	19091	17	70.37	161.97	441
85	7975	9	6.88	14.85	222
42	2452	7	33.27	154.05	319
22	1350	5	1.34	2.51	105
54	5854	17	45.14	67.28	349
54	3740	9	21.76	29.31	195
34	4342	11	32.46	48.94	282
109	10261	4	12.30	24.57	465
59	55139	246	75.59	230.91	987
35	6275	4	4.70	6.91	88
7	315		1.89	2.63	29
37	3744	10	11.73	20.50	117
15	1551	2	37.40	42.68	49
36	7844	1	8.59	12.69	58
3	47				3
24	1696	4	0.34	0.69	114
28	936	1	2.22	4.58	53
7	96	9	3.49	6.65	7
6	1204	2	14.00	33.58	37
18	918	5	0.56	0.84	95

2021年各地区县市级

地　区	机构数/个	从业人员/人	专业技术人才	正高级职称	副高级职称	中级职称	总藏量/万册(件)
全　国	**2791**	**34335**	**20912**	**201**	**2452**	**9590**	**66958.00**
北　京	19	866	603	4	43	250	2375.01
天　津	19	765	524	7	80	215	1339.87
河　北	164	1280	780	2	90	365	2507.38
山　西	117	997	607	2	50	273	1275.53
内蒙古	104	1138	880	11	205	375	1157.45
辽　宁	105	1050	686	7	86	419	1586.19
吉　林	55	809	637	14	112	284	973.48
黑龙江	89	794	690	52	206	287	1007.17
上　海	20	1235	1066	3	54	408	2299.29
江　苏	105	2098	1175	13	135	496	6817.20
浙　江	90	2543	1165	22	128	573	7048.01
安　徽	109	901	503	1	37	216	2239.96
福　建	81	810	481	4	32	218	3109.55
江　西	102	892	443	1	22	170	1946.42
山　东	135	1778	1334	5	209	638	4420.43
河　南	146	1824	858	4	70	434	2258.53
湖　北	100	1206	753		39	436	2206.11
湖　南	124	1246	829		35	438	3100.93
广　东	122	3277	1434	12	81	650	6738.15
广　西	98	782	556	1	28	263	1365.20
海　南	19	191	91		1	26	337.77
重　庆	41	753	390	18	56	176	1821.27
四　川	184	1504	809	2	50	354	2611.85
贵　州	88	680	461		35	183	1119.14
云　南	132	1146	1032	2	383	453	1478.80
西　藏	75	89	54		2	3	134.17
陕　西	106	1621	894	2	55	418	1271.53
甘　肃	85	915	481	9	38	226	957.72
青　海	41	239	104	1	9	50	200.66
宁　夏	21	310	170	1	15	93	446.78
新　疆	95	596	422	1	66	200	806.45

公共图书馆基本情况

图书	盲文图书	古籍	善本	报刊	视听文献	缩微制品	其他
58235.89	**82.64**	**473.10**	**39.59**	**3987.81**	**1091.30**	**78.30**	**3093.43**
2293.44	0.38	5.17	0.33	15.96	27.48	0.27	32.70
1194.71	1.21	6.42	0.39	59.27	10.38		69.07
2192.78	4.17	5.91	0.48	107.10	88.38	2.69	110.55
1063.06	2.00	28.88	4.67	116.57	11.69	1.35	54.08
971.45	1.66	2.07	0.40	103.95	19.14	0.39	60.49
1341.17	1.65	3.29	0.92	48.71	34.23	0.73	158.08
738.29	2.07	1.25	0.03	57.05	18.29	15.30	143.32
892.47	1.62	0.41	0.01	84.04	6.11	0.11	24.15
2138.33	1.30	8.57	0.47	25.79	107.81	0.01	18.76
6203.27	5.61	64.81	3.67	253.76	72.11	0.47	222.87
6531.75	4.44	51.96	3.29	282.60	92.49	0.43	88.86
2004.86	6.43	12.13	0.39	87.57	30.92	0.48	104.16
2560.76	1.34	10.99	0.85	136.03	108.89	1.23	291.65
1609.18	3.62	23.95	3.87	181.94	12.69	0.84	117.83
3973.37	6.39	23.54	2.49	263.55	41.03	3.92	115.15
1955.40	8.77	14.91	1.21	205.12	31.12	0.73	51.31
1845.45	2.59	13.21	1.02	203.72	23.18	33.75	86.95
2700.20	3.58	41.24	2.91	241.77	24.26	1.64	91.88
5777.09	3.75	12.24	1.21	205.27	113.03	0.39	630.23
1027.71	0.62	6.49	0.16	266.85	13.59	0.95	49.73
286.01	0.04	0.61	0.04	18.72	30.79	0.80	0.86
1583.23	3.14	22.19	2.35	125.32	20.82	0.12	69.62
2231.57	4.98	44.66	1.74	205.52	30.75	3.71	95.66
925.53	1.85	4.01	0.69	98.54	12.79	0.62	77.74
1115.18	1.63	27.08	2.74	183.70	74.46	1.12	77.32
106.01	0.39	2.33	0.12	5.56	1.06	0.41	18.81
1081.09	2.61	19.31	0.99	103.34	13.73	0.38	53.74
752.30	2.43	11.83	2.03	131.19	6.21	1.99	54.24
163.69	0.55	2.58	0.08	9.73	1.72	2.69	20.32
337.36	1.17	0.57	0.02	52.87	5.31	0.03	50.71
639.18	0.65	0.49	0.02	106.70	6.84	0.75	52.59

续表 1

地　区	在藏量中		音视频资源总量/千万小时	电子文本、图片文献资源总量/TB	线上服务人次/万人次	书架单层总长度/米
	开架书刊	少儿文献				
全　国	**41871.19**	**9490.46**	**1534.28**	**5556897.57**	**34842.74**	**7445224**
北　京	1745.56	327.51	0.89	1293.24	2507.62	203731
天　津	701.35	154.76	0.07	6628.09	1926.42	102670
河　北	1401.80	295.40	9.22	212083.23	755.11	239804
山　西	650.39	107.03	15.01	748815.64	120.60	143437
内蒙古	699.36	119.52	20.35	124187.65	133.11	329872
辽　宁	944.67	256.69	50.31	316375.61	279.47	158362
吉　林	530.46	102.03	1.65	93175.49	96.02	90416
黑龙江	687.62	114.56	44.23	436075.77	127.92	104396
上　海	1460.22	306.82	0.33	1862.45	1573.75	200312
江　苏	4341.29	972.44	6.85	1398.60	3660.02	559153
浙　江	5221.96	1446.74	2.30	2115.94	8109.55	656019
安　徽	1306.50	310.93	5.20	4976.98	1100.14	171806
福　建	1661.50	473.25	3.27	443.14	1698.03	229119
江　西	974.52	283.33	166.47	294406.45	464.44	276964
山　东	3073.76	527.28	165.22	2202449.44	1278.64	378052
河　南	1437.55	298.65	132.63	28038.63	408.56	249065
湖　北	1129.00	307.41	83.12	33779.22	558.07	220121
湖　南	1756.58	495.49	125.03	238796.80	1179.29	640338
广　东	4712.78	1109.62	15.36	122663.22	3809.77	646038
广　西	709.24	136.85	3.36	78687.81	130.71	199056
海　南	215.55	29.69		31.26	60.07	36544
重　庆	1305.00	275.62	4.18	845.46	738.85	385215
四　川	1608.49	315.58	0.12	1194.74	1207.88	467642
贵　州	684.52	106.42	67.14	227062.72	803.91	115664
云　南	864.39	149.59	591.56	264386.90	729.58	233872
西　藏	9.40	7.44	0.03	11.00	0.09	1062
陕　西	756.42	164.10	15.37	453.31	590.96	132042
甘　肃	546.97	121.58	4.53	77643.98	334.39	111626
青　海	58.63	16.98	0.03	7683.20	62.37	24263
宁　夏	200.27	65.26	0.05	137.46	224.95	42622
新　疆	475.44	91.89	0.40	29194.14	172.45	95941

本年新增藏量/万册(件)	本年新增电子图书/万册	当年购买的报刊种类/种	实际持证读者数/人	总流通人次/万人次	书刊文献外借人次	书刊文献外借册次/万册次	组织各类讲座次数/次
4825.12	**4291.38**	**551108**	**44176388**	**47333.44**	**16529.47**	**36765.66**	**60356**
128.86	131.44	15114	1211148	496.10	137.83	558.94	1708
123.11	68.39	14782	676766	685.36	143.42	433.08	990
363.69	166.76	19354	1042690	1528.47	731.78	1443.15	3383
51.00	22.76	10176	520863	715.87	235.62	411.09	1628
79.46	27.89	12232	443285	513.87	161.79	317.09	580
33.42	7.09	13680	838685	662.86	202.52	373.44	696
36.88	122.52	6916	184888	246.29	79.53	162.84	1026
34.36	6.30	12089	319085	181.90	72.26	168.07	507
99.07	33.26	27571	2057950	912.14	220.61	1279.18	1489
448.80	198.33	43747	7797287	7639.08	3389.16	5755.15	4117
567.89	649.62	51287	5641974	8704.33	1389.05	5481.09	4714
156.58	121.88	18224	1676618	2064.01	891.89	1396.26	2403
327.40	213.60	19540	1002919	1344.05	581.69	1827.32	1377
125.95	113.22	19150	943480	1832.99	662.47	1218.92	2023
265.54	409.61	28762	3540523	2527.22	1240.22	2297.80	5572
131.90	121.16	16567	1255681	1729.01	858.94	1323.71	2491
106.28	160.63	15645	908684	912.11	492.58	868.54	1261
388.62	206.32	26405	1950880	3238.70	1405.91	2645.89	3871
617.07	158.58	35778	5581699	4609.14	1020.76	3945.69	7011
35.18	44.08	15566	271536	507.90	225.15	378.67	1031
14.86	20.77	4952	67549	196.04	37.11	66.44	210
167.82	146.81	20005	2395210	1242.42	436.75	1036.82	1433
170.82	400.96	27056	1698333	1488.79	603.59	1138.01	2289
59.68	191.43	13074	567737	1009.90	403.48	574.29	1278
44.52	137.03	21654	468304	667.73	225.89	478.19	2858
7.25		269	3042	8.08	2.56	4.21	36
104.91	105.50	13444	481534	691.96	270.63	446.67	1636
52.50	91.95	8860	279080	487.36	177.31	370.28	909
4.51	3.48	1807	31204	45.69	14.89	19.06	160
23.30	157.65	4748	124932	213.07	96.92	151.30	140
53.89	52.36	12654	192822	231.00	117.16	194.47	1529

续表 2

地　区	为读者举办各种活动					开展基层培训辅导人次/万人次
	参加人次/万人次	举办展览/个	参加人次/万人次	举办培训班/次	培训人次/万人次	
全　国	**879.79**	**37588**	**4956.52**	**44601**	**278.81**	**88.63**
北　京	74.85	487	88.83	685	3.77	0.50
天　津	6.21	522	52.02	937	4.00	1.10
河　北	44.89	2580	195.40	2419	19.33	4.06
山　西	19.81	990	50.80	573	3.12	1.77
内蒙古	7.45	521	24.10	278	1.86	0.74
辽　宁	10.48	587	49.57	387	2.02	0.58
吉　林	4.77	673	31.60	175	1.45	0.29
黑龙江	3.23	331	27.74	156	0.80	0.24
上　海	26.57	280	125.09	1005	3.49	0.50
江　苏	72.45	2863	1212.18	4129	44.03	12.12
浙　江	124.34	3633	617.56	7261	39.03	4.30
安　徽	57.10	1909	178.84	1895	12.61	5.82
福　建	11.52	719	57.28	817	3.70	0.76
江　西	32.78	1361	162.23	921	8.04	3.01
山　东	52.17	2365	171.88	3585	18.70	5.61
河　南	26.73	1383	102.32	1356	14.09	4.04
湖　北	16.92	1110	79.56	835	7.15	6.16
湖　南	62.11	1274	198.91	2064	18.51	11.66
广　东	92.06	2616	681.60	6129	26.47	2.36
广　西	10.06	766	53.22	880	4.48	1.52
海　南	1.95	108	40.03	1466	3.47	2.28
重　庆	14.15	1274	107.67	1177	8.39	1.86
四　川	26.85	1300	115.38	1068	5.85	8.11
贵　州	17.91	784	100.89	886	6.94	1.94
云　南	21.99	1763	132.58	781	3.76	1.29
西　藏	0.29	107	0.86	19	0.25	0.02
陕　西	16.12	2296	92.98	1266	6.18	1.82
甘　肃	9.66	658	56.75	322	2.51	1.19
青　海	1.49	152	4.59	98	0.68	0.17
宁　夏	2.56	117	100.66	96	0.69	0.34
新　疆	10.32	2059	43.40	935	3.44	2.47

本单位受训人次/万人次	计算机/台	供读者使用电子阅览室终端数	图书馆网站访问量/人次	本年收入合计/千元	财政拨款预算收入	免费开放资金	中央资金
12.62	**146782**	**100772**	**337126723**	**8270328**	**8053448**	**795884**	**357257**
0.93	3714	1509	7980949	494491	494298	10402	1385
0.13	3117	1923	6516297	317954	315830	11088	4046
0.21	6073	4594	8520436	244924	237442	27341	17672
0.28	4441	3299	3017338	136690	132896	23352	14394
0.14	4594	3107	2821847	188341	184729	17503	13624
0.12	5242	3545	800728	176017	175517	9475	3230
0.20	2564	1684	1942373	122321	120948	8732	5460
	3600	2505	1815495	143633	143289	13296	11280
0.69	3879	1985	24652887	640153	633591	54190	53900
0.09	7887	5109	36517641	657411	640586	34074	3835
2.15	8137	5316	9559378	846506	827992	66134	5161
1.97	5396	3977	12819446	191688	175789	24142	10263
0.17	3738	2500	5965240	200685	191890	12097	1883
0.11	5439	3957	5818484	181117	169367	18187	8266
0.60	7659	5394	29981301	348537	328180	39559	5911
0.38	7364	5203	5074094	221766	216179	26378	17220
0.30	4336	2982	8350214	236605	226482	22370	10173
0.68	5745	4207	13993963	229874	222342	23634	11367
1.45	12165	8313	26273790	1040315	1018449	137188	6473
0.10	3929	2627	5464224	110172	107895	19302	15602
0.07	913	645	471189	39123	38258	4979	2448
0.29	3666	2605	19980743	242241	239953	26520	16040
0.01	8319	6114	14337858	331789	327963	46519	29445
0.19	4284	3100	35112867	148995	140100	13620	9720
0.36	5314	3853	36672762	204344	195933	25239	17659
0.04	1072	712	1224	18226	18132	13780	11640
0.62	4699	3441	7643190	229386	219730	21340	14272
0.08	3657	2419	1406276	135136	130736	15782	13207
0.01	1197	664	119137	39237	36307	4192	1674
0.09	1273	922	1277521	58144	53798	6772	4535
0.16	3369	2561	2217831	94507	88847	18697	15472

续表 3

地　区	购书专项经费	上级补助收入	事业预算收入	经营收入	附属单位上缴收入	其他收入
全　国	**767238**	**90485**	**27723**	**78**	**43**	**98551**
北　京	52208		3	24		166
天　津	19012	320				1804
河　北	22007	1065	517	45		5855
山　西	5528	2751	20			1023
内蒙古	9359		2057			1555
辽　宁	5154	443	57			
吉　林	6776	10				1363
黑龙江	4606	343				1
上　海	70267		72			6490
江　苏	72149	6909	2772			7144
浙　江	126740	2625	10			15879
安　徽	16785	11881	1647			2371
福　建	26158	4964	1			3830
江　西	18690	4959	887			5904
山　东	27567	10463	4458			5436
河　南	22921	3135	740	9		1703
湖　北	16701	4069	194			5860
湖　南	17249	4261	491		38	2742
广　东	108272	11940	4662			5264
广　西	7746	1325	213			739
海　南	2710	344	86			435
重　庆	26911	1151				1137
四　川	32142	480				3346
贵　州	7886	5377	2204			1314
云　南	5714	4000	222			4189
西　藏	1903	94				
陕　西	21103	3077	3618			2961
甘　肃	5292	1276	2624			500
青　海	2811	248	168		5	2509
宁　夏	2189	2380				1966
新　疆	2682	595				5065

本年支出合计/千元	基本支出	项目支出	经营支出	在支出合计中			
				工资福利支出	商品和服务支出	差旅费	劳务费
8522529	**4938834**	**3020296**	**4284**	**3842994**	**1946072**	**32456**	**230345**
496780	277712	215499		236072	164449	1231	8413
336217	215981	104308		157871	106872	172	8327
267734	119442	137143	586	87419	29873	304	3314
136903	91734	37213	18	80328	23103	531	3126
186916	145661	29249	8	111787	23984	475	3028
185179	106605	24655	1997	88876	20503	202	3566
126933	89939	34356		74638	15383	446	3077
125187	100296	24890		78727	17694	244	1329
646857	432763	214094		305089	218413	211	2261
667333	391267	260100	165	300839	167266	1556	14222
846026	434493	391348		357219	218841	2887	26613
191592	112993	54708	192	80288	33133	870	2471
204921	110877	86661		88820	53324	138	11365
205241	119812	62762	628	88365	32514	1827	4133
353393	225480	93811	14	183474	49969	767	6302
220046	161592	36681	10	122358	25792	879	3605
232918	159397	65243	24	133335	35246	880	5856
383931	164951	55831		108136	43707	1449	5109
1047709	391964	624731	160	303405	360986	705	59296
110903	86352	18866	12	64396	18382	1456	2510
38028	17766	17814		14473	12558	345	3802
241694	133155	107726		99166	71947	6390	16568
337432	190680	135618		158225	91412	4427	12883
147528	98964	25624	60	55563	9343	735	2485
204705	156909	39986	40	141857	28086	1062	4849
14564	10793	571	53	4668	52	51	
232918	151961	54381	252	132958	30860	1191	4859
138958	98110	27040	45	79402	17181	582	3076
39725	25745	11447		14661	5159	155	707
59706	43539	14213		28244	8002	86	1570
94552	71901	13727	20	62335	12038	202	1623

续表 4

地区	福利费	各种税金支出	对个人和家庭补助支出	抚恤金和生活补助	其他资本性支出	各种设备、交通工具、图书购置费
全国	**36456**	**3810**	**226904**	**41109**	**1424310**	**1212957**
北京	3201	81	11404	2491	43242	42801
天津	1052	112	3978	240	40391	39566
河北	567	10	7181	1994	104872	39761
山西	620	1	2141	317	16369	15323
内蒙古	498	51	5235	790	26280	23518
辽宁	98		3393	1396	11411	10169
吉林	168		2555	441	17970	12694
黑龙江	75		9006	801	9993	9026
上海	4318		4726	1297	84229	66208
江苏	2970	206	26757	1169	122820	115666
浙江	11063	168	11480	763	188662	178714
安徽	894	3	6699	1471	37106	32166
福建	46	17	4102	691	44532	34404
江西	1042	31	3893	979	49040	45662
山东	93	599	10380	1302	59384	56488
河南	535	21	7383	2014	45104	35500
湖北	1514	450	8117	778	36339	28181
湖南	1351	25	6086	746	39270	34314
广东	2286	110	46499	4784	230861	207026
广西	108	280	3195	1379	11681	11037
海南	24	10	339	33	7123	4350
重庆	819	121	11894	6330	37598	33667
四川	1031	302	9422	3834	50818	47800
贵州	115	167	2481	226	15052	13363
云南	471	41	4918	1591	11400	11034
西藏					2600	2192
陕西	655	750	2594	914	39618	32628
甘肃	424	94	6339	1331	19283	13160
青海	300		1226	456	3534	2804
宁夏	9	147	1219	96	8473	6486
新疆	109	13	2262	455	9255	7249

新增藏量购置费	新增数字资源购置费	资产总计/千元	固定资产净值	实际使用公用房屋建筑面积/万平方米	书库面积	阅览室面积	书刊阅览室面积
806540	**96553**	**30749161**	**25788300**	**1125.55**	**210.44**	**364.17**	**259.70**
30097	1805	1000424	837840	24.93	4.69	6.50	5.20
22522	9200	718011	518377	30.84	5.54	6.61	4.99
25288	3506	753083	500483	47.99	9.53	20.92	15.16
8199	664	433797	334690	29.76	5.19	9.73	6.47
12792	711	444345	365243	28.70	4.14	10.35	6.64
5884	1580	811842	724154	25.89	4.41	6.96	5.02
8269	505	300083	242409	14.38	2.63	4.98	3.35
6834	704	373965	226117	18.18	3.17	6.12	3.59
48756	9471	2019275	1804954	29.80	3.60	9.84	8.31
75441	13538	6554559	5928026	104.43	11.94	29.54	21.74
131822	12482	4343873	4123479	115.25	14.93	35.33	29.99
23662	1533	573980	458907	35.90	5.95	12.56	7.68
24913	1208	749165	623327	32.99	9.24	10.26	7.26
20719	1634	1105467	946352	34.47	7.16	12.33	8.13
43846	1080	825754	606480	70.20	14.84	17.97	11.66
25744	2269	900025	556320	45.92	10.49	13.92	8.78
18023	2446	778770	630416	38.23	8.06	11.76	7.75
21962	3919	554113	411324	47.40	11.75	14.15	10.08
128494	9073	2119790	1590429	99.45	20.36	38.81	30.10
7591	1104	272179	221887	19.43	5.39	5.82	3.75
2903	267	99248	80869	5.81	1.31	1.50	0.97
20417	3186	548384	416581	34.44	6.43	10.93	7.78
34584	4807	957176	762661	58.66	11.04	22.56	16.41
10340	989	1665973	1428687	21.83	4.85	7.60	5.05
7633	572	529967	419265	27.00	7.30	8.21	4.79
1498	31	54842	50821	2.91	0.62	0.94	0.42
20869	2166	424335	323961	28.11	6.56	9.28	6.34
8281	2272	411354	290136	20.52	3.22	5.93	4.52
1195	609	52017	42212	4.65	0.76	1.55	1.02
3715	2026	145634	125606	7.47	1.39	2.75	1.68
4247	1196	227731	196287	20.01	3.95	8.46	5.07

续表 5

地区	电子阅览室面积	实际拥有产权面积/万平方米	阅览室座席数/个	少儿阅览室座席数	盲人阅览室座席数
全国	**50.60**	**613.79**	**893484**	**243117**	**24810**
北京	0.62	13.95	14553	3032	182
天津	0.60	3.48	16924	2847	349
河北	2.86	24.67	40291	10338	1119
山西	1.80	26.75	25672	6780	1007
内蒙古	1.37	10.83	24611	6431	911
辽宁	1.19	10.96	19946	5282	511
吉林	0.83	9.71	12597	3692	369
黑龙江	1.12	8.52	17306	5177	642
上海	0.89	13.47	20879	4984	293
江苏	2.63	40.84	54231	16343	1197
浙江	3.49	44.30	76809	21330	1208
安徽	1.86	21.48	30028	8904	1192
福建	1.13	20.08	25297	8387	651
江西	1.72	20.94	36397	10621	1289
山东	2.90	29.01	51720	12674	2150
河南	2.64	27.38	41038	11222	1441
湖北	2.02	31.67	28265	8225	902
湖南	2.38	32.25	37981	12414	1053
广东	3.88	55.86	87150	22382	1216
广西	1.22	13.86	20876	6187	494
海南	0.30	4.20	3962	1261	46
重庆	1.21	28.36	31625	6659	807
四川	3.69	35.68	50392	13165	1671
贵州	1.35	15.56	22253	5473	751
云南	1.94	19.92	24172	7515	773
西藏	0.20	0.82	2749	576	78
陕西	1.51	18.96	24138	6616	772
甘肃	0.98	14.22	21784	6365	823
青海	0.35	1.57	3384	949	151
宁夏	0.58	4.36	7785	1497	291
新疆	1.34	10.13	18669	5789	471

志愿者服务队伍数/支	志愿者服务队伍人数/人	图书馆延伸服务情况			
		流动图书车数/辆	流动服务书刊借阅人次/万人次	流动图书车书刊借阅册次/万册次	分馆数量/个
9733	**317915**	**2524**	**1124.96**	**2096.95**	**36752**
41	20640	14	2.51	42.09	456
64	4281	12	25.40	50.03	258
282	8706	92	53.25	78.96	1142
201	8585	143	32.73	44.87	2138
162	6648	53	19.00	25.53	1203
166	5174	14	14.28	31.63	762
71	2065	53	11.99	25.78	693
153	4018	38	3.29	6.32	663
180	6836	4	58.14	102.24	239
229	25053	29	87.65	162.62	7411
281	33937	61	157.39	405.88	3022
259	8760	26	59.98	84.28	1208
178	7605	23	9.03	18.79	517
203	7301	35	26.69	44.63	702
3277	13607	46	48.51	87.77	1874
438	12873	81	79.35	103.70	1380
861	8464	84	57.14	75.94	991
277	32340	836	69.01	106.98	1891
203	58908	137	79.71	233.84	1892
146	3055	61	18.15	33.41	400
37	1938	7	5.19	6.45	80
128	5637	38	31.62	62.01	1368
266	9808	143	41.54	67.50	1523
144	4718	80	37.75	49.97	739
277	5318	114	34.81	58.36	1325
75	585	62	0.57	0.69	7
686	4599	94	28.13	35.74	915
174	3020	53	14.16	25.35	915
35	227	35	3.89	5.09	136
108	1210	9	4.88	11.47	140
131	1999	47	9.22	9.03	762

主要统计指标解释

1．**藏量**：指本馆已编目的古籍、图书、期刊和报纸的合订本、小册子、手稿以及缩微制品、录像带、录音带、光盘等视听文献资料数量之和。

对同一书名，但分若干册（卷）的图书，按每一册（卷）作为一册统计。期刊和报纸均以每一合订本为一册统计。至本年鉴统计数据时，尚未装订成册编目的期刊和报纸不统计在内。

2．**图书**：指装订成册，不少于49页，并在“古籍”范围以外的纸介质图书。装订成册但不足49页的，按小册子统计到“其他”类中。

3．**盲文图书**：指供盲人读者阅读的图书。

4．**报刊**：指刊登当前事件的专题或综合新闻，每周至少出版一张并按年、月、日顺序或按编号排列的连续出版物，或者是同一刊名下，按顺序号或按年、月、日出版的定期或不定期的连续出版物。包括报纸和期刊。

5．**古籍、善本**：实际成书和出版年代在1911年（含1911年）以前的线装、卷轴装、经折装、蝴蝶装、包背装等书籍为古籍。其中清乾隆六十年即1795年以前（含1795年）的古籍为善本，1795年至1911年间的具有历史文献性、学术资料性和印刷装帧艺术代表性的也归为善本。

6．**视听文献**：包括各类型声频文献（唱片、录音带、盒式磁带等）、视频文献（例如幻灯片、透明正片等）和声频与视频混合文献（例如有声电影、录像片等）。

7．**缩微文献**：指所有经过缩微处理制成缩微胶卷和缩微平片，使用时需要放大的文献资料。

8．**其他**：指馆藏文献资源中，不在以上任何一类文献中的内容。

9．**开架书刊**：指图书馆总藏量中已上架并可用于外借或馆内阅读的图书、报刊等。

10．**少儿文献**：是指供少儿阅读的文献，包括图书、绘本、画册、连环画等，不论其是否装订成册，或页数是否达到49页，均按1个“册（件）”计算在内。“少儿文献”不纳入“总藏量”加总计算，在图书、报刊、视听文献、缩微制品中，涉及少儿文献的，仍然分别统计在原类别中。

11．**电子图书**：指本馆通过购买方式取得当前使用权的电子图书，以及本馆自建或与其他机构合作建设的电子图书。

本馆自建电子图书：指本馆通过数字化加工、网络采集、依法保存等方式获得，并在本地存储和保管的电子图书。

本馆外购电子图书：指本馆付费获得使用权不少于12个月的电子图书。

从其他机构免费共享的电子图书：指其他机构通过VPN共享、本地镜像或硬存储等方式免费授权给本馆使用的电子图书。

12．**书架单层总长度**：指馆藏实际占用书架、书柜单层单面长度之和。

13．**本年度新购藏量**：是指本年度内，通过购买、征集、竞拍等各种方式新入藏的各类型文献资源总量（不包括电子图书）。

14．新增电子图书：指图书馆本年度自建、购买（获得使用权不少于12个月）的电子图书总量。

15．当年购买的报刊种类：指图书馆当年购买的期刊和报纸种类之和。

16．有效借书证数：是指由本馆或本馆所在总分馆体系中其他图书馆发放，并在当年内在本馆、本馆所辖分馆或本馆派出的各类馆外服务设施中使用过至少一次的借书证数。

17．总流通人次：指本年度内到图书馆场馆接受图书馆服务的总人次，包括借阅书刊、咨询问题以及参加各类读者活动等。

18．书刊文献外借人次：指通过本馆或本馆所辖分馆以及本馆派出的各类馆外服务设施将本馆各类型文献资源借出阅读的读者人次。

19．书刊文献外借册次：指读者通过由本馆或本馆所辖分馆以及本馆派出的各类馆外服务设施借出阅读的本馆各类型文献册次。

20．组织各类讲座次数、参加人次：指由本馆举办或与其他机构联合举办的各类讲座次数及参加这些讲座的人次。

21．举办展览个数、参观人次：指本馆举办或与外机构联合举办的在馆内或馆外展览的展览个数及参观人次。个数按展览的内容计算。同一内容的展览不论在哪些地点展出和展出时间多久，只计算一个。

22．举办训练班班次、培训人次：指本馆举办或与其他机构联合举办的各种科普、文化、艺术等训练班，按截止到年底办完的班数及培训人数分别计算班次及培训人次。截止到年底未办完的班数和人数均在下一年度统计。

23．为少儿举办的专场活动：是指专门以少年儿童为受众组织的展览、讲座、读书、培训等活动，含亲子阅读类活动。

24．图书馆网站访问量：指本年度中图书馆网站中所有网页（含文件及动态网页）被访客浏览的总次数。图书馆网站指有独立域名的Web站点，其中包括cn和通用顶级域名下的Web站点。

25．计算机台数：指图书馆内列入固定资产管理并正在使用的计算机终端台数。

26．供读者使用的终端数：指图书馆内放置可供读者使用的计算机台数。

27．新增藏量购置费：指本馆本年购进图书、报刊、缩微制品、视听文献等藏品所用经费之和。

28．新增电子图书购置费：指图书馆本年度专门用于自建、购买电子图书的经费。

29．少儿阅览室座席数：指图书馆中专门提供给少年儿童使用的座位数。

30．盲人阅览室座席数：指图书馆中专门提供给盲人使用，并配置有专门的辅助阅读、视听设备的坐席数。

31．流动服务书刊借阅人次/册次：指图书馆利用流动服务方式开展书刊借阅服务的读者人次和册次。

32．分馆数量：指在以本馆为中心馆的总分馆体系中，接受本馆统一管理，具有独立馆舍、一定数量的馆藏、专职管理人员的图书馆数量。总馆对分馆负有业务指导关系，并且总、分馆之间实现文献资源共建共享、通借通还。

3

群众文化

按年份全国群众文化机构基本情况

年份	机构数/个	从业人员/人	举办展览数/个	组织文艺活动次数/次	举办训练班次/次	收入合计/万元	财政拨款	支出合计/万元	实际使用房屋建筑面积/万平方米
1979年	3965		13001	114307		10114	10114	10114	
1980年	7723		23553	202828	20359	11270	11270	11376	
1985年	8746	59599	30998	118888	31842	20835	20835	17686	308.5
1986年	8906	67501	32803	106726	30576	29573	25505	23751	354.8
1990年	9087	67817	34292	99068	37017	49763	36985	37475	457.8
1991年	10507	70319	35498	116618	39568	45874	31066	43559	484.5
1992年	9564	66938	32095	96481	40707	53735	35577	49798	496.1
1993年	10155	68097	29636	86680	34279	62098	37840	57877	538.6
1994年	11276	70489	30224	92167	39296	79167	48906	73174	560.3
1995年	13487	75263	31070	110509	46023	89411	56826	83628	614.1
1996年	45253	127742	76397	247357	130592	139090	74434	137775	1110.0
1997年	43738	129194	87795	278782	119873	160117	92275	158861	1176.0
1998年	45834	129842	86960	267351	125872	178165	96416	173207	1195.3
1999年	45837	128216	94270	280373	138195	111089	108656	177528	1195.2
2000年	45321	128420	91670	276574	143370	186896	118430	188437	1229.9
2001年	43397	120156	89392	284316	156089	210181	141754	210860	1213.8
2002年	42516	119072	92917	301792	137350	241050	165163	235593	1203.6
2003年	41816	123458	93514	327306	154502	271704	190424	265751	1431.3
2004年	41402	121441	116639	401818	165823	313104	227641	310850	1408.4
2005年	41588	122500	111300	391439	190194	365887	279033	358641	1507.0
2006年	40088	123465	141150	497779	218696	428962	322773	412430	1622.8
2007年	40601	128096	90900	546477	242055	548301	432311	575722	1667.4
2008年	41156	131142	100877	473613	299791	660111	528838	653613	1931.0
2009年	41959	137484	110251	555052	304955	807244	681147	794190	2193.6
2010年	43382	141002	117353	576799	358719	944397	803918	931951	2526.7
2011年	43675	147732	107785	620586	339883	1285601	1122872	1267505	2982.6
2012年	43876	156228	114774	688482	387201	1453601	1300692	1467803	3171.7
2013年	44260	164355	138225	740611	390758	1667594	1478439	1635395	3389.4
2014年	44423	170299	131728	845421	469300	1901726	1623756	1828632	3686.4
2015年	44291	173499	139792	959901	536328	2077606	1856374	2014894	3848.3
2016年	44497	182030	150128	1065287	590516	2272289	2086646	2183721	3991.0
2017年	44521	180911	154106	1114261	675852	2533892	2384631	2562411	4106.8
2018年	44464	185636	158742	1231269	768995	2955019	2806290	3057577	4283.1
2019年	44073	190068	163968	1359460	889247	2998761	2816884	3094571	4518.2
2020年	43687	185076	137945	1088949	668940	2828093	2716535	2871598	4677.9
2021年	43531	190007	167497	1391490	920740	3067449	2958998	3186376	4974.1

注：1996年以前数据未包括其他部门所属乡镇文化站，1996—1998年数据包括其他部门所属乡镇文化站，1999年以后其他部门所属乡镇文化站划归文化部门管理。以下各表同。

按年份各地区群众文化机构数

单位：个

地　区	1995年	2000年	2005年	2010年	2015年	2019年	2020年	2021年
全　国	**13487**	**45321**	**41588**	**43382**	**44291**	**44073**	**43687**	**43531**
北　京	35	268	328	337	349	354	356	356
天　津	19	306	217	256	260	261	262	272
河　北	183	2257	2149	2319	2402	2435	2458	2460
山　西	130	1851	1355	1533	1540	1540	1541	1491
内蒙古	547	1712	1329	1017	1179	1206	1205	1201
辽　宁	1522	1520	1522	1550	1543	1546	1477	1478
吉　林	410	894	821	965	979	981	989	990
黑龙江	266	1201	1015	1654	1641	1430	1387	1395
上　海	45	340	249	240	237	242	242	241
江　苏	1180	1771	1534	1442	1396	1372	1371	1381
浙　江	1986	1932	1592	1612	1417	1464	1446	1451
安　徽	351	1898	1677	1509	1559	1560	1628	1628
福　建	249	1085	1116	1190	1222	1219	1220	1210
江　西	113	2000	1546	1924	1881	1854	1859	1854
山　东	158	2581	1926	2013	1971	1972	1979	1979
河　南	224	2479	2395	2466	2533	2663	2683	2692
湖　北	1280	1695	1258	1376	1399	1405	1424	1428
湖　南	137	2667	2617	2561	2677	2512	2379	2355
广　东	1100	2042	1725	1738	1742	1759	1763	1761
广　西	115	1408	1254	1284	1291	1298	1300	1300
海　南	21	327	243	230	228	242	242	242
重　庆		1248	1086	1041	1045	1069	1071	1072
四　川	246	3865	4716	4652	4785	4617	4438	4295
贵　州	693	1030	1401	1524	1665	1698	1701	1721
云　南	1687	1734	1684	1517	1564	1599	1603	1608
西　藏	60	94	208	321	774	774	779	779
陕　西	133	2065	1732	1827	1591	1498	1483	1477
甘　肃	98	1432	1190	1417	1455	1491	1450	1453
青　海	139	250	244	409	414	443	442	442
宁　夏	199	309	252	250	266	272	272	272
新　疆	161	1060	1207	1208	1286	1297	1237	1247

按年份各地区文化馆机构数

单位：个

地　区	1995年	2000年	2005年	2010年	2015年	2019年	2020年	2021年
全　国	**3259**	**3297**	**3226**	**3264**	**3315**	**3326**	**3321**	**3316**
北　京	23	23	22	20	20	20	20	19
天　津	19	19	19	19	19	17	17	17
河　北	181	178	175	177	180	180	180	180
山　西	130	130	131	131	131	130	130	130
内蒙古	115	117	115	116	119	120	120	118
辽　宁	128	125	132	122	124	124	123	123
吉　林	58	102	81	77	78	79	79	80
黑龙江	137	133	144	146	148	150	142	141
上　海	43	48	33	27	25	24	24	23
江　苏	122	121	117	118	115	115	116	116
浙　江	95	96	99	101	102	101	102	101
安　徽	113	117	118	120	122	123	123	123
福　建	90	90	90	95	97	97	98	97
江　西	113	113	113	115	118	118	120	117
山　东	158	159	158	158	157	157	158	158
河　南	224	214	204	202	205	205	205	207
湖　北	192	147	124	113	122	124	125	126
湖　南	137	140	140	140	143	146	146	146
广　东	136	140	139	144	146	145	144	144
广　西	112	114	115	122	123	124	125	125
海　南	20	21	21	21	21	23	23	23
重　庆		47	42	41	41	41	41	41
四　川	236	198	201	204	207	207	207	206
贵　州	93	93	95	95	98	99	99	99
云　南	147	147	149	148	148	149	149	149
西　藏	33	59	41	82	82	82	82	82
陕　西	122	122	121	120	122	122	122	122
甘　肃	98	98	100	102	103	103	104	105
青　海	51	52	52	51	55	55	54	54
宁　夏	26	26	25	26	26	27	27	27
新　疆	107	108	110	111	118	119	116	117

按年份各地区文化站机构数

单位：个

地区	1995年	2000年	2005年	2010年	2015年	2019年	2020年	2021年
全国	**10228**	**42024**	**38362**	**40118**	**40976**	**40747**	**40366**	**40215**
北京	12	255	306	317	329	334	336	337
天津	343	287	198	237	241	244	245	255
河北	2	2079	1974	2142	2222	2255	2278	2280
山西		1721	1224	1402	1409	1410	1411	1361
内蒙古	432	1595	1214	901	1060	1086	1085	1083
辽宁	1394	1395	1390	1428	1419	1422	1354	1355
吉林	352	792	740	888	901	902	910	910
黑龙江	129	1068	871	1508	1493	1280	1245	1254
上海	2	292	216	213	212	218	218	218
江苏	1058	1650	1417	1324	1281	1257	1255	1265
浙江	1741	1836	1493	1511	1315	1363	1344	1350
安徽	238	1781	1559	1389	1437	1437	1505	1505
福建	159	995	1026	1095	1125	1122	1122	1113
江西		1887	1433	1809	1763	1736	1739	1737
山东		2422	1768	1855	1814	1815	1821	1821
河南		2265	2191	2264	2328	2458	2478	2485
湖北	1088	1548	1134	1263	1277	1281	1299	1302
湖南		2527	2477	2421	2534	2366	2233	2209
广东	964	1902	1586	1594	1596	1614	1619	1617
广西	3	1294	1139	1162	1168	1174	1175	1175
海南	1	306	222	209	207	219	219	219
重庆		1201	1044	1000	1004	1028	1030	1031
四川	10	3667	4515	4448	4578	4410	4231	4089
贵州	600	937	1306	1429	1567	1599	1602	1622
云南	1347	1587	1535	1369	1416	1450	1454	1459
西藏	27	35	167	239	692	692	697	697
陕西	11	1933	1611	1707	1469	1376	1361	1355
甘肃		1334	1090	1315	1352	1388	1346	1348
青海	88	198	192	358	359	388	388	388
宁夏	173	283	227	224	240	245	245	245
新疆	54	952	1097	1097	1168	1178	1121	1130

按年份各地区群众文化机构从业人员数

单位：人

地　区	1995年	2000年	2005年	2010年	2015年	2019年	2020年	2021年
全　国	**75263**	**128420**	**122500**	**141002**	**173499**	**190068**	**185076**	**190007**
北　京	914	1558	1998	2359	2602	3437	3692	4233
天　津	847	1367	1085	1027	1208	1372	1598	1733
河　北	3305	5950	5592	6336	7138	7390	7326	7543
山　西	2218	4236	3730	4229	4442	4385	4491	4457
内蒙古	2966	4460	3900	3872	5274	5091	4869	4936
辽　宁	4924	4310	4424	4898	5966	4946	4513	4462
吉　林	2429	3404	3318	3437	4534	4364	4313	4285
黑龙江	2311	3167	2947	4324	5193	4972	5175	5052
上　海	1617	3874	3832	4702	4835	4907	4862	4819
江　苏	4723	6695	5542	6457	6980	7654	7763	7476
浙　江	6366	6082	5147	5881	6998	7960	8186	9304
安　徽	2237	4945	4684	5295	5892	5958	6260	6141
福　建	1442	2255	2219	2655	3761	4097	4019	4054
江　西	1933	4432	4191	4360	5987	6351	6215	6303
山　东	3265	6359	6148	7598	8568	8445	8515	9168
河　南	3798	6840	7565	10500	10967	11225	11399	11737
湖　北	5429	5928	5269	4921	4869	5162	5355	5484
湖　南	2207	6198	5857	6937	8062	8931	8964	11171
广　东	4012	8863	8953	9696	11445	12752	13481	14197
广　西	1605	3387	3803	4075	5285	5145	5288	5608
海　南	281	661	615	660	720	802	804	797
重　庆		3071	2808	3726	5021	5236	5030	4975
四　川	3631	8522	7682	8181	10650	11243	11190	11056
贵　州	1751	2142	3577	4790	5957	10907	7493	6844
云　南	4012	4350	4693	5181	7198	9487	7505	7577
西　藏	317	340	254	311	2824	5972	5930	5567
陕　西	2246	5184	5040	5802	7384	7031	6883	6838
甘　肃	1315	5058	2910	3416	6400	6454	6084	5993
青　海	607	705	616	772	1197	1447	1651	1590
宁　夏	867	1093	979	1012	1341	1396	1327	1410
新　疆	1688	2984	3122	3592	4801	5549	4895	5197

按年份各地区群众文化机构组织文艺活动次数

单位：次

地　区	1995年	2000年	2005年	2010年	2015年	2019年	2020年	2021年
全　国	**110509**	**276574**	**391439**	**576799**	**959901**	**1359460**	**1088949**	**1391490**
北　京	1186	5382	11378	24237	27175	47132	27418	31331
天　津	3883	3069	3234	5067	9391	19209	13718	16055
河　北	3668	17997	23880	27408	41732	52703	40653	76745
山　西	1462	4527	9107	13905	22560	27172	39817	33244
内蒙古	4282	11294	9977	11127	17072	22256	16284	20702
辽　宁	7539	10365	27868	26261	31635	30519	15570	16132
吉　林	3138	3745	4939	7482	14977	15842	10142	9824
黑龙江	3463	8149	7720	17351	21569	25307	13785	15499
上　海	1021	7629	35027	35600	64393	75932	40235	54652
江　苏	13698	17058	20548	32586	55298	77304	83206	100570
浙　江	19063	20121	23580	36619	67323	148863	122326	147958
安　徽	2416	5181	5661	11937	36210	52889	44633	45064
福　建	3545	7689	7464	9691	15940	22273	16144	16447
江　西	1142	5816	6853	11781	20079	26981	28047	63729
山　东	2722	16033	21673	41194	73897	121579	117743	145666
河　南	1792	9203	13405	35713	48646	68620	63711	92901
湖　北	7190	11588	11031	18100	22979	41465	27991	35247
湖　南	1218	9352	15898	25945	29555	34387	31846	87566
广　东	5377	22969	23132	32352	50270	75484	54739	70161
广　西	1429	8349	10592	19775	28663	41910	31729	32108
海　南	167	1454	1422	2351	2438	3762	3111	3177
重　庆		10491	7958	15840	25658	33324	27026	27309
四　川	2628	17536	23760	30194	66118	74435	56093	53305
贵　州	2581	4202	5759	8544	18490	26595	19394	25493
云　南	11257	12437	17983	21665	30717	36225	24937	25505
西　藏	455	346	439	1458	5575	9899	20561	22347
陕　西	1205	8612	8282	13306	21539	30490	24667	26693
甘　肃	694	5101	11095	9792	14721	21918	17593	17919
青　海	433	1043	1429	2600	5067	8524	6913	6750
宁　夏	454	4247	2490	6351	12126	12044	10172	11009
新　疆	1401	5589	17855	20567	58088	74417	38745	60382

按年份各地区群众文化机构举办训练班次

单位：次

地　区	1995年	2000年	2005年	2010年	2015年	2019年	2020年	2021年
全　国	**46023**	**143370**	**190194**	**358719**	**536328**	**889247**	**668940**	**920740**
北　京	505	2546	8708	22836	37433	49603	26421	45562
天　津	656	3062	1516	4753	9201	15984	13674	13935
河　北	1282	15233	11798	13852	16189	26287	17908	49353
山　西	518	1405	2248	6886	12076	19573	14223	15961
内蒙古	1091	5552	4099	4082	8734	16884	7852	10216
辽　宁	4767	4712	8200	47452	20402	26126	13859	23566
吉　林	3393	1586	2649	4029	8096	15236	5899	14114
黑龙江	1091	3109	3546	6129	7620	12628	9070	8565
上　海	659	3007	23313	21078	51408	95908	38415	68778
江　苏	3698	6488	7048	18950	22725	47985	61386	74775
浙　江	8058	9960	11354	18539	43279	106079	95271	118779
安　徽	2235	2132	2526	9481	19436	32598	25947	33019
福　建	1159	4885	9956	11096	14366	23046	13417	14118
江　西	480	3376	2757	8217	12311	16724	13985	33745
山　东	1793	17666	8280	21787	29447	64975	47471	61924
河　南	898	5552	7609	11837	24281	29049	26276	32385
湖　北	1548	3080	15320	10654	12870	21505	15414	26087
湖　南	736	2810	4953	10505	15833	23088	22308	41828
广　东	3949	11932	14288	29041	45679	85036	73294	81114
广　西	1314	4557	4798	8747	12507	14050	10480	12524
海　南	159	779	832	1123	1801	3704	3204	4523
重　庆		2236	2467	7285	14827	25593	22083	26185
四　川	1785	8693	12053	19052	32833	38891	28291	28664
贵　州	654	991	1089	4285	8840	11990	9207	17171
云　南	1765	3220	4585	10183	15536	16186	13091	15907
西　藏	7	25	50	313	1858	2270	3759	6243
陕　西	595	6320	5305	9665	11801	15477	12946	15716
甘　肃	238	4533	2900	4960	7644	10939	9719	10449
青　海	175	290	970	1180	1643	2537	3272	1795
宁　夏	327	994	1124	3138	2478	3827	3895	3526
新　疆	488	2639	3853	7584	13174	15469	6903	10213

按年份各地区群众文化机构培训人次

单位：万人次

地　区	1995年	2000年	2005年	2010年	2015年	2019年	2020年	2021年
全　国	**6.6**	**493.9**	**666.5**	**1805.6**	**3868.0**	**5404.0**	**3931.3**	**6119.0**
北　京	0.2	15.4	48.5	130.7	170.1	302.2	129.2	235.5
天　津	0.3	7.6	5.1	25.7	46.6	74.8	67.9	81.7
河　北	0.4	51.7	49.6	70.1	103.7	144.9	104.9	360.8
山　西	0.2	6.8	11.0	38.7	79.9	125.1	69.9	79.2
内蒙古	0.1	19.2	14.8	21.8	46.6	94.4	51.3	53.6
辽　宁	0.5	14.7	43.7	97.1	144.3	129.4	78.9	91.5
吉　林	0.3	7.2	6.8	24.9	63.7	110.8	39.5	89.5
黑龙江	0.2	15.3	8.2	32.5	55.9	77.2	61.9	53.2
上　海	0.1	6.8	63.1	116.4	341.7	532.7	184.4	261.8
江　苏	0.4	29.9	25.3	132.0	176.8	279.7	412.2	837.0
浙　江	0.6	30.5	46.4	103.4	294.0	629.1	502.5	740.1
安　徽	0.1	7.0	12.0	49.9	140.2	237.5	164.5	177.8
福　建	0.2	11.3	15.9	39.8	78.0	130.2	57.5	64.4
江　西	0.2	8.9	6.8	25.9	77.6	87.2	84.5	213.8
山　东	0.3	16.1	43.3	142.3	261.1	438.2	353.7	383.2
河　南	0.3	24.9	32.4	83.1	171.4	199.0	167.8	225.4
湖　北	0.2	9.4	12.7	54.3	97.6	163.1	115.6	230.9
湖　南	0.2	9.3	16.2	48.1	122.8	148.3	160.0	576.0
广　东	0.5	55.8	52.6	126.1	451.9	478.3	361.1	439.6
广　西	0.3	15.0	17.3	37.6	77.9	81.7	74.8	64.5
海　南		1.8	2.1	11.8	19.7	20.2	14.2	18.8
重　庆		5.1	7.9	50.6	131.0	183.8	144.7	159.5
四　川	0.6	28.4	50.0	111.1	224.3	187.1	126.7	119.3
贵　州		5.0	3.2	22.6	59.7	68.7	56.5	187.4
云　南	0.1	17.8	22.6	63.8	135.2	142.9	102.1	101.0
西　藏				2.2	12.3	14.4	11.5	15.8
陕　西	0.1	23.6	12.7	53.0	99.4	115.3	96.8	103.8
甘　肃	0.1	11.1	12.3	35.6	61.5	85.4	75.0	72.5
青　海		10.8	0.7	4.2	10.6	12.8	11.3	8.4
宁　夏		14.0	7.5	20.6	19.1	20.8	17.4	31.2
新　疆	0.1	13.5	15.4	29.8	93.3	88.8	33.0	42.1

按年份各地区群众文化机构财政拨款

单位：万元

地　区	1995年	2000年	2005年	2010年	2015年	2019年	2020年	2021年
全　国	**56826**	**118430**	**279033**	**803918**	**1856374**	**2816884**	**2716535**	**2958998**
北　京	1375	2594	8145	22326	63262	103570	90416	96775
天　津	1249	1422	3076	10026	22909	29632	22687	27659
河　北	1894	5161	9767	21144	49400	66051	60558	61541
山　西	1370	2674	5571	16870	31222	37524	38566	35079
内蒙古	1282	3388	7068	23539	45663	49659	49160	50120
辽　宁	2349	5054	9121	26868	45596	59345	37244	34405
吉　林	1533	3384	5989	26601	49116	45324	48171	42368
黑龙江	1458	3541	6193	17656	40424	46814	45056	49114
上　海	6950	5020	22327	55999	127035	221125	188673	246425
江　苏	4238	8521	19063	50067	128663	201048	191884	203241
浙　江	3233	9446	29490	78833	168027	251202	272241	334446
安　徽	1418	3609	7803	21148	44324	58482	60272	64152
福　建	1731	2895	5168	21289	34617	56302	58938	50528
江　西	1150	2504	4714	14710	36506	57756	53031	52684
山　东	3621	7295	12633	40821	86921	105305	105075	121170
河　南	2151	4630	8194	26726	57791	83330	82680	82023
湖　北	2105	3832	6284	19951	48843	140008	82753	135190
湖　南	1869	3571	7570	22824	53579	84281	85641	86764
广　东	4227	12113	40125	85211	181570	355110	373343	428356
广　西	1248	2639	6056	15349	43343	59279	62194	59619
海　南	222	645	1260	3924	8971	14553	17706	35914
重　庆		2202	4069	21531	60580	86530	84487	83581
四　川	3771	4730	12246	45296	122902	144518	133428	133798
贵　州	540	1657	4797	14770	45418	91349	97670	62913
云　南	1812	5950	10958	23797	72391	101772	106444	110693
西　藏	92	556	1098	5340	21921	49333	48774	50170
陕　西	1183	3027	5296	20919	52313	58126	60588	79309
甘　肃	776	1980	4620	12488	38453	61409	56877	46120
青　海	306	829	1531	13508	12322	31046	28137	25679
宁　夏	367	879	1901	5380	17644	17744	20477	19381
新　疆	1306	2683	6902	19004	44647	49356	53364	49783

按年份各地区群众文化机构总支出

单位：万元

地　区	1995年	2000年	2005年	2010年	2015年	2019年	2020年	2021年
全　国	**83628**	**188437**	**358641**	**931951**	**2014894**	**3094571**	**2871598**	**3186376**
北　京	1566	4681	10119	25593	87751	113897	122250	92274
天　津	1376	2633	4133	10948	22775	34018	22665	31540
河　北	2713	5711	10549	25437	49542	67487	59967	61357
山　西	1824	3151	6016	18865	30779	42664	38424	37348
内蒙古	1932	3799	7478	23762	46239	55941	49651	53016
辽　宁	4552	6172	10126	28175	49010	65095	38434	34996
吉　林	2101	3748	6394	23338	46690	51130	53870	46137
黑龙江	2219	3804	6485	17356	41041	46557	44723	50197
上　海	6752	14985	38967	70650	141808	230670	198405	257992
江　苏	8509	16394	25920	60193	136572	186290	197045	208513
浙　江	7101	17194	39851	101392	193532	283997	285887	349293
安　徽	1934	4302	8976	23550	50686	88825	64118	67590
福　建	2199	4135	6763	27568	39942	63100	60585	55371
江　西	1493	3167	6265	17285	36937	64275	50776	57179
山　东	3317	8909	14358	46221	91746	115249	109263	135814
河　南	2737	5647	8810	28402	58814	85795	84091	84985
湖　北	3885	7841	10072	26264	51708	157686	86697	139069
湖　南	2575	5696	9603	27914	62330	91137	96622	91583
广　东	5937	27213	57669	101362	193291	388200	402269	440483
广　西	1877	3425	6842	16646	49440	73525	63830	65650
海　南	364	887	1329	4084	9510	14920	18083	36559
重　庆		4889	6627	32342	67563	92374	87527	87037
四　川	5327	8927	14375	49182	128087	146768	137046	137291
贵　州	989	1976	5123	15666	51031	121519	109592	87361
云　南	4191	7312	11933	25343	76901	112832	111007	172210
西　藏	429	607	1169	5937	24044	50374	47403	49098
陕　西	1569	3648	5775	26052	57491	63918	63454	83449
甘　肃	1189	2251	4995	12960	41794	66790	57023	47448
青　海	537	870	1629	13203	13204	43291	31759	28909
宁　夏	651	1202	2096	5925	17926	22111	24657	45731
新　疆	1785	3261	8194	20338	46711	54140	54476	50895

按年份各地区每万人拥有群众文化设施建筑面积

单位：平方米

地　区	1995年	2000年	2005年	2010年	2015年	2019年	2020年	2021年
全　国	**50.7**	**97.2**	**115.3**	**188.6**	**280.0**	**322.7**	**331.3**	**352.1**
北　京	44.2	80.3	224.3	217.8	329.2	428.1	447.8	448.6
天　津	61.6	138.9	130.4	174.1	205.0	276.7	357.6	439.5
河　北	23.6	62.6	67.7	105.4	163.7	178.1	192.2	211.4
山　西	45.4	53.4	58.1	210.6	267.3	265.0	284.2	279.2
内蒙古	98.0	144.4	132.4	182.6	300.8	340.9	404.1	433.7
辽　宁	84.1	79.0	102.6	201.2	283.6	262.2	267.9	269.9
吉　林	38.2	42.2	38.3	81.5	185.3	233.1	275.7	288.1
黑龙江	26.2	38.5	43.2	140.2	214.0	235.8	299.7	302.8
上　海	71.9	216.2	379.1	485.0	567.7	570.2	596.8	598.0
江　苏	97.8	168.6	181.3	302.8	475.2	757.9	726.8	833.9
浙　江	135.2	190.7	276.0	432.5	677.4	840.9	795.4	853.4
安　徽	17.1	23.6	44.4	93.2	166.0	187.7	217.6	230.4
福　建	61.3	98.8	117.4	240.9	325.7	313.9	309.8	324.7
江　西	38.0	79.5	98.4	131.2	235.3	250.6	267.4	283.4
山　东	22.1	41.7	71.8	218.3	255.8	277.9	285.3	290.3
河　南	21.9	39.0	52.2	94.7	142.4	167.0	169.2	178.2
湖　北	80.5	149.5	140.6	180.6	206.2	263.8	272.7	275.5
湖　南	29.8	63.7	80.6	125.2	223.4	237.1	263.3	348.9
广　东	52.1	222.4	258.2	258.5	359.0	369.2	355.0	360.5
广　西	33.5	76.4	100.9	122.9	157.7	157.6	159.8	169.2
海　南	13.8	86.4	71.3	121.3	117.8	147.0	142.4	148.8
重　庆		99.4	96.5	201.4	305.9	309.8	308.5	315.3
四　川	32.1	107.9	83.9	166.3	262.6	270.4	273.4	276.5
贵　州	26.1	28.7	40.5	81.2	217.8	258.7	240.9	250.5
云　南	126.7	126.2	137.1	163.2	222.6	226.7	241.1	243.6
西　藏	145.4	164.1	238.3	437.9	1164.2	1197.1	1149.4	1151.9
陕　西	52.4	79.1	110.5	150.2	231.8	255.3	255.2	258.2
甘　肃	62.8	103.0	148.8	175.7	279.1	305.3	327.6	327.8
青　海	118.1	96.5	90.2	153.4	261.3	344.7	375.4	387.2
宁　夏	156.5	170.8	179.5	188.9	391.7	445.3	443.6	465.7
新　疆	60.7	116.4	149.3	288.4	434.9	453.0	421.9	432.0

2021年全国群众文化

	机构数/个	从业人员/人	专业技术人才	正高级职称	副高级职称	中级职称	组织品牌节庆活动/个	提供文化服务次数/次
总　计	**43531**	**190007**	**76200**	**1092**	**6439**	**17947**	**10913**	**2521666**
文化馆	**3316**	**54595**	**40901**	**1092**	**6439**	**17947**	**10913**	**784261**
其中：省区市	31	1813	1485	160	427	588	127	9503
地市	359	10399	8566	488	1878	3756	1776	129683
县市区	2926	42383	30850	444	4134	13603	9010	645075
其中：县文化馆	1585	21478	15914	168	2029	6898	4256	234307
文化站	**40215**	**135412**	**35299**					**1737405**
其中：乡镇文化站	32524	105606	30238					1171285

续表 1

	举办展览个数/个	参观人次/万人次	组织公益性讲座次数/次	参加人次/万人次	计算机/台	本单位受训人次/万人次	线上群众文化活动次数/次	线上服务人次/人次
总　计	**167497**	**14258.57**	**41939**	**767.97**	**400282**	**223.20**	**181040**	**1265296305**
文化馆	**36698**	**6347.07**	**41939**	**767.97**	**63090**	**31.16**	**181040**	**1265296305**
其中：省区市	666	165.79	284	4.41	2598	0.19	8207	193529220
地市	4050	1188.54	4921	101.88	11306	7.42	22870	426193399
县市区	31982	4992.74	36734	661.68	49186	23.55	149963	645573686
其中：县文化馆	14996	2150.35	12756	231.84	22514	5.65	80224	200153429
文化站	**130799**	**7911.50**			**337192**	**192.04**		
其中：乡镇文化站	100128	5595.25			248363	151.19		

机构基本情况

文化服务惠及人次/万人次	组织文艺活动次数/次	为老年人组织专场	为未成年人组织专场	为残障人士组织专场	为农民工组织专场	组织文艺活动参加人次/万人次	举办训练班班次/次	培训人次/万人次	对业余文化队伍开展培训人次
83289.37	**1391490**	**38646**	**22172**	**5698**	**17956**	**62140.26**	**920740**	**6119.03**	**2465**
37691.41	**296188**	**38646**	**22172**	**5698**	**17956**	**28269.74**	**409436**	**2304.39**	**888**
489.66	1263	50	50	9	51	290.51	7290	28.94	11
6021.16	26821	4015	2282	790	1298	4221.69	93891	508.86	188
31180.59	268104	34581	19840	4899	16607	23757.54	308255	1766.58	690
15312.00	123418	11743	8742	2246	8564	12342.33	83137	586.29	228
45597.96	**1095302**					**33870.52**	**511304**	**3814.64**	**1577**
33501.71	760999					25536.95	310158	2368.13	1017

本年收入合计/千元	财政拨款预算收入	免费开放资金	中央资金	业务活动专项经费	上级补助收入	事业预算收入	经营收入	附属单位上缴收入	其他收入
30674492	**29589978**	**3545921**	**1532958**	**9489220**	**158373**	**107159**	**6516**	**294**	**812172**
13779674	**13228411**	**1041680**	**454820**	**3467967**	**158373**	**107159**	**6516**	**294**	**278921**
1202984	1127288	99207	39147	353869	523	20476			54697
3333295	3221801	243345	95883	979749	21927	17853	674		71040
9243395	8879322	699128	319790	2134349	135923	68830	5842	294	153184
3507961	3358840	312037	180060	668164	67687	24373	3	262	56796
16894818	**16361567**	**2504241**	**1078138**	**6021253**					**533251**
12321007	11920295	1920370	887395	4066958					400712

续表 2

	本年支出合计/千元	基本支出	项目支出	经营支出	工资福利支出	商品和服务支出	差旅费	劳务费
总　计	**31863763**	**17090347**	**12072925**	**5790**	**12321859**	**3837227**	**91686**	**509163**
文化馆	**13997115**	**8609738**	**4874819**	**5790**	**6831487**	**3837227**	**91686**	**509163**
其中：省区市	1161820	423049	738728		333921	425367	9785	35535
地市	3429165	2005246	1372393	674	1563049	1056510	23990	151493
县市区	9406130	6181443	2763698	5116	4934517	2355350	57911	322135
其中：县文化馆	3581436	2544874	766893	894	2071664	692594	32590	114944
文化站	**17866648**	**8480609**	**7198106**		**5490372**			
其中：乡镇文化站	13233045	6490905	5049225		4410486			

续表 3

	业务用房面积	实际拥有产权面积/万平方米	流动舞台车演出情况			志愿者服务队伍数/支
			流动舞台车数量/辆	利用流动舞台车演出场次/场次	利用流动舞台车演出观众人次/万人次	
总　计	**3538.32**	**2609.30**	**1777**	**33141**	**1823.43**	**432660**
文化馆	**958.33**	**568.47**	**1777**	**33141**	**1823.43**	**41051**
其中：省区市	18.87	14.91	7	38	1.30	3274
地市	166.29	99.13	53	514	28.86	5005
县市区	773.17	454.43	1717	32589	1793.27	32772
其中：县文化馆	317.41	229.92	1246	23170	1255.29	16403
文化站	**2579.99**	**2040.83**				**391609**
其中：乡镇文化站	1872.41	1637.15				297524

在支出合计中						资产总计/千元		实际使用房屋建筑面积/万平方米
福利费	各种税金支出	对个人和家庭补助支出	抚恤金和生活补助	其他资本性支出	各种设备、交通工具、图书购置费		固定资产净值	
66718	**9799**	**705751**	**138884**	**725958**	**181352**	**181227371**	**105736739**	**4974.14**
66718	**9799**	**705751**	**138884**	**725958**	**181352**	**70459095**	**21676441**	**1464.84**
6144	1091	45716	4971	258564	9460	1527196	851772	29.19
15511	1846	231841	33665	200780	54149	4684377	2954754	248.78
45063	6862	428194	100248	266614	117743	64247522	17869915	1186.87
14125	1639	148124	39619	80348	38655	10928058	5490434	448.91
						110768276	**84060298**	**3509.30**
						50681804	41188579	2482.47

志愿者服务队伍人数/人	分馆数量/个	由本馆指导的单位					
		馆办文艺团体/个	演出场次/场	观众人次/万人次	馆办老年大学/个	群众业余文艺团队/个	群众业余团队人数/人
13304452	**17585**	**9533**	**114499**	**5983.52**	**670**	**454853**	**3809789**
1898989	**17585**	**9533**	**114499**	**5983.52**	**670**	**103619**	**3809789**
86412	7	99	659	22.07	10	499	16290
371328	714	1327	15508	836.23	58	7177	338362
1441249	16864	8107	98332	5125.22	602	95943	3455137
623338	8455	3662	48511	2670.79	336	42126	1483696
11405463						**351234**	
7594750						270182	

2021年各地区群众

地　区	机构数/个	从业人员/人	专业技术人才	正高级职称	副高级职称	中级职称	组织品牌节庆活动/个	提供文化服务次数/次
全　国	**43531**	**190007**	**76200**	**1092**	**6439**	**17947**	**10913**	**2521666**
北　京	356	4233	709	7	39	227	131	78645
天　津	272	1733	522	6	70	233	70	31887
河　北	2460	7543	2549	46	271	728	499	139424
山　西	1491	4457	1821	20	153	578	114	53336
内蒙古	1201	4936	2408	49	340	683	399	33839
辽　宁	1478	4462	1929	62	211	724	315	42782
吉　林	990	4285	2543	105	393	687	247	25724
黑龙江	1395	5052	2463	153	445	732	212	26591
上　海	241	4819	1187	9	63	299	92	128023
江　苏	1381	7476	3171	66	322	823	643	194068
浙　江	1451	9304	3830	117	346	767	1087	293638
安　徽	1628	6141	3056	11	126	511	547	84999
福　建	1210	4054	1363	16	150	323	337	34965
江　西	1854	6303	1991	17	131	566	442	109757
山　东	1979	9168	4218	45	495	1218	955	220708
河　南	2692	11737	3198	23	169	781	501	138721
湖　北	1428	5484	2694	31	168	716	394	68253
湖　南	2355	11171	3451	21	191	714	467	141101
广　东	1761	14197	4198	54	252	806	629	160734
广　西	1300	5608	2928	28	202	895	315	47125
海　南	242	797	253	6	17	66	63	8149
重　庆	1072	4975	1634	31	103	288	158	60140
四　川	4295	11056	3933	21	241	901	338	91406
贵　州	1721	6844	2824	30	176	534	321	48344
云　南	1608	7577	5654	36	662	1021	338	46062
西　藏	779	5567	3599	2	19	55	76	29686
陕　西	1477	6838	2677	23	190	801	351	48568
甘　肃	1453	5993	1792	16	165	517	270	32957
青　海	442	1590	529	7	65	160	199	9411
宁　夏	272	1410	674	21	92	193	139	15315
新　疆	1247	5197	2402	13	172	400	264	77308

文化机构基本情况

文化服务惠及人次/万人次	组织文艺活动次数/次	为老年人组织专场	为未成年人组织专场	为残障人士组织专场	为农民工组织专场	组织文艺活动参加人次/万人次	举办训练班班次/次	培训人次/万人次	对业余文化队伍开展培训人次
83289.37	**1391490**	**38646**	**22172**	**5698**	**17956**	**62140.26**	**920740**	**6119.03**	**2465.35**
1271.53	31331	160	236	20	55	798.01	45562	235.46	77.81
433.33	16055	227	86	12	10	286.34	13935	81.70	48.40
4250.96	76745	2709	1436	462	915	3225.85	49353	360.83	181.33
1536.63	33244	720	471	155	406	1286.50	15961	79.22	31.49
1027.77	20702	1038	423	117	330	862.65	10216	53.62	24.06
682.79	16132	655	258	51	246	500.58	23566	91.54	51.04
730.34	9824	386	196	86	69	554.43	14114	89.54	26.02
600.81	15499	1028	337	65	168	456.08	8565	53.17	22.29
3626.32	54652	1187	334	25	37	3062.47	68778	261.81	148.79
10037.27	100570	2096	1416	279	519	5518.84	74775	836.99	286.06
10641.91	147958	4376	1546	475	1686	8268.17	118779	740.11	314.23
2460.40	45064	1956	1085	173	558	1905.28	33019	177.77	58.00
868.65	16447	438	462	65	265	528.93	14118	64.38	21.22
3783.00	63729	2696	1016	320	878	3082.65	33745	213.84	86.84
5458.07	145666	6148	2421	841	1791	4466.35	61924	383.16	179.08
4525.45	92901	2105	1157	385	939	3542.77	32385	225.38	110.48
2602.52	35247	995	618	150	465	1975.83	26087	230.87	104.50
7783.48	87566	1621	1078	331	879	5720.62	41828	576.04	231.28
4536.71	70161	815	1843	524	561	3231.70	81114	439.57	133.59
1584.41	32108	702	637	45	510	1399.76	12524	64.47	25.95
334.81	3177	104	125	11	85	254.74	4523	18.78	6.29
1648.79	27309	316	363	65	179	1114.47	26185	159.47	48.27
2227.22	53305	977	780	209	546	1640.63	28664	119.27	47.92
3269.82	25493	956	994	122	695	2568.90	17171	187.36	66.00
2199.13	25505	1280	682	153	906	1830.55	15907	100.99	45.57
469.87	22347	157	142	41	475	426.46	6243	15.79	4.83
1506.81	26693	684	538	194	337	1132.92	15716	103.77	30.12
1153.53	17919	464	482	97	364	797.87	10449	72.48	33.48
386.01	6750	615	136	35	271	335.31	1795	8.38	2.17
560.88	11009	332	254	57	389	490.80	3526	31.19	5.77
1090.15	60382	703	620	133	2422	873.80	10213	42.10	12.47

续表 1

地　区	举办展览个数/个	参观人次/万人次	组织公益性讲座次数/次	参加人次/万人次	计算机/台	本单位受训人次/万人次	线上群众文化活动次数/次	线上服务人次/人次
全　国	**167497**	**14258.57**	**41939**	**767.97**	**400282**	**223.20**	**181040**	**1265296305**
北　京	1456	100.15	296	137.88	5975	6.83	6535	55510699
天　津	1239	59.49	658	5.77	3714	0.55	1362	18717678
河　北	8756	598.92	4570	65.01	11927	1.55	23839	22586064
山　西	3331	160.42	800	10.32	11267	1.99	5457	25731484
内蒙古	2041	104.96	880	6.41	7917	0.90	2114	6684894
辽　宁	1677	76.75	1407	13.80	9398	1.59	2578	36991855
吉　林	1348	80.15	438	6.17	6408	6.24	1175	10326813
黑龙江	1673	82.19	854	9.12	7501		4105	3175831
上　海	3845	288.82	748	13.19	6156	4.07	2848	22941348
江　苏	16684	3644.25	2039	37.18	38665	71.42	6970	74091513
浙　江	18347	1537.48	8554	96.12	18011	32.06	7601	200234155
安　徽	5943	356.63	973	20.65	18504	6.03	3099	71955992
福　建	3647	268.02	753	7.18	9498	3.27	6342	36290339
江　西	10003	461.46	2280	24.97	11225	10.73	40467	25931656
山　东	9894	570.40	3224	38.07	24019	10.40	7909	39193714
河　南	11442	724.40	1993	32.66	20280	3.35	7519	22516645
湖　北	5801	372.00	1118	23.59	11909	4.91	2424	67455479
湖　南	10098	1415.60	1609	71.13	18679	23.98	2591	61676837
广　东	8074	850.08	1385	15.10	26093	9.48	6029	153149375
广　西	2023	111.59	470	8.37	11282	1.44	4300	21170455
海　南	330	59.34	119	1.95	2072	0.61	648	15685802
重　庆	6056	363.01	590	11.76	13135	4.06	11409	62982236
四　川	8155	448.73	1282	18.44	33598	0.99	7038	54917705
贵　州	3847	469.60	1833	43.82	12657	4.77	2151	49724994
云　南	4188	259.95	462	7.55	16633	3.00	2367	29399065
西　藏	1037	26.96	59	0.53	11724	1.08	164	2471327
陕　西	5118	253.97	1041	16.01	10954	3.12	5099	33900383
甘　肃	3993	266.43	596	16.76	9410	2.13	3541	19664683
青　海	762	41.22	104	1.06	2348	0.82	927	9238477
宁　夏	565	36.66	215	2.19	3646	0.74	836	1300948
新　疆	6124	168.92	589	5.21	5677	1.09	1596	9677859

本年收入合计/千元	财政拨款预算收入	免费开放资金	中央资金	业务活动专项经费	上级补助收入	事业预算收入	经营收入	附属单位上缴收入	其他收入
30674492	**29589978**	**3545921**	**1532958**	**9489220**	**158373**	**107159**	**6516**	**294**	**812172**
992593	967746	105549	2744	376817		6742			18105
283466	276586	23035	3212	62166		1128			5752
621748	615408	127931	85870	149970	1128	316			4896
356525	350789	91447	57966	93171	2931	108			2697
512841	501203	68556	53165	104561	4221	2111			5306
349094	344054	48540	20129	56853	448	8			4584
443838	423679	50298	30293	61520	80	13384			6695
497869	491137	68274	57800	86651	1323	27			5382
2596353	2464245	166471	33007	1405381		21247			110861
2076675	2032409	124342	17754	643905	11894	3461	674		28237
3467344	3344458	221668	24207	1230889	9990	785			112111
679241	641520	119990	47540	155064	13495	1297			22929
540599	505275	51179	13818	192555	7800	3018			24506
563400	526841	135331	36663	116889	10585	4046	3	54	21871
1253256	1211701	180794	51137	388719	6391	2409			32755
835428	820229	162239	101336	162111	3130	3457			8612
1419601	1351898	133214	36757	262355	10757	3966			52980
899298	867638	134306	63029	214630	4797	6566			20297
4400823	4283560	459683	68903	1821372	12844	752	5839		97828
620493	596192	88272	68517	152547	4895	1658			17748
362862	359139	14993	7777	78638	736	741			2246
864568	835813	91104	63993	227924	3413	12543			12799
1357707	1337978	280316	206535	519170	4025				15704
667492	629126	80179	45476	95386	3638	3860			30868
1204391	1106933	99287	70697	289997	9841	6125			81492
510870	501698	53294	42858	58987	200				8972
823312	793093	150066	68728	165033	10784	1894			17541
471429	461203	88632	64234	88113	1562				8664
271874	256785	23159	12590	77042	5844	1900		240	7105
214026	193814	19413	9197	68481	10338	1442			8432
515476	497828	84359	67026	82323	1283	2168			14197

续表 2

地　区	本年支出合计/千元	基本支出	项目支出	经营支出	工资福利支出	商品和服务支出	差旅费	劳务费
全　国	**31863763**	**17090347**	**12072925**	**5790**	**12321859**	**3837227**	**91686**	**509163**
北　京	922739	422990	397421		286137	135154	109	4619
天　津	315397	241352	64390		151458	59574	220	4318
河　北	613570	419032	171108	15	336080	73320	1241	8280
山　西	373482	234024	119536		200704	51172	1416	5321
内蒙古	530159	405952	95556	6	314242	77917	2521	11682
辽　宁	349963	261753	57744	63	208184	48454	568	4956
吉　林	461365	341068	102334		302376	64459	1864	9858
黑龙江	501973	365468	136504		285753	70760	1799	6333
上　海	2579916	844370	1678317		560323	300270	309	6309
江　苏	2085132	1163395	854515	674	772335	262399	5451	38489
浙　江	3492928	1549011	1641638		803080	364049	6099	56005
安　徽	675903	456125	163407	42	294221	95530	2576	13830
福　建	553714	283971	247291		191509	112802	856	18758
江　西	571788	415512	112786	148	278983	77668	2740	9604
山　东	1358144	795662	366972	80	523910	147130	2613	18859
河　南	849847	645285	146310	62	488404	120008	2373	18093
湖　北	1390694	779481	548209	572	399279	144764	4711	28206
湖　南	915833	611651	217113	90	440349	119925	5149	13965
广　东	4404832	1723936	2512094	3544	1339402	598085	2768	59544
广　西	656502	462851	111666		367302	84447	5048	10309
海　南	365594	54734	298272		43027	51509	939	18144
重　庆	870367	582338	251726		328473	108903	9398	29894
四　川	1372910	719017	619773	15	474548	247346	11444	47578
贵　州	873612	634048	94568	268	361052	41616	1658	8977
云　南	1722102	831779	208419	31	1153432	82675	4246	14450
西　藏	490976	295503	45297	10	311851	14030	3176	2543
陕　西	834489	496805	271153	60	365373	96778	3249	11500
甘　肃	474479	338806	74292	100	265092	53678	2959	10059
青　海	289093	201459	75875		99178	35673	818	4055
宁　夏	457313	139845	306827		101964	45732	822	6485
新　疆	508947	373124	81812	10	273838	51400	2546	8140

在支出合计中						资产总计/千元	固定资产净值	实际使用房屋建筑面积/万平方米
福利费	各种税金支出	对个人和家庭补助支出	抚恤金和生活补助	其他资本性支出	各种设备购置费			
66718	**9799**	**705751**	**138884**	**725958**	**181352**	**181227371**	**105736739**	**4974**
2194	33	13845	1432	9619	7383	44875042	30760816	98
2187	1240	11109	1371	455	346	936746	750857	60
954	216	26555	3071	13473	11008	1636117	1392905	157
1146	240	6768	2262	4590	3900	1180398	864234	97
2629	336	14685	3884	15713	7330	1202273	886690	104
1111	255	10220	2763	3654	2136	1669004	1037652	114
701	1	7043	2640	8468	5949	824844	691509	68
512	1	31786	4547	16394	7409	813462	642665	95
3391	168	10504	3665	11690	2148	3281310	2385428	149
3029	247	52284	2662	25642	10812	6612767	5492568	709
19702	2606	33311	6020	38907	13932	9352814	7470484	558
1681	170	29781	5623	8855	4395	5655594	4698345	141
100	425	18270	3575	70003	2961	1703751	1304189	136
2483	184	15043	3630	17633	9648	3057300	2573774	128
1424	430	39418	4205	12910	6911	4029972	3388078	295
1639	356	30370	6302	12048	8449	1501509	1268390	176
4277	599	30672	2047	21081	4765	43899216	4119932	161
2577	245	24977	5343	19637	9887	5823296	4805463	231
3781	419	101087	3080	78200	16840	7279311	5051212	457
1324	67	16135	5800	8564	6168	1222769	983742	85
336		2228	793	228677	1195	501260	209861	15
1065	443	37479	20389	10321	4472	4534338	3842771	101
2877	64	43024	21423	13786	8228	9920662	8818477	231
743	99	24511	2994	5746	2713	1966752	1507731	97
1574	490	20279	8638	11208	4056	2111722	1615412	114
173		1061	231	2051	1340	983924	819514	42
524	46	9761	2648	26713	4594	5145510	4264579	102
721	215	20216	2982	5824	3005	2292597	1863976	82
1	10	10330	1723	11460	5695	500447	377179	23
13	83	5726	816	5846	660	5139351	518187	34
1849	111	7273	2325	6790	3017	1573313	1330119	112

续表 3

地　区		实际拥有产权面积/万平方米	流动舞台车演出情况			志愿者服务队伍数/支
	业务用房面积		流动舞台车数量/辆	利用流动舞台车演出场次/场次	利用流动舞台车演出观众人次/万人次	
全　国	**3538.32**	**2609.30**	**1777**	**33141**	**1823.43**	**432660**
北　京	76.59	38.82	8	207	12.29	7834
天　津	46.43	12.55	6	21	0.25	5205
河　北	116.25	84.59	125	4171	217.87	26937
山　西	73.95	83.98	154	1562	84.17	9480
内蒙古	69.65	40.65	57	866	38.66	6786
辽　宁	66.26	43.02	12	207	15.97	9422
吉　林	38.89	34.73	75	563	35.76	7278
黑龙江	61.00	31.86	55	560	24.75	6670
上　海	107.33	93.63	2	30	0.35	4843
江　苏	489.50	249.15	35	1748	112.40	18768
浙　江	404.71	300.98	8	357	59.54	28388
安　徽	111.66	104.35	33	800	38.43	13789
福　建	103.46	68.79	12	108	3.48	12542
江　西	87.95	72.69	44	1520	87.10	11709
山　东	205.93	120.86	92	4047	162.24	43987
河　南	131.67	98.24	105	2690	121.80	32128
湖　北	109.51	104.25	50	1235	81.98	18713
湖　南	137.61	141.53	87	2750	159.77	28875
广　东	351.14	205.98	7	21	0.22	15270
广　西	63.46	51.70	59	581	24.92	9915
海　南	10.98	8.92	4	34	1.93	1363
重　庆	76.97	74.42	26	359	28.88	23519
四　川	180.40	141.84	158	1437	57.51	20376
贵　州	69.15	66.06	97	1390	147.88	15477
云　南	84.43	95.96	104	1276	69.51	12571
西　藏	30.05	21.94	72	616	20.72	4028
陕　西	73.57	70.36	102	1090	56.42	10636
甘　肃	56.65	52.92	72	874	85.76	9358
青　海	15.77	14.92	41	582	32.32	1745
宁　夏	17.69	13.92	13	293	11.04	2653
新　疆	69.71	65.69	62	1146	29.51	12395

志愿者服务队伍人数/人	分馆数量/个	由本馆指导的单位					
		馆办文艺团体/个	演出场次/场	观众人次/万人次	馆办老年大学/个	群众业余文艺团队/个	群众业余团队人数/人
13304452	**17585**	**9533**	**114499**	**5983.52**	**670**	**454853**	**3809789**
343764	239	113	664	17.06	6	9258	63058
190075	160	89	525	23.13	2	5273	61036
727095	820	459	4339	209.56	34	29427	217207
248235	924	299	10841	161.77	14	12306	113536
146974	503	278	2075	92.85	29	9118	118982
248886	366	405	2074	122.29	21	11177	103237
187638	222	211	1155	166.56	11	7024	71181
209105	409	309	1936	85.36	17	8215	173611
193426	104	85	592	8.98	2	7837	12426
1581228	764	438	8612	481.07	37	19719	156233
976279	907	527	7503	421.56	12	36154	454591
325898	585	473	2978	235.11	13	14625	76604
411230	300	185	1521	48.69	13	8708	39896
244108	378	240	4113	310.66	27	12085	74783
1087364	924	682	13097	525.18	54	33209	189364
830905	1034	539	5708	207.78	39	31977	169038
543133	661	348	2608	136.90	32	20468	230452
941169	1181	316	3752	310.83	52	25924	314287
834547	1273	458	3176	259.59	18	17573	102535
309691	400	345	5314	275.06	18	17414	139448
33442	87	65	308	29.38	2	2277	35590
755648	682	127	2713	125.82	23	8791	56830
380973	968	129	2281	87.06	32	23206	126776
392712	795	648	4821	734.98	51	13401	110038
306120	1155	664	4162	230.39	43	31016	301331
73390	11	13	856	30.90		3656	7105
239140	541	287	3938	143.45	27	12619	100937
193011	347	256	4073	195.00	17	10574	91874
28091	108	172	2140	113.92	4	1905	30657
93674	75	47	1113	42.56	1	2645	29111
227501	662	326	5511	150.09	19	7272	38035

2021年各地区省级

地区	机构数/个	从业人员/人					组织品牌节庆活动/个	提供文化服务次数/次
			专业技术人才					
				正高级职称	副高级职称	中级职称		
总计	**31**	**1813**	**1485**	**160**	**427**	**588**	**127**	**9503**
北京	1	57	31	3	2	12	1	59
天津	1	55	44	3	7	24	11	72
河北	1	84	69	7	27	24		675
山西	1	68	61	5	15	28	6	158
内蒙古	1	32	30	3	7	9	2	20
辽宁	1	43	41	6	12	15	2	199
吉林	1	52	47	5	12	18	3	44
黑龙江	1	30	27	1	8	9	2	25
上海	1	79	79	6	12	35	1	
江苏	1	52	49	11	17	14	1	404
浙江	1	52	51	9	17	21		884
安徽	1	37	35	4	7	15	4	61
福建	1	32	30	3	10	12	11	152
江西	1	52	46	3	15	18	2	57
山东	1	67	62	7	13	33	6	1407
河南	1	69	40	3	10	16	1	155
湖北	1	86	66	5	15	24	2	231
湖南	1	70	51	7	18	26	11	73
广东	1	47	45	5	13	17	4	2004
广西	1	85	85	15	35	28	7	176
海南	1	40	20	2	9	9	5	117
重庆	1	71	55	7	15	21	7	179
四川	1	95	62	8	21	21	5	53
贵州	1	63	51	6	15	30		33
云南	1	57	48	6	24	18	12	1896
西藏	1	49	38	1	6	11	2	35
陕西	1	69	58	6	10	28		19
甘肃	1	38	35	4	18	10		11
青海	1	49	43	3	15	13	2	142
宁夏	1	89	46	4	13	16	12	85
新疆	1	44	40	2	9	13	5	77

文化馆基本情况

文化服务惠及人次/万人次	组织文艺活动次数/次	为老年人组织专场	为未成年人组织专场	为残障人士组织专场	为农民工组织专场	文化活动观众人次/万人次	举办训练班班次/次	培训人次/万人次
489.66	**1263**	**50**	**50**	**9**	**51**	**290.51**	**7290**	**28.94**
3.10	30					1.76	17	0.15
1.81	17	1	1			0.72	29	0.08
3.29	50					2	584	0.91
7.77	60	6	3	3	10	4.6	65	0.71
3.24	4					0.2	5	0.04
46.76	158	6	5	1		44.7	29	0.58
4.85	25	5				2.98	6	0.05
0.84	15					0.8	9	0.03
24.59	122					4.45	6	0.12
30.65	22		5			3.3	784	6.08
10.79	8					1.2	3	0.04
65.59	122					39.2	12	0.04
34.79	27	4	4			31.4	14	0.16
9.89	58	3	9		1	3.5	1279	2.72
21.61	44	2	1		1	2.94	88	0.26
15.47	26	1				1.96	194	0.69
16.17	26	2	6	1	1	4.04	7	0.37
7.69	15					0.72	1962	5.83
64.73	71					62.53	44	0.37
6.78	18		1		1	4.21	80	0.24
21.58	34	2			25	13.13	133	0.45
11.10	7					3.48	35	0.12
0.94	10					0.45	5	0.06
11.56	59	1	2	1	2	1.37	1825	8.23
1.62	6	1	1	1		0.8	20	0.12
0.72	5					0.42	9	0.06
1.73	9					1.7	2	0.03
25.93	112	2	3			21.9	21	0.09
28.27	55	10	7	2	10	25	6	0.07
5.80	48	4	2			5.05	17	0.25

续表 1

地　区	对业余文化队伍开展培训人次	举办展览个数/个	参观人次/万人次	组织各类理论研讨和讲座次数/次	参加人次/万人次	计算机/台	本单位受训人次/万人次	线上群众文化活动次数/次
全　国	**10.55**	**666**	**165.79**	**284**	**4.41**	**2598**	**0.19**	**8207**
北　京	0.01	3	1.10	9	0.09	81		285
天　津	0.04	25	1.00	1	0.01	102		228
河　北		9	0.15	32	0.23	146		28
山　西	0.65	15	1.50	18	0.96	83		23
内 蒙 古		11	3.00			92		11
辽　宁	0.08	6	1.40	6	0.08	86	0.03	140
吉　林		10	1.80	3	0.02	52		13
黑 龙 江		1	0.01			62		81
上　海								
江　苏		274	20.00	2	0.02	56	0.01	5
浙　江	0.35	32	21.00	46	0.27	54		35
安　徽		50	9.55				0.01	325
福　建		17	26.30	1	0.05	13		25
江　西	0.02	12	3.20	4	0.03	58	0.01	20
山　东	2.13	57	3.60	13	0.07	91	0.01	53
河　南	0.14	19	18.30	4	0.11	134	0.01	115
湖　北	0.51	6	12.75	5	0.07	121		30
湖　南	0.15	21	11.34	19	0.42		0.01	139
广　东	5.83	11	1.01	16	0.13	116		45
广　西	0.05	7	0.80	54	1.03	97	0.05	25
海　南	0.10	6	1.96	13	0.37	109	0.01	34
重　庆		12	8.00			139	0.01	5577
四　川		11	7.50			355		25
贵　州		4	0.26	14	0.17	43	0.01	10
云　南	0.30	11	1.96	1		78		166
西　藏	0.12	9	0.70			38		13
陕　西		3	0.23	2	0.01	36		9
甘　肃						36		8
青　海	0.04	8	3.90	1	0.04	100		8
宁　夏	0.02	9	3.00	15	0.20	95	0.01	401
新　疆	0.01	7	0.47	5	0.03	125	0.01	330

线上服务人次/人次	本年收入合计/千元	财政补贴收入	免费开放资金	中央资金	业务活动专项经费	上级补助收入	事业收入
193529220	**1202984**	**1127288**	**99207**	**39147**	**353869**	**523**	**20476**
22600000	66585	66501			15538		
16810000	23252	22346	1200		7767		898
5256720	34673	33804	7000		15728		
8000000	19723	19180	2100		6790		108
1300000	11587	11387	2000		4190		
9371271	18238	18238	1932	932	400		
5580000	12994	12727	1095	1095	2542		
71470	21533	21533	960		1353		
	106398	59138	25032	7580	25462		3324
1860000	52453	51006	5		32789		1374
3215785	34429	32654			12793		333
40000000	16089	14342	5930	5170	40		
10700000	29216	28693	7178	6390	7178		
10000000	24820	24820	7000	2360	13941		
3220000	39201	37267	999		19653		1847
5200000	20766	18335	1920		6415		1605
11186657	41748	40303			24446	160	1071
6226200	41212	35898	1850		7429	318	4996
1699232	60707	60402	2110		38070	45	238
900085	36698	35697	2567		14583		
2646809	244276	244275			26730		
296384	35034	30876	7581	7100	17301		4152
6430000	32507	32477	3208		18882		
12000	18588	18588	3690	1970	3690		
6066607	15680	13423	2000		3330		260
2000000	41505	41505	1800	1800	1800		
6292000	21673	21385	1200		10986		270
1200000	9103	9103	1400		2680		
4570000	31193	30379	4750	4750	3000		
270000	24736	24640	700		7450		
548000	16367	16366	2000		913		

续表 2

地　区	其他收入	本年支出合计/千元	基本支出	项目支出	工资福利支出	商品和服务支出	差旅费
全　国	**54697**	**1161820**	**423049**	**738728**	**333921**	**425367**	**9785**
北　京	84	38903	19405	19498	16691	20928	89
天　津	8	23990	15397	8592	12717	10276	46
河　北	869	27541	11812	15728	9388	749	101
山　西	435	19313	12003	7310	9657	7392	455
内蒙古	200	11387	6613	4773	5446	5136	113
辽　宁		16112	13792	2320	6007	1599	40
吉　林	267	12727	10189	2538	7119	5205	426
黑龙江		21536	6440	15096	4331	15174	77
上　海	43936	115886	36989	78897	21905	92305	97
江　苏	73	50219	18682	31537	15409	31869	2437
浙　江	1442	34289	1916	32373	10079	5295	470
安　徽	1747	14343	8975	5368	5903	4245	218
福　建	523	30574	8998	21575	7611	18976	117
江　西		17294	7620	9674	10400	3465	217
山　东	87	38325	17724	20600	12362	21550	321
河　南	826	27551	14266	13285	9401	15469	457
湖　北	214	41065	16008	25057	14188	24954	442
湖　南		36104	22390	13714	12874	20995	182
广　东	22	66174	22332	43842	15370	30569	353
广　西	1001	36567	21719	14848	18026	15937	316
海　南	1	244275	6710	237565	5322	11403	252
重　庆	6	34996	17233	17763	14356	15227	859
四　川	30	27916	13381	14498	12245	5772	462
贵　州		18117	11895	6222	9265	6168	197
云　南	1997	14755	10155	4600	9178	5159	263
西　藏		46996	15187	31809	14064	1123	100
陕　西	18	21674	10054	11620	8152	1306	104
甘　肃		10371	6423	3948	4408	4336	78
青　海	814	22572	13568	9003	11313	7237	120
宁　夏	96	23881	17069	6812	13897	6930	140
新　疆	1	16367	8104	8263	6837	8618	236

在支出合计中							资产总计/千元
劳务费	福利费	各种税金支出	对个人和家庭补助支出	抚恤金和生活补助	其他资本性支出	各种设备购置费	
35535	**6144**	**1091**	**45716**	**4971**	**258564**	**9460**	**1527196**
1451	198	1	1284				29636
579	278	99	823		174	171	151584
10	136		1675				15322
582	94		1046	105			47112
2171	104		745	245			4691
510	993	56	228	210	60	60	20919
204	189		328		75		33585
22	126		1988	108	43	43	2164
1581	622		630		1046		187892
6768		30	2239		702		43277
1755	879	27	1759	870	1138	1038	25772
333	90		75		50	50	5108
2665		5	824	129	1624	274	31798
180	275	37	1894		1535	1535	22693
1563		157	4100	122	312	303	19915
2700	304	126	2351		328	328	7536
2078	958	378	1655	60	268	268	6365
988	635	142	2235	515			133193
1248		3	5269	212	14966	282	54100
276	25		2506	352	98	2	83308
2491			200	39	227349	197	266298
1686			1169	163	4243	2523	129739
			1398	58	643		30055
775		10	2060	713	624	503	6933
243	108	15	404		14	14	37011
242							36994
			489	73			23063
313	67		1443	325	184	184	4187
1546	1	5	2335	495	1687	1685	27228
225			1925	177	1128		28579
350	62		639		273		11139

续表 3

地　区	固定资产净值	实际使用房屋建筑面积/万平方米	业务用房面积	实际拥有产权面积/万平方米	流动舞台车演出情况		
					流动舞台车数量/辆	利用流动舞台车演出场次/场次	利用流动舞台车演出观众人次/万人次
全　国	**851772**	**29.19**	**18.87**	**14.91**	**7**	**38**	**1.30**
北　京	250	0.18	0.18				
天　津	148713	1.30	1.03				
河　北	3938	1.90	0.61		1		
山　西	18731	0.76	0.55	0.48			
内蒙古	3253	0.36	0.30				
辽　宁	7313	0.85	0.80	0.41	1		
吉　林	29599	0.88	0.58	1.20			
黑龙江	1798	0.16	0.10				
上　海	150462	1.91	1.91	1.91			
江　苏	26004	0.64	0.41				
浙　江	13070	0.83	0.83	0.32			
安　徽	2974	0.25	0.25	0.25			
福　建	19356	0.35		0.35			
江　西	13695	0.62	0.60	0.02			
山　东	8275	2.04	1.40		1	8	0.10
河　南	3163	0.98	0.78		1		
湖　北	2699	0.37	0.18	0.37			
湖　南	113023	2.00	1.31	2.00	1		
广　东	44974	0.81	0.67				
广　西	10363	0.40	0.36				
海　南	20306	0.38	0.16				
重　庆	124654	2.50	2.00	2.40		30	1.20
四　川	7197	1.09	0.38	1.52			
贵　州	4301	0.40	0.20	0.36			
云　南	16400	1.45	1.33	1.45			
西　藏	17566	1.22	0.47				
陕　西	18098	0.96	0.50	0.96	1		
甘　肃	739	0.15	0.10	0.15	1		
青　海	9028	1.88	0.23	0.75			
宁　夏	5547	0.88					
新　疆	6283	0.69	0.65	0.01			

志愿者服务队伍数/支	志愿者服务队伍人数/人	分馆数量/个	由本馆指导的单位					
			馆办文艺团体/个	演出场次/场	观众人次/万人次	馆办老年大学/个	群众业余文艺团队/个	群众业余团队人数/人
3274	**86412**	**7**	**99**	**659**	**22.07**	**10**	**499**	**16290**
42	40000							
181	3520		2	20	1.00		170	3697
1	30		5	15	0.18	1	12	500
			2	80	3.00	1	20	1200
2	70		4	13	0.83		7	350
1	800		5	15	0.26		18	800
			3	1	0.03		30	600
			1	15	0.45	1		
1	100		5					
4	350							
501	15014		2	28	1.40		28	1300
1	50		1	4	0.20		2	80
2	150	1	8	50	0.15	1	8	250
39	1912	5	2			1	12	60
9	500					1	2	80
16	8600		2	5	0.28	1	5	248
23	376		4	1	0.05	1	12	507
21	2009		5	76	2.30			
7	200		6	3	0.20		9	350
2317	10212		4	20	1.50		24	1200
4	630						13	920
1	200		5	18	1.40			
35	35		23	239	7.60	1	23	1098
1	184						1	300
			1	1	0.02		5	450
			8	54	1.21			
1	190	1	1	1	0.02	1	34	1020
64	1280						64	1280

2021年各地区地市级

地　区	机构数/个	从业人员/人	专业技术人才	正高级职称	副高级职称	中级职称	组织品牌节庆活动/个	提供文化服务次数/次
全　国	**359**	**10399**	**8566**	**488**	**1878**	**3756**	**1776**	**129683**
北　京								
天　津								
河　北	11	462	419	27	96	164	53	3158
山　西	11	323	284	12	51	126	11	1175
内蒙古	12	440	393	25	99	163	57	2118
辽　宁	21	523	429	37	96	189	59	8858
吉　林	13	436	376	33	100	144	101	9114
黑龙江	16	383	330	68	98	130	42	2270
上　海								
江　苏	15	482	378	29	79	181	129	7889
浙　江	11	457	378	41	80	168	90	10068
安　徽	17	297	246	4	44	110	116	7017
福　建	9	193	142	11	31	54	42	2421
江　西	13	365	287	8	48	116	63	3143
山　东	17	617	539	23	155	223	239	13551
河　南	18	507	423	16	74	178	80	5366
湖　北	12	425	360	18	54	164	58	5509
湖　南	16	433	340	11	73	154	55	6163
广　东	21	640	440	25	103	217	108	15924
广　西	14	455	411	13	91	221	61	3452
海　南	3	74	38	4	3	18	6	1670
重　庆								
四　川	21	601	465	11	86	205	42	2116
贵　州	9	355	325	15	79	140	47	4595
云　南	16	454	424	14	126	194	55	1851
西　藏	7	164	79		10	32	21	873
陕　西	11	420	313	11	52	145	38	3771
甘　肃	16	350	285	9	46	138	53	3417
青　海	8	147	125	4	27	48	20	764
宁　夏	5	128	112	12	26	41	73	1155
新　疆	16	268	225	7	51	93	57	2275

文化馆基本情况

文化服务惠及人次/万人次	组织文艺活动次数/次	为老年人组织专场	为未成年人组织专场	为残障人士组织专场	为农民工组织专场	文化活动观众人次/万人次	举办训练班班次/次	培训人次/万人次	对业余文化队伍开展培训人次
6021.16	**26821**	**4015**	**2282**	**790**	**1298**	**4221.69**	**93891**	**508.86**	**187.82**
112.76	652	82	47	8	21	79.81	2166	12.88	3.43
93.25	238	71	27	6	26	69.09	640	6.41	2.36
76.99	456	139	69	8	29	62.54	1577	6.15	3.03
120.93	587	54	39	2	7	81.22	7723	18.6	18.77
334.41	315	47	79	12	2	267.05	8592	55.9	11.56
80.2	848	166	42	6	16	65.6	1283	6.91	2.86
400.01	1234	283	133	30	106	154.9	5904	31.04	13.07
161.26	828	115	83	29	77	67.38	8322	21.56	9.07
201.72	1710	879	208	10	20	133.64	5005	16.23	2.32
112.92	657	50	89	6	17	47.33	1501	7.02	1.42
155.03	878	38	57	7	17	127.85	1990	9.59	7.71
752.41	2271	384	186	47	180	583.49	10527	54.68	26.94
255.76	1852	136	141	42	26	146.08	2925	10.98	5.86
196.76	842	46	132	12	82	119.34	4412	45.25	23.23
375.33	812	112	44	9	15	273.39	5124	27.11	7.6
1075.13	4688	112	230	453	95	907.96	10674	43	5.2
201.99	1402	160	122	18	81	167.93	1879	9.03	3.03
68.83	375	52	70	3		57.91	1223	4	1.68
149.21	610	107	45	4	18	67.41	1173	3.83	0.73
231.1	676	83	55	9	32	124.99	3360	59.41	12.91
169.94	671	225	65	10	20	127.5	995	8.46	5.03
30.94	792	30	16	6	128	28.79	42	0.15	0.02
164.24	480	42	26	4	11	99.83	2934	14.62	2.36
176.7	731	68	122	16	33	97.24	2362	18.11	15.34
45.48	554	332	11	4	17	41.18	140	0.82	0.24
166.53	753	59	63	13	87	146.89	335	12.81	0.7
111.33	909	143	81	16	135	75.35	1083	4.31	1.35

续表 1

地　区	举办展览个数/个	参观人次/万人次	组织各类理论研讨和讲座次数	参加人次/万人次	计算机/台	本单位受训人次/万人次	线上群众文化活动次数/次	线上服务人次/人次
全　国	**4050**	**1188.54**	**4921**	**101.88**	**11306**	**7.42**	**22870**	**426193399**
北　京								
天　津								
河　北	108	17.77	232	2.29	333	0.04	785	3750375
山　西	168	15.97	129	1.77	449	0.04	365	1300315
内蒙古	50	7.73	35	0.57	395	0.02	794	2754830
辽　宁	123	16.84	425	4.25	336	0.04	883	26353906
吉　林	86	9.04	121	2.42	355	5.53	328	3694432
黑龙江	68	7.09	71	0.59	356		981	1021984
上　海								
江　苏	481	211.16	270	2.92	558	0.03	532	21902920
浙　江	285	67.24	633	5.08	574	0.09	738	43121276
安　徽	164	47.88	138	3.95	414	0.06	965	14062711
福　建	169	57.54	94	1.02	237	0.03	343	11431161
江　西	101	15.2	174	2.36	471	0.02	419	4142008
山　东	314	109.08	439	5.16	730	0.15	1145	17127133
河　南	210	83.95	379	14.74	744	0.08	2839	8654713
湖　北	108	30.33	147	1.83	547	0.31	287	37636249
湖　南	95	50.83	132	24	496	0.15	430	20608877
广　东	341	119.64	221	4.51	892	0.2	3370	103965330
广　西	106	21.72	65	3.31	440	0.19	2538	16359471
海　南	42	6.72	30	0.2	93	0.01	287	1552873
重　庆								
四　川	172	75.77	161	2.2	685		1578	36824272
贵　州	99	42.64	460	4.05	318	0.1	187	21689764
云　南	115	32.52	70	1.45	450	0.13	463	10371890
西　藏	19	1.87	20	0.13	66		86	37512
陕　西	174	46.31	183	3.47	358	0.15	1030	11256874
甘　肃	159	54.62	165	6.73	327	0.01	1010	2287944
青　海	52	3.4	18	0.09	83		91	3173600
宁　夏	46	6.13	21	0.7	295	0.03	193	465825
新　疆	195	29.56	88	2.09	304	0.01	203	645154

本年收入合计/千元	财政补贴收入	免费开放资金	中央资金	业务活动专项经费	上级补助收入	事业预算收入	经营收入	其他收入
3333295	**3221801**	**243345**	**95883**	**979749**	**21927**	**17853**	**674**	**71040**
106727	106477	6430	3300	12790				250
60900	60663	5800	3350	13536				237
95761	95516	5281	4281	20709		111		134
91641	90245	6711	2249	12297				1396
85388	71342	3484	2095	9021		13354		692
77043	76630	5723	4291	14023	262	27		124
192063	189094	8780	1950	44948	10	404	674	1881
285779	282422	9911	1658	104842	1517	10		1830
108676	103537	8394	3904	25747	3049			2090
120627	120017	2971	650	84719	20			590
96780	89439	8859	3300	22970	408			6933
205667	203059	19333	3700	70491	445			2163
129911	127246	8982	5400	22487	500			2165
143235	139974	6364	3808	37700	20	1595		1646
125936	122419	10118	3280	28984		830		2687
438928	418799	64066	4655	155685	5997	52		14080
115095	110462	6193	4960	38834	885			3748
28642	28642	1170	730	19303				
234479	231234	12512	8400	109698	340			2905
96494	85456	4386	2800	8631				11038
121222	119568	7880	6016	32035				1654
49384	49384	3457	2100	1704				
86296	79842	5000	3600	9305	2039			4415
67094	66235	7516	5854	15002	98			761
50646	45627	3297	1482	21733	3989			1030
45444	39935	2800	1600	22178	2198			3311
73437	68537	7927	6470	20377	150	1470		3280

续表 2

地区	本年支出合计/千元	基本支出	项目支出	经营支出	在支出合计中			
					工资福利支出	商品和服务支出		
							差旅费	劳务费
全　国	**3429165**	**2005246**	**1372393**	**674**	**1563049**	**1056510**	**23990**	**151493**
北　京								
天　津								
河　北	101405	84216	16725		61018	22670	718	2952
山　西	74113	41232	32487		36777	12344	264	418
内蒙古	111763	75372	27801		60128	28502	942	2564
辽　宁	87848	68520	19079		49978	26336	237	2230
吉　林	91387	61019	30355		54002	30017	278	3770
黑龙江	80715	61751	18963		48717	15151	579	1422
上　海								
江　苏	192261	138715	52871	674	99417	60800	952	6305
浙　江	282111	130315	151728		105811	118228	1215	11876
安　徽	108209	63307	44524		42865	35216	588	5121
福　建	137925	30365	107560		24750	40432	334	8240
江　西	99796	67544	24445		58036	24591	373	1865
山　东	213492	130518	82862		101052	67101	1009	6322
河　南	134794	91577	40970		68928	35662	563	4919
湖　北	139525	82636	56856		68245	44087	1093	14056
湖　南	128434	83973	40249		47945	31055	2532	4505
广　东	443123	189242	251917		148437	196637	919	21092
广　西	114077	77278	36796		66033	32733	1402	5330
海　南	29536	8397	21135		6658	20727	232	6387
重　庆								
四　川	242131	111140	130488		81785	64628	2163	17328
贵　州	103003	77208	24970		54493	16930	544	3684
云　南	126835	90222	36582		76351	31238	1049	3589
西　藏	45116	31570	6744		30032	10698	2900	2058
陕　西	93781	57390	34808		49073	16615	1013	3021
甘　肃	70166	55550	10901		38334	13975	647	2591
青　海	52112	23241	22503		22063	18013	157	1663
宁　夏	50521	28013	22508		24268	17355	240	3207
新　疆	74986	44935	25566		37853	24769	1047	4978

福利费	各种税金支出	对个人和家庭补助支出	抚恤金和生活补助	其他资本性支出	各种设备购置费	资产总计/千元	固定资产净值	实际使用房屋建筑面积/万平方米
15511	**1846**	**231841**	**33665**	**200780**	**54149**	**4684377**	**2954754**	**248.78**
392		13301	1874	1947	1947	104419	64706	6.18
432		1515	204	2750	2581	210032	21836	4
481		3322	1002	4143	2172	398273	322387	9.54
9	2	2979	1181	1143	132	134978	96106	7.8
456		3350	814	2376	1028	224534	202162	8.35
137		9603	1309	3335	1844	83786	45416	5.4
704	57	15038	469	5379	3663	247684	183377	14.73
4502	617	8609	1475	7702	4637	588559	341933	13.82
256	22	15245	2048	1697	1564	39367	25724	15.05
13	21	4689	347	65010	1066	298414	138373	9.54
476	21	5491	1499	4287	991	52871	17758	11.82
203	92	16008	1107	5151	3895	198782	145096	20.63
415	52	11752	1587	8858	6743	90580	43337	17.32
1314	155	10493	294	4199	842	113771	79226	8.84
862	14	13815	2079	8657	2080	75702	38337	9.4
1109	99	39107	789	39886	4035	318203	244976	15.05
140	2	5400	1722	4311	3473	61675	30930	11.95
		832	484	314	13	39189	28372	1.8
947	4	12252	5453	4391	1657	312936	110092	11.12
484	47	14098	729	2983	352	484992	367735	4.81
562	415	5760	3737	4590	1814	153621	112939	8.35
31		981	231	52	52	47855	22941	2.87
116		3474	731	4727	1750	147780	104490	7.01
325	204	9006	941	1687	899	95476	71828	6.68
		2015	367	4943	3277	48080	23959	3.11
	11	1467	238	2067	165	36601	18756	5.85
1145	11	2239	954	4195	1477	76217	51962	7.76

续表 3

地　区			流动舞台车演出情况			
	业务用房面积	实际拥有产权面积/万平方米	流动舞台车数量/辆	利用流动舞台车演出场次/场次	利用流动舞台车演出观众人次/万人次	志愿者服务队伍数/个
全　国	**166.29**	**99.13**	**53**	**514**	**28.86**	**5005**
北　京						
天　津						
河　北	4.36	2.87	1	5	0.1	186
山　西	2.79	4.26	5	7	0.2	84
内蒙古	4.98	1.95	4	41	0.96	169
辽　宁	3.55	1.85	3			186
吉　林	3.35	4.84	1			268
黑龙江	3.75	2.43	3			177
上　海						
江　苏	10.29	7.28	4	104	1.8	70
浙　江	4.81	12.96	1	90	5.6	59
安　徽	11.15	3.54				104
福　建	8.41	2.89				327
江　西	6.43	6.38				172
山　东	15.71	4.96	5	35	4.09	285
河　南	15.94	4.22	2	20	2	387
湖　北	6.7	5.57	2	6	0.3	168
湖　南	4.16	1.96	1	30	3	243
广　东	11.74	2.97				889
广　西	8.78	2.93	1	12	0.42	68
海　南	1.41		1	22	1.13	10
重　庆						
四　川	8.83	3.71	4	17	0.51	105
贵　州	3.69	3.43	3	9	1.12	245
云　南	5.55	2.58				216
西　藏	1.59	1.54	1	6	0.3	16
陕　西	4.19	3.44	3	45	3.01	94
甘　肃	5.44	1.99	1			97
青　海	2.1	2.9				271
宁　夏	1.4	1.78	1	3	0.2	10
新　疆	5.19	3.9	6	62	4.12	99

志愿者服务队伍人数/人	分馆数量/个	由本馆指导的单位					
		馆办文艺团体/个	演出场次/场	观众人次/万人次	馆办老年大学/个	群众业余文艺团队/个	群众业余团队人数/人
371328	**714**	**1327**	**15508**	**836.23**	**58**	**7177**	**338362**
7206	2	51	633	12.21	1	293	11048
1347	1	28	7013	11.54	1	199	9581
12599	23	46	296	17.28	3	251	14812
22203	8	77	281	53.78	2	369	22646
14931	14	51	240	104.83	1	189	7210
10767	22	57	208	12.97		516	25104
14463	5	53	308	20.06	5	267	11461
3858	11	54	505	21.36	1	383	20719
5453	15	46	258	71.21		284	6535
3637	16	24	258	6.8		167	7385
11353	16	36	297	14.78	3	258	17866
12391	31	115	1675	205.14	6	401	11945
14012	20	58	210	18.32	5	413	16902
9584	27	28	132	12.01	5	351	21055
21026	23	40	193	12.87	4	336	36951
154504	258	67	193	25.16	2	325	9526
3576	16	75	584	49.06	1	345	12918
337	8	6	14	0.87	1	24	750
15703	21	15	85	5.61	3	423	19262
7854	16	112	298	47.45	1	224	11150
7930	116	65	470	31.75	6	344	9965
481		3	83	1.08		5	153
3666	6	20	196	5.97	1	128	6390
4619	12	44	356	26.02	4	239	12790
3518		88	186	13.5	1	118	5300
652	5	26	186	2.7	1	187	4015
3658	22	42	350	31.92		138	4923

2021年各地区县市级

地区	机构数/个	从业人员/人	专业技术人才	正高级职称	副高级职称	中级职称	组织品牌节庆活动/个	提供文化服务次数/次
全国	**2926**	**42383**	**30850**	**444**	**4134**	**13603**	**9010**	**645075**
北京	18	786	521	4	37	215	130	15547
天津	16	713	435	3	63	209	59	8690
河北	168	1661	1186	12	148	540	446	63262
山西	118	1437	1014	3	87	424	97	17479
内蒙古	105	1365	1144	21	234	511	340	10930
辽宁	101	1225	886	19	103	520	254	13443
吉林	66	1773	1353	67	281	525	143	5121
黑龙江	124	1778	1432	84	339	593	168	9898
上海	22	832	689	3	51	264	91	22968
江苏	100	1693	1352	26	226	628	513	42519
浙江	89	1892	1425	67	249	578	997	96097
安徽	105	1149	874	3	75	386	427	19729
福建	87	745	592	2	109	257	284	8972
江西	103	1378	1016	6	68	432	377	29793
山东	140	2290	1924	15	327	962	710	67262
河南	188	2629	1174	4	85	587	420	25683
湖北	113	1700	1149	8	99	528	334	15897
湖南	129	1630	1222	3	100	534	401	23302
广东	122	1957	1327	24	136	572	517	33552
广西	110	1617	1286		76	646	247	12374
海南	19	230	123		5	39	52	3270
重庆	40	870	613	24	88	267	151	12824
四川	184	2368	1679	2	134	675	291	14375
贵州	89	1161	937	9	82	364	274	15996
云南	132	1875	1709	16	512	809	271	10659
西藏	74	371	280	1	3	12	53	3172
陕西	110	2128	1402	6	128	628	313	11928
甘肃	88	1246	796	3	101	369	217	6464
青海	45	571	244		23	99	177	3685
宁夏	21	394	291	5	53	136	54	5361
新疆	100	919	775	4	112	294	202	14823

文化馆基本情况

文化服务惠及人次/万人次	组织文艺活动次数/次	为老年人组织专场	为未成年人组织专场	为残障人士组织专场	为农民工组织专场	文化活动观众人次/万人次	举办训练班班次/次	培训人次/万人次	对业余文化队伍开展培训人次
31180.59	**268104**	**34581**	**19840**	**4899**	**16607**	**23757.54**	**308255**	**1766.58**	**689.82**
543.23	2318	160	236	20	55	316.81	12579	30.35	9.87
138.04	2011	226	85	12	10	71.18	5666	30.53	23.8
2521.55	24099	2627	1389	454	894	1884.54	32013	190.04	103.07
901.79	8451	643	441	146	370	801.47	7662	33.03	12.88
627.68	5136	899	354	109	301	540.69	4367	27.15	11.75
269.28	2879	595	214	48	239	185.4	9106	39.16	16.08
224.98	1807	334	117	74	67	151.86	2619	18.14	6.38
334.52	4754	862	295	59	152	240.6	3665	27.75	9.69
482.08	6421	1187	334	25	37	310.99	15423	58.36	18.67
2500.55	16202	1813	1283	249	413	1375.28	21374	181.77	56.6
3536.08	30794	4261	1458	446	1609	2589.57	53135	271.65	114.31
1045.37	6982	1077	877	163	538	816.34	10903	50.92	16.93
290.17	2880	388	373	59	248	182.63	4725	20.52	5.97
1743.33	13552	2654	955	313	861	1408.6	12925	81.46	28.33
2300.17	41764	5761	2226	794	1610	1997.08	21424	118.58	44.49
1251.89	13912	1967	1015	343	912	1004.52	8493	45.61	19.15
1109.93	5752	948	486	138	383	908.53	8171	49.65	14
2660.65	11548	1507	1028	321	863	2107.32	8901	112.60	67.29
1112.10	7642	703	1613	71	466	743.05	23149	106.22	23.19
597.23	6810	542	515	27	429	528.45	4806	29.35	11.08
196.86	979	52	54	8	84	138.57	2110	9.02	2.71
701.18	2491	314	363	65	154	488.45	9108	49.47	5.85
605.46	7762	870	735	205	528	441.25	4225	19.52	6.79
2069.55	7920	873	939	113	663	1691.52	5688	67.00	30.2
1310.92	6186	1054	615	142	884	1184.14	3419	23.63	12.34
105.13	2439	126	125	34	347	87.89	498	2.89	1.57
612.04	5266	642	512	190	326	464.89	4820	32.05	7.35
568.13	3368	396	360	81	331	421.87	2009	13.37	4.17
251.55	2800	281	122	31	254	224.18	672	4.02	0.67
221.91	3435	263	184	42	292	196.53	1674	11.52	1.49
347.24	9744	556	537	117	2287	253.34	2926	11.25	3.15

续表 1

地　区	举办展览个数/个	参观人次/万人次	组织各类理论研讨和讲座次数/次	参加人次/万人次	计算机/台	本单位受训人次/万人次	线上群众文化活动次数/次	线上服务人次/人次
全　国	**31982**	**4992.74**	**36734**	**661.68**	**49186**	**23.55**	**149963**	**645573686**
北　京	363	58.26	287	137.79	855	1.10	6250	32910699
天　津	356	30.54	657	5.76	687	0.15	1134	1907678
河　北	2844	384.31	4306	62.49	1740	0.06	23026	13578969
山　西	713	59.63	653	7.59	970	0.09	5069	16431169
内蒙古	582	53.88	845	5.84	1226	0.07	1309	2630064
辽　宁	482	35.21	976	9.47	1147	0.15	1555	1266678
吉　林	381	51.23	314	3.73	1121	0.34	834	1052381
黑龙江	696	57.49	783	8.53	1193		3043	2082377
上　海	376	99.52	748	13.19	1096	1.28	2848	22941348
江　苏	3176	909.25	1767	34.24	2105	1.15	6433	50328593
浙　江	4293	584.03	7875	90.77	2039	1.55	6828	153897094
安　徽	1009	161.36	835	16.70	1865	0.14	1809	17893281
福　建	709	80.85	658	6.11	928	0.15	5974	14159178
江　西	1214	230.62	2102	22.58	1460	4.50	40028	11789648
山　东	1302	151.59	2772	32.84	2166	1.39	6711	18846581
河　南	1668	183.78	1610	17.81	2450	0.19	4565	8661932
湖　北	1008	129.97	966	21.69	1614	0.94	2107	18632573
湖　南	1395	393.98	1458	46.71	5817	4.01	2022	34841760
广　东	1613	252.21	1148	10.46	3884	1.77	2614	47484813
广　西	407	35.3	351	4.03	1676	0.21	1737	3910899
海　南	105	47.89	76	1.38	268		327	11486120
重　庆	635	151.45	590	11.76	1474	2.61	5832	62685852
四　川	1267	128.39	1121	16.24	2930	0.07	5435	11663433
贵　州	1029	271.32	1359	39.60	1242	0.30	1954	28023230
云　南	663	97.01	391	6.10	1535	0.54	1738	12960568
西　藏	196	13.88	39	0.40	1481	0.21	65	433815
陕　西	986	102.48	856	12.53	1645	0.11	4060	16351509
甘　肃	656	122.85	431	10.03	959	0.04	2523	16176739
青　海	128	22.39	85	0.93	433	0.40	828	1494877
宁　夏	73	12.55	179	1.29	562	0.01	242	565123
新　疆	1657	79.51	496	3.09	618	0.02	1063	8484705

本年收入合计/千元	财政补贴收入	免费开放资金	中央资金	业务活动专项经费	上级补助收入	事业预算收入	经营收入	附属单位上缴收入	其他收入
9243395	**8879322**	**699128**	**319790**	**2134349**	**135923**	**68830**	**5842**	**294**	**153184**
391285	384489	32853	1227	141419		6742			54
186368	180588	8066	405	21781		230			5550
236986	234053	29113	19292	50607	1128	316			1489
178218	173551	23102	14212	26173	2931				1736
230372	222767	17716	14103	33437	4221	2000			1384
141037	140481	16554	4571	18273	448	8			100
219916	214993	11983	5699	19494	80	30			4813
260220	254035	18363	15914	26674	1061				5124
449466	425733	35042	8994	127392		17923			5810
614566	594128	33300	4675	111870	11884	1683			6871
759804	730121	32762	3164	245611	8473	442			20768
250131	231065	29635	8704	46370	10446	1297			7323
201359	177268	10942	1456	49025	7780	3018			13293
250753	228374	16621	5484	31179	10177	4046	3	54	8099
405597	393204	32277	5438	88055	5946	562			5885
293962	288707	34025	22117	40752	2630	1852			773
343477	325722	19556	8373	63491	10577	1300			5878
277555	268585	22534	11713	65982	4479	740			3751
1004323	976816	55163	6884	359790	6802	462	5839		14404
230307	221533	21410	17291	58990	4010	1658			3106
60245	58090	4899	2124	22479	736	741			678
292619	277019	23446	16030	73213	3413	8391			3796
537198	527749	44483	29538	154769	3685				5764
157960	148359	15651	10816	30999	3638	3860			2103
345038	319683	23266	17406	47149	9841	5865			9649
53018	51499	14500	12350	13824	200				1319
338890	324427	21894	14402	66699	8745	1624			4094
190157	186805	16118	13076	27756	1464				1888
100080	91871	6664	3145	27478	1855	1900		240	4214
94531	81717	7167	4889	24821	8140	1442			3232
147957	145890	20023	16298	18797	1133	698			236

续表 2

地　区	本年支出合计/千元	基本支出	项目支出	经营支出	在支出合计中			
					工资福利支出	商品和服务支出		
							差旅费	劳务费
全　国	**9406130**	**6181443**	**2763698**	**5116**	**4934517**	**2355350**	**57911**	**322135**
北　京	388851	211237	146507		189973	114226	20	3168
天　津	192905	153840	39063		129679	49298	174	3739
河　北	247059	161171	78754	15	138555	49901	422	5318
山　西	178180	125274	41826		116820	31436	697	4321
内蒙古	234067	184782	40096	6	149408	44279	1466	6947
辽　宁	142038	111879	14879	63	95316	20519	291	2216
吉　林	229440	184311	34573		167774	29237	1160	5884
黑龙江	263193	205241	57952		160943	40435	1143	4889
上　海	459193	292708	164495		221365	207965	212	4728
江　苏	617306	444672	165020		318033	169730	2062	25416
浙　江	760448	458318	284261		368578	240526	4414	42374
安　徽	249578	183296	46081	42	121909	56069	1770	8376
福　建	200423	138562	56346		102202	53394	405	7853
江　西	261362	197318	47700	148	150155	49612	2150	7559
山　东	410712	304328	80612	80	243897	58479	1283	10974
河　南	298491	244394	30386	62	173262	68877	1353	10474
湖　北	353838	232962	100931	572	185850	75723	3176	12072
湖　南	290879	196831	71558	90	150659	67875	2435	8472
广　东	1019515	398008	599706	3544	310247	370879	1496	37204
广　西	228377	179444	38758		151848	35777	3330	4703
海　南	63162	23244	31963		18262	19379	455	9266
重　庆	297305	201194	90890		122457	93676	8539	28208
四　川	546277	350411	182652	15	278728	176946	8819	30250
贵　州	161477	111623	26276	268	95951	18518	917	4518
云　南	356892	247034	66752	31	229428	46278	2934	10618
西　藏	51453	30469	4494	10	29259	2209	176	243
陕　西	343768	210206	95794	60	195759	78857	2132	8479
甘　肃	191511	139568	33506	100	118957	35367	2234	7155
青　海	125699	82722	40472		53839	10423	541	846
宁　夏	98728	61628	31538		44670	21447	442	3053
新　疆	144003	114768	19857	10	100734	18013	1263	2812

福利费	各种税金支出	对个人和家庭补助支出	抚恤金和生活补助	其他资本性支出	各种设备购置费	资产总计/千元	固定资产净值	实际使用房屋建筑面积/万平方米
45063	**6862**	**428194**	**100248**	**266614**	**117743**	**64247522**	**17869915**	**1186.87**
1996	32	12561	1432	9619	7383	516965	195301	15.77
1909	1141	10286	1371	281	175	365543	313278	18.19
426	216	11579	1197	11526	9061	525434	454004	51.86
620	240	4207	1953	1840	1319	215762	159275	29.04
2044	336	10618	2637	11570	5158	190544	113734	26.08
109	197	7013	1372	2451	1944	942556	434094	22.50
56	1	3365	1826	6017	4921	219633	147625	17.43
249	1	20195	3130	13016	5522	236645	133115	24.58
2769	168	9874	3665	10644	2148	573878	478390	18.51
2325	160	35007	2193	19561	7149	782159	639971	254.94
14321	1962	22943	3675	30067	8257	379863	186876	88.99
1335	148	14461	3575	7108	2781	261876	211986	30.44
87	399	12757	3099	3369	1621	250804	153769	37.36
1732	126	7658	2131	11811	7122	365403	296346	32.32
1221	181	19310	2976	7447	2713	455642	310016	58.68
920	178	16267	4715	2862	1378	417593	308373	46.66
2005	66	18524	1693	16614	3655	40182263	1907516	37.43
1080	89	8927	2749	10980	7807	2092463	1918661	44.93
2672	317	56711	2079	23348	12523	1010195	420837	73.49
1159	65	8229	3726	4155	2693	411281	352768	21.89
336		1196	270	1014	985	71955	55664	5.50
1065	443	36310	20226	6078	1949	292138	215875	25.94
1930	60	29374	15912	8752	6571	5043047	4672651	55.35
259	42	8353	1552	2139	1858	319676	229989	26.59
904	60	14115	4901	6604	2228	285900	213072	28.58
142		80		1999	1288	173331	141249	9.45
408	46	5798	1844	21986	2844	2435180	1908685	27.41
329	11	9767	1716	3953	1922	943242	901205	18.21
	5	5980	861	4830	733	177774	119723	6.29
13	72	2334	401	2651	495	3853499	52184	7.72
642	100	4395	1371	2322	1540	255278	223683	24.74

续表 3

地　区	业务用房面积	实际拥有产权面积/万平方米	流动舞台车演出情况 流动舞台车数量/辆	利用流动舞台车演出场次/场次	利用流动舞台车演出观众人次/万人次	志愿者服务队伍数/个
全　国	**773.17**	**454.43**	**1717**	**32589**	**1793.27**	**32772**
北　京	11.82	6.15	8	207	12.29	164
天　津	13.75	0.68	6	21	0.25	328
河　北	36.25	24.31	123	4166	217.77	2744
山　西	21.82	27.12	149	1555	83.97	884
内蒙古	18.85	9.11	53	825	37.70	822
辽　宁	13.83	7.28	8	207	15.97	1307
吉　林	9.22	6.39	74	563	35.76	375
黑龙江	16.66	6.96	52	560	24.75	1342
上　海	8.25	9.94	2	30	0.35	177
江　苏	125.53	47.27	31	1644	110.60	933
浙　江	61.75	23.93	7	267	53.94	3193
安　徽	23.99	12.99	33	800	38.43	1194
福　建	27.50	14.17	12	108	3.48	398
江　西	20.32	14.29	44	1520	87.10	685
山　东	42.38	20.44	86	4004	158.05	1356
河　南	32.24	21.84	102	2670	119.80	3178
湖　北	22.36	23.42	48	1229	81.68	2077
湖　南	31.18	24.21	85	2720	156.77	1219
广　东	51.18	21.12	7	21	0.22	1288
广　西	14.76	11.41	58	569	24.50	1028
海　南	3.83	2.82	3	12	0.80	121
重　庆	18.78	13.76	26	329	27.68	2206
四　川	43.56	24.80	154	1420	57.00	1286
贵　州	17.62	15.49	94	1381	146.76	933
云　南	21.04	16.91	104	1276	69.51	850
西　藏	6.33	4.65	71	610	20.42	78
陕　西	21.01	15.56	98	1045	53.41	576
甘　肃	11.26	10.35	70	874	85.76	333
青　海	4.62	3.78	41	582	32.32	236
宁　夏	5.52	2.32	12	290	10.84	238
新　疆	15.96	10.96	56	1084	25.39	1223

志愿者服务队伍人数/人	分馆数量/个	由本馆指导的单位					
		馆办文艺团体/个	演出场次/场	观众人次/万人次	馆办老年大学/个	群众业余文艺团队/个	群众业余团队人数/人
1441249	**16864**	**8107**	**98332**	**5125.22**	**602**	**95943**	**3455137**
12365	239	113	664	17.06	6	1826	63058
8093	160	87	505	22.13	2	1668	57339
96719	818	408	3706	197.34	33	5634	206159
39265	923	266	3813	150.05	12	2291	103455
25998	480	230	1699	72.57	25	2803	102970
39290	358	324	1780	67.69	19	2090	80241
17179	208	155	900	61.47	10	931	63171
70986	387	249	1727	72.35	17	1956	147907
9498	104	84	577	8.53	1	432	12426
43101	759	380	8304	461.01	32	3941	144772
157648	896	473	6998	400.2	11	10858	433872
45532	570	427	2720	163.9	13	1975	70069
11568	284	159	1235	40.49	13	768	31211
28619	362	203	3812	295.69	24	1977	56837
50428	892	559	11372	319.89	47	5570	177169
223887	1009	479	5498	189.46	33	4981	152076
88855	634	320	2476	124.89	26	5315	209317
79935	1158	274	3554	297.68	47	5232	277088
75824	1015	387	2982	234.38	15	2480	92502
30241	384	265	4654	223.7	17	5202	126530
5810	79	53	291	28.32	1	526	34490
90127	682	123	2693	124.32	23	1300	55630
55067	947	114	2196	81.45	29	3117	106594
33851	779	531	4505	686.14	50	3294	98888
22709	1039	576	3453	191.04	36	12613	290268
2908	11	10	773	29.82		398	6652
28643	535	266	3741	137.46	26	2203	94097
8493	335	204	3663	167.77	13	1684	79084
4629	107	83	1953	100.4	2	596	24337
13243	70	21	927	39.86		815	25096
20738	640	284	5161	118.16	19	1467	31832

2021年各地区

地　区	机构数/个	从业人员/人				提供文化服务次数/次	文化服务惠及人次/万人次
			专职人员	在编人员	专业技术人员		
全　国	**40215**	**135412**	**79888**	**82315**	**35299**	**1737405**	**45597.96**
北　京	337	3390	1999	1175	157	63039	725.20
天　津	255	965	539	375	43	23125	293.48
河　北	2280	5336	2762	3669	875	72329	1613.36
山　西	1361	2629	1452	1015	462	34524	533.82
内蒙古	1083	3099	1587	1870	841	20771	319.86
辽　宁	1355	2671	1588	1809	573	20282	245.82
吉　林	910	2024	1395	1624	767	11445	166.10
黑龙江	1254	2861	1617	1961	674	14398	185.25
上　海	218	3908	2935	1616	419	105055	3144.24
江　苏	1265	5249	3712	2841	1392	143256	7112.12
浙　江	1350	6903	4266	3011	1976	186589	6913.92
安　徽	1505	4658	3268	3190	1901	58192	1202.52
福　建	1113	3084	1594	1559	599	23420	399.97
江　西	1737	4508	2483	2491	642	76764	1849.85
山　东	1821	6194	3953	3711	1693	138488	2395.60
河　南	2485	8532	5120	6665	1561	107517	2996.19
湖　北	1302	3273	2317	1562	1119	46616	1280.36
湖　南	2209	9038	5108	5061	1838	111563	4731.33
广　东	1617	11553	7448	4965	2386	109254	2341.79
广　西	1175	3451	1937	2877	1146	31123	720.46
海　南	219	453	218	295	72	3092	62.34
重　庆	1031	4034	2830	3224	966	47137	926.03
四　川	4089	7992	3418	4244	1727	74862	1461.45
贵　州	1622	5265	2593	4160	1511	27720	968.23
云　南	1459	5191	3636	4477	3473	31656	706.71
西　藏	697	4983	2730	4154	3202	25606	332.18
陕　西	1355	4221	2340	2725	904	32850	729.81
甘　肃	1348	4359	2324	2485	676	23065	406.97
青　海	388	823	229	195	117	4820	63.05
宁　夏	245	799	453	498	225	8714	144.17
新　疆	1130	3966	2037	2811	1362	60133	625.78

文化站基本情况

组织文艺活动次数/次	参加人次/万人次	举办训练班班次/次	培训人次/万人次	对业余文化队伍开展培训人次	举办展览个数/个	参观人次/万人次	接受戏曲进乡村活动服务次数/次
1095302	**33870.52**	**511304**	**3815.11**	**1577.16**	**130799**	**7912.33**	**435558**
28983	479.44	32966	204.97	67.93	1090	40.79	3668
14027	214.44	8240	51.10	24.56	858	27.94	1043
51944	1259.50	14590	157.11	74.83	5795	196.75	9956
24495	411.34	7594	39.10	15.60	2435	83.38	11731
15106	259.22	4267	20.29	9.28	1398	40.35	2953
12508	189.26	6708	33.23	16.11	1066	23.33	1260
7677	132.54	2897	15.45	8.08	871	18.11	8073
9882	149.08	3608	18.52	9.74	908	17.65	1421
48231	2751.48	53355	203.45	130.12	3469	189.31	4695
83012	3984.21	47491	624.09	216.39	12753	2503.82	115047
116314	5607.92	56538	440.78	190.50	13737	865.22	18944
36364	954.10	17108	110.57	38.75	4720	137.85	21093
12788	259.77	7880	36.82	13.83	2752	103.38	4597
49272	1514.80	18816	122.59	50.78	8676	212.46	12091
101573	1882.28	28694	207.18	105.52	8221	306.14	92381
77093	2389.23	20879	168.54	85.33	9545	438.42	23523
28627	946.00	13310	135.32	66.76	4679	199.04	11284
75180	3335.87	27796	436.01	156.24	8587	959.45	19024
57816	1579.97	45329	284.57	99.37	6109	477.25	6943
23825	640.85	5795	25.76	11.79	1503	53.85	7890
1805	54.05	1110	5.51	1.80	177	2.78	865
24784	612.89	16944	109.55	42.42	5409	203.59	6699
44926	1128.49	23231	95.89	40.40	6705	237.07	12641
16887	751.94	8118	60.88	22.89	2715	155.41	3531
18589	517.54	9668	60.66	27.90	3399	128.51	12275
19110	308.98	5683	12.64	3.12	813	10.56	1956
20942	567.78	7953	57.05	20.41	3955	104.98	7720
13811	277.06	6076	40.97	13.97	3178	88.94	3808
3284	48.05	962	3.45	1.22	574	11.55	1467
6766	122.38	1511	6.79	3.56	437	15.00	1498
49681	540.06	6187	26.27	7.96	4265	59.45	5481

续表 1

地　区	服务惠及人次/万人次	藏书/万册	计算机/台	本单位受训人次/万人次	本年收入合计/千元	财政补贴收入	免费开放资金
全　国	**8797.57**	**32197.58**	**337192**	**192.04**	**16894818**	**16361567**	**2504241**
北　京	39.37	797.44	5039	5.73	534723	516756	72696
天　津	18.22	147.57	2925	0.40	73846	73652	13769
河　北	282.95	1108.08	9708	1.45	243362	241074	85388
山　西	237.06	554.87	9765	1.86	97684	97395	60445
内蒙古	64.35	402.63	6204	0.81	175121	171533	43559
辽　宁	22.47	874.98	7829	1.37	98178	95090	23343
吉　林	28.55	362.45	4880	0.37	125540	124617	33736
黑龙江	26.31	531.81	5890		139073	138939	43228
上　海	42.07	1233.47	5060	2.79	2040489	1979374	106397
江　苏	1480.74	3546.83	35946	70.23	1217593	1198181	82257
浙　江	701.38	2636.95	15344	30.42	2387332	2299261	178995
安　徽	475.98	714.25	16225	5.82	304345	292576	76031
福　建	67.14	617.56	8320	3.09	189397	179297	30088
江　西	419.11	873.16	9236	6.20	191047	184208	102851
山　东	1715.46	2306.34	21032	8.85	602791	578171	128185
河　南	794.07	1068.66	16952	3.07	390789	385941	117312
湖　北	216.68	961.06	9627	3.66	891141	845899	107294
湖　南	670.25	2320.71	12366	19.81	454595	440736	99804
广　东	174.09	3956.88	21201	7.51	2896865	2827543	338344
广　西	212.13	733.07	9069	0.99	238393	228500	58102
海　南	27.07	105.33	1602	0.59	29699	28132	8924
重　庆	109.05	699.82	11522	1.44	536915	527918	60077
四　川	276.18	1737.83	29628	0.92	553523	546518	220113
贵　州	140.81	1117.85	11054	4.36	394450	376723	56452
云　南	122.30	805.92	14570	2.33	722451	654259	66141
西　藏	34.22	186.91	10139	0.87	366963	359310	33537
陕　西	198.79	510.33	8915	2.86	376453	367439	121972
甘　肃	79.42	538.19	8088	2.08	205075	199060	63598
青　海	14.94	99.42	1732	0.42	89955	88908	8448
宁　夏	28.33	166.52	2694	0.69	49315	47522	8746
新　疆	78.08	480.69	4630	1.05	277715	267035	54409

中央资金	业务活动专项经费	本年支出合计/千元	基本支出	项目支出	工资福利支出	资产总计/千元	固定资产原值
1078138	**6021253**	**17866648**	**8480609**	**7198106**	**5490372**	**110768276**	**84060298**
1517	219860	494985	192348	231416	79473	44328441	30565265
2807	32618	98502	72115	16735	9062	419619	288866
63278	70845	237565	161833	59901	127119	990942	870257
40404	46672	101876	55515	37913	37450	707492	664392
34781	46225	172942	139185	22886	99260	608765	447316
12377	25883	103965	67562	21466	56883	570551	500139
21404	30463	127811	85549	34868	73481	347092	312123
37595	44601	136529	92036	44493	71762	490867	462336
16433	1252527	2004837	514673	1434925	317053	2519540	1756576
11129	454298	1225346	561326	605087	339476	5539647	4643216
19385	867643	2416080	958462	1173276	318612	8358620	6928605
29762	82907	303773	200547	67434	123544	5349243	4457661
5322	51633	184792	106046	61810	56946	1122735	992691
25519	48799	193336	143030	30967	60392	2616333	2245975
41999	210520	695615	343092	182898	166599	3355633	2924691
73819	92457	389011	295048	61669	236813	985800	913517
24576	136718	856266	447875	365365	130996	3596817	2130491
48036	112235	460416	308457	91592	228871	3521938	2735442
57364	1267827	2876020	1114354	1616629	865348	5896813	4340425
46266	40140	277481	184410	21264	131395	666505	589681
4923	10126	28621	16383	7609	12785	123818	105519
40863	137410	538066	363911	143073	191660	4112461	3502242
168597	235821	556586	244085	292135	101790	4534624	4028537
29890	52066	591015	433322	37100	201343	1155151	905706
47275	207483	1223620	484368	100485	838475	1635190	1273001
26608	41659	347411	218277	2250	238496	725744	637758
50726	78043	375266	219155	128931	112389	2539487	2233306
45304	42675	202431	137265	25937	103393	1249692	890204
3213	24831	88710	81928	3897	11963	247365	224469
2708	14032	284183	33135	245969	19129	1220672	441700
44258	42236	273591	205317	28126	128414	1230679	1048191

续表 2

地区	实际使用房屋建筑面积/万平方米	文化活动用房面积	实际拥有产权面积/万平方米	本站指导群众业余文艺团队/个	志愿者服务队伍数/支	志愿者服务队伍人数/人
全　国	**3509.3**	**2580.0**	**2040.8**	**351234**	**391609**	**11405463**
北　京	82.3	64.6	32.7	7432	7628	291399
天　津	40.9	31.7	11.9	3435	4696	178462
河　北	97.5	75.0	57.4	23500	24007	623170
山　西	63.4	48.8	52.1	9804	8511	207593
内蒙古	68.1	45.5	29.6	6044	5795	108377
辽　宁	83.0	48.1	33.5	8711	7927	187323
吉　林	41.8	25.7	22.3	5886	6634	154728
黑龙江	64.5	40.5	22.5	5713	5151	127352
上　海	128.4	97.2	81.8	7405	4666	183928
江　苏	439.0	353.3	194.6	15511	17764	1523564
浙　江	454.5	337.3	263.8	24913	25132	814423
安　徽	95.1	76.3	87.6	12366	12491	274913
福　建	88.7	67.6	51.4	7745	11316	381011
江　西	83.3	60.6	52.0	9848	10851	204086
山　东	213.9	146.4	95.5	27230	42344	1024395
河　南	111.2	82.7	72.2	26571	28524	591094
湖　北	114.0	80.3	74.9	14800	16459	444194
湖　南	174.7	101.0	113.4	20351	27397	831608
广　东	367.9	287.6	181.9	14756	13070	603843
广　西	51.0	39.6	37.4	11867	8798	273865
海　南	7.5	5.6	6.1	1718	1225	27095
重　庆	72.8	56.2	58.3	7467	18996	655309
四　川	163.9	127.6	111.8	19653	18981	309573
贵　州	64.7	47.6	46.8	9883	14298	350807
云　南	75.9	56.5	75.0	18036	11470	275446
西　藏	28.6	21.7	15.8	3252	3933	69817
陕　西	66.7	47.9	50.4	10283	9966	206831
甘　肃	56.6	39.9	40.4	8651	8928	179899
青　海	11.7	8.8	7.5	1157	1237	19754
宁　夏	19.3	10.8	9.8	1643	2405	79779
新　疆	78.7	47.9	50.8	5603	11009	201825

辖区内社区个数/个	辖区内社区综合文化服务中心/个	辖区内社区综合文化服务中心面积/万平方米	室内面积	辖区内行政村个数/个	辖区内村综合文化服务中心/个	辖区内村综合文化服务中心面积/万平方米	室内面积
119041	**305497**	**9528.23**	**3185.37**	**577614**	**946968**	**31328.51**	**14351.64**
3330	3082	152.59	84.61	3578	3304	292.68	118.52
1781	1705	96.93	68.21	3490	3286	153.61	78.34
4027	3968	228.42	84.09	47395	47154	2163.53	603.24
2618	40215	89.54	29.82	19627	21429	651.38	168.82
2307	3232	120.41	55.55	10839	10660	453.17	108.75
6338	9715	136.96	43.98	23792	67081	678.51	96.66
1778	1489	79.68	31.82	9062	8930	1488.97	86.18
2193	1685	104.27	34.01	8986	8233	961.08	79.07
3878	3434	154.18	104.76	1487	1380	100.64	59.25
6826	6768	1143.93	678.91	13598	13633	1557.36	899.25
4549	11623	601.39	235.38	19738	22089	2369.89	1048.20
4066	15249	154.97	61.67	15262	25086	612.13	178.51
2897	9608	114.60	54.52	14031	25773	358.39	157.43
3376	8598	73.98	33.13	14711	125293	328.39	113.08
12303	30629	854.94	318.11	61891	115946	2439.44	6913.00
6327	5969	386.74	107.70	45162	44016	2804.50	469.83
4555	39267	412.75	90.80	17978	76942	955.18	224.45
5461	20076	2281.21	315.38	23900	35109	6197.94	1024.24
6757	6613	1069.60	301.36	19526	19461	2180.24	582.53
1999	2520	83.72	28.12	21414	18959	1055.47	257.52
583	4942	12.28	5.26	2425	2751	67.27	24.83
3308	31294	185.99	62.22	7930	16184	237.29	136.97
8304	8075	341.23	130.48	37962	25155	650.60	185.79
4364	7097	104.14	36.61	17337	31019	359.29	105.54
4366	10407	186.50	61.35	12757	13979	498.66	139.42
2088	1373	4.84	2.94	5119	3450	39.54	25.36
2818	9383	132.44	44.64	72917	84292	612.19	161.60
1685	2769	78.66	14.34	12406	44890	431.10	68.32
885	445	4.70	2.55	2727	3951	44.34	15.88
651	1863	37.74	12.79	1774	18773	148.77	19.12
2623	2404	98.90	50.26	8793	8760	436.96	201.94

2021年各地区乡镇

地　　区	机构数/个	从业人员/人				提供文化服务次数/次	
			专职人员	在编人员	专业技术人员		文化服务惠及人次/万人次
全　　国	**32524**	**105606**	**62381**	**67969**	**30238**	**1171285**	**33501.71**
北　　京	177	1761	853	552	66	33007	301.38
天　　津	128	514	316	174	26	12456	199.06
河　　北	1985	4610	2417	3156	759	58928	1362.42
山　　西	1151	2192	1281	841	408	26983	441.25
内 蒙 古	869	2412	1294	1544	747	14556	253.89
辽　　宁	923	1607	1001	1194	455	8445	146.12
吉　　林	623	1494	1105	1304	669	7076	117.65
黑 龙 江	898	1956	1239	1574	582	10290	136.14
上　　海	107	2475	1820	1048	240	54886	2657.42
江　　苏	840	3566	2555	2171	1114	83860	4493.12
浙　　江	932	4343	2652	2023	1371	107629	4901.81
安　　徽	1276	4027	2916	2909	1766	48718	1105.92
福　　建	937	2496	1289	1338	528	16455	330.81
江　　西	1589	3901	2143	2291	588	57486	1463.41
山　　东	1197	3764	2566	2483	1163	86679	1591.69
河　　南	1891	6846	4182	5600	1375	87915	2541.52
湖　　北	1030	2503	1810	1215	946	31135	1024.77
湖　　南	1862	7637	4412	4411	1606	81366	3370.28
广　　东	1160	8372	5273	3736	1737	51888	1217.61
广　　西	1127	3331	1867	2805	1123	29337	696.86
海　　南	198	418	203	284	69	2666	58.53
重　　庆	813	2995	2152	2472	763	30775	645.58
四　　川	3564	6467	2639	3525	1444	50556	1013.10
贵　　州	1370	4444	2238	3589	1371	22018	822.39
云　　南	1298	4386	3074	3944	3075	24506	552.08
西　　藏	689	4940	2706	4118	3195	25282	328.66
陕　　西	1156	3573	2015	2274	787	25564	609.81
甘　　肃	1229	3920	2188	2189	662	19673	370.35
青　　海	361	733	218	177	116	4198	60.74
宁　　夏	201	702	389	479	201	6011	112.43
新　　疆	943	3221	1568	2549	1286	50941	574.91

文化站基本情况

组织文艺活动次数/次	参加人次/万人次	举办训练班班次/次	培训人次/万人次	对业余文化队伍开展培训人次	举办展览个数/个	参观人次/万人次	接受戏曲进乡村活动服务次数/次
760999	**25536.95**	**310158**	**2368.74**	**1016.50**	**100128**	**5596.02**	**343987**
15269	215.83	17170	66.27	33.00	568	19.28	3442
7720	143.82	4350	34.00	16.55	386	21.24	656
42359	1066.37	11627	121.86	63.58	4942	174.19	9393
19328	335.82	5507	30.51	13.44	2148	74.92	11193
10350	203.26	3162	16.56	7.44	1044	34.07	2674
5522	116.45	2347	15.52	4.97	576	14.15	918
4633	93.04	1911	11.45	5.99	532	13.16	1856
6872	108.83	2826	15.00	8.64	592	12.31	1389
24126	2476.41	28896	89.23	61.20	1864	91.78	4035
50578	2592.63	25336	388.69	135.89	7946	1511.80	72336
69062	4063.19	29971	247.21	106.04	8596	591.41	12677
31525	879.03	12923	96.79	33.61	4270	130.10	20438
9337	211.88	4722	24.66	8.17	2396	94.27	4246
36344	1196.53	13528	92.92	41.74	7614	173.96	10916
64292	1261.16	17231	127.05	66.08	5156	203.48	73380
63928	2041.16	15908	138.83	70.24	8079	361.53	20884
18824	763.33	8442	91.94	51.03	3869	169.50	10364
56779	2432.75	17610	272.22	108.81	6977	665.31	16999
29261	769.46	18366	108.92	37.07	4261	339.23	4678
22360	619.29	5521	24.63	11.39	1456	52.94	7807
1542	50.85	967	5.03	1.50	157	2.65	842
17088	432.48	9417	67.95	23.83	4270	145.15	5678
30301	768.53	14785	58.95	23.97	5470	185.62	11704
13568	639.94	6155	47.24	17.45	2295	135.21	3139
14829	392.56	6799	46.58	22.69	2878	112.94	11813
18805	305.61	5675	12.63	3.12	802	10.42	1916
15723	468.89	6423	46.69	16.18	3418	94.23	6825
11578	251.16	5234	37.47	13.03	2861	81.72	3757
2739	46.17	914	3.29	1.13	545	11.28	1452
4681	93.46	1012	5.57	2.31	318	13.40	1295
41676	497.06	5423	23.08	6.41	3842	54.77	5285

续表 1

地　区	服务惠及人次/万人次	藏书/万册	计算机/台	本单位受训人次/万人次	本年收入合计/千元	财政补贴收入	免费开放资金
全　国	**7370.06**	**23706.81**	**248363**	**151.19**	**12321007**	**11920295**	**1920370**
北　京	35.56	398.18	2581	2.75	302299	288579	29643
天　津	14.26	78.70	1444	0.16	48253	48133	7257
河　北	268.07	982.95	8102	1.11	213289	211346	75264
山　西	219.09	454.84	8313	1.48	82973	82734	50755
内蒙古	61.37	296.55	4715	0.57	144612	142181	34541
辽　宁	17.74	490.34	5574	0.72	68565	66776	15922
吉　林	27.02	272.16	3469	0.23	93410	92843	24142
黑龙江	25.88	411.13	4030		95313	95265	31875
上　海	36.55	624.66	2929	1.07	1204704	1168109	70675
江　苏	1101.94	2361.89	9006	63.18	862886	850284	55370
浙　江	499.34	1795.50	10207	22.50	1506725	1448807	122575
安　徽	461.10	584.65	14481	4.08	272436	261098	67726
福　建	61.14	498.90	6579	2.18	137160	128720	23992
江　西	358.72	793.34	8280	5.43	137221	130566	58095
山　东	1327.97	1527.06	13231	6.49	323093	303135	28948
河　南	707.53	816.63	12892	2.18	319664	316093	89660
湖　北	193.22	780.80	7657	2.47	815924	772538	95068
湖　南	601.30	1817.82	9696	16.39	367534	357548	83411
广　东	127.38	2616.63	15285	4.55	2112249	2073967	284726
广　西	210.80	696.27	8816	0.92	232088	222549	55738
海　南	26.52	97.71	1490	0.19	27340	25889	7581
重　庆	94.71	508.14	8987	1.10	367823	361864	48150
四　川	252.77	1390.75	24913	0.54	409225	404984	187313
贵　州	125.39	965.32	9725	2.66	303765	289520	48348
云　南	108.60	713.23	12984	1.58	602336	539646	57734
西　藏	33.74	183.37	10092	0.87	363843	356450	33227
陕　西	177.51	429.49	7599	2.20	342906	334425	111562
甘　肃	78.74	473.31	7510	1.75	195508	189676	59115
青　海	14.76	88.78	1576	0.41	74794	73830	8012
宁　夏	25.15	140.77	2150	0.55	45771	44527	7671
新　疆	76.19	416.94	4050	0.88	247298	238213	46274

中央资金	业务活动专项经费	本年支出合计/千元	基本支出	项目支出	工资福利支出	资产总计/千元	固定资产原值
887395	**4066958**	**13233045**	**6490905**	**5049225**	**4410486**	**50681804**	**41188579**
622	117946	273490	97425	129008	33573	1000847	923219
1960	18587	41419	23137	10902	6193	226951	196707
55931	62998	209285	141925	54217	108856	782620	674108
33959	39098	79214	47351	24078	32409	666700	626620
27293	37494	142762	115848	17179	82416	419984	380351
8136	17760	69913	49625	10590	42999	350407	312153
15695	23573	94337	65726	23137	57855	253536	229025
27575	33110	93394	59494	33900	56543	355389	340400
15657	616817	1162075	388412	748981	256077	1923928	1383036
7029	317874	865273	398676	416992	237155	3616985	3050704
12523	526546	1522112	569432	814376	180544	5454169	4635478
26933	72408	272779	184649	56280	112580	4693007	4126842
4437	35935	134437	78864	43633	46003	958872	842119
24128	44252	137287	90595	29103	55878	1726067	1414730
5542	124333	435484	178477	105654	104493	2078575	1856956
56696	73619	319716	245844	49619	198540	848816	794562
20462	110876	782442	409671	340933	108522	3335366	1895116
41095	77200	367471	242730	75231	176407	2357676	2073902
51475	977802	2103544	805057	1227594	599275	3815421	2601555
44456	38552	231614	179276	20746	128284	651277	575895
3925	9314	27438	15962	7118	12514	120828	102645
32199	96166	367313	260128	83446	139166	3276585	2700943
147300	174998	410892	187642	209800	80944	3930779	3474002
25195	41923	501464	409340	30419	180212	1002624	786562
41968	161339	1107507	415854	62151	796945	1474688	1167156
26448	41527	345255	217589	2228	236575	700049	613169
43036	72134	341441	196462	124616	94348	1642361	1345010
42678	39886	193796	130894	24530	99597	795225	720501
3122	12742	73492	67541	3225	8957	238675	217173
2420	13046	280901	31185	245318	17914	1152484	382335
37500	37103	245498	186094	24221	118712	830913	745605

续表 2

地　区	实际使用房屋建筑面积/万平方米	文化活动用房面积	实际拥有产权面积/万平方米	本站指导群众业余文艺团队/支	志愿者服务队伍数/支	志愿者服务队伍人数/人
全　国	**2482.47**	**1872.41**	**1637.15**	**270182**	**297524**	**7594750**
北　京	45.41	36.01	21.03	3977	3521	56940
天　津	18.88	15.97	7.72	1760	2357	90789
河　北	81.87	64.42	53.36	20928	21073	509848
山　西	53.63	42.26	48.50	8120	6651	151901
内蒙古	48.12	32.83	24.95	4674	4247	69971
辽　宁	42.78	30.23	20.20	5268	4213	79698
吉　林	23.04	17.24	18.61	4315	4793	76786
黑龙江	34.24	27.38	18.58	4278	3589	80984
上　海	76.68	55.10	55.37	4266	2424	77468
江　苏	288.27	236.35	143.13	9722	11244	1120506
浙　江	314.78	237.55	197.72	16621	16105	468388
安　徽	80.99	65.92	79.45	10622	10740	218945
福　建	69.79	53.82	44.06	6041	9334	300652
江　西	73.57	54.42	48.06	8657	9182	164035
山　东	128.93	90.67	61.74	18245	30231	601603
河　南	79.14	61.84	64.61	22174	23957	467207
湖　北	89.92	63.64	64.20	11323	12123	218799
湖　南	136.74	78.80	93.84	17100	23098	607004
广　东	246.23	193.10	134.10	9022	8885	417587
广　西	48.46	37.99	36.81	11451	8425	259652
海　南	6.63	4.92	5.65	1673	1049	23371
重　庆	48.53	37.64	42.89	4916	15205	347233
四　川	126.32	98.21	94.21	14810	13955	187326
贵　州	51.22	39.62	42.17	8294	9767	225831
云　南	63.81	46.68	66.01	15671	9638	239998
西　藏	28.07	21.23	15.49	3236	3883	69202
陕　西	54.16	38.27	42.96	8369	7963	137942
甘　肃	46.25	35.74	37.50	7871	7742	104798
青　海	9.12	8.10	6.41	1068	1017	10333
宁　夏	13.85	8.72	7.97	1240	1936	63885
新　疆	53.04	37.74	39.85	4470	9177	146068

辖区内社区个数/个	辖区内社区综合文化服务中心/个	辖区内社区综合文化服务中心面积/万平方米	室内面积	辖区内行政村个数/个	辖区内村综合文化服务中心/个	辖区内村综合文化服务中心面积/万平方米	室内面积
57043	**193187**	**4486.36**	**1336.21**	**512762**	**899342**	**28647.93**	**13415.96**
839	732	47.25	22.63	3450	3191	286.88	114.37
273	249	16.05	10.05	3227	3081	144.96	73.50
1398	1353	75.15	29.50	46742	46518	2133.94	590.25
994	38713	30.86	9.07	18899	20732	625.65	160.35
1121	996	44.67	23.06	10683	10503	446.13	106.35
1138	6396	39.26	6.56	8396	61330	627.60	83.87
515	350	30.86	8.69	8623	8513	1464.62	79.79
737	524	34.87	9.71	8700	7998	940.52	76.95
1761	1487	92.31	62.26	1360	1234	96.09	55.87
2887	2855	462.91	268.24	12240	12279	1327.40	773.15
1271	3870	166.65	68.72	15604	17914	1861.30	817.09
2787	14068	109.79	37.23	12300	24818	591.43	174.59
1405	3367	41.54	20.42	13513	25204	337.88	150.85
2091	3449	47.64	19.23	14343	124946	320.67	110.01
6450	9481	422.16	129.91	49484	103652	1839.17	6685.49
2697	2522	182.19	42.10	43113	42098	2689.12	445.50
2262	25049	145.43	39.62	15991	68091	888.40	203.52
3133	16507	1271.42	194.95	23003	32879	5743.04	982.69
2497	2447	541.82	124.82	17817	17770	1941.45	520.04
1674	2257	75.39	23.93	21321	18867	1048.21	254.89
442	2581	9.40	3.41	2418	2746	67.19	24.77
1547	28341	82.62	24.60	7072	15342	204.15	79.69
4615	4572	162.64	46.07	24486	23671	593.61	166.07
2712	5405	71.52	22.46	15676	30249	337.85	96.92
3041	3347	104.68	29.10	12077	13368	466.80	123.72
2054	1339	4.33	2.54	5104	3435	39.39	25.33
1336	6657	72.01	22.09	71553	82745	532.58	140.10
1124	1287	33.36	6.73	12368	44865	429.42	67.96
801	368	2.17	1.22	2696	3923	40.08	11.88
399	1654	19.78	6.20	1756	18759	147.13	19.03
1042	964	45.63	21.09	8747	8621	435.27	201.37

主要统计指标解释

1．**组织品牌活动**：指由文化馆负责长期组织开展，当地群众广泛参与，在一定区域内具有较大影响，对当地文化生活及经济社会发展产生积极影响的群众文化活动。

2．**组织文艺活动次数**：指本馆组织或与其他机构联合组织各种文艺演出（包括调演、汇演）次数，不论地点和内容，每组织一次则计为一次。

3．**举办训练班班次**：指本馆举办或与其他机构联合举办的各种文化、艺术、科普（包括图书、讲演、创作、表演、音乐、舞蹈、美术、文学、摄影等）训练班，按截止到年底办完的班数计算班次。

4．**举办展览个数**：指本馆举办或与其他机构联合举办的在馆内或者馆外展览的个数。个数按展览的内容计算。同一内容的展览不论在哪些地点展出和展出时间多久，只计算一个。

5．**组织公益性讲座次数**：指由本馆组织的公益性讲座的次数总和。

6．**业务活动专项经费**：指本馆报告期内财政拨款中用于开展群众文化活动的专项经费。

7．**馆办文艺团体**：指由本馆人员组成的为群众提供文艺演出的演出团队。

8．**馆办文艺团体演出场次**：指由本馆人员组成的为群众提供文艺演出的演出团队演出场次。

9．**馆办老年大学**：指由本馆举办的专对老年人进行文艺培训的场所。

10．**群众业余文艺团队**：指业务上受本馆指导的城镇和农村各种业余文艺演出团队。

11．**主体建筑建成年份**：根据填报机构公用房屋建筑的具体建成年份填报，填报机构如有分属不同年份的房屋建筑，按照主体建筑的具体建成年份填报。

4 艺术

按年份各地区艺术表演团体机构数

单位：个

地区	1995年	2000年	2005年	2010年	2015年	2019年	2020年	2021年
全国	**2682**	**2619**	**2805**	**6864**	**10787**	**17795**	**17581**	**18370**
北京	22	20	20	18	395	370	393	495
天津	19	16	16	36	86	151	113	112
河北	138	138	126	284	596	749	770	874
山西	162	159	156	342	456	779	827	814
内蒙古	118	116	109	123	175	264	204	221
辽宁	89	77	66	239	263	238	186	184
吉林	68	65	61	68	49	95	104	114
黑龙江	92	89	84	89	51	87	82	97
上海	31	29	85	89	180	311	315	298
江苏	136	133	129	408	369	626	620	704
浙江	83	79	273	471	1024	1550	1236	1357
安徽	92	92	92	1255	1617	2628	2334	2870
福建	91	96	91	449	397	455	558	545
江西	81	79	79	99	236	337	380	395
山东	118	118	117	119	623	1306	1566	1572
河南	216	205	199	371	824	2221	2391	2249
湖北	105	100	99	204	282	388	441	415
湖南	89	90	91	201	273	575	631	675
广东	134	138	139	397	391	397	475	447
广西	117	118	118	141	92	95	78	72
海南	23	21	22	67	66	111	102	127
重庆		38	29	381	730	1646	1265	1286
四川	140	98	84	348	543	732	725	663
贵州	30	28	26	52	95	158	200	133
云南	134	129	135	142	276	304	270	312
西藏	25	26	27	37	87	85	87	89
陕西	117	118	113	127	177	516	591	577
甘肃	78	76	76	82	191	343	347	392
青海	14	14	12	32	54	100	122	116
宁夏	15	15	23	45	40	30	30	43
新疆	87	88	91	132	132	132	122	110

按年份全国文化和旅游部门执行事业会计制度的艺术表演团体基本情况

年　份	机构数/个	演出场次/万场次		观众人次/万人	平均每团演出场次/场	总收入/万元			总支出/万元	经费自给率/%
			农村演出				财政拨款	演出收入		
1949年	1000	30			300					
1952年	2084	66		2312	317					
1957年		137		79245	474					
1958年	3181	205		120290	644					
1964年	3302	171	82	84293	518	19030	5290		19817	69.3
1978年	3143	65	22	79395	206	32086	19644	11079	30049	41.4
1980年	2183	54	20	61519	245	34687	22503	10685	29524	41.3
1985年	3295	74	49	72322	226	48568	30942	13091	47292	37.3
1990年	2788	49	32	51012	176	71535	43759	18041	67514	41.1
1991年	2760	45	29	46411	162	71756	42638	17798	76065	38.3
1992年	2744	43	28	46338	155	80959	46617	19559	87797	39.1
1993年	2698	41	26	42530	151	92770	51093	21756	100106	41.6
1994年	2691	40	26	40935	149	127628	75583	27276	134508	38.7
1995年	2676	41	26	43166	154	151388	86620	34382	160654	40.3
1996年	2656	42	27	47934	158	184240	109781	39870	183534	40.6
1997年	2651	42	26	46361	157	206794	125300	40716	202789	40.2
1998年	2640	42	26	53486	161	218546	139913	41730	223877	35.1
1999年	2622	42	26	46904	161	242645	155609	48967	242797	35.8
2000年	2619	41	26	46168	157	263664	172864	51650	268886	33.8
2001年	2590	42	24	47385	163	311852	210018	57448	312601	32.6
2002年	2577	42	24	45980	161	365331	246661	64884	363312	32.7
2003年	2601	38	22	39163	147	400867	269640	71781	397890	33.0
2004年	2512	41	24	37907	165	459183	313068	86125	459369	31.8
2005年	2472	40	23	35752	159	500262	342807	92603	488472	32.2
2006年	2456	41	24	40766	167	565018	387812	103431	558540	31.7
2007年	2455	42	25	45404	170	691050	487842	120396	670009	30.3
2008年	2465	41	25	41272	167	803030	573623	133077	777735	29.5
2009年	2481	42	25	43127	169	889046	631197	142227	860603	30.0
2010年	2421	42	24	44290	175	946742	654258	155743	917143	31.9
2011年	2249	40	24	38209	176	1058959	777590	162684	1029564	27.3
2012年	1804	32	20	29796	179	1076060	824265	132713	1043740	24.1
2013年	1588	29	18	26067	182	998200	773381	123340	969206	23.2
2014年	1581	29	18	24294	183	1074246	843859	116572	1059017	21.8
2015年	1548	28	19	24261	178	1209567	969712	127431	1183497	20.3
2016年	1520	27	18	24004	181	1285603	1016972	132320	1220720	22.0
2017年	1530	28	19	25619	183	1363606	1087389	138645	1387283	19.9
2018年	1527	29	20	23306	190	1495504	1185661	154131	1475031	21.0
2019年	1499	29	28	22353	190	1778141	1340036	164430	1586550	27.6
2020年	1418	19	13	13061	131	1378612	1169495	95404	1369728	15.3
2021年	1363	20	13	13058	145	1440709	1187522	120486	1451203	17.4

按年份各地区文化和旅游部门执行事业会计制度的艺术表演团体演出场次

单位：万场

地　区	1995年	2000年	2005年	2010年	2015年	2019年	2020	2021年
全　国	**41.2**	**41.0**	**39.9**	**42.4**	**27.6**	**28.5**	**18.5**	**19.8**
北　京	0.4	0.6	0.7	0.3	0.2	0.3	0.1	0.2
天　津	0.3	0.2	0.2	0.3	0.4	0.3	0.2	0.2
河　北	3.0	2.7	3.2	2.3	1.4	1.3	0.9	0.8
山　西	4.4	3.4	2.7	2.9	1.9	1.9	1.0	1.1
内蒙古	1.3	1.4	1.5	1.7	1.3	1.3	1.0	1.2
辽　宁	1.0	0.9	0.9	0.8	0.3	0.1	0.1	0.1
吉　林	1.1	0.7	0.5	0.8	0.1	0.1	0.1	0.1
黑龙江	1.4	1.2	1.1	1.1	0.3	0.4	0.2	0.2
上　海	1.0	1.3	0.9	1.1	0.7	0.8	0.1	0.1
江　苏	3.8	4.0	3.6	3.3	3.2	3.6	1.7	2.2
浙　江	1.1	1.3	1.2	1.2	0.6	0.6	0.5	0.6
安　徽	0.7	1.3	1.1	1.1	0.2	0.2	0.2	0.2
福　建	1.5	1.4	1.2	1.6	1.0	1.0	0.7	0.8
江　西	0.7	0.9	1.0	1.7	0.7	0.6	0.5	0.4
山　东	1.7	2.1	2.0	2.2	2.3	2.0	1.7	1.9
河　南	5.0	3.7	3.9	4.4	4.2	4.5	3.2	3.1
湖　北	1.3	1.5	1.6	2.2	1.6	1.6	1.1	1.1
湖　南	1.2	1.5	2.2	1.9	1.2	1.0	0.8	0.9
广　东	1.7	1.8	1.5	1.1	0.5	0.6	0.3	0.2
广　西	1.1	1.3	1.2	1.2	0.2	0.2	0.2	0.1
海　南	0.2	0.2	0.2	0.2	0.1	0.2	0.1	0.1
重　庆		0.2	0.3	0.4	0.2	0.2	0.1	0.1
四　川	0.9	1.0	0.9	1.1	0.4	0.4	0.3	0.2
贵　州	0.2	0.2	0.3	0.6	0.3	0.3	0.2	0.2
云　南	1.5	1.0	0.9	1.1	0.6	0.7	0.6	0.5
西　藏	0.2	0.2	0.2	0.2	0.6	0.7	0.7	0.6
陕　西	2.3	2.2	2.0	1.8	1.1	1.1	0.9	0.8
甘　肃	1.3	1.4	1.5	1.6	0.3	0.3	0.2	0.2
青　海	0.2	0.2	0.2	0.2	0.1	0.1	0.1	0.1
宁　夏	0.2	0.2	0.2	0.2				
新　疆	0.7	0.9	1.1	1.4	1.4	1.9	1.0	1.5

按年份各地区文化和旅游部门执行事业会计制度的艺术表演团体演出观众人次

单位：万人次

地 区	1995年	2000年	2005年	2010年	2015年	2019年	2020年	2021年
全 国	**43166**	**46168**	**35752**	**44290**	**24261**	**22362**	**13061**	**13058**
北 京	249	680	246	145	115	98	43	74
天 津	277	242	159	242	255	138	124	105
河 北	3384	3728	2275	2527	1416	1343	710	612
山 西	6362	4913	2748	3554	1423	1363	743	705
内蒙古	969	1147	1035	1419	956	863	505	556
辽 宁	982	1169	961	542	216	82	38	38
吉 林	1032	958	346	858	50	86	18	19
黑龙江	839	993	688	814	160	180	84	73
上 海	506	501	343	550	189	199	14	20
江 苏	1600	1818	1617	1708	1485	1574	991	916
浙 江	1281	1512	1524	1262	811	921	462	431
安 徽	644	841	984	912	139	105	99	73
福 建	2304	1773	997	1304	652	584	276	299
江 西	589	1058	1105	1441	489	559	391	344
山 东	2497	2438	2154	2421	2023	1758	1320	1325
河 南	5399	5073	4650	6326	5125	4616	2703	2638
湖 北	1668	2121	1656	2829	1706	1371	866	1038
湖 南	700	1096	1340	1525	868	761	639	798
广 东	1961	2427	2102	1829	663	680	330	227
广 西	987	1618	1290	1384	282	188	153	90
海 南	298	283	190	213	168	209	78	94
重 庆		347	258	247	166	137	46	64
四 川	838	782	705	974	317	294	146	141
贵 州	149	461	258	520	331	440	137	192
云 南	1295	1329	1113	1515	821	695	484	371
西 藏	189	305	176	362	390	549	398	368
陕 西	2900	3046	1916	2839	1220	1007	648	683
甘 肃	2436	2064	1821	2228	295	303	173	129
青 海	219	186	131	185	80	63	44	86
宁 夏	137	318	223	263	56			
新 疆	385	694	534	850	1136	975	329	475

按年份各地区文化和旅游部门执行事业会计制度的艺术表演团体演出收入

单位：万元

地 区	1995年	2000年	2005年	2010年	2015年	2019年	2020年	2021年
全 国	**34382**	**51650**	**92603**	**155743**	**127431**	**164430**	**95404**	**120486**
北 京	1068	2265	5195	6800	8058	11378	5406	9295
天 津	347	547	1335	2195	3858	8273	4934	5884
河 北	1754	2279	3853	5536	4170	5880	2954	2708
山 西	2528	2683	4151	9410	7519	9345	4856	6679
内蒙古	606	497	914	1458	1039	1300	362	820
辽 宁	1209	2185	3298	4220	1539	1947	1609	1060
吉 林	778	1051	2658	2762	431	1258	673	729
黑龙江	866	959	887	1804	738	1286	791	608
上 海	3023	4527	9526	16127	11339	16157	4740	7102
江 苏	2332	4142	7018	11661	9445	10893	8014	9614
浙 江	1648	2768	5106	10634	7364	11449	9050	9739
安 徽	507	993	2017	2088	1140	1090	677	727
福 建	1953	2382	3158	7024	7605	5387	4295	5494
江 西	381	438	717	2342	1505	1006	1472	1196
山 东	1500	2963	4202	6130	5264	8993	5784	6452
河 南	2647	3104	4743	8464	10842	11208	5813	7955
湖 北	1075	1610	2790	4833	4236	5451	3911	3833
湖 南	630	1137	2151	3238	2231	2811	1827	1616
广 东	3861	6282	8955	9697	8206	11691	6743	7149
广 西	507	717	1468	2037	260	862	784	1146
海 南	476	367	550	1854	2069	2100	581	4385
重 庆		433	464	1044	745	1305	789	1197
四 川	604	732	1725	5064	1167	2652	1539	1710
贵 州	119	142	313	387	694	2262	1477	1598
云 南	353	455	1515	1407	551	2181	679	270
西 藏	27	12	28	3	104	345	1021	1028
陕 西	1245	1804	2685	3214	3075	4253	2651	2706
甘 肃	446	579	1652	3548	881	1163	852	727
青 海	63	70	215	830	404	545	480	517
宁 夏	52	122	212	299	62			
新 疆	386	775	761	575	1504	820	302	495

按年份各地区文化和旅游部门所属艺术表演场馆机构数

单位：个

地　区	1995年	2000年	2005年	2010年	2015年	2019年	2020年	2021年
全　国	**1958**	**1900**	**1866**	**1461**	**1264**	**1202**	**1111**	**1075**
北　京	23	24	39	7	8	8	6	6
天　津	30	32	28	27	29	28	25	12
河　北	99	96	95	75	71	69	68	65
山　西	53	49	44	87	90	81	73	71
内蒙古	35	30	27	22	18	17	17	14
辽　宁	79	71	59	42	32	31	30	30
吉　林	60	52	73	32	28	25	22	22
黑龙江	49	56	45	44	34	29	26	25
上　海	43	43	160	82	22	19	12	11
江　苏	140	142	87	86	91	85	98	101
浙　江	100	95	125	69	65	63	58	55
安　徽	110	104	90	55	44	44	37	33
福　建	78	80	76	51	54	50	37	36
江　西	69	61	58	53	44	41	38	37
山　东	116	105	94	90	87	88	81	76
河　南	169	166	156	138	140	135	131	127
湖　北	87	78	66	61	48	48	45	44
湖　南	104	94	83	62	61	59	55	58
广　东	79	75	68	63	42	42	40	44
广　西	34	31	23	22	16	12	11	9
海　南	3	18	13	6	8	8	7	7
重　庆		25	17	18	15	17	19	19
四　川	124	94	65	54	44	40	35	35
贵　州	15	14	12	7	6	5	5	6
云　南	44	40	38	32	17	16	12	12
西　藏	9	20	24	17	13	13	13	13
陕　西	109	112	107	89	81	77	63	61
甘　肃	47	46	30	26	23	22	18	17
青　海	3	2	1	18	13	11	11	11
宁　夏	17	19	12	7	3	3	3	3
新　疆	26	22	47	14	13	12	11	11

按年份全国文化和旅游部门执行事业会计制度的艺术表演场馆基本情况

年 份	机构数/个	演出场次/万场次		观众人次/万人	收入合计/万元			总支出/万元
			艺术场次			财政拨款	艺术演出收入	
1985年	1377	99	12		11630	1506	1776	9519
1986年	1928	203	15	88670	19547	2233	2488	16786
1990年	1995	302	9	89157	43491	2865	3375	37402
1991年	2009	367	9	77613	47406	5505	3760	44260
1992年	1987	288	7	53188	51123	4037	4487	48185
1993年	1972	245	6	43278	60204	4688	4635	56846
1994年	1947	221	5	27552	68000	5359	5268	66234
1995年	1918	205	5	24252	79507	5723	6481	77136
1996年	1892	256	5	59057	86147	5034	7611	87204
1997年	1898	231	5	16572	88540	6559	8387	89732
1998年	1882	206	5	15368	84956	6800	8869	88735
1999年	1864	168	6	11581	75675	7588	10187	80731
2000年	1863	136	6	12982	81081	8643	10735	82040
2001年	1840	115	7	20544	83431	13112	11601	89815
2002年	1819	74	7	11421	83643	12033	13186	89374
2003年	1900	56	7	8087	103274	15703	21425	104384
2004年	1552	44	7	11286	99402	15467	21477	101157
2005年	1427	41	7	6328	94363	16792	29958	89301
2006年	1390	38	6	6528	117975	19603	37552	117871
2007年	1330	39	6	5906	115036	24067	38414	117321
2008年	1355	40	5	5596	123572	28116	28649	111036
2009年	1248	27	6	5045	113851	32074	23954	112603
2010年	1176	31	6	6003	132109	45333	25935	130900
2011年	1119	30	4	3945	159185	65871	22004	154849
2012年	1004	27	5	3525	136324	60356	11652	171124
2013年	931	26	3	3236	147259	71838	12812	146031
2014年	917	27	3	2922	167387	81671	10333	169466
2015年	928	30	4	3522	196280	102043	18302	195679
2016年	925	32	5	3299	167208	76847	19418	163172
2017年	909	48	5	3319	208839	104787	24259	194983
2018年	888	35	4	3370	211422	101084	20885	197802
2019年	858	32	4	2980	237089	135988	19752	273503
2020年	749	10	2	1110	144984	97936	5453	164615
2021年	705	16	3	1427	139971	90296	8069	145399

按年份各地区文化和旅游部门执行事业会计制度的艺术表演场馆演出场次

单位：万场

地　区	1995年	2000年	2005年	2010年	2015年	2019年	2020年	2021年
全　国	**204.8**	**135.5**	**40.6**	**30.7**	**30.0**	**31.8**	**10.1**	**15.8**
北　京	2.8	2.3	2.1	0.6	1.0	1.1	0.1	0.3
天　津	6.8	4.0	1.8	0.5	1.0	0.9	0.3	0.1
河　北	8.2	6.4	1.7	1.1	1.6	3.5	1.5	3.0
山　西	3.6	3.1	2.6	2.7	2.7	1.9	0.5	1.0
内蒙古	1.9	1.8	0.6	0.8	1.4	1.5	0.7	0.6
辽　宁	6.6	4.9	1.1	0.5	0.3	0.1	0.1	0.1
吉　林	3.2	2.7	0.4	1.4	2.0	1.6	0.8	1.5
黑龙江	1.5	1.9	0.5	0.3	0.1	0.1		
上　海	4.7	3.9	1.8	1.5	0.9	0.5	0.1	0.2
江　苏	26.6	12.6	0.2	0.3	0.1	0.2	0.2	
浙　江	14.2	7.3	1.6	2.1	1.9	2.7	0.5	0.6
安　徽	16.9	8.2	1.3	0.5	0.1	0.1	0.1	0.1
福　建	6.4	4.9	2.1	3.0	3.4	4.1	0.9	2.1
江　西	4.9	2.0	0.7	0.9	0.4	2.3	0.2	1.8
山　东	11.6	9.5	0.7	1.1	0.7	0.2	0.1	0.3
河　南	16.4	10.3	7.8	2.2	0.9	0.4	0.2	0.3
湖　北	11.8	8.9	1.4	2.7	3.1	5.0	1.5	1.4
湖　南	10.9	7.6	1.9	1.3	1.8	0.5	0.4	0.4
广　东	15.6	9.0	2.1	0.6	0.7	0.2	0.1	0.5
广　西	3.7	1.8	1.2	1.8	0.5	0.5	0.2	
海　南	0.3	0.8	0.2	0.1	0.1			
重　庆		1.6	0.3	0.1				
四　川	6.0	2.4	1.2	0.6	0.2	0.2	0.1	0.1
贵　州	1.4	1.0	1.1	0.1				0.1
云　南	6.3	4.8	0.6	0.7		0.1		
西　藏	2.1	2.1	0.7	0.3				
陕　西	3.9	4.2	1.1	0.4	0.3	0.6	0.4	0.2
甘　肃	2.9	3.2	0.6	0.3	0.6	0.4	0.3	0.3
青　海	0.4	0.2		0.2	0.1	0.1	0.1	0.3
宁　夏	2.2	1.2	0.1				0.2	
新　疆	0.7	0.9	1.4	2.0	4.0	3.1	0.3	0.4

按年份各地区文化和旅游部门执行事业会计制度的艺术演出场馆观众人次

单位：万人次

地　区	1995年	2000年	2005年	2010年	2015年	2019年	2020年	2021年
全　国	**24252**	**12982**	**6328**	**6003**	**3522**	**2980**	**1110**	**1427**
北　京	430	238	231	59	66	59	20	34
天　津	368	150	56	189	118	118	21	47
河　北	673	493	270	192	119	95	36	50
山　西	662	329	230	595	189	165	76	78
内蒙古	325	198	195	149	89	80	43	40
辽　宁	808	369	407	223	63	46	17	15
吉　林	244	227	106	114	137	91	15	30
黑龙江	210	549	128	169	38	48	8	10
上　海	823	381	503	461	185	182	15	27
江　苏	3266	1257	29	70	62	60	18	15
浙　江	1447	597	269	442	269	291	69	66
安　徽	785	328	211	123	14	29	13	11
福　建	743	547	265	201	178	149	17	40
江　西	543	180	178	161	121	254	70	100
山　东	1028	1051	166	371	150	110	75	141
河　南	2335	881	610	326	212	213	81	131
湖　北	895	2194	377	746	168	141	34	76
湖　南	846	452	232	248	397	231	210	209
广　东	1887	553	243	189	154	123	41	63
广　西	447	205	162	132	44	20	8	6
海　南	74	124	19	14	49	14	2	2
重　庆		27	120	54	5	9	14	15
四　川	520	209	328	199	97	94	35	38
贵　州	190	68	46	34				1
云　南	1177	231	123	89	20	21	6	7
西　藏	399	155	138	62	10	5	1	1
陕　西	2106	514	348	196	133	166	69	48
甘　肃	409	212	81	56	42	41	18	26
青　海	98	9		24	51	65	61	65
宁　夏	409	188	45	19	1	14	11	8
新　疆	77	56	185	98	342	47	9	24

按年份各地区文化和旅游部门执行事业会计制度的艺术表演场馆演出收入

单位：万元

地 区	1995年	2000年	2005年	2010年	2015年	2019年	2020年	2021年
全 国	**6481**	**10735**	**29958**	**25935**	**18302**	**19752**	**5453**	**8069**
北 京	175	746	2871	523	414	43	1	
天 津	83	70	110	536	230	415	234	4
河 北	245	317	235	277	493	917	1025	385
山 西	125	144	201	1016	1530	245	64	55
内蒙古	40	30	19	309	18	34		15
辽 宁	156	235	646	786	11	127	631	879
吉 林	50	82	212	503	495	201	368	350
黑龙江	57	100	167	164	19	2767	629	651
上 海	472	913	19122	12035	7831	2227		
江 苏	1093	1617	221	544	252	343	61	142
浙 江	649	1174	1111	2772	416	2437	488	418
安 徽	172	221	275	206	47	25	15	41
福 建	185	347	447	234	427	882	16	106
江 西	61	252	138	635	177	137	196	325
山 东	478	580	270	215	70	24	16	67
河 南	547	636	809	1199	1334	1204	638	187
湖 北	255	309	631	751	612	534	101	51
湖 南	120	551	388	425	657	251	201	364
广 东	926	1393	753	1126	1597	5336	230	3535
广 西	41	123	79	343	40	52	4	35
海 南	12	55	17	2	83	7	132	13
重 庆			10	13	1			
四 川	64	138	403	472	732	1399	387	413
贵 州	2	46	56	50				
云 南	164	116	151	208	37	60		
西 藏	41	2	5	24	23			
陕 西	81	268	273	410	754	58	12	4
甘 肃	66	75	124	60		1	3	28
青 海	5	1		11		25		
宁 夏	10	33	24	17				
新 疆	29	48	128	72	2			

2021年全国艺术

	剧团数/个	从业人员/人	专业技术人才	演出场次/万场次	国内演出场次	农村演出场次
总　　计	**18370**	**453254**	**192962**	**232.53**	**232.05**	**109.82**
按隶属关系分：						
中央	9	3107	2414	0.11	0.11	
省区市	212	29836	23896	4.32	4.32	1.40
地市	488	37133	29926	7.48	7.35	3.08
县市区	17661	383178	136726	220.62	220.28	105.34
按单位类型分：						
公有制	2031	112003	80484	30.44	29.96	18.89
其中：文化和旅游部门	1947	106690	76634	29.18	28.70	18.21
其他部门	84	5313	3850	1.26	1.26	0.68
非公有制	16339	341251	112478	202.09	202.09	90.93
按剧种分						
话剧、儿童剧、滑稽剧类	252	11001	6840	2.48	2.48	0.37
其中：儿童剧	95	1969	933	0.77	0.77	0.02
歌舞、音乐类	3222	98178	47948	32.76	32.58	13.01
京剧、昆曲类	165	10486	7330	1.66	1.65	0.84
其中：京剧	153	9515	6541	1.47	1.47	0.82
地方戏曲类	7798	172341	71950	65.90	65.79	48.39
杂技、魔术、马戏类	837	18147	7813	26.46	26.40	16.62
曲艺类	1104	21200	8762	28.30	28.30	6.87
乌兰牧骑	116	4345	2926	1.27	1.23	1.04
综合性艺术表演团体	4876	117556	39393	73.75	73.70	22.85

表演团体情况

国内演出观众人次/万人次	农村观众人次	本年收入合计/千元	财政补贴收入	演出收入	本年支出合计/千元	资产总计/千元	实际使用房屋建筑面积/万平方米
79203.92	**32756.75**	**35467981**	**20307643**	**11299009**	**37836182**	**87189206**	**1279.05**
82.52	2.84	1503706	939539	224568	1528999	2624564	18.64
2297.72	574.08	8328971	5592609	1356651	8278349	13307520	154.05
4619.54	1785.18	7372690	5765282	850932	7553057	8015028	186.88
72204.14	30394.65	18262614	8010213	8866858	20475777	63242094	919.48
19190.23	11649.61	21717559	15686733	3045797	21917001	28955704	517.22
18524.68	11365.78	20131337	14647748	2704314	20383569	27152665	497.96
665.55	283.83	1586222	1038985	341483	1533432	1803039	19.26
60013.69	21107.14	13750422	4620910	8253212	15919181	58233502	761.83
2230.33	184.98	2143331	1326450	695217	2368984	4960197	46.20
453.75	18.34	274832	109053	109697	274167	576416	7.42
11268.04	3521.77	12150353	6344921	3702393	12899818	35689802	369.35
1292.79	487.57	1938831	1523868	241780	2021489	3468787	48.62
1229.88	472.73	1537130	1226688	204699	1589350	3213578	43.17
32444.92	20336.69	8802290	7106288	2445076	9739317	11518454	343.31
4300.41	1240.38	1499954	724130	530567	1455440	2911960	75.09
5451.24	1348.66	987526	477089	416422	1030303	1917586	40.22
556.21	299.03	530905	511584	8445	531664	428814	20.05
21660.00	5337.72	7414791	2293313	3259109	7789167	26293606	336.19

2021年全国公有制艺术

	剧团数/个	从业人员/人			
			专业技术人才		
				正高级职称	副高级职称
总　计	**2031**	**112003**	**80484**	**4992**	**14289**
按隶属关系分：					
中央	9	3107	2414	551	663
省区市	212	29836	23896	2514	5760
地市	488	37133	29926	1557	5828
县市区	1322	41927	24248	370	2038
按剧种分：					
话剧、儿童剧、滑稽剧类	58	5411	3877	402	914
其中：儿童剧	8	613	475	27	88
歌舞、音乐类	633	37221	27698	1669	4652
京剧、昆曲类	62	5859	4889	510	1226
其中：京剧	54	5123	4297	447	1061
地方戏曲类	870	40067	27617	1504	4467
杂技、魔术、马戏类	59	4737	3052	224	651
曲艺类	63	2500	1735	128	372
乌兰牧骑	110	4072	2738	57	318
综合性艺术表演团体	176	12136	8878	498	1689

续表

	本年收入合计/千元			本年支出合计/千元	资产总计/千元
		财政拨款预算收入	演出收入		
总　计	**21717559**	**15686733**	**3045797**	**21917001**	**28955704**
按隶属关系分：					
中央	1503706	939539	224568	1528999	2624564
省区市	8328971	5592609	1356651	8278349	13307520
地市	7372690	5765282	850932	7553057	8015028
县市区	4512192	3389303	613646	4556596	5008592
按剧种分：					
话剧、儿童剧、滑稽剧类	1671634	1114884	338593	1689962	3717200
其中：儿童剧	157493	85277	25417	155259	315093
歌舞、音乐类	8155046	5558654	1279993	8292686	11084448
京剧、昆曲类	1695032	1344672	167841	1670742	2468708
其中：京剧	1358017	1047726	143199	1325012	2284112
地方戏曲类	6254170	4727077	714856	6279029	6116601
杂技、魔术、马戏类	872406	585534	126196	820448	1254349
曲艺类	533719	388360	79781	537900	633708
乌兰牧骑	513355	490120	8365	508836	403947
综合性艺术表演团体	2022197	1477432	330172	2117398	3276743

表演团体基本情况

中级职称	本团原创首演剧目/个	本团拥有知识产权数量/个	演出场次/万场次	国内演出场次	农村演出场次	国内演出观众人次/万人次	农村观众人次
29272	**2162**	**3596**	**30.44**	**29.96**	**18.89**	**19190.23**	**11649.61**
692	23	29	0.11	0.11		82.52	2.84
8725	325	1570	4.32	4.32	1.40	2297.72	574.08
11967	556	741	7.48	7.35	3.08	4619.54	1785.18
7888	1258	1256	18.53	18.19	14.41	12190.45	9287.51
1372	122	145	0.90	0.90	0.13	458.17	61.42
164	12	47	0.13	0.13		50.01	1.16
9552	698	862	7.57	7.39	3.88	4322.03	1861.58
1820	61	14	0.89	0.88	0.40	484.51	230.33
1618	51	10	0.76	0.76	0.38	443.51	221.91
9969	802	1971	14.22	14.11	10.88	10618.13	7979.74
1131	53	25	1.35	1.29	0.38	653.31	158.29
693	120	122	1.94	1.94	1.05	542.53	309.90
937	134	128	1.21	1.17	1.00	518.98	290.62
3798	172	329	2.41	2.36	1.34	1592.59	757.78

实际使用房屋建筑面积/万平方米	流动舞台车演出情况			政府采购的公益演出活动情况		
	流动舞台车数量/辆	利用流动舞台车演出场次/万场次	利用流动舞台车演出观众人次/万人次	演出场次/万场次	演出观众人次/万人次	演出补贴收入/千元
517.22	**1562**	**8.60**	**5811.51**	**13.70**	**8471.57**	**1322486**
18.64				0.03	18.57	34325
154.05	59	0.29	167.75	1.51	846.95	329126
186.88	286	0.97	670.34	2.98	1764.69	401888
157.65	1217	7.34	4973.40	9.18	5841.35	557147
31.79	14	0.05	18.64	0.28	137.52	51602
3.45				0.02	5.39	2845
177.66	427	1.11	579.22	3.07	1448.62	412186
34.92	24	0.21	128.27	0.49	237.89	93294
30.59	23	0.21	128.27	0.44	219.89	50214
153.79	766	6.08	4453.94	7.53	5376.87	459615
23.20	24	0.10	41.22	0.36	179.68	120959
12.51	21	0.13	102.44	0.34	165.17	28864
18.77	137	0.22	95.36	0.65	284.75	23254
64.56	149	0.72	392.46	0.99	641.08	132712

2021年全国文化和旅游部门

	剧团数/个	补贴团数	从业人员/人	专业技术人才	正高级职称	副高级职称
总　计	**1947**	**1737**	**106690**	**76634**	**4711**	**13512**
按隶属关系分：						
中央	9	8	3107	2414	551	663
省区市	192	173	26488	21157	2251	5064
地市	475	437	36184	29208	1545	5754
县市区	1271	1119	40911	23855	364	2031
按剧种分：						
话剧、儿童剧、滑稽剧类	53	50	4896	3477	365	811
其中：儿童剧	7	6	471	345	21	64
歌舞、音乐类	599	524	35090	26124	1565	4373
京剧、昆曲类	60	55	5412	4481	468	1111
其中：京剧	53	49	4816	4015	416	982
地方戏曲类	843	753	38700	26685	1434	4289
杂技、魔术、马戏类	57	50	4430	2888	205	600
曲艺类	60	57	2313	1582	123	347
乌兰牧骑	109	109	4059	2738	57	318
综合性艺术表演团体	166	139	11790	8659	494	1663

续表

	本年收入合计/千元	财政拨款预算收入	演出收入	本年支出合计/千元	资产总计/千元	实际使用房屋建筑面积/万平方米
总　计	**20131337**	**14647748**	**2704314**	**20383569**	**27152665**	**497.96**
按隶属关系分：						
中央	1503706	939539	224568	1528999	2624564	18.64
省区市	6934431	4644986	1077132	6921173	11784471	141.91
地市	7266176	5707710	827084	7452699	7814910	184.00
县市区	4427024	3355513	575530	4480698	4928720	153.41
按剧种分：						
话剧、儿童剧、滑稽剧类	1452420	1004021	262399	1483255	3423253	29.42
其中：儿童剧	109053	46627	18574	108966	292165	2.80
歌舞、音乐类	7584872	5212829	1141406	7728093	10737367	169.93
京剧、昆曲类	1507219	1209385	140572	1481345	2147903	33.58
其中：京剧	1234380	953459	127859	1203283	1998552	29.42
地方戏曲类	5810266	4374050	659675	5873644	5743824	148.86
杂技、魔术、马戏类	795687	534318	109627	731979	1056308	22.67
曲艺类	494215	360682	70457	498227	495789	11.44
乌兰牧骑	513355	490120	8365	508836	403887	18.72
综合性艺术表演团体	1973303	1462343	311813	2078190	3144334	63.37

所属艺术表演团体基本情况

中级职称	本团原创首演剧目/个	本团拥有知识产权数量/个	演出场次/万场次	国内演出场次	农村演出场次	国内演出观众人次/万人次	农村观众人次
27744	**2047**	**2836**	**29.18**	**28.70**	**18.21**	**18524.68**	**11365.78**
692	23	29	0.11	0.11		82.52	2.84
7638	258	883	3.62	3.62	1.12	2057.30	546.25
11640	549	702	7.32	7.19	3.02	4479.21	1756.60
7774	1217	1222	18.11	17.79	14.06	11905.65	9060.09
1224	107	124	0.80	0.79	0.13	407.00	59.31
121	8	26	0.10	0.10		44.01	0.63
8909	644	657	7.28	7.08	3.78	4137.33	1802.33
1648	54	14	0.83	0.83	0.40	465.27	230.03
1499	46	10	0.73	0.73	0.38	430.40	221.61
9629	770	1472	13.65	13.55	10.44	10404.65	7830.71
1048	52	20	1.31	1.25	0.38	625.74	157.55
656	116	117	1.84	1.84	1.00	494.57	278.49
937	134	128	1.21	1.17	1.00	518.63	290.27
3693	170	304	2.32	2.26	1.28	1471.50	717.13

		流动舞台车演出情况			政府采购的公益演出活动情况		
排练、练功用房	实际拥有产权面积/万平方米	流动舞台车数量/辆	利用流动舞台车演出场次/万场次	利用流动舞台车演出观众人次/万人次	演出场次/万场次	演出观众人次/万人次	演出补贴收入/千元
105.98	**257.07**	**1532**	**8.55**	**5704.61**	**13.34**	**8284.02**	**1291109**
4.03	15.48				0.03	18.57	34325
24.90	82.57	59	0.29	167.75	1.41	819.47	321818
37.45	77.68	278	0.96	656.72	2.89	1730.39	385891
39.60	81.34	1195	7.30	4880.13	9.01	5715.59	549075
3.77	14.79	14	0.05	18.63	0.28	136.05	50717
0.31	0.81				0.02	5.11	2557
40.05	85.75	414	1.07	548.86	2.93	1377.84	396244
7.50	20.26	24	0.22	128.27	0.48	235.93	90386
6.80	19.80	23	0.22	128.27	0.43	218.53	47806
32.06	81.98	753	6.10	4382.14	7.40	5297.70	451964
6.88	13.62	24	0.10	41.22	0.35	174.97	119859
1.96	3.60	20	0.12	101.54	0.30	150.77	26035
4.42	9.51	137	0.22	95.36	0.65	284.75	23254
9.46	27.58	146	0.69	388.63	0.97	626.02	132650

2021年全国文化和旅游部门执行事业

	剧团数/个	补贴团数	从业人员/人	专业技术人才	正高级职称
总　　计	**1363**	**1285**	**71433**	**52174**	**3088**
按隶属关系分：					
中央	8	7	2587	1991	432
省区市	96	96	14816	12322	1354
地市	288	277	22832	19073	1025
县市区	971	905	31198	18788	277
按剧种分：					
话剧、儿童剧、滑稽剧类	18	17	1985	1462	186
其中：儿童剧	3	2	148	107	9
歌舞、音乐类	418	394	21845	15947	887
京剧、昆曲类	42	40	4227	3698	433
其中：京剧	37	35	3689	3238	382
地方戏曲类	611	570	28752	20586	1092
杂技、魔术、马戏类	33	29	2015	1381	86
曲艺类	47	45	1509	1029	82
乌兰牧骑	109	109	4059	2738	57
综合性艺术表演团体	85	81	7041	5333	265

续表 1

	国内演出观众人次	农村观众人次	线上演出展播次数/万场次	线上演出展播观众人次/万人次	本年收入合计/千元
总　　计	**12670.61**	**8276.84**	**18.23**	**112159.57**	**14407086**
按隶属关系分：					
中央	71.48	2.59	0.01	13024.85	1359981
省区市	833.45	337.68	0.13	36455.41	4500733
地市	2865.28	1176.77	3.99	52585.26	4959219
县市区	8900.40	6759.80	14.10	10094.05	3587153
按剧种分：					
话剧、儿童剧、滑稽剧类	93.62	16.03	0.01	4888.83	810441
其中：儿童剧	11.51	0.63		5.70	28427
歌舞、音乐类	2580.67	1316.11	3.27	38312.73	5123345
京剧、昆曲类	315.93	161.01	0.01	18407.55	1271669
其中：京剧	283.05	153.79		16384.18	1044430
地方戏曲类	7502.32	5707.03	14.34	12743.27	4638540
杂技、魔术、马戏类	432.16	120.86	0.04	33759.42	384539
曲艺类	374.64	224.95	0.10	1384.22	329047
乌兰牧骑	518.63	290.27	0.31	538.88	513355
综合性艺术表演团体	852.65	440.60	0.10	2124.65	1336150

会计制度的艺术表演团体基本情况

副高级职称	中级职称	本团原创首演剧目/个	本团拥有知识产权数量/个	演出场次/万场次	国内演出场次	农村演出场次	演出观众人次/万人次
9421	**19563**	**1464**	**1319**	**19.81**	**19.51**	**13.07**	**13058.24**
551	595	19	26	0.10	0.10		71.52
3181	4704	118	147	1.40	1.40	0.47	835.17
3981	7994	348	404	4.58	4.49	2.01	2974.36
1708	6270	979	742	13.72	13.53	10.59	9177.19
406	525	30	25	0.25	0.24	0.03	94.37
28	51	3	20	0.03	0.03		11.51
2748	5859	454	416	4.40	4.29	2.63	2744.00
926	1307	44	3	0.59	0.59	0.26	318.49
798	1159	37	3	0.51	0.51	0.25	285.34
3480	7547	570	461	9.70	9.66	7.46	7557.03
255	534	27	17	0.97	0.91	0.28	482.48
205	464	106	102	1.61	1.61	0.96	391.95
318	937	134	128	1.21	1.17	1.00	553.35
1083	2390	99	167	1.14	1.10	0.64	916.58

财政拨款预算收入	上级补助收入	事业预算收入	演出收入	经营收入	附属单位上缴收入	其他收入	本年支出合计/千元
11875217	**369209**	**1577889**	**1204856**	**78653**	**1254**	**504864**	**14512033**
909828	2139	332687	160470	4905		110422	1339349
3744344	79763	486993	422369	25133	1100	163400	4502362
4279341	130391	386317	305984	13761	18	149391	5072643
2941704	156916	371892	316033	34854	136	81651	3597679
658417	8406	110009	95599			33609	837520
20455	2729	4891	4018			352	27696
4048971	136934	717588	486217	53535	148	166169	5210246
1037216	9898	133354	104877	1015	1100	89086	1238678
823010	9898	123170	95064	1015	1100	86237	1004066
3831576	155538	466466	390235	11295	5	173660	4690952
318724	5692	41911	39932	9804	1	8407	322701
272804	8077	33621	27899	4		14541	337703
490120	12381	9573	8365			1281	508836
1217389	32283	65367	51732	3000		18111	1365397

续表 2

	基本支出	项目支出	经营支出	工资福利支出	商品和服务支出
总　　计	**8708988**	**5066766**	**122173**	**8107924**	**3813943**
按隶属关系分：					
中央	165704	1168759	4882	581603	323332
省区市	2712642	1711377	11462	2412761	1383285
地市	3284979	1608407	38579	2804205	1428913
县市区	2545663	578223	67250	2309355	678413
按剧种分：					
话剧、儿童剧、滑稽剧类	415629	421710		372602	243049
其中：儿童剧	21001	6695		17179	9729
歌舞、音乐类	2647087	2215092	36822	2747458	1452398
京剧、昆曲类	826896	402631	1011	770077	330627
其中：京剧	663090	331825	1011	629452	253447
地方戏曲类	3142687	1239588	65768	2738423	1180238
杂技、魔术、马戏类	233123	66694	8882	203589	81057
曲艺类	263143	70021	1212	198237	84694
乌兰牧骑	408075	77419	481	328472	76626
综合性艺术表演团体	772348	573611	7997	749066	365254

续表 3

	各种设备、交通工具、图书购置费	资产总计/千元	固定资产净值	实际使用房屋建筑面积/万平方米	排练练功用房
总　　计	**245800**	**17097533**	**8633929**	**359.85**	**73.89**
按隶属关系分：					
中央	16774	2406097	940443	17.77	3.78
省区市	113915	6737553	2917768	94.36	16.14
地市	69911	4886704	2610371	126.46	22.69
县市区	45200	3067179	2165347	121.26	31.28
按剧种分：					
话剧、儿童剧、滑稽剧类	28426	2059450	434262	14.50	1.11
其中：儿童剧	13	12819	4795	0.77	0.08
歌舞、音乐类	77435	6827002	4246337	117.66	28.11
京剧、昆曲类	24457	1758046	830799	24.16	6.17
其中：京剧	17530	1642085	764092	21.89	5.57
地方戏曲类	68207	3954178	1750147	121.34	24.80
杂技、魔术、马戏类	4808	265699	151981	11.47	2.34
曲艺类	2450	209986	112424	8.49	1.35
乌兰牧骑	13361	403887	283956	18.72	4.42
综合性艺术表演团体	26656	1619285	824023	43.51	5.63

在支出合计中						
差旅费	劳务费	福利费	各种税金支出	对个人和家庭补助支出	抚恤金和生活补助	其他资本性支出
186667	**1080316**	**69772**	**67346**	**691620**	**116742**	**610779**
15277	103891	8084	12104	14243	2921	34261
61040	365124	18880	27674	248455	41648	207601
70661	420242	21122	21764	312631	45193	266235
39689	191059	21686	5804	116291	26980	102682
6459	55230	4148	5449	37902	3631	40116
4	1672	213	44	774	42	13
79154	476391	19847	32180	188368	32950	125990
12991	96411	7099	13317	75689	14170	40849
10496	78225	5618	10596	66924	11922	32809
60678	322965	27477	12183	253298	40078	249778
3839	17784	1235	1609	14552	2507	7351
4497	23839	2337	658	39722	6432	7149
5421	18748	541	335	6334	1639	32318
13628	68948	7088	1615	75755	15335	107228

实际拥有产权面积/万平方米	流动舞台车演出情况			政府采购的公益演出活动情况		
	流动舞台车数量/辆	利用流动舞台车演出场次/万场次	利用流动舞台车演出观众人次/万人次	演出场次/万场次	演出观众人次/万人次	演出补贴收入/千元
183.63	**1119**	**6.40**	**4538.77**	**8.99**	**5714.02**	**741907**
14.49				0.03	18.49	25325
53.63	32	0.13	99.08	0.52	263.12	136411
53.00	171	0.64	518.31	1.60	1035.43	210957
62.51	916	5.63	3921.37	6.84	4396.98	369214
6.57	4	0.02	12.55	0.08	28.64	17899
				0.01	2.60	845
57.66	307	0.73	417.54	1.73	876.83	174746
15.93	17	0.13	82.92	0.29	148.42	27882
15.47	16	0.13	82.92	0.26	133.01	27022
63.25	539	4.71	3576.69	5.31	3833.23	324220
7.68	18	0.09	39.52	0.25	105.76	99949
2.35	19	0.11	61.54	0.23	96.22	12764
9.51	137	0.22	95.36	0.65	284.75	23254
20.68	78	0.40	252.69	0.45	340.16	61193

2021年全国文化和旅游部门执行企业

	剧团数/个	补贴团数	从业人员/人	专业技术人才	正高级职称
总　计	**584**	**452**	**35257**	**24460**	**1623**
按隶属关系分：					
中央	1	1	520	423	119
省区市	96	77	11672	8835	897
地市	187	160	13352	10135	520
县市区	300	214	9713	5067	87
按剧种分：					
话剧、儿童剧、滑稽剧类	35	33	2911	2015	179
其中：儿童剧	4	4	323	238	12
歌舞、音乐类	181	130	13245	10177	678
京剧、昆曲类	18	15	1185	783	35
其中：京剧	16	14	1127	777	34
地方戏曲类	232	183	9948	6099	342
杂技、魔术、马戏类	24	21	2415	1507	119
曲艺类	13	12	804	553	41
乌兰牧骑					
综合性艺术表演团体	81	58	4749	3326	229

续表 1

	国内演出观众人次/万人次	农村观众人次	线上演出展播次数/万场次	线上演出展播观众人次/万人次	资产总计
总　计	**5854.07**	**3088.94**	**23.89**	**902193.21**	**10055132**
按隶属关系分：					
中央	11.04	0.25	0.01	820000.00	218467
省区市	1223.85	208.57	3.00	62727.22	5046918
地市	1613.93	579.83	20.49	14043.90	2928206
县市区	3005.25	2300.29	0.39	5422.09	1861541
按剧种分：					
话剧、儿童剧、滑稽剧类	313.38	43.28	2.87	10597.33	1363803
其中：儿童剧	32.50		0.01	214.98	279346
歌舞、音乐类	1556.66	486.22	0.13	52401.80	3910365
京剧、昆曲类	149.34	69.02	0.01	1421.79	389857
其中：京剧	147.35	67.82	0.01	1421.79	356467
地方戏曲类	2902.33	2123.68	0.68	3660.82	1789646
杂技、魔术、马戏类	193.58	36.69	0.03	10317.07	790609
曲艺类	119.93	53.54	0.02	864.78	285803
乌兰牧骑					
综合性艺术表演团体	618.85	276.53	20.11	822929.62	1525049

会计制度的艺术表演团体基本情况

副高级职称	中级职称	本团原创首演剧目/个	本团拥有知识产权数量/个	演出场次/万场次	国内演出场次	农村演出场次
4091	**8181**	**583**	**1517**	**9.37**	**9.19**	**5.14**
112	97	4	3	0.01	0.01	
1883	2934	140	736	2.22	2.22	0.65
1773	3646	201	298	2.74	2.70	1.01
323	1504	238	480	4.39	4.26	3.47
405	699	77	99	0.55	0.55	0.10
36	70	5	6	0.07	0.07	
1625	3050	190	241	2.88	2.79	1.15
185	341	10	11	0.24	0.24	0.14
184	340	9	7	0.22	0.22	0.13
809	2082	200	1011	3.95	3.89	2.98
345	514	25	3	0.34	0.34	0.10
142	192	10	15	0.23	0.23	0.04
580	1303	71	137	1.18	1.16	0.64

资产、负债、所有者权益/千元						
固定资产原价	本年折旧	负债合计	所有者权益合计	实收资本(股本)	国家资本	营业收入
5810411	**751604**	**3836535**	**6218597**	**5088100**	**3423760**	**2713306**
240971	7470	47864	170603	283240	283240	112154
2304203	314465	2009330	3037588	1702833	1298601	1454745
2143118	319029	1010925	1917281	1264604	1191249	773826
1122119	110640	768416	1093125	1837423	650670	372581
847640	78621	388753	975050	551502	423963	260692
122770	4314	62298	217048	191008	75469	54444
2298732	297097	1566485	2343880	1474879	1173533	1222709
298610	94411	134291	255566	177419	177419	56453
287520	90411	109791	246676	172419	172419	52573
1222871	115426	650970	1138676	1706645	563311	551651
316683	34204	268744	521865	259876	249376	181897
165465	43363	100787	185016	95000	30324	75443
660410	88482	726505	798544	822779	805834	364461

续表 2

	损益/千元				
	演出收入	营业成本	养老、医疗、失业等各种社会保险费	住房公积金和住房补贴	差旅费
总　计	**1499458**	**5637923**	**480092**	**177114**	**59912**
按隶属关系分：					
中央	64098	189629	8695	9045	37
省区市	654763	2355166	205546	73786	29199
地市	521100	2284987	188866	74413	20816
县市区	259497	808141	76985	19870	9860
按剧种分：					
话剧、儿童剧、滑稽剧类	166800	620511	46011	17020	9773
其中：儿童剧	14556	79673	6479	2111	355
歌舞、音乐类	655189	2445681	196206	69471	32614
京剧、昆曲类	35695	235288	19147	7142	862
其中：京剧	32795	191838	18547	5632	842
地方戏曲类	269440	1103518	119466	42935	10872
杂技、魔术、马戏类	69695	404678	33151	12577	2595
曲艺类	42558	140638	9547	4985	508
乌兰牧骑					
综合性艺术表演团体	260081	687609	56564	22984	2688

续表 3

	工资、福利费、税金/千元		实际使用房屋建筑面积/万平方米		实际拥有产权面积/万平方米
	本年支付的职工福利费	本年应交税金总额		排练、练功用房	
总　计	**94132**	**100807**	**138.11**	**32.09**	**73.44**
按隶属关系分：					
中央	4623	8151	0.87	0.25	0.99
省区市	41819	44469	47.55	8.76	28.94
地市	31835	37997	57.54	14.76	24.68
县市区	15855	10190	32.15	8.32	18.83
按剧种分：					
话剧、儿童剧、滑稽剧类	9525	12004	14.92	2.66	8.22
其中：儿童剧	1101	1076	2.03	0.23	0.81
歌舞、音乐类	34469	46197	52.27	11.94	28.09
京剧、昆曲类	11809	1452	9.42	1.33	4.33
其中：京剧	11259	1352	7.53	1.23	4.33
地方戏曲类	20126	16089	27.52	7.26	18.73
杂技、魔术、马戏类	4367	4405	11.20	4.54	5.94
曲艺类	1931	5549	2.95	0.61	1.25
乌兰牧骑					
综合性艺术表演团体	11905	15111	19.86	3.83	6.90

工会经费	营业利润	营业外收入	政府补助（补贴收入）	营业外支出	利润总额	本年发放工资总额
32427	**-2924617**	**3010945**	**2772531**	**233613**	**-147285**	**2348652**
1314	-77475	31571	29711	21	-45925	67875
14054	-900421	978953	900642	63645	14887	937955
13294	-1511161	1533131	1428369	95069	-73099	934632
3765	-435560	467290	413809	74878	-43148	408190
3418	-359819	381287	345604	25224	-3756	236223
404	-25229	26182	26172	1597	-644	25866
14060	-1222972	1238818	1163858	72166	-56320	966657
813	-178835	179097	172169	7379	-7117	89094
693	-139265	137377	130449	7379	-9267	80684
5716	-551867	620075	542474	79174	-10966	535535
3034	-222781	229251	215594	4600	1870	172471
1036	-65195	89725	87878	19886	4644	67970
4350	-323148	272692	244954	25184	-75640	280702

流动舞台车演出情况			政府采购的公益演出活动情况		
流动舞台车数量/辆	利用流动舞台车演出场次/万场次	利用流动舞台车演出观众人次/万人次	演出场次/万场次	演出观众人次/万人次	演出补贴收入/千元
413	**2.15**	**1165.84**	**4.35**	**2570.00**	**549202**
				0.08	9000
27	0.16	68.67	0.89	556.35	185407
107	0.32	138.41	1.29	694.96	174934
279	1.67	958.76	2.17	1318.61	179861
10	0.03	6.08	0.20	107.41	32818
			0.01	2.51	1712
107	0.34	131.32	1.20	501.01	221498
7	0.09	45.35	0.19	87.51	62504
7	0.09	45.35	0.17	85.52	20784
214	1.39	805.45	2.09	1464.47	127744
6	0.01	1.70	0.10	69.21	19910
1	0.01	40.00	0.07	54.55	13271
68	0.29	135.94	0.52	285.86	71457

2021年非公有制艺术

	机构数/个	从业人员/人	专业技术人才	演员数	国内演出场次/万场次	营业性演出场次	农村演出场次
总　计	**16339**	**341251**	**112478**	**240149**	**202.09**	**94.72**	**90.93**
按剧种分：							
话剧、儿童剧、滑稽剧类	194	5590	2963	3201	1.58	1.15	0.24
其中：儿童剧	87	1356	458	918	0.64	0.52	0.02
歌舞、音乐类	2589	60957	20250	44616	25.19	13.20	9.13
京剧、昆曲类	103	4627	2441	2899	0.77	0.28	0.44
其中：京剧	99	4392	2244	2793	0.71	0.27	0.44
地方戏曲类	6928	132274	44333	92565	51.68	21.19	37.51
杂技、魔术、马戏类	778	13410	4761	9125	25.11	20.58	16.24
曲艺类	1041	18700	7027	13563	26.36	6.13	5.82
乌兰牧骑	6	273	188	226	0.06		0.04
综合性艺术表演团体	4700	105420	30515	73954	71.34	32.19	21.51

续表

	演出收入	营业性演出收入	农村演出收入	旅游演出收入	国外演出收入	营业成本/千元
总　计	**8253212**	**6038373**	**2131924**	**79883**	**13360**	**15919181**
按剧种分：						
话剧、儿童剧、滑稽剧类	356624	332669	17519	628	20	679022
其中：儿童剧	84280	79269	561	325		118908
歌舞、音乐类	2422400	2057957	234540	24836	2440	4607132
京剧、昆曲类	73939	58488	9652	148	550	350747
其中：京剧	61500	48501	9572	114	550	264338
地方戏曲类	1730220	908347	1097927	6442	5160	3460288
杂技、魔术、马戏类	404371	314785	188127	6035	3310	634992
曲艺类	336641	265972	84297	1630	300	492403
乌兰牧骑	80	10	50			22828
综合性艺术表演团体	2928937	2100145	499812	40164	1580	5671769

表演团体基本情况

旅游演出场次	国外演出场次/万场次	国内演出观众人次/万人次	营业性演出观众人次	农村观众人次	旅游演出观众人次	国外演出观众人次/万人次	经营情况：营业收入/千元	企业赞助收入
36.37	**13.75**	**60013.69**	**30225.66**	**21107.14**	**8491.03**	**1552.23**	**13750422**	**192894**
0.05		1772.16	535.30	123.56	99.48	1.03	471697	1672
0.03		403.74	297.80	17.18	19.58	0.03	117339	1027
4.81	0.15	6946.01	3871.89	1660.19	1795.11	13.72	3995307	30086
0.03	0.03	808.28	149.78	257.24	19.65	139.86	243799	46283
0.03	0.03	786.37	144.54	250.82	19.05	139.86	179113	46283
1.98	3.46	21826.79	9206.45	12356.95	1164.84	228.07	2548120	59387
3.32	7.59	3647.10	2211.52	1082.09	1292.24	28.69	627548	3571
1.79	0.57	4908.71	3874.86	1038.76	252.47	15.05	453807	3677
0.01		37.23	0.20	8.41	23.35		17550	
24.38	1.95	20067.41	10375.66	4579.94	3843.89	1125.81	5392594	48218

养老、医疗、失业等各种社会保险费	本年发放工资总额	本年应交税金总额	营业利润/千元	国外演出利润	营业外收入/千元	政府补贴	资产总计/千元	实际使用房屋建筑面积/万平方米
1305422	**7223605**	**551024**	**-2168065**	**5260**	**16249398**	**4620910**	**58233502**	**761.83**
53237	250713	21024	-207327		235626	211566	1242997	14.41
10801	53346	2256	-1570		24623	23776	261323	3.97
325956	1664402	177240	-611810	940	1720969	786267	24605354	191.69
79547	196974	6942	-106947	550	180742	179196	1000079	13.70
66424	166841	3646	-85224	550	180508	178962	929466	12.58
354058	2221763	40415	-912136	1190	2469763	2379211	5401853	189.52
47301	366237	38459	-7445	640	204250	138596	1657611	51.89
34286	229029	18180	-38594	430	130717	88729	1283878	27.71
3950	16321	13	-5278		21474	21464	24867	1.28
407087	2278166	248751	-278528	1510	11285857	815881	23016863	271.63

2021年全国艺术表演

	机构数/个	从业人员/人	专业技术人才	座席数/个	演(映)出场次合计/万场次	艺术演出场次
总　计	**3093**	**73827**	**18603**	**2533737**	**107.04**	**64.26**
其中：附属剧场	538	15171	3852	421093	19.35	17.14
儿童剧场	38	608	247	31608	1.03	0.18
按单位类型分：						
公有制	1176	24008	6647	920611	46.12	7.07
其中：文化和旅游部门	1075	18242	5544	761227	43.13	5.03
其他部门	101	5766	1103	159384	2.99	2.04
非公有制	1917	49819	11956	1613126	60.92	57.19
按机构类型分：						
剧场	1052	33931	9676	975714	15.85	10.51
影剧院	633	10189	2427	448219	72.94	40.46
书场、曲艺场	59	974	353	7296	1.27	0.92
杂技、马戏场	15	891	203	21050	0.53	0.47
音乐厅	125	3223	1032	59996	2.07	1.61
综合性	279	11684	2699	555702	7.29	4.34
其他艺术表演场馆	930	12935	2213	465760	7.09	5.95
按隶属关系分：						
中央	7	176	22	5942	0.06	0.05
省区市	121	4247	1710	131720	5.52	1.29
地市	328	9474	2288	227945	21.29	3.63
县市区	2637	59930	14583	2168130	80.17	59.29

场馆基本情况

惠民演出	观众人次合计/万人次	艺术演出观众	本年收入合计/千元	财政拨款	艺术演出收入	本年支出合计/千元	资产总计/千元	实际使用房屋建筑面积/万平方米	演(映)出业务用房
5.83	**11209.24**	**8350.73**	**20445985**	**3735415**	**7229098**	**19772247**	**101393965**	**2270.72**	**931.78**
1.08	1613.78	1290.83	3886049	442817	922043	3838506	16187876	320.68	134.81
0.13	116.88	70.04	177331	63228	38196	160926	413370	35.93	19.49
2.46	3624.24	2066.54	5929627	2086167	1291842	6000480	25715949	908.38	472.74
2.13	2923.28	1562.20	3832620	1650355	839040	3935177	17158909	700.03	360.67
0.33	701	504	2097007	435812	452802	2065303	8557040	208.35	112.07
3.37	7585	6284	14516358	1649248	5937256	13771767	75678016	1362.34	459.04
1.84	5897.90	4826.48	10853285	2421505	4473303	10490412	55069241	1243.17	509.23
1.53	2194.70	1216.54	2483855	566989	607614	2482928	11498377	297.56	147.31
0.32	82.18	70.60	111399	629	94069	88444	142919	2.78	1.52
0.06	150.39	130.51	281390	5269	117271	330720	1600385	14.95	10.05
0.44	408.52	243.77	735265	176783	300774	688068	1457825	56.54	23.80
0.59	1419.56	1100.34	3659907	466914	810589	3529289	19229063	488.67	188.72
1.04	1055.99	762.50	2320884	97326	825478	2162386	12396155	167.08	51.16
0.01	39.15	34.03	54706	594	34271	52349	48415	8.25	5.82
0.34	855.81	598.73	1541456	499904	421595	1440549	7373462	160.90	91.05
0.64	982.42	545.32	2456841	811707	366119	2484853	10243053	332.90	154.38
4.84	9331.86	7172.65	16392982	2423210	6407113	15794496	83729035	1768.67	680.53

2021年全国公有制艺术

	机构数/个	从业人员/人					座席数/个	演(映)出场次合计/万场次
			专业技术人才					
				正高级职称	副高级职称	中级职称		
总　　计	**1176**	**24008**	**6647**	**192**	**711**	**2237**	**920611**	**46.12**
其中：附属剧场	192	5012	1707	100	312	730	149740	3.23
儿童剧场	38	608	247	3	30	86	31608	1.03
按机构类型分：								
剧场	560	12099	3960	146	489	1344	464739	6.90
影剧院	452	5831	1404	18	105	526	281149	34.44
书场、曲艺场	6	11					664	0.08
杂技、马戏场	3	43	16		3	6	4593	0.04
音乐厅	15	449	147	1	12	26	19387	0.22
综合性	112	4971	930	14	66	279	135715	4.17
其他艺术表演场馆	28	604	190	13	36	56	14364	0.27
按隶属关系分：								
中央	7	176	22	1	5	9	5942	0.06
省区市	121	4247	1710	86	285	472	131720	5.52
地市	328	9474	2288	58	270	884	227945	21.29
县市区	720	10111	2627	47	151	872	555004	19.25

2021年全国文化和旅游部门

	机构数/个	从业人员/人					座席数/个	演(映)出场次合计/万场次
			专业技术人才					
				正高级职称	副高级职称	中级职称		
总　　计	**1075**	**18242**	**5544**	**159**	**610**	**1965**	**761227**	**43.13**
其中：附属剧场	169	2318	1321	71	228	568	105871	1.87
儿童剧场	33	542	225	3	28	76	28725	0.98
按机构类型分：								
剧场	505	9474	3173	114	407	1144	371349	5.94
影剧院	434	5517	1373	18	105	520	267615	34.03
书场、曲艺场	6	11					664	0.08
杂技、马戏场	3	43	16		3	6	4593	0.04
音乐厅	12	400	134	1	7	18	15025	0.15
综合性	88	2273	662	13	53	223	88183	2.75
其他艺术表演场馆	27	524	186	13	35	54	13798	0.14
按隶属关系分：								
中央	4	64	7				2493	0.04
省区市	95	2619	1036	56	206	321	79072	4.81
地市	309	6735	2085	58	258	824	200706	19.85
县市区	667	8824	2416	45	146	820	478956	18.43

表演场馆基本情况

艺术演出场次	惠民演出	观众人次合计/万人次	艺术演出观众	本年收入合计/千元	财政拨款	艺术演出收入	本年支出合计/千元	资产总计/千元	实际使用房屋建筑面积/万平方米
7.07	**2.46**	**3624.24**	**2066.54**	**5929627**	**2086167**	**1291842**	**6000480**	**25715949**	**908.38**
1.91	0.28	461.71	342.10	1345617	295221	204657	1407393	5858232	140.35
0.18	0.13	116.88	70.04	177331	63228	38196	160926	413370	35.93
2.59	0.93	1726.62	1216.17	3221293	1372017	808464	3236347	13241156	480.89
2.36	1.20	1229.75	356.35	858457	244779	115481	967869	3617814	154.95
0.04	0.05	5.84	1.95	9252	35	447	9099	7622	0.47
0.04		20.71	12.88	8442		3160	8965	113113	3.49
0.19	0.05	126.69	113.27	238028	66411	91499	221414	488375	22.61
1.66	0.18	386.59	261.91	1509098	354606	250054	1469059	8094796	230.11
0.19	0.04	128.04	104.02	85057	48319	22737	87727	153073	15.89
0.05	0.01	39.15	34.03	54706	594	34271	52349	48415	8.25
1.29	0.34	855.81	598.73	1541456	499904	421595	1440549	7373462	160.90
3.63	0.64	982.42	545.32	2456841	811707	366119	2484853	10243053	332.90
2.10	1.47	1746.86	888.46	1876624	773962	469857	2022729	8051019	406.33

所属艺术表演场馆基本情况

艺术演出场次	惠民演出	观众人次合计/万人次	艺术演出观众	本年收入合计/千元	财政拨款	艺术演出收入	本年支出合计/千元	资产总计/千元	实际使用房屋建筑面积/万平方米
5.03	**2.13**	**2923.28**	**1562.20**	**3832620**	**1650355**	**839040**	**3935177**	**17158909**	**700.03**
0.62	0.26	379.79	264.36	487170	228788	91552	537085	2114021	75.59
0.14	0.11	99.91	58.15	135054	54419	25021	122333	383986	32.85
1.99	0.66	1251.73	903.17	2131036	1036653	460083	2160643	9795504	381.54
2.34	1.20	1201.18	343.24	803030	224421	102384	906069	3545542	140.67
0.04	0.05	5.84	1.95	9252	35	447	9099	7622	0.47
0.04		20.71	12.88	8442		3160	8965	113113	3.49
0.13	0.04	79.73	71.69	208226	66411	81125	192717	259576	20.59
0.43	0.13	308.62	196.01	599212	282659	169104	581195	3301416	138.57
0.07	0.03	55.46	33.27	73422	40176	22737	76489	136136	14.72
0.02	0.01	20.06	14.94	21205		1479	20968	25654	3.13
0.69	0.28	448.74	288.08	662198	246545	194881	622568	4164662	89.98
2.43	0.62	908.80	494.89	1637895	714657	319783	1651997	6391457	257.44
1.89	1.22	1545.68	764.29	1511322	689153	322897	1639644	6577136	349.48

2021年全国文化和旅游部门执行事业

	机构数/个	从业人员/人	专业技术人才	正高级职称
总　计	**705**	**8926**	**3166**	**77**
其中：附属剧场	122	1343	1027	46
儿童剧场	17	98	32	
按机构类型分：				
剧场	321	4273	1827	61
影剧院	307	3538	891	13
书场、曲艺场	1			
杂技、马戏场	1			
音乐厅	6	163	51	
综合性	51	783	278	3
其他艺术表演场馆	18	169	119	
按隶属关系分：				
中央				
省区市	40	1142	555	32
地市	172	2967	1007	17
县市区	493	4817	1604	28

续表 1

	观众人次合计/万人次	艺术演出观众人次	本年收入合计/千元	财政拨款预算收入
总　计	**1427.03**	**783.85**	**1399707**	**902961**
其中：附属剧场	213.62	165.07	185217	152263
儿童剧场	35.76	19.93	13463	7174
按机构类型分：				
剧场	617.40	436.79	751314	556072
影剧院	648.33	238.79	371691	166833
书场、曲艺场				
杂技、马戏场				
音乐厅	23.85	22.93	55686	17377
综合性	99.30	58.02	207616	154605
其他艺术表演场馆	38.16	27.33	13400	8074
按隶属关系分：				
中央				
省区市	195.45	137.25	276044	168034
地市	356.90	211.72	567885	364509
县市区	874.68	434.88	555778	370418

会计制度的艺术表演场馆基本情况

副高级职称	中级职称	座席数/个	演(映)出场次合计/万场次	艺术演出场次	惠民演出
330	**1230**	**455876**	**15.82**	**3.42**	**0.81**
180	477	64482	1.22	0.39	0.17
1	8	13962	0.13	0.04	0.01
234	750	214989	3.39	1.05	0.37
71	334	180968	12.00	2.11	0.35
		541			
3	8	5268	0.04	0.04	0.02
11	104	45278	0.28	0.16	0.04
11	34	8832	0.10	0.06	0.03
114	176	35636	0.81	0.34	0.17
120	466	91472	7.55	1.78	0.19
96	588	328768	7.45	1.30	0.45

上级补助收入	事业预算收入	艺术演出收入	经营收入	附属单位上缴收入	其他收入
28277	**142734**	**80688**	**212991**	**485**	**112259**
1468	11047	7155	18570		1869
96	2400		3422		371
11412	45022	30003	92148	425	46235
9987	49501	13629	89307	60	56003
3607	28370	28370	5961		371
3139	16589	8478	24599		8684
132	3252	208	976		966
	52868	41597	38435		16707
8110	41869	25739	107618	425	45354
20167	47997	13352	66938	60	50198

续表 2

	本年支出合计/千元	基本支出	项目支出	经营支出
总　　计	**1453991**	**793511**	**321087**	**169608**
其中：附属剧场	199518	94290	27361	20807
儿童剧场	14200	10905	623	2164
按机构类型分：				
剧场	727880	399485	177568	78712
影剧院	455642	231650	52975	76833
书场、曲艺场				
杂技、马戏场				
音乐厅	50514	38199	10648	1667
综合性	206097	113079	79545	12096
其他艺术表演场馆	13858	11098	351	300
按隶属关系分：				
中央				
省区市	232783	151027	57152	24440
地市	583012	304037	132023	84128
县市区	638196	338447	131912	61040

续表 3

	对个人和家庭补助支出	抚恤金和生活补助	其他资本性支出
总　　计	**63059**	**9930**	**53121**
其中：附属剧场	3096	585	8377
儿童剧场	846	132	85
按机构类型分：			
剧场	32356	6722	29692
影剧院	24302	2582	10963
书场、曲艺场			
杂技、马戏场			
音乐厅	2917		598
综合性	2279	431	11778
其他艺术表演场馆	1205	195	90
按隶属关系分：			
中央			
省区市	8299	583	3368
地市	33966	3572	24741
县市区	20794	5775	25012

在支出合计中					
工资福利支出	商品和服务支出	差旅费	劳务费	福利费	各种税金支出
587749	**433091**	**4402**	**45508**	**10157**	**14759**
81266	40229	2371	7913	1042	842
6899	5187	34	494	310	567
304666	197252	3065	21521	6000	6204
181028	120082	601	19953	3383	4923
23781	23217	37	336	9	1264
69221	91355	694	3694	743	2268
9053	1185	5	4	22	100
110482	97481	2079	9943	712	6158
216191	164004	1068	16835	3929	5961
261076	171606	1255	18730	5516	2640

各种设备、交通工具、图书购置费	资产总计/千元	固定资产净值	实际使用房屋建筑面积/万平方米	演(映)出业务用房	实际拥有产权面积/万平方米
22243	**7290503**	**4819246**	**296.09**	**162.40**	**152.05**
5238	1376406	554846	44.01	25.86	14.95
	125799	71077	6.49	3.37	3.63
11681	3865992	2237850	147.55	79.80	78.25
4025	2147199	1587712	90.83	49.82	54.81
598	127425	44911	2.72	1.84	
5859	1090123	932072	51.60	29.22	17.97
80	59764	16701	3.40	1.73	1.03
2554	900127	453412	30.02	17.08	13.07
6695	3282017	1892221	92.11	47.19	41.08
12994	3108359	2473613	173.96	98.13	97.90

2021年全国文化和旅游部门执行企业

	机构数/个	从业人员/人					座席数/个	演(映)出场次合计/万场次
			专业技术人才					
				正高级职称	副高级职称	中级职称		
总　　计	**370**	**9316**	**2378**	**82**	**280**	**735**	**305351**	**27.31**
其中：附属剧场	47	975	294	25	48	91	41389	0.65
儿童剧场	16	444	193	3	27	68	14763	0.85
按机构类型分：								
剧场	184	5201	1346	53	173	394	156360	2.55
影剧院	127	1979	482	5	34	186	86647	22.03
书场、曲艺场	5	11					664	0.08
杂技、马戏场	2	43	16		3	6	4052	0.04
音乐厅	6	237	83	1	4	10	9757	0.11
综合性	37	1490	384	10	42	119	42905	2.47
其他艺术表演场馆	9	355	67	13	24	20	4966	0.04
按隶属关系分：								
中央	4	64	7				2493	0.04
省区市	55	1477	481	24	92	145	43436	4.00
地市	137	3768	1078	41	138	358	109234	12.30
县市区	174	4007	812	17	50	232	150188	10.98

续表

	损益/千元							
	营业收入		营业成本					营业利润
		艺术演出收入		养老、医疗、失业等保险费	住房公积金和住房补贴	差旅费	工会经费	
总　　计	**1589777**	**758352**	**2426123**	**133056**	**59723**	**7334**	**6984**	**-836346**
其中：附属剧场	221872	84397	335132	16640	7128	364	1329	-113260
儿童剧场	72311	25021	101866	6707	3657	112	410	-29555
按机构类型分：								
剧场	855506	430080	1392827	73597	28227	2626	3478	-537321
影剧院	337520	88755	442857	29773	11780	824	1412	-105337
书场、曲艺场	9217	447	9099	168	34	2	4	118
杂技、马戏场	7831	3160	8965	568	170	12	86	-1134
音乐厅	102945	52755	136448	4574	2374	579	426	-33503
综合性	249193	160626	373731	21884	8244	1291	1163	-124538
其他艺术表演场馆	27565	22529	62196	2492	8894	2000	415	-34631
按隶属关系分：								
中央	21168	1479	20947	999	425			221
省区市	277557	153284	386636	24853	8534	696	1347	-109079
地市	680408	294044	1027673	53861	25179	3498	3329	-347265
县市区	610644	309545	990867	53343	25585	3140	2308	-380223

会计制度的艺术表演场馆基本情况

				资产、负债、所有者权益/千元						
艺术演出场次	惠民演出	观众人次合计/万人次	艺术演出观众人次	资产总计	固定资产原价	当年提取的折旧总额	负债合计	所有者权益合计	实收资本（股本）	国家资本
1.61	**1.32**	**1496.25**	**778.35**	**9868406**	**5457339**	**23527801**	**4886283**	**4982123**	**23295529**	**22881248**
0.23	0.09	166.17	99.29	737615	142440	31099	607857	129758	351707	317671
0.10	0.10	64.15	38.22	258187	54894	5564	141482	116705	22720	21410
0.94	0.29	634.33	466.38	5929512	3928310	23362148	2844699	3084813	22408373	22169487
0.23	0.85	552.85	104.45	1398343	860475	96721	724679	673664	561247	490521
0.04	0.05	5.84	1.95	7622	9117	530	6893	729	500	50
0.04		20.71	12.88	113113	40709	10744	2177	110936	1350	1350
0.09	0.02	55.88	48.76	132151	22543	2104	77800	54351	7247	4247
0.27	0.09	209.32	137.99	2211293	536749	49842	1197496	1013797	292621	192402
0.01		17.30	5.94	76372	59436	5712	32539	43833	24191	23191
0.02	0.01	20.06	14.94	25654	8822	654	12391	13263	5307	5307
0.35	0.11	253.29	150.83	3264535	1329965	23247346	1347095	1917440	20330033	20318864
0.65	0.43	551.90	283.17	3109440	2226723	163221	1011478	2097962	1442752	1330973
0.59	0.77	671.00	329.41	3468777	1891829	116580	2515319	953458	1517437	1226104

				工资、福利费、税金/千元					
营业外收入	政府补助（补贴收入）	营业外支出	利润总额	本年发放工资总额	本年发放福利费总额	本年应交税金	实际使用房屋建筑面积/万平方米	演(映)出业务用房	实际拥有产权面积/万平方米
843136	**747394**	**55063**	**-48273**	**648413**	**46246**	**78780**	**403.94**	**198.27**	**189.97**
80081	76525	2435	-35614	85919	3622	10478	31.58	21.61	13.59
49280	47245	6267	13458	40803	2034	2249	26.36	15.12	0.86
524216	480581	39936	-53041	369817	28033	35779	233.99	107.31	116.09
93819	57588	7570	-19088	122384	7684	15468	49.84	25.70	37.15
35	35		153	868	52	532	0.47	0.13	
611			-523	4327		614	3.49	2.80	1.31
49595	49034	5755	10337	40779	2056	7598	17.87	7.96	1.97
142403	128054	1367	16498	91356	8036	17030	86.97	45.13	30.29
32457	32102	435	-2609	18882	385	1759	11.32	9.24	3.13
37		21	237	5156	542	1138	3.13	2.03	1.73
108597	78511	3149	-3631	102900	7535	17671	59.96	24.08	17.26
389602	350148	41312	1025	277167	19786	25576	165.33	85.58	75.96
344900	318735	10581	-45904	263190	18383	34395	175.52	86.58	95.02

2021年非公有制艺术

	机构数/个	从业人员/人		座席数/个	演(映)出场次合计/万场次
			专业技术人才		
总　　计	**1917**	**49819**	**11956**	**1613126**	**60.92**
按机构类型分：					
剧场	492	21832	5716	510975	8.95
影剧院	181	4358	1023	167070	38.50
书场、曲艺场	53	963	353	6632	1.19
杂技、马戏场	12	848	187	16457	0.49
音乐厅	110	2774	885	40609	1.85
综合性	167	6713	1769	419987	3.12
其他艺术表演场馆	902	12331	2023	451396	6.82

续表

	营业成本/千元			
		养老、医疗、失业等各种社会保险费	本年发放工资总额	本年应交税金总额
总　　计	**13771767**	**684121**	**3493569**	**632184**
按机构类型分：				
剧场	7254065	361301	1841083	315753
影剧院	1515059	71519	344932	59900
书场、曲艺场	79345	5381	30472	9535
杂技、马戏场	321755	7494	50423	1117
音乐厅	466654	43291	171307	13505
综合性	2060230	95697	517970	96251
其他艺术表演场馆	2074659	99438	537382	136123

表演场馆基本情况

艺术演出场次	惠民演出	观众人次合计/万人次	营业性演出观众人次	经营情况 营业收入/千元	营业性演出收入
57.19	**3.37**	**7585.00**	**6284.19**	**12545941**	**5937256**
7.92	0.91	4171.28	3610.31	6447875	3664839
38.10	0.33	964.95	860.19	1287588	492133
0.88	0.27	76.34	68.65	99663	93622
0.43	0.06	129.68	117.63	263595	114111
1.42	0.39	281.83	130.50	382947	209275
2.68	0.41	1032.97	838.43	1999057	560535
5.76	1.00	927.95	658.48	2065216	802741

营业利润/千元	营业外收入/千元	政府补贴	资产总计/千元	实际使用房屋建筑面积/万平方米	演出业务用房
-1225845	**1970417**	**1649248**	**75678016**	**1362.34**	**459.04**
-806195	1184117	1049488	41828085	762.28	252.93
-227468	337810	322210	7880563	142.61	65.47
20320	2484	594	135297	2.31	1.39
-58162	9353	5269	1487272	11.46	7.25
-83710	114290	110372	969450	33.93	12.33
-61181	151752	112308	11134267	258.56	79.92
-9449	170611	49007	12243082	151.19	39.75

2021年各地区艺术表演团体

地区	总计					
	机构数/个	从业人员数/人	专业技术人才	正高级职称	副高级职称	中级职称
全国	**18370**	**453254**	**192962**	**4992**	**14289**	**29272**
北京	495	14737	5487	205	345	680
天津	112	3827	2232	206	418	609
河北	874	16368	6636	227	511	981
山西	814	20902	8902	136	514	1422
内蒙古	221	9785	5863	211	820	1690
辽宁	184	6488	3593	148	430	980
吉林	114	4142	2985	225	457	673
黑龙江	97	4598	2937	254	602	809
上海	298	10546	5329	254	659	1029
江苏	704	18028	8739	374	889	1577
浙江	1357	41543	12377	288	690	1081
安徽	2870	41314	14015	107	390	1037
福建	545	16331	6332	141	423	1164
江西	395	8217	4012	23	167	598
山东	1572	33708	14884	214	900	1892
河南	2249	51545	18362	177	591	1486
湖北	415	11826	5921	233	585	1405
湖南	675	20096	8835	100	466	1356
广东	447	12699	5487	145	464	881
广西	72	2210	1452	84	280	491
海南	127	2593	968	10	42	111
重庆	1286	21654	7832	48	208	343
四川	663	13397	6644	75	441	1027
贵州	133	5676	2419	57	208	347
云南	312	9170	4801	130	620	1202
西藏	89	2682	897	21	87	257
陕西	577	17783	8372	162	478	1198
甘肃	392	16489	6829	55	323	818
青海	116	5092	2869	8	92	189
宁夏	43	1584	726	33	73	171
新疆	113	5117	3811	90	453	1076

机构数和从业人员数

按执行会计制度分								
事业						企业		
机构数/个	从业人员数/人	专业技术人才	正高级职称	副高级职称	中级职称	机构数/个	从业人员数/人	专业技术人才
1378	**73635**	**54063**	**3263**	**9861**	**20286**	**16992**	**379619**	**138899**
10	1278	944	137	195	354	485	13459	4543
13	1648	1449	206	418	609	99	2179	783
77	2627	1663	99	345	668	797	13741	4973
70	3705	2594	68	344	946	744	17197	6308
91	6003	4446	207	755	1620	130	3782	1417
14	1417	1202	101	266	490	170	5071	2391
7	1009	892	104	219	334	107	3133	2093
27	1751	1472	156	421	506	70	2847	1465
15	2423	2063	195	486	790	283	8123	3266
87	3405	2532	174	485	947	617	14623	6207
43	2805	2413	197	503	783	1314	38738	9964
11	621	515	20	92	189	2859	40693	13500
67	3360	2558	139	418	1145	478	12971	3774
26	757	636	6	70	250	369	7460	3376
79	3868	3293	181	717	1428	1493	29840	11591
144	6781	3348	148	472	1175	2105	44764	15014
64	3251	2404	76	281	954	351	8575	3517
72	2823	2268	77	354	999	603	17273	6567
29	1863	1281	70	199	517	418	10836	4206
12	779	695	47	150	233	60	1431	757
14	577	366	7	27	58	113	2016	602
12	590	471	18	100	214	1274	21064	7361
35	2194	1864	67	385	812	628	11203	4780
17	573	312	13	37	58	116	5103	2107
76	3188	2427	124	560	1056	236	5982	2374
85	2644	869	21	87	257	4	38	28
49	2760	1963	55	213	667	528	15023	6409
16	1378	1015	21	182	404	376	15111	5814
12	507	479	7	76	152	104	4585	2390
						43	1584	726
96	4463	3638	90	453	1076	17	654	173

续表

地区	正高级职称	副高级职称	中级职称	机构数/个	从业人员数/人	专业技术人才
全　国	**1729**	**4428**	**8986**	**1947**	**106690**	**76634**
北　京	68	150	326	19	2608	1881
天　津				13	1648	1449
河　北	128	166	313	114	4182	2775
山　西	68	170	476	131	6607	4273
内蒙古	4	65	70	92	6176	4610
辽　宁	47	164	490	29	2615	2081
吉　林	121	238	339	46	2475	2117
黑龙江	98	181	303	37	2887	2322
上　海	59	173	239	4	317	228
江　苏	200	404	630	123	5945	4619
浙　江	91	187	298	58	4102	3428
安　徽	87	298	848	45	2788	2212
福　建	2	5	19	69	3461	2575
江　西	17	97	348	62	1644	1328
山　东	33	183	464	99	5081	4189
河　南	29	119	311	160	7850	4028
湖　北	157	304	451	83	5206	3886
湖　南	23	112	357	101	4066	3112
广　东	75	265	364	74	4606	2896
广　西	37	130	258	21	1204	1004
海　南	3	15	53	18	862	531
重　庆	30	108	129	20	1583	1066
四　川	8	56	215	48	3016	2415
贵　州	44	171	289	33	1637	1072
云　南	6	60	146	89	3571	2685
西　藏				85	2644	869
陕　西	107	265	531	82	5241	3539
甘　肃	34	141	414	62	3444	2255
青　海	1	16	37	14	746	665
宁　夏	33	73	171	11	908	472
新　疆				96	4463	3638

按单位所属部门分								
文化和旅游部门			其他部门					
			机构数/个	从业人员数/人	专业技术人才			
正高级职称	副高级职称	中级职称				正高级职称	副高级职称	中级职称
4711	**13512**	**27744**	**16423**	**346564**	**116328**	**281**	**777**	**1528**
205	345	680	476	12129	3606			
206	418	609	99	2179	783			
227	511	940	760	12186	3861			41
135	509	1404	683	14295	4629	1	5	18
211	820	1690	129	3609	1253			
148	430	980	155	3873	1512			
225	457	673	68	1667	868			
254	602	809	60	1711	615			
20	46	75	294	10229	5101	234	613	954
374	889	1577	581	12083	4120			
288	690	1076	1299	37441	8949			5
104	376	967	2825	38526	11803	3	14	70
141	422	1153	476	12870	3757		1	11
17	146	487	333	6573	2684	6	21	111
213	884	1848	1473	28627	10695	1	16	44
177	591	1486	2089	43695	14334			
233	585	1405	332	6620	2035			
100	466	1343	574	16030	5723			13
144	461	862	373	8093	2591	1	3	19
55	197	358	51	1006	448	29	83	133
10	42	111	109	1731	437			
48	208	343	1266	20071	6766			
74	440	1024	615	10381	4229	1	1	3
55	198	291	100	4039	1347	2	10	56
130	613	1165	223	5599	2116		7	37
21	87	257	4	38	28			
159	475	1185	495	12542	4833	3	3	13
55	323	818	330	13045	4574			
8	92	189	102	4346	2204			
33	73	171	32	676	254			
90	453	1076	17	654	173			

2021年各地区艺术

地　区	总　计	话剧、儿童剧、滑稽剧类	儿童剧	歌舞、音乐类	京剧、昆曲类
全　国	**18370**	**252**	**95**	**3222**	**165**
北　京	495	17	7	71	13
天　津	112	9	3	16	4
河　北	874	12	9	117	11
山　西	814	11	7	137	5
内蒙古	221			36	
辽　宁	184	9	2	45	4
吉　林	114	2		21	
黑龙江	97	7	3	23	1
上　海	298	17	5	56	9
江　苏	704	36	16	127	9
浙　江	1357	12	3	136	20
安　徽	2870	10	6	189	7
福　建	545	4	1	65	2
江　西	395	6		78	2
山　东	1572	19	12	179	45
河　南	2249	12	3	179	5
湖　北	415	6	3	66	3
湖　南	675	10	2	164	6
广　东	447	10	2	115	2
广　西	72			34	
海　南	127			44	
重　庆	1286	8	3	462	2
四　川	663	5	3	247	
贵　州	133	3		69	1
云　南	312	5		125	2
西　藏	89	1		47	
陕　西	577	7	3	153	4
甘　肃	392	4		76	1
青　海	116	6	1	44	4
宁　夏	43	1		9	1
新　疆	113	1		87	1

表演团体分剧种机构数

单位：个

京剧	地方戏曲类	杂技、魔术、马戏类	曲艺类	乌兰牧骑	综合性艺术表演团体
153	**7798**	**837**	**1104**	**116**	**4876**
12	79	11	36		268
4	24	3	18		38
11	471	47	41		175
5	350	13	72		226
	51	1	5	74	54
3	47	6	23		50
	44	1	7	2	37
1	21	3	6		36
7	121	2	21		72
6	302	33	36		161
17	794	6	74		315
7	1289	452	149	1	773
2	370	7	30		67
2	217	4	7		81
45	757	67	101		404
5	1364	102	247		340
3	198	6	38		98
4	274	10	32		179
2	206	8	33		73
	4	3	2		29
	10	3	1		69
2	133	16	35		630
	117	8	21		265
1	26	2			32
2	93	4	6		77
	4			32	5
4	216	9	27		161
1	173	3	25	1	109
4	28	2	8	4	20
1	12	1	2		17
1	3	4	1	2	14

2021年各地区艺术表演团体

地区	剧团数/个	从业人员/人	专业技术人才	演出场次/万场次	国内演出场次	农村演出场次
全国	**18370**	**453254**	**192962**	**232.53**	**232.05**	**109.82**
北京	495	14737	5487	2.29	2.29	0.75
天津	112	3827	2232	1.00	1.00	0.15
河北	874	16368	6636	4.26	4.24	2.42
山西	814	20902	8902	21.34	21.27	4.05
内蒙古	221	9785	5863	1.88	1.84	1.15
辽宁	184	6488	3593	1.28	1.28	0.36
吉林	114	4142	2985	0.62	0.61	0.33
黑龙江	97	4598	2937	0.65	0.65	0.26
上海	298	10546	5329	2.80	2.80	0.97
江苏	704	18028	8739	9.89	9.88	3.57
浙江	1357	41543	12377	26.51	26.51	6.57
安徽	2870	41314	14015	40.77	40.74	30.24
福建	545	16331	6332	7.49	7.48	4.14
江西	395	8217	4012	6.86	6.82	2.77
山东	1572	33708	14884	17.93	17.92	8.24
河南	2249	51545	18362	22.90	22.90	12.58
湖北	415	11826	5921	3.80	3.78	2.16
湖南	675	20096	8835	9.75	9.75	4.21
广东	447	12699	5487	8.93	8.91	5.39
广西	72	2210	1452	0.89	0.88	0.51
海南	127	2593	968	0.91	0.91	0.66
重庆	1286	21654	7832	12.39	12.39	6.89
四川	663	13397	6644	4.50	4.50	2.46
贵州	133	5676	2419	1.71	1.71	0.45
云南	312	9170	4801	2.44	2.43	1.09
西藏	89	2682	897	0.64	0.62	0.48
陕西	577	17783	8372	7.31	7.29	2.34
甘肃	392	16489	6829	7.15	7.10	2.54
青海	116	5092	2869	1.52	1.51	0.72
宁夏	43	1584	726	0.38	0.37	0.23
新疆	113	5117	3811	1.66	1.62	1.15

演出及收支基本情况

国内演出观众人次/万人次	农村观众人次	总收入/千元	财政补贴收入	演出收入	总支出/千元	资产总计/千元	实际使用房屋建筑面积/万平方米
79203.92	**32756.75**	**35467981**	**20307643**	**11299009**	**37836182**	**87189206**	**1279.05**
1185.52	126.42	1837472	797188	623985	1843995	4183411	29.59
233.53	60.91	446605	352488	111761	545635	642545	16.30
1923.37	1200.01	650004	399567	187307	678237	1417849	32.15
3975.00	1969.54	945418	463928	396263	1025474	1774944	37.53
676.80	332.78	1034865	962893	48543	1081251	2338726	37.38
514.71	118.49	699812	448244	195730	791326	1497532	36.35
386.79	161.40	397544	307227	86279	498739	350973	17.05
228.71	87.52	800783	527540	29590	878380	1464048	23.66
1410.94	317.23	2260980	1122680	937344	2386603	3598426	30.14
3069.05	1023.31	3216972	1168402	876315	2899069	8830726	69.84
5947.25	2990.94	1840010	1143013	790707	1881488	2478595	79.98
6119.07	3757.19	1340908	375602	837815	1337927	2482134	89.32
3010.36	1142.64	1410479	964745	376753	1486001	3507224	48.71
1406.31	800.39	547974	250450	265616	680291	1769450	29.09
6234.53	2991.02	2120312	1231025	734388	2202628	6283092	99.24
11748.00	5942.52	1651984	733870	657190	1640761	3305496	93.77
2739.82	1021.60	1099251	756996	234104	1185729	1503210	45.31
6628.30	1308.22	1654358	747091	655958	1801647	4472432	73.92
4538.47	810.80	1769431	1060536	495406	2044855	7122346	46.18
259.03	101.16	363493	254143	47110	378107	481797	7.83
237.69	156.19	205925	86848	83083	203788	212118	4.59
2394.29	856.61	1308463	341040	583401	1411077	9940874	46.25
1290.93	571.30	987605	636415	297024	1061837	1577055	36.39
1525.52	239.71	606608	137701	300573	596341	3177204	31.41
1405.72	799.52	894980	578339	254797	924789	1178957	27.31
327.22	245.27	390180	355691	10598	362674	646454	11.95
4297.72	1395.68	1249752	673565	508273	1502389	2906802	56.59
3587.25	1431.91	978939	1299733	283722	1397000	3107017	49.62
1109.51	366.64	348949	399178	118520	632366	1151812	20.67
172.57	104.89	129757	90943	26471	154515	285638	7.72
537.42	322.10	774462	701023	19815	792264	875755	24.57

2021年各地区公有制艺术

地 区	剧团数/个	从业人员/人	专业技术人才			
				正高级职称	副高级职称	中级职称
全 国	**2031**	**112003**	**80484**	**4992**	**14289**	**29272**
北 京	19	2608	1881	205	345	680
天 津	13	1648	1449	206	418	609
河 北	118	4309	2826	227	511	981
山 西	132	6659	4315	136	514	1422
内蒙古	92	6176	4610	211	820	1690
辽 宁	29	2615	2081	148	430	980
吉 林	46	2475	2117	225	457	673
黑龙江	37	2887	2322	254	602	809
上 海	21	3290	2666	254	659	1029
江 苏	123	5945	4619	374	889	1577
浙 江	62	4166	3437	288	690	1081
安 徽	51	3077	2404	107	390	1037
福 建	71	3531	2595	141	423	1164
江 西	75	1941	1539	23	167	598
山 东	101	5237	4340	214	900	1892
河 南	160	7850	4028	177	591	1486
湖 北	83	5206	3886	233	585	1405
湖 南	102	4088	3129	100	466	1356
广 东	76	4732	2964	145	464	881
广 西	24	1579	1305	84	280	491
海 南	19	886	555	10	42	111
重 庆	20	1583	1066	48	208	343
四 川	49	3057	2447	75	441	1027
贵 州	34	1756	1140	57	208	347
云 南	98	3856	2861	130	620	1202
西 藏	85	2644	869	21	87	257
陕 西	85	5326	3558	162	478	1198
甘 肃	65	3525	2268	55	323	818
青 海	25	873	683	8	92	189
宁 夏	11	908	472	33	73	171
新 疆	96	4463	3638	90	453	1076

表演团体基本情况

本团原创首演剧目/个	演出场次/万场次	国内演出场次	农村演出场次	国内演出观众人次/万人次	农村观众人次	本年收入合计/千元
2162	**30.44**	**29.96**	**18.89**	**19190.23**	**11649.61**	**21717559**
37	0.57	0.57	0.03	192.17	5.91	1214499
7	0.21	0.21	0.03	105.42	41.02	355045
57	1.21	1.19	0.80	909.31	602.78	482608
58	2.22	2.15	1.71	1580.38	1289.56	652491
151	1.22	1.18	0.81	539.98	253.64	972316
38	0.22	0.22	0.07	130.46	31.62	458093
30	0.31	0.30	0.15	144.57	59.27	341809
25	0.27	0.27	0.13	99.96	45.63	527062
71	0.74	0.74	0.29	227.76	29.73	1520612
193	3.16	3.15	1.65	1289.50	620.66	1571549
95	1.01	1.01	0.38	663.33	321.77	1142959
54	0.99	0.96	0.58	458.30	259.75	423727
142	0.93	0.92	0.47	345.40	175.63	815939
82	0.96	0.92	0.77	618.40	457.74	296881
125	2.41	2.40	1.70	1573.26	1111.49	950304
80	3.50	3.50	2.95	2936.80	2457.77	710736
101	1.68	1.66	0.87	1440.90	667.20	940522
129	1.23	1.23	0.85	1019.38	651.26	713574
86	0.62	0.60	0.25	532.68	225.92	1207885
53	0.27	0.26	0.16	202.65	84.32	349292
17	0.15	0.15	0.11	126.33	95.31	184647
23	0.22	0.22	0.08	111.83	27.30	341591
25	0.36	0.36	0.12	234.31	78.60	729485
34	0.35	0.35	0.16	404.22	106.89	274458
172	0.67	0.66	0.43	474.28	279.89	570372
47	0.63	0.61	0.47	324.02	242.07	389860
90	1.31	1.29	0.85	1034.74	620.83	646715
48	1.02	0.97	0.75	606.19	422.34	395392
2	0.19	0.18	0.06	236.60	42.85	154198
13	0.20	0.19	0.15	82.70	52.62	120383
54	1.51	1.47	1.07	461.88	285.40	758849

续表

地　区			本年支出合计/千元	资产总计/千元	实际使用房屋建筑面积/万平方米	
	财政补贴收入	演出收入				排练、练功用房
全　国	**15686733**	**3045797**	**21917001**	**28955704**	**517.22**	**109.31**
北　京	688148	194526	1211916	2561416	10.85	1.13
天　津	276885	58839	368031	372454	9.74	1.88
河　北	370252	74541	492444	1041873	14.47	3.80
山　西	408706	161424	680852	512403	17.84	4.38
内蒙古	949891	8836	1004845	1748925	31.13	5.47
辽　宁	391908	31796	429328	580733	20.42	4.33
吉　林	240501	43043	353345	230036	10.36	2.22
黑龙江	486346	16402	549489	427212	20.05	3.94
上　海	959126	339090	1485513	2165765	13.26	2.17
江　苏	967772	257179	1501708	1162522	27.90	6.31
浙　江	807221	216827	1138476	1254397	24.61	3.89
安　徽	181726	137629	432565	741421	7.79	2.51
福　建	616525	62155	805740	1250241	23.93	2.18
江　西	165384	101857	289592	431371	9.95	1.72
山　东	796645	106552	972428	531856	24.51	7.52
河　南	525037	96716	754720	843006	20.64	5.27
湖　北	724215	102001	965804	968754	23.79	5.91
湖　南	573396	48885	700770	590846	21.15	7.00
广　东	917351	193367	1248785	1646121	26.66	4.97
广　西	252063	34704	365529	445522	6.90	1.54
海　南	84756	64292	183560	166797	3.37	0.48
重　庆	203085	44259	345084	429148	7.69	2.89
四　川	558352	119683	753073	788139	13.34	3.11
贵　州	121877	83741	271369	775587	12.08	1.84
云　南	536075	8101	584820	409729	13.34	4.99
西　藏	355611	10278	362354	646294	11.87	2.79
陕　西	422425	104323	654832	1403869	21.13	3.93
甘　肃	268127	50278	421344	916219	16.70	2.03
青　海	115195	26526	149428	331305	2.95	0.97
宁　夏	90093	18432	137651	268780	6.63	0.57
新　疆	692500	4947	772607	688399	23.53	3.54

实际拥有产权面积/万平方米	流动舞台车演出情况			政府采购的公益演出活动情况		
	流动舞台车数量/辆	利用流动舞台车演出场次/万场次	利用流动舞台车演出观众人次/万人次	演出场次/万场次	演出观众人次/万人次	演出补贴收入/千元
262.82	**1562**	**8.60**	**5811.51**	**13.70**	**8471.57**	**1322486**
5.30	1	0.01	4.72	0.10	29.20	12675
2.21	2	0.02	25.50			
12.21	66	0.35	275.36	0.37	276.30	17961
10.09	121	0.42	263.92	1.05	757.66	80031
15.27	137	0.20	93.11	0.68	306.93	23654
6.41	10	0.02	3.75	0.10	49.80	15504
6.60	57	0.12	54.44	0.12	75.45	17034
3.36	19	0.07	29.31	0.13	36.90	31958
6.27				0.10	13.23	6546
14.35	51	0.49	290.33	0.84	409.32	190845
8.67	6	0.02	10.71	0.36	211.41	55497
3.76	46	0.42	187.79	0.51	195.29	50270
14.53	31	0.03	20.30	0.40	155.56	54675
2.86	55	0.43	172.48	0.56	239.78	22625
9.40	101	1.22	940.51	1.41	916.96	69211
14.96	199	2.32	1890.47	2.20	1768.51	142131
16.18	99	0.59	402.12	0.93	758.63	67046
13.00	114	0.76	527.04	0.75	498.78	57607
13.36	13		3.57	0.21	203.43	109160
1.15	7	0.03	6.95	0.14	86.88	23249
2.38	13	0.02	7.00	0.06	66.17	12210
4.93	3	0.01	4.20	0.07	33.12	7464
8.51	13	0.01	2.55	0.16	91.11	30120
2.21	21	0.04	45.03	0.13	101.76	21128
7.25	63	0.09	91.05	0.22	161.86	10793
7.28	59	0.10	33.71	0.11	55.04	10674
20.17	74	0.34	244.72	0.66	473.90	40127
5.53	57	0.15	91.56	0.43	231.08	39097
1.76	10	0.01	0.90	0.03	20.22	846
1.67	11	0.11	33.28	0.13	49.71	15151
5.71	103	0.23	55.17	0.71	179.02	52872

2021年各地区文化和旅游部门

地区	剧团数/个	补贴团数	从业人员/人	专业技术人才	正高级职称	副高级职称
全国	**1947**	**1737**	**106690**	**76634**	**4711**	**13512**
北京	19	15	2608	1881	205	345
天津	13	13	1648	1449	206	418
河北	114	87	4182	2775	227	511
山西	131	112	6607	4273	135	509
内蒙古	92	91	6176	4610	211	820
辽宁	29	22	2615	2081	148	430
吉林	46	37	2475	2117	225	457
黑龙江	37	36	2887	2322	254	602
上海	4	4	317	228	20	46
江苏	123	102	5945	4619	374	889
浙江	58	51	4102	3428	288	690
安徽	45	38	2788	2212	104	376
福建	69	69	3461	2575	141	422
江西	62	44	1644	1328	17	146
山东	99	92	5081	4189	213	884
河南	160	151	7850	4028	177	591
湖北	83	82	5206	3886	233	585
湖南	101	89	4066	3112	100	466
广东	74	66	4606	2896	144	461
广西	21	20	1204	1004	55	197
海南	18	17	862	531	10	42
重庆	20	17	1583	1066	48	208
四川	48	40	3016	2415	74	440
贵州	33	25	1637	1072	55	198
云南	89	85	3571	2685	130	613
西藏	85	85	2644	869	21	87
陕西	82	75	5241	3539	159	475
甘肃	62	51	3444	2255	55	323
青海	14	9	746	665	8	92
宁夏	11	10	908	472	33	73
新疆	96	94	4463	3638	90	453

所属艺术表演团体基本情况

中级职称	本团原创首演剧目/个	本团拥有知识产权数量/个	演出场次/万场次	国内演出场次	农村演出场次	国内演出观众人次/万人次	农村观众人次	本年收入合计/千元
27744	**2047**	**2836**	**29.18**	**28.70**	**18.21**	**18524.68**	**11365.78**	**20131337**
680	37	19	0.57	0.57	0.03	192.17	5.91	1214499
609	7	28	0.21	0.21	0.03	105.42	41.02	355045
940	52	10	1.20	1.17	0.79	906.41	600.08	469725
1404	56	41	2.20	2.13	1.71	1566.46	1289.56	645419
1690	151	218	1.22	1.18	0.81	539.98	253.64	972316
980	38	11	0.22	0.22	0.07	130.46	31.62	458093
673	30	119	0.31	0.30	0.15	144.57	59.27	341809
809	25	3	0.27	0.27	0.13	99.96	45.63	527062
75	7		0.07	0.07	0.01	20.14	3.25	201226
1577	193	215	3.16	3.15	1.65	1289.50	620.66	1571549
1076	95	38	1.00	0.99	0.37	646.73	305.17	1141089
967	51	46	0.85	0.82	0.49	407.96	220.76	402696
1153	142	98	0.88	0.87	0.42	315.70	145.93	812303
487	70	104	0.85	0.81	0.68	552.03	398.86	273836
1848	123	55	2.38	2.37	1.68	1508.66	1076.29	931595
1486	80	123	3.50	3.50	2.95	2936.80	2457.77	710736
1405	101	72	1.68	1.66	0.87	1440.90	667.20	940522
1343	127	77	1.22	1.22	0.85	1011.78	645.46	710187
862	84	39	0.60	0.58	0.24	525.88	222.30	1191681
358	50	156	0.24	0.23	0.16	169.85	82.97	274138
111	17	41	0.15	0.15	0.11	120.81	93.51	183247
343	23	12	0.22	0.22	0.08	111.83	27.30	341591
1024	25	96	0.36	0.36	0.12	232.44	78.60	717463
291	33	55	0.33	0.32	0.15	324.22	100.89	248398
1165	156	63	0.62	0.60	0.39	430.01	253.41	548009
257	47	55	0.63	0.61	0.47	324.02	242.07	389860
1185	88	270	1.28	1.26	0.82	1018.54	608.23	639339
818	47	682	1.01	0.95	0.73	598.89	415.45	385992
189	2	7	0.18	0.17	0.05	225.46	32.11	148974
171	13	8	0.20	0.19	0.15	82.70	52.62	120383
1076	54	46	1.51	1.47	1.07	461.88	285.40	758849

续表

地区	财政补贴收入	演出收入	本年支出合计/千元	资产总计/千元	固定资产原价	实际使用房屋建筑面积/万平方米
全国	**14647748**	**2704314**	**20383569**	**27152665**	**14444340**	**497.96**
北京	688148	194526	1211916	2561416	335618	10.85
天津	276885	58839	368031	372454	292734	9.74
河北	370002	62341	484188	1037182	314780	14.12
山西	401996	161284	673758	511335	316339	17.79
内蒙古	949891	8836	1004845	1748925	1272053	31.13
辽宁	391908	31796	429328	580733	362093	20.42
吉林	240501	43043	353345	230036	211232	10.36
黑龙江	486346	16402	549489	427212	410450	20.05
上海	75205	71023	213056	666163	563220	2.26
江苏	967772	257179	1501708	1162522	448567	27.90
浙江	807153	215034	1136946	1252540	441365	24.46
安徽	170877	132846	412394	723231	321562	7.19
福建	615539	59505	802075	1250041	800316	23.93
江西	156379	90163	267768	396494	262616	7.94
山东	783299	102378	956703	520875	343999	23.82
河南	525037	96716	754720	843006	396740	20.64
湖北	724215	102001	965804	968754	800738	23.79
湖南	571665	48877	698062	589580	326930	21.09
广东	904794	190965	1231468	1631983	1142642	26.00
广西	188361	23252	280810	422075	72001	5.76
海南	83506	64292	182160	163797	106966	3.32
重庆	203085	44259	345084	429148	256002	7.69
四川	549732	116465	740309	778594	304389	13.26
贵州	121877	71829	251896	653613	193648	11.54
云南	519724	6229	561017	371462	167180	12.69
西藏	355611	10278	362354	646294	572772	11.87
陕西	421195	102470	647975	1390234	880543	20.76
甘肃	261482	49703	411883	910455	712194	15.91
青海	113431	23836	145220	330768	179143	2.88
宁夏	90093	18432	137651	268780	149323	6.63
新疆	692500	4947	772607	688399	304771	23.53

	实际拥有产权面积/万平方米	流动舞台车演出情况			政府采购的公益演出活动情况		
排练、练功用房		流动舞台车数量/辆	利用流动舞台车演出场次/万场次	利用流动舞台车演出观众人次/万人次	演出场次/万场次	演出观众人次/万人次	演出补贴收入/千元
105.98	**257.07**	**1532**	**8.55**	**5704.61**	**13.34**	**8284.02**	**1291109**
1.13	5.30	1	0.01	4.72	0.10	29.20	12675
1.88	2.21	2	0.02	25.50			
3.69	11.86	63	0.34	274.66	0.37	275.98	17911
4.36	10.09	121	0.42	263.92	1.03	744.54	73321
5.47	15.27	137	0.20	93.11	0.68	306.93	23654
4.33	6.41	10	0.01	3.75	0.10	49.80	15504
2.22	6.60	57	0.10	54.44	0.12	75.45	17034
3.94	3.36	19	0.07	29.31	0.13	36.90	31958
0.04	2.22				0.02	2.17	1288
6.31	14.35	51	0.49	290.33	0.84	409.33	190845
3.84	8.64	6	0.02	10.71	0.35	200.35	55435
2.40	3.68	39	0.41	179.75	0.43	175.25	42303
2.18	14.53	31	0.03	20.30	0.40	155.56	54675
1.57	2.85	51	0.41	146.11	0.51	202.77	20514
7.45	8.91	99	1.21	885.91	1.39	881.76	69029
5.27	14.96	199	2.33	1890.47	2.20	1768.52	142131
5.91	16.18	99	0.59	402.12	0.93	758.63	67046
7.00	12.94	113	0.77	526.55	0.74	492.38	57351
4.89	13.28	13		3.57	0.20	200.44	106560
1.32	1.15	7	0.03	6.95	0.12	70.46	21199
0.45	2.33	13	0.02	7.00	0.06	64.27	12060
2.89	4.93	3	0.01	4.20	0.07	33.12	7464
3.06	8.51	13	0.01	2.55	0.16	90.61	29800
1.80	2.10	21	0.03	45.03	0.13	101.76	21128
4.83	7.24	57	0.08	81.71	0.19	140.44	8232
2.79	7.28	59	0.10	33.71	0.11	55.04	10674
3.86	19.85	71	0.35	241.60	0.66	470.80	39597
2.01	5.47	54	0.15	88.20	0.41	224.20	38527
0.95	1.71	9		0.01	0.03	20.06	846
0.57	1.67	11	0.11	33.28	0.13	49.71	15151
3.54	5.71	103	0.23	55.17	0.71	179.02	52872

2021年各地区非公有制

地 区	机构数/个	从业人员/人	专业技术人才	演员数	国内演出场次/万场次	营业性演出场次	农村演出场次
全 国	**16339**	**341251**	**112478**	**240149**	**202.09**	**94.72**	**90.93**
北 京	476	12129	3606	9225	1.72	0.53	0.72
天 津	99	2179	783	1574	0.79	0.61	0.12
河 北	756	12059	3810	8728	3.05	1.55	1.62
山 西	682	14243	4587	10535	19.12	1.76	2.34
内蒙古	129	3609	1253	2423	0.66	0.21	0.34
辽 宁	155	3873	1512	2606	1.06	0.54	0.29
吉 林	68	1667	868	1157	0.31	0.04	0.18
黑龙江	60	1711	615	1330	0.38	0.26	0.13
上 海	277	7256	2663	4619	2.06	0.96	0.68
江 苏	581	12083	4120	8324	6.73	4.59	1.92
浙 江	1295	37377	8940	27489	25.50	3.84	6.19
安 徽	2819	38237	11611	28176	39.78	30.43	29.66
福 建	474	12800	3737	7501	6.56	3.48	3.67
江 西	320	6276	2473	4373	5.90	2.14	2.00
山 东	1471	28471	10544	20307	15.52	8.93	6.54
河 南	2089	43695	14334	30024	19.40	10.28	9.63
湖 北	332	6620	2035	4647	2.12	0.99	1.29
湖 南	573	16008	5706	10819	8.52	4.29	3.36
广 东	371	7967	2523	5828	8.31	1.90	5.14
广 西	48	631	147	489	0.62	0.25	0.35
海 南	108	1707	413	1374	0.76	0.46	0.55
重 庆	1266	20071	6766	14456	12.17	6.23	6.81
四 川	614	10340	4197	7325	4.14	2.15	2.34
贵 州	99	3920	1279	2388	1.36	0.95	0.29
云 南	214	5314	1940	3477	1.77	0.95	0.66
西 藏	4	38	28	18	0.01		0.01
陕 西	492	12457	4814	8577	6.00	4.11	1.49
甘 肃	327	12964	4561	8521	6.13	1.73	1.79
青 海	91	4219	2186	2950	1.33	0.40	0.66
宁 夏	32	676	254	409	0.18	0.07	0.08
新 疆	17	654	173	480	0.15	0.09	0.08

艺术表演团体基本情况

旅游演出场次	国外演出场次/万场次	国内演出观众人次/万人次	营业性演出观众人次	农村观众人次	旅游演出观众人次	国外演出观众人次/万人次	经营情况 营业收入/千元	企业赞助收入
36.37	**13.75**	**60013.69**	**30225.66**	**21107.14**	**8491.03**	**1552.23**	**13750422**	**192894**
0.21	1.30	993.35	294.57	120.51	20.32	133.19	622973	76839
0.06		128.11	74.39	19.89	9.23		91560	230
0.47		1014.06	517.82	597.23	144.60	10.30	167396	1740
0.60	0.09	2394.62	691.18	679.98	207.76	14.22	292927	3461
0.06		136.82	61.50	79.14	10.55		62549	89
0.25	0.01	384.25	174.38	86.87	166.18		241719	132
0.02		242.22	39.13	102.13	33.01		55735	1301
0.09		128.75	65.74	41.89	47.73	0.05	273721	2650
0.44	0.01	1183.18	788.52	287.50	139.42	0.38	740368	4561
0.49	0.01	1779.55	1124.01	402.65	102.28	6.77	1645423	3435
15.80	0.06	5283.92	2180.18	2669.17	833.51	98.33	697051	8550
2.29	9.34	5660.77	2843.16	3497.44	744.97	73.79	917181	15032
0.94	0.08	2664.96	1600.57	967.01	380.43	5.24	594540	15342
1.94		787.91	230.55	342.65	275.06	3.90	251093	995
1.49	0.68	4661.27	1967.10	1879.53	436.68	12.62	1170008	6135
2.93	1.69	8811.20	3489.35	3484.75	1467.42	36.55	941248	9364
0.17	0.07	1298.92	823.71	354.40	136.30	0.03	158729	819
0.87	0.09	5608.92	4293.52	656.96	628.48	26.32	940784	2084
1.27		4005.79	2846.12	584.88	584.45	2.91	561546	4357
0.01	0.02	56.38	11.25	16.84	5.82	0.20	14201	101
		111.36	70.91	60.88	1.27		21278	580
1.11	0.05	2282.46	1275.30	829.31	455.37	0.92	966872	5377
0.25	0.03	1056.62	530.19	492.70	122.65	19.54	258120	15919
0.36	0.02	1121.30	566.41	132.82	309.52		332150	2716
0.13	0.06	931.44	346.10	519.63	71.22	3.80	324608	916
		3.20		3.20			320	
1.10	0.03	3262.98	2308.57	774.85	561.51	1098.19	603037	5557
2.74	0.07	2981.06	761.79	1009.57	435.19	3.61	583547	2684
0.27	0.04	872.91	206.46	323.79	114.45	1.37	194751	1800
		89.87	21.75	52.27	15.95		9374	120
0.01		75.54	21.43	36.70	29.70		15613	8

续表

地区	演出收入	营业性演出收入	农村演出收入	旅游演出收入	国外演出收入	营业成本/千元	养老、医疗、失业等各种社会保险费
全国	**8253212**	**6038373**	**2131924**	**79883**	**13360**	**15919181**	**1305422**
北京	429459	241008	55161	317	650	632079	73353
天津	52922	49603	5114	98		177604	21957
河北	112766	64029	51627	1442	100	185793	12520
山西	234839	174844	67592	1413	2270	344622	27310
内蒙古	39707	31906	8384	262		76406	5798
辽宁	163934	114847	10669	3876		361998	49126
吉林	43236	35134	5122	356		145394	20382
黑龙江	13188	7232	1751	100	30	328891	24333
上海	598254	566248	36117	556	590	901090	53497
江苏	619136	514383	74060	1256	400	1397361	89328
浙江	573880	253671	267523	11806	2520	743012	45622
安徽	700186	508475	477968	4302	2400	905362	60968
福建	314598	176743	140420	3196	600	680261	60067
江西	163759	90238	67934	993	890	390699	43152
山东	627836	507953	96842	2905	270	1230200	122164
河南	560474	344478	169449	9362	1790	886041	76462
湖北	132103	89783	37796	4564	50	219925	23047
湖南	607073	489397	79671	14899	130	1100877	78474
广东	302039	252696	71656	2570	10	796070	44558
广西	12406	7562	4904	36	50	12578	303
海南	18791	10133	12734	53	10	20228	1356
重庆	539142	410152	153598	3564	30	1065993	64491
四川	177341	133648	54473	1181	10	308764	18425
贵州	216832	206286	11367	652		324972	19337
云南	246696	220301	25930	534	80	339969	29554
西藏	320		320			320	166
陕西	403950	289268	56001	6309	450	847557	73209
甘肃	233444	166458	64180	1661	30	975656	101589
青海	91994	63962	20648	1281		482938	59729
宁夏	8039	5016	1171	174		16864	2882
新疆	14868	12919	1742	165		19657	2263

本年发放工资总额	本年应交税金总额	营业利润/千元	国外演出利润	营业外收入/千元	政府补贴	资产总计/千元	实际使用房屋建筑面积/万平方米
7223605	**551024**	**-2168065**	**5260**	**16249398**	**4620910**	**58233502**	**761.83**
255765	29569	-9111	600	113765	109040	1621995	18.74
61294	3295	-86046		79315	75603	270091	6.56
103832	2538	-18394	30	10271753	29315	375976	17.68
171863	9228	-51687	270	78034	55222	1262541	19.69
30537	711	-13857		15801	13002	589801	6.25
120643	15345	-120285	10	59459	56336	916799	15.93
75770	579	-89658		72321	66726	120937	6.69
106122	664	-55170	10	45996	41194	1036836	3.61
423548	30540	-160711		174580	163554	1432661	16.88
471386	77373	248056	20	539588	200630	7668204	41.94
492518	19482	-45325	160	404297	335792	1224198	55.37
589311	11890	11823	1740	224226	193876	1740713	81.53
399652	16467	-85718	20	361614	348220	2256983	24.78
193615	4606	-139603		107012	85066	1338079	19.14
551075	43319	-60184	510	493765	434380	5751236	74.73
454779	60244	55213	920	246529	208833	2462490	73.13
110625	3099	-61192	10	59905	32781	534456	21.52
488628	38816	-160094	500	187128	173695	3881586	52.77
275630	30694	-234520	20	390830	143185	5476225	19.52
11257	246	1623	30	2283	2080	36275	0.93
15306	238	1049	50	3041	2092	45321	1.22
426382	44845	-99104	30	147590	137955	9511726	38.56
158477	8191	-50639		82848	78063	788916	23.05
92129	29383	7178		105281	15824	2401617	19.33
125652	20044	-15359	60	54707	42264	769228	13.97
154				80	80	160	0.08
364207	25575	-244515	240	264711	251140	1502933	35.46
390057	19324	-392108	20	1340794	1031606	2190798	32.92
236792	4103	-288192	10	312629	283983	820507	17.72
13072	194	-7490		861	850	16858	1.09
13527	422	-4045		8655	8523	187356	1.04

2021年各地区艺术表演场馆

地　区	机构数/个	从业人员/人	专业技术人才	座席数/个	演(映)出场次合计/万场次	艺术演出场次
全　国	**3093**	**73827**	**18603**	**2533737**	**107.04**	**64.26**
北　京	64	2068	661	42215	3.02	2.27
天　津	114	2485	691	67367	2.40	1.43
河　北	128	1943	570	60460	4.27	0.32
山　西	172	2597	681	79050	9.55	3.12
内蒙古	36	738	217	26569	0.73	0.13
辽　宁	85	2815	624	53196	2.59	2.36
吉　林	104	934	254	39413	2.15	0.55
黑龙江	62	1033	485	31511	0.34	0.32
上　海	83	3807	1009	165224	1.99	1.61
江　苏	329	8179	1612	315152	13.58	2.38
浙　江	273	8391	1722	425396	9.80	5.56
安　徽	106	1600	537	51512	0.69	0.37
福　建	72	2926	843	80252	3.77	0.89
江　西	82	1092	489	45092	10.88	9.09
山　东	198	4071	948	188600	11.58	9.21
河　南	222	4859	621	165487	1.73	1.52
湖　北	70	1831	730	64248	1.84	1.55
湖　南	122	3552	1315	120820	5.93	5.55
广　东	136	5971	1097	139697	1.79	0.96
广　西	34	901	215	13582	0.33	0.27
海　南	44	865	132	22595	1.57	1.37
重　庆	62	1763	483	101888	0.65	0.56
四　川	159	2960	833	88403	3.88	3.61
贵　州	23	664	284	7949	1.73	1.62
云　南	50	2399	473	35942	0.82	0.77
西　藏	27	121	19	3302	0.07	0.07
陕　西	102	1106	419	45609	2.59	1.36
甘　肃	55	1207	355	24089	0.87	0.57
青　海	44	359	83	8851	4.97	4.62
宁　夏	6	86	21	3384	0.05	0.05
新　疆	22	328	158	10940	0.77	0.14

演出及收支基本情况

观众人次合计/万人次	艺术演出观众	本年收入合计/千元	财政拨款	艺术演出收入	本年支出合计/千元	资产总计/千元	实际使用房屋建筑面积/万平方米
11209.24	**8350.73**	**20445985**	**3735415**	**7229098**	**19772247**	**101393965**	**2270.72**
320.27	228.69	730136	30897	468052	732022	1845856	28.81
300.50	174.72	676360	35022	93296	670154	6266667	50.38
190.33	96.05	295041	108564	49869	325977	1207277	65.12
335.67	173.57	378339	67356	128276	350568	1242960	58.69
94.22	50.87	104781	35821	31177	82873	668292	37.30
382.68	315.13	780411	124594	207216	785651	4809352	74.96
74.53	36.28	150677	54257	20002	112250	596852	20.72
50.18	43.46	171449	79718	28401	191494	569724	29.05
802.16	720.90	2501100	355635	915225	2250030	7584592	144.81
994.89	565.79	2496609	761015	494784	2495378	11070956	349.58
1449.90	1232.70	2942695	401394	1227823	2585628	12960654	247.77
169.36	113.78	256228	92821	62559	231952	2351739	42.92
296.81	174.87	600088	111617	221414	670070	4386701	91.79
574.61	447.87	311151	161406	99015	216659	1566410	39.27
541.62	404.40	1023125	372841	314888	1014690	5509111	167.24
466.52	357.73	718721	99084	233557	607152	3585741	194.04
249.37	165.34	421006	73821	173689	491223	1268819	46.10
1177.67	885.14	968792	149672	232185	1116010	8399205	105.38
660.87	470.58	2706632	364022	1202727	2510305	11053290	162.70
250.04	240.07	192405	14591	112881	233405	1246247	9.90
352.54	319.94	366679	15395	266377	335436	2699155	23.43
130.46	105.93	292157	36424	115625	293970	1310788	57.95
372.70	312.80	586206	45440	204621	587115	4323551	107.17
69.43	34.23	55552	12671	21292	65574	564476	11.97
450.41	435.96	293065	10875	161974	327596	2465119	28.51
4.53	3.83	8673	175	3900	6391	37470	2.79
138.56	75.42	160064	66139	47147	163689	697823	31.10
103.41	83.19	134314	12845	51415	184071	725420	20.42
98.71	32.87	9113	977	4055	9476	123051	4.39
8.78	7.68	3787	3341	10	3852	7245	0.36
58.36	6.91	55923	36391	1375	69237	201007	7.85

2021年各地区公有制艺术

地　区	机构数/个	从业人员/人					座席数/个	演(映)出场次合计/万场次	
			专业技术人才						艺术演出场次
				正高级职称	副高级职称	中级职称			
全　国	**1176**	**24008**	**6647**	**192**	**711**	**2237**	**920611**	**46.12**	**7.07**
北　京	13	555	281			10	13460	0.75	0.12
天　津	13	210	79			5	11728	0.71	0.12
河　北	67	1117	398	31	62	130	37736	4.01	0.12
山　西	77	1142	335	2	20	114	58688	6.43	0.18
内蒙古	14	109	29		2	13	9179	0.58	0.02
辽　宁	30	351	99	2	6	20	15944	0.14	0.09
吉　林	23	368	117	3	33	32	13328	1.53	0.04
黑龙江	25	176	26	2	1	8	15080	0.03	0.03
上　海	31	1428	451	31	73	139	54132	0.85	0.59
江　苏	120	5127	756	13	46	192	128899	12.40	1.60
浙　江	64	1249	343	1	14	113	91288	4.04	0.36
安　徽	36	845	354	15	52	144	25953	0.41	0.17
福　建	36	382	99	1	7	35	24700	2.91	0.09
江　西	41	613	328	3	33	136	23590	1.89	0.15
山　东	82	1618	378	2	32	137	59474	2.48	0.39
河　南	128	2163	258	11	13	72	70112	0.48	0.32
湖　北	46	1043	298	1	21	110	41143	1.67	1.44
湖　南	61	1239	598	5	51	309	50096	0.63	0.34
广　东	48	1630	403	26	74	130	46974	0.95	0.24
广　西	10	43	6	4	1	1	5905	0.01	0.01
海　南	7	177	50		4	24	4876	0.02	0.01
重　庆	19	83	16				10017	0.12	0.10
四　川	35	532	341	21	84	154	23632	0.09	0.08
贵　州	6	53	22		3	3	90	0.07	
云　南	12	93	18			2	7313	0.04	0.04
西　藏	14	6					2674		
陕　西	64	769	346	8	43	122	38654	1.45	0.26
甘　肃	17	409	73	2	8	24	11458	0.31	0.05
青　海	15	85	9			3	6537	0.36	0.02
宁　夏	3	18	11	1		4	2577	0.01	0.01
新　疆	12	199	103	6	23	42	9432	0.64	0.02

表演场馆基本情况

观众人次合计/万人次	艺术演出观众人次	总收入/千元	财政拨款	艺术演出收入	总支出/千元	资产总计/千元	实际使用房屋建筑面积/万平方米	演(映)出业务用房	实际拥有产权面积/万平方米
3624.24	**2066.54**	**5929627**	**2086167**	**1291842**	**6000480**	**25715949**	**908.38**	**472.74**	**458.98**
109.06	71.75	42133	12579	317	54151	154228	4.19	2.08	4.42
55.16	34.82	26806	7645	1711	26564	157162	7.41	4.89	1.71
75.99	23.05	150548	82104	14935	171327	653482	37.40	20.53	16.84
196.51	67.80	188580	55677	21100	186698	788679	44.41	16.14	16.08
40.01	9.97	20072	14969	150	19594	39003	13.14	4.45	2.23
35.29	29.72	113044	73090	19652	86439	265792	20.12	13.17	13.11
37.18	15.35	64246	46793	4034	67550	125385	9.46	6.69	4.58
9.64	9.03	35411	23155	6514	37960	67602	11.93	8.18	1.44
315.21	274.19	897110	175031	293870	832743	2949023	64.54	44.17	29.23
631.07	295.15	1622201	440293	221025	1632193	6494955	206.93	91.78	121.60
222.47	126.36	522178	209626	146919	555856	2830306	75.80	35.57	45.29
87.26	56.26	116738	51196	25419	123167	948288	22.44	10.49	9.90
69.30	25.75	76012	33692	4750	82839	323182	20.85	6.99	11.61
141.89	91.34	176373	77116	59195	159244	1064189	19.59	14.13	8.97
267.52	182.13	329162	173742	72967	336190	1337358	69.76	44.31	27.42
211.98	124.82	144240	72461	2021	139816	597533	35.93	20.27	19.44
180.43	115.99	224605	54571	98076	269256	799381	28.12	18.64	11.86
320.95	143.62	211176	101437	36369	191782	1778488	53.95	22.99	35.70
171.54	123.85	521748	234827	145411	505596	1655593	65.44	38.47	42.21
6.75	3.79	19700	383	347	78254	27375	3.39	1.02	1.81
8.79	6.81	16745	3913	4925	14113	70033	4.43	0.67	1.31
39.57	38.15	19465	1610	5138	15288	41071	10.06	5.93	3.27
51.95	40.77	56667	30858	14198	64115	952763	17.74	8.66	3.53
1.20		10746			14897	128408	0.79	0.02	0.74
21.11	20.82	31915	3574	18736	29787	235483	6.09	2.65	3.10
0.55	0.50	275	175		295	1340	2.30	0.16	0.06
105.15	52.46	141156	65418	38165	140270	622243	25.97	14.65	11.12
34.26	26.73	44595	404	1372	48632	282190	7.48	3.88	4.40
74.43	10.90	3750	957	255	6051	114429	3.50	2.18	0.88
8.00	7.00	3637	3341		3707	2925	0.15	0.13	0.13
54.87	3.63	43887	34936		53757	159645	6.82	3.03	2.54

2021年各地区文化和旅游部门

地　区	机构数/个	从业人员/人					座席数/个	演(映)出场次合计/万场次	
			专业技术人才						艺术演出场次
				正高级职称	副高级职称	中级职称			
全　国	**1075**	**18242**	**5544**	**159**	**610**	**1965**	**761227**	**43.13**	**5.03**
北　京	6	170	45			9	6430	0.59	0.05
天　津	12	186	79			5	10068	0.71	0.12
河　北	65	1106	398	31	62	130	35591	4.00	0.11
山　西	71	983	256	2	12	83	51660	6.42	0.18
内蒙古	14	109	29		2	13	9179	0.58	0.02
辽　宁	30	351	99	2	6	20	15944	0.14	0.09
吉　林	22	318	106	3	33	32	11404	1.52	0.03
黑龙江	25	176	26	2	1	8	15080	0.03	0.03
上　海	11	278	53	1		7	11980	0.34	0.15
江　苏	101	2444	590	12	35	152	97977	11.13	0.35
浙　江	55	1175	314	1	12	106	56084	4.02	0.34
安　徽	33	696	346	15	52	139	22055	0.20	0.16
福　建	36	382	99	1	7	35	24700	2.91	0.09
江　西	37	517	302	3	33	131	20762	1.87	0.15
山　东	76	1409	331	2	32	121	51811	2.46	0.37
河　南	127	2083	254	11	12	70	69546	0.35	0.19
湖　北	44	841	293		21	106	39341	1.65	1.43
湖　南	58	1059	567	5	51	309	46003	0.60	0.31
广　东	44	1525	383	26	74	128	44538	0.74	0.23
广　西	9	43	6	4	1	1	5023	0.01	0.01
海　南	7	177	50		4	24	4876	0.02	0.01
重　庆	19	83	16				10017	0.12	0.10
四　川	35	532	341	21	84	154	23632	0.09	0.08
贵　州	6	53	22		3	3	90	0.07	
云　南	12	93	18			2	7313	0.04	0.04
西　藏	13	6					2674		
陕　西	61	736	325	8	42	105	37544	1.45	0.26
甘　肃	17	409	73	2	8	24	11458	0.31	0.05
青　海	11	30	4			2	4635	0.26	0.01
宁　夏	3	18	11	1		4	2577	0.01	0.01
新　疆	11	190	101	6	23	42	8742	0.44	0.02

所属艺术表演场馆基本情况

观众人次合计/万人次	艺术演出观众人次	本年收入合计/千元	财政拨款	艺术演出收入	本年支出合计/千元	资产总计/千元	实际使用房屋建筑面积/万平方米	演(映)出业务用房	实际拥有产权面积/万平方米
2923.28	**1562.20**	**3832620**	**1650355**	**839040**	**3935177**	**17158909**	**700.03**	**360.67**	**342.02**
40.13	20.32	39667	12579	93	51426	148329	3.79	1.98	4.02
55.16	34.82	25558	7645	1711	24780	156324	5.49	3.42	1.71
70.40	21.77	142779	82104	14935	162649	650871	35.57	20.12	15.36
193.36	65.37	143674	50634	20924	140151	687152	38.33	13.00	13.51
40.01	9.97	20072	14969	150	19594	39003	13.14	4.45	2.23
35.29	29.72	113044	73090	19652	86439	265792	20.12	13.17	13.11
31.48	15.15	54671	42482	4003	56630	122180	5.76	3.89	4.58
9.64	9.03	35411	23155	6514	37960	67602	11.93	8.18	1.44
77.58	66.29	160804	74187	53050	159301	109940	17.34	8.77	10.92
501.51	221.92	654793	234036	135895	663819	1929857	111.52	61.17	46.21
218.41	122.60	485645	198557	131843	490531	1976450	66.88	29.70	37.35
70.11	48.26	81720	33566	13369	85945	938338	15.64	7.84	9.10
69.30	25.75	76012	33692	4750	82839	323182	20.85	6.99	11.61
130.23	85.75	156167	77116	57115	139660	1055578	18.27	13.04	8.97
248.67	171.10	272501	128567	65190	281623	1315087	64.61	41.16	26.06
139.40	54.07	132605	64318	2021	128578	580596	34.76	19.83	18.61
152.87	98.10	161730	29876	62927	208982	775916	21.56	12.07	11.86
293.83	128.08	163180	100458	22495	145072	1753036	44.67	14.57	34.22
160.43	117.30	502528	224925	138063	484589	1645155	59.24	33.49	37.44
5.79	2.91	19620	303	347	78174	27025	3.10	0.76	1.81
8.79	6.81	16745	3913	4925	14113	70033	4.43	0.67	1.31
39.57	38.15	19465	1610	5138	15288	41071	10.06	5.93	3.27
51.95	40.77	56667	30858	14198	64115	952763	17.74	8.66	3.53
1.20		10746			14897	128408	0.79	0.02	0.74
21.11	20.82	31915	3574	18736	29787	235483	6.09	2.65	3.10
0.55	0.50	275	175		295	1340	2.30	0.16	0.06
104.72	52.21	139985	64328	38145	139072	603317	25.55	14.27	10.79
34.26	26.73	44595	404	1372	48632	282190	7.48	3.88	4.40
65.02	2.36	1317	957		1804	88669	3.10	1.82	0.48
8.00	7.00	3637	3341		3707	2925	0.15	0.13	0.13
24.45	3.63	43887	34936		53757	159643	6.64	2.85	2.36

2021年各地区非公有制

地区	机构数/个	从业人员/人	专业技术人才	座席数/个	演(映)出场次合计/万场次	艺术演出场次	惠民演出场次	观众人次合计/万人次	营业性演出观众人次
全国	**1917**	**49819**	**11956**	**1613126**	**60.92**	**57.19**	**3.37**	**7585.00**	**6284.19**
北京	51	1513	380	28755	2.27	2.15	0.14	211.21	156.94
天津	101	2275	612	55639	1.69	1.31	0.38	245.34	139.9
河北	61	826	172	22724	0.26	0.20	0.05	114.34	73
山西	95	1455	346	20362	3.12	2.94	0.17	139.16	105.77
内蒙古	22	629	188	17390	0.15	0.11	0.01	54.21	40.9
辽宁	55	2464	525	37252	2.45	2.27	0.18	347.39	285.41
吉林	81	566	137	26085	0.62	0.51	0.07	37.35	20.93
黑龙江	37	857	459	16431	0.31	0.29	0.02	40.54	34.43
上海	52	2379	558	111092	1.14	1.02	0.13	486.95	446.71
江苏	209	3052	856	186253	1.18	0.78	0.37	363.82	270.64
浙江	209	7142	1379	334108	5.76	5.20	0.50	1227.43	1106.34
安徽	70	755	183	25559	0.28	0.20	0.06	82.10	57.52
福建	36	2544	744	55552	0.86	0.80	0.03	227.51	149.12
江西	41	479	161	21502	8.99	8.94	0.04	432.72	356.53
山东	116	2453	570	129126	9.10	8.82	0.27	274.10	222.27
河南	94	2696	363	95375	1.25	1.20	0.05	254.54	232.91
湖北	24	788	432	23105	0.17	0.11	0.04	68.94	49.35
湖南	61	2313	717	70724	5.30	5.21	0.07	856.72	741.52
广东	88	4341	694	92723	0.84	0.72	0.08	489.33	346.73
广西	24	858	209	7677	0.32	0.26	0.04	243.29	236.28
海南	37	688	82	17719	1.55	1.36	0.19	343.75	313.13
重庆	43	1680	467	91871	0.53	0.46	0.06	90.89	67.78
四川	124	2428	492	64771	3.79	3.53	0.23	320.75	272.03
贵州	17	611	262	7859	1.66	1.62	0.03	68.23	34.23
云南	38	2306	455	28629	0.78	0.73	0.07	429.30	415.14
西藏	13	115	19	628	0.07	0.07		3.98	3.33
陕西	38	337	73	6955	1.14	1.10	0.05	33.41	22.96
甘肃	38	798	282	12631	0.56	0.52	0.02	69.15	56.46
青海	29	274	74	2314	4.61	4.60	0.01	24.28	21.97
宁夏	3	68	10	807	0.04	0.04		0.78	0.68
新疆	10	129	55	1508	0.13	0.12	0.01	3.49	3.28

艺术表演场馆基本情况

经营情况									资产总计/千元	实际使用房屋建筑面积/万平方米	演(映)出业务用房
营业收入/千元	营业性演出收入	营业成本/千元	养老、医疗、失业等各种社会保险费	本年发放工资总额	本年应交税金总额	营业利润/千元	营业外收入/千元	政府补贴			
12545941	**5937256**	**13771767**	**684121**	**3493569**	**632184**	**-1225845**	**1970417**	**1649248**	**75678016**	**1362.34**	**459.04**
666477	467735	677871	42877	171543	30284	-11393	21526	18318	1691628	24.62	13.5
617301	91585	643590	30697	155496	67815	-26290	32253	27377	6109505	42.97	15.38
117576	34934	154650	7223	29424	4110	-37074	26917	26460	553795	27.72	9.86
161761	107176	163870	12786	71113	9891	-2110	27998	11679	454281	14.28	5.6
60383	31027	63279	4144	22134	3287	-2896	24326	20852	629289	24.16	13.47
543792	187564	699212	31529	150314	47087	-155423	123575	51504	4543560	54.84	11.18
78846	15968	44700	3643	13736	3055	34146	7585	7464	471467	11.26	4.82
79085	21887	153534	27940	48540	5776	-74450	56953	56563	502122	17.12	3.21
1377059	621355	1417287	81643	338908	97173	-40230	226931	180604	4635569	80.27	26.5
541026	273759	863185	40669	222277	17633	-322160	333382	320722	4576001	142.65	63.37
2132965	1080904	2029772	70068	498606	64622	103187	287552	191768	10130348	171.97	69.88
91177	37140	108785	6095	34744	3619	-17607	48313	41625	1403451	20.48	7.8
441951	216664	587231	40170	174310	29142	-145280	82125	77925	4063519	70.94	25.7
49767	39820	57415	1850	18533	1933	-7648	85011	84290	502221	19.68	6.42
491544	241921	678500	36414	183726	26974	-186954	202419	199099	4171753	97.48	40.03
543329	231536	467336	28011	110605	56603	75992	31152	26623	2988208	158.11	17.64
176246	75613	221967	15582	71812	2152	-45722	20155	19250	469438	17.98	3.99
684239	195816	924228	30441	220071	52666	-239989	73377	48235	6620717	51.43	24.04
2048427	1057316	2004709	74258	439067	37113	43716	136457	129195	9397697	97.26	20.73
158383	112534	155151	2767	25428	8480	3231	14322	14208	1218872	6.51	2.11
335437	261452	321323	16770	84565	20681	14115	14497	11482	2629122	19.00	12.98
233884	110487	278682	22362	86995	6128	-44800	38808	34814	1269717	47.89	14.6
512420	190423	523000	26765	132028	16022	-10584	17119	14582	3370788	89.43	25.97
30615	21292	50677	4159	26243	698	-20060	14191	12671	436068	11.18	3.8
253447	143238	297809	17411	102843	16671	-44362	7703	7301	2229636	22.42	9.01
8398	3900	6096	1	3988	6	2303			36130	0.49	0.45
17854	8982	23419	1544	7387	496	-5563	1054	721	75580	5.13	1.87
76689	50043	135439	4789	39423	1595	-58752	13030	12441	443230	12.94	4.06
5143	3800	3425	93	2212	60	1718	220	20	8622	0.89	0.52
150	10	145		20	8	5			4320	0.21	0.19
10570	1375	15480	1420	7478	404	-4911	1466	1455	41362	1.03	0.36

主要统计指标解释

1．本团原创首演剧目：指由戏曲、话剧、歌剧、舞剧、歌舞剧、木偶、皮影等艺术表演团体原生创作并首演且单个剧目演出时间超过一小时的表演剧目，但不包括音乐、舞蹈、曲艺、杂技等单个小节目的创作演出。

2．演出场次：指以场为计量单位的在国内和国外的艺术表演的次数，包括售票、包场等有演出收入的场次和政府采购的公益性演出场次及参加汇演、调演等无演出收入的公开演出场次，包括流动舞台车演出场次，不包括彩排和内部观摩等无演出收入的场次。

场数的计算，通常以售票、发票一次（或在其他地点进行一次艺术表演活动相当于剧场演出一场的时间）为一场。按时收费的，按日场、晚场或早场等一般习惯（约 1 至 2 小时）计算。评弹等曲艺演出计算场数，按演出 1 至 2 小时为一场的原则进行折算。独幕剧或音乐、舞蹈、曲艺、杂技、木偶戏、皮影戏节目组成专场演出时，不论包括几个独幕剧或节目，一律按一场计算。

3．农村演出场次及观众人次：指本团到（乡镇及以下）农村和林区、牧区、渔区的演出，不论在本省或外省，凡到上述地区演出，均计入农村演出。

4．演出收入：指艺术表演团体通过售票或包场演出所取得的票房收入，不包括政府采购的公益性演出补贴收入。

5．政府采购的公益性演出场次、观众人次：指本团报告期内不进行售票、免费给社会公众演出并从财政部门获取一定场次补贴的公益性演出场次、观众人次。

6．政府采购的公益性演出补贴收入：指本团报告期内因进行公益性演出而取得的补贴收入，为财政拨款的其中项。

7．座席数：指公开营业艺术表演场馆可向观众售票的实际座席数。

8．演（映）出业务用房：指在艺术表演场馆中用于演（映）出服务的设施面积。多功能艺术表演的场所应包括观众厅、门厅、舞台部分（主台、侧台、后台）的建筑面积和辅助设施——休息室、化妆间、服装间、道具间、舞台设备控制间（灯控间、音控间、放映间等）的建筑面积以及配电设施、消防通道的建筑面积。若属非独立建筑的，则按使用面积计算。

5 旅 游

按年份旅游业主要发展指标

年 份	国内旅游人数/亿人次	国内旅游收入/亿元	入境旅游人数/万人次	入境旅游收入/亿美元	出境旅游人数/万人次	旅游总收入/万亿元
2010年	21.03	12580	13376	458.14	5739	1.57
2011年	26.41	19305	13542	484.64	7025	2.25
2012年	29.57	22706	13241	500.28	8318	2.59
2013年	32.62	26276	12908	516.64	9819	2.95
2014年	36.11	30312	12850	1053.80	10728	3.73
2015年	39.90	34195	13382	1136.50	11689	4.13
2016年	44.35	39390	13844	1200.00	12203	4.69
2017年	50.01	45661	13948	1234.17	13051	5.40
2018年	55.39	51278	14120	1234.17	14972	5.97
2019年	60.06	57251	14531	1313.00	15463	6.63
2020年	28.79	22286				
2021年	32.46	29191				

注：受新冠肺炎疫情影响，2020年以后出入境旅游相关数据不再列出。

按年份国内旅游人数和国内旅游收入

年份	国内旅游人数/亿人次	比上年增长/%	国内旅游收入/亿元	比上年增长/%
1993	4.10		864.00	
1994	5.24	27.8	1023.51	18.5
1995	6.29	20.0	1375.70	34.4
1996	6.39	1.6	1638.38	19.1
1997	6.44	0.8	2112.70	29.0
1998	6.94	7.8	2391.18	13.2
1999	7.19	3.6	2831.92	18.4
2000	7.44	3.5	3175.54	12.1
2001	7.84	5.4	3522.37	10.9
2002	8.78	12.0	3878.36	10.1
2003	8.70	-0.9	3442.27	-11.2
2004	11.02	26.7	4710.71	36.8
2005	12.12	10.0	5285.86	12.2
2006	13.94	15.0	6229.74	17.9
2007	16.10	15.5	7770.62	24.7
2008	17.12	6.3	8749.30	12.6
2009	19.02	11.1	10183.69	16.4
2010	21.03	10.6	12579.77	23.5
2011	26.41	13.2	19305.39	23.6
2012	29.57	12.0	22706.22	17.6
2013	32.62	10.3	26276.12	15.7
2014	36.11	10.7	30311.86	15.4
2015	39.90	10.5	34195.05	12.8
2016	44.35	11.0	39389.82	15.2
2017	50.01	12.8	45660.77	15.9
2018	55.39	10.8	51278.29	12.3
2019	60.06	8.4	57250.92	11.7
2020	28.79	-52.07	22286.30	-61.07
2021	32.46	12.7	29190.75	31.00

注:2011年起，国内旅游抽样调查方法发生变化，不能与往年数据进行简单比较。

2021年国内旅游基本情况

	总人次数/亿人次	总花费/亿元	人均每次花费/元/人次
全国总计	**32.46**	**29190.75**	**899.28**
城镇居民合计	23.42	23644.17	1009.57
一季度	7.01	5698.57	812.92
二季度	6.07	7200.96	1186.32
三季度	6.26	6250.36	998.46
四季度	4.08	4494.28	1101.54
农村居民合计	9.04	5546.57	613.56
一季度	3.23	1676.01	518.89
二季度	2.4	1744.58	726.91
三季度	1.92	1084.17	564.67
四季度	1.49	1041.81	699.20

2021年各地区A级旅游景区基本情况

地　区	A级旅游景区总数/个	直接从业人员/万人	接待人次/亿人次	门票收入/亿元
全　国	**14196**	**157.48**	**35.43**	**380.97**
北　京	221	5.73	1.11	16.57
天　津	100	0.83	0.54	5.56
河　北	486	5.67	0.58	4.79
山　西	261	2.82	0.55	8.43
内蒙古	404	2.67	0.27	4.05
辽　宁	568	6.07	1.04	8.03
吉　林	256	1.58	0.26	1.88
黑龙江	402	3.37	0.28	4.62
上　海	134	1.61	0.86	7.37
江　苏	619	7.05	3.36	26.90
浙　江	909	6.25	3.24	40.00
安　徽	657	3.95	1.29	14.99
福　建	449	3.34	1.13	8.51
江　西	489	4.38	2.00	19.53
山　东	1189	10.80	2.31	28.44
河　南	624	5.07	1.22	20.63
湖　北	518	5.26	1.11	13.63
湖　南	553	13.98	1.78	22.63
广　东	560	8.56	2.07	22.56
广　西	661	5.17	1.59	12.29
海　南	87	2.30	0.29	7.23
重　庆	269	2.55	1.21	10.90
四　川	793	26.79	2.56	27.87
贵　州	570	4.38	1.02	6.73
云　南	471	4.27	1.05	6.90
西　藏	134	0.21	0.02	0.15
陕　西	523	5.34	1.06	15.01
甘　肃	371	2.18	0.60	5.04
青　海	160	0.76	0.24	2.57
宁　夏	117	1.31	0.17	2.50
新　疆	643	3.23	0.62	4.68

2021年各地区分等级A级旅游景区数量

单位：个

地　区	总计	5A	4A	3A	2A	1A
全　国	**14196**	**306**	**4327**	**7542**	**1945**	**76**
北　京	221	8	71	111	31	
天　津	100	2	33	45	20	
河　北	486	11	140	223	111	1
山　西	261	9	121	112	17	2
内蒙古	404	6	136	116	146	
辽　宁	568	6	142	344	70	6
吉　林	256	7	77	118	46	8
黑龙江	402	6	106	201	78	11
上　海	134	4	69	61		
江　苏	619	25	219	277	98	
浙　江	909	19	239	537	111	
安　徽	657	12	208	345	92	3
福　建	449	10	104	259	76	
江　西	489	13	193	249	34	
山　东	1193	13	224	695	260	1
河　南	624	14	204	304	101	1
湖　北	518	13	165	295	44	1
湖　南	553	11	152	367	22	1
广　东	560	15	192	340	13	
广　西	661	8	307	335	11	
海　南	81	6	28	30	17	
重　庆	269	10	131	84	43	1
四　川	793	15	303	380	93	2
贵　州	570	8	134	374	47	7
云　南	471	9	129	243	78	12
西　藏	134	5	23	59	33	14
陕　西	523	11	145	326	40	1
甘　肃	371	6	121	174	69	1
青　海	160	4	38	100	18	
宁　夏	117	4	30	50	31	2
新　疆	643	16	143	388	95	1

2021年各地区旅行社基本情况

地　区	机构数/个	从业人员/人	营业收入/千元				营业利润/千元
				国内旅游营业收入	入境旅游营业收入	出境旅游营业收入	
全　国	**31001**	**278760**	**185713274**	**145793057**	**289925**	**662692**	**-5534265**
北　京	1140	15935	19010902	6738614	44770	196169	-1176009
天　津	323	3418	10811007	9193889		793	28868
河　北	1299	5541	1012730	880831	6	19	-51132
山　西	840	4909	1173721	1055360	1989	1345	-23655
内蒙古	983	4114	770402	621855	649		-41597
辽　宁	1111	5495	1527876	1286301	27		-154888
吉　林	456	3443	584896	440407	1376		-31756
黑龙江	683	3098	509831	443131			-62907
上　海	1353	23727	35454921	26107387	142122	239551	-729442
江　苏	2374	19228	15658697	11046116	2686	24473	-398678
浙　江	2455	24121	18956033	16730692	3523	8207	-333993
安　徽	1342	8395	2858430	2421773	4437	55	-96928
福　建	845	10703	5263399	4123926	1325	37992	-61346
江　西	899	5873	3023901	2154150	317	58	-29933
山　东	2212	12072	3488652	2551685	2950	1873	-1180
河　南	977	6916	1604830	1480255	944	3041	-84157
湖　北	1046	9681	6234896	5914635	153	3263	-105656
湖　南	1202	15787	4697663	4428908	813		-91584
广　东	2395	31068	20884736	18708367	65801	101883	-952761
广　西	585	5593	1862061	1759481	1463	298	-53404
海　南	556	5828	4154222	4064899	2770	10	-250178
重　庆	676	9834	6804113	6512368	150	871	-167718
四　川	848	9475	5064487	4020271	760	7166	-29649
贵　州	486	4086	2102699	1960361	261	21	-71977
云　南	956	9839	3578494	3303518	1719	5667	-322459
西　藏	236	1764	772099	735485	1317		-22767
陕　西	809	7632	3925054	3495999	670	29470	-84600
甘　肃	728	3771	1403770	1304086	1792		-24689
青　海	376	2397	664708	575865	5134		-6095
宁　夏	155	1142	452711	406180		471	-25409
新　疆	655	3875	1401333	1326262	1		-76586

2021年各地区旅行社组织、接待国内游客情况

地 区	人次数/人次		人天数/人天	
	组织	接待	组织	接待
全 国	**78575829**	**92911281**	**195729849**	**199936635**
北 京	3010669	1609069	8253087	3830441
天 津	390598	121027	1092184	241745
河 北	774384	754168	1988006	1726591
山 西	811463	1121663	2472743	4145177
内蒙古	320754	516451	872706	1668693
辽 宁	1153511	796727	3298101	1820324
吉 林	278106	634445	1151237	976490
黑龙江	105279	385796	474503	768173
上 海	5010923	3483890	12709534	6365241
江 苏	8968434	10187850	18357990	16127086
浙 江	11046122	12934127	24951790	22175804
安 徽	2099295	3484818	5196073	5924428
福 建	2746950	3165543	5700342	6696355
江 西	2851850	1755938	5407791	3703732
山 东	2666733	1578527	6793624	3579612
河 南	909737	741018	2390734	1307065
湖 北	4971997	8204140	11027280	12775380
湖 南	6794702	6168659	15719417	13859291
广 东	8554210	4799227	19756430	9992317
广 西	944187	2434172	2440119	6754653
海 南	673257	7044443	1086870	20372536
重 庆	6279268	4977560	22594257	7681205
四 川	1788983	1287469	5076372	3569961
贵 州	913300	4274347	2348026	10499246
云 南	1403987	3240959	3732486	7914063
西 藏	65655	441747	172024	2295720
陕 西	1681698	3500807	6445264	9808793
甘 肃	457708	942785	1659843	3654617
青 海	296625	1125166	710815	4683986
宁 夏	307954	443783	986184	1447994
新 疆	215633	496813	470762	2133028

2021年各地区星级饭店主要经济指标

地区	饭店数/个	从业人员数/万人	客房数/间(套)	床位数/张	固定资产原价/亿元	营业收入/亿元	客房收入	餐饮收入	其他收入	营业利润/亿元	平均客房出租率/%	平均房价/(元/夜间)
全国	**7676**	**699760**	**1120947**	**1913262**	**4168.05**	**1379.43**	**561.36**	**567.36**	**246.94**	**-107.07**	**41.77**	**334.95**
北京	363	44211	71498	116359	453.14	131.39	56.99	33.13	39.69	-11.14	41.24	526.86
天津	64	7589	12465	18173	57.14	16.59	7.61	5.46	3.53	-1.27	38.63	433.32
河北	264	27427	36803	62765	129.55	41.04	14.41	19.90	6.73	-11.13	36.72	298.40
山西	186	13276	16252	28602	58.14	16.15	5.24	7.95	2.96	-3.48	37.69	247.70
内蒙古	168	12094	22544	39464	85.43	18.19	6.86	9.02	2.30	-2.58	33.32	253.66
辽宁	254	19093	37435	62639	150.89	31.35	12.71	12.18	6.46	-4.26	35.19	268.63
吉林	76	5317	10661	19234	45.32	7.05	3.13	2.85	1.07	-1.68	33.77	245.98
黑龙江	112	6277	13839	23842	49.47	7.85	4.34	2.24	1.27	-1.83	31.64	273.58
上海	164	33492	46537	67156	315.30	123.76	53.97	42.50	27.29	-0.43	50.75	629.05
江苏	353	49739	63517	97233	299.89	121.43	35.85	61.94	23.64	-6.22	43.06	366.91
浙江	453	51959	76545	121701	328.79	123.24	42.49	60.13	20.62	-12.34	45.19	341.70
安徽	247	22418	35163	58737	117.38	39.89	14.18	20.15	5.57	-2.82	42.58	265.14
福建	249	31898	43476	66623	136.42	58.98	24.72	27.36	6.90	-2.58	45.97	341.20
江西	302	20895	45071	73788	106.22	29.82	14.96	12.02	2.88	-1.46	43.82	211.35
山东	405	50980	67022	183014	243.97	94.81	32.03	48.48	14.30	-6.42	43.29	311.44
河南	278	24171	37387	64327	111.90	34.80	14.14	15.76	4.89	-4.88	40.44	263.94
湖北	283	19068	37703	61647	116.77	35.50	17.15	14.36	3.99	-2.47	43.10	299.47
湖南	229	22112	34371	57723	117.60	36.42	16.00	15.58	4.84	-2.46	49.16	264.21
广东	483	68349	94818	149172	355.24	139.76	54.16	57.57	26.74	-10.74	39.84	403.02
广西	354	18723	40081	64588	83.58	26.93	12.51	9.58	4.85	-1.86	42.20	207.17
海南	86	13425	20424	32430	90.05	32.06	19.83	8.43	3.80	2.94	49.54	551.02
重庆	142	13167	22435	35424	82.64	23.66	11.35	9.09	3.22	-2.68	42.44	331.54
四川	332	32575	47012	74863	166.07	55.56	23.72	22.01	8.88	-1.95	43.96	322.04
贵州	190	10544	24474	39756	46.91	20.42	10.15	6.29	3.98	-0.86	42.05	274.72
云南	341	21343	41129	70069	116.34	27.35	12.85	7.97	6.53	-3.64	37.12	235.48
西藏	123	1142	2437	4130	17.18	2.13	1.36	0.50	0.27	-0.01	44.80	341.35
陕西	265	22428	36237	63576	102.13	32.30	13.77	15.48	3.05	-3.27	40.08	265.34
甘肃	284	15190	32420	64532	64.46	21.12	9.56	8.59	2.99	-1.52	37.65	221.28
青海	189	3054	6685	12193	13.75	4.28	2.04	1.71	0.52	-0.66	36.73	232.46
宁夏	73	1971	4465	7947	6.87	2.33	1.07	1.08	0.18	-0.19	37.27	185.50
新疆	364	15833	40041	71555	99.50	23.28	12.23	8.03	3.02	-3.19	38.80	221.98

2021年各地区星级饭店机构情况

单位：个

地　区	合计	五星级	四星级	三星级	二星级	一星级
全　国	**7676**	**800**	**2325**	**3687**	**850**	**14**
北　京	363	39	115	133	75	1
天　津	64		21	43		
河　北	264	17	80	122	45	
山　西	186	12	17	115	42	
内蒙古	168	17	10	104	37	
辽　宁	254	23	130	100	1	
吉　林	76	21	46	9		
黑龙江	112	15	77	12	8	
上　海	164	39	29	73	23	
江　苏	353	84	114	143	12	
浙　江	453	50	199	148	54	2
安　徽	247	60	55	122	10	
福　建	249	8	101	129	11	
江　西	302	68	159	46	29	
山　东	405	41	107	240	17	
河　南	278	8	21	209	40	
湖　北	283		75	174	34	
湖　南	229	13	98	116	2	
广　东	483	39	168	223	53	
广　西	354	72	89	188	5	
海　南	86	14	3	63	5	1
重　庆	142	13	113	16		
四　川	332	23	113	116	78	2
贵　州	190	33	45	78	32	2
云　南	341	24	7	225	85	
西　藏	123	10	24	79	10	
陕　西	265	15	45	201	4	
甘　肃	284	27	127	126	3	1
青　海	189	6	51	76	53	3
宁　夏	73	2	10	36	24	1
新　疆	364	7	76	222	58	1

2021年各地区五星级饭店经营情况

地　区	饭店数/个	从业人员数/万人	客房数/间(套)	床位数/张	固定资产原价/亿元	营业收入/亿元				营业利润/亿元
							客房收入	餐饮收入	其他收入	
全　国	**800**	**92499**	**140381**	**224995**	**644.16**	**195.81**	**84.51**	**79.95**	**31.11**	**-18.04**
北　京	39	8868	12410	19574	96.94	24.26	11.98	6.74	5.47	-3.33
天　津										
河　北	17	3233	3321	5703	10.89	4.88	1.45	1.83	1.60	-0.50
山　西	12	476	1009	1920	0.83	0.38	0.20	0.16	0.02	-0.13
内蒙古	17	1766	3059	5098	23.80	3.06	1.26	1.37	0.44	-0.53
辽　宁	23	2476	3732	5855	34.35	3.49	1.47	1.49	0.54	-0.70
吉　林	21	1678	3817	7178	15.12	1.77	0.84	0.62	0.31	-0.53
黑龙江	15	865	1942	3330	1.75	1.10	0.65	0.33	0.13	-0.13
上　海	39	10652	14307	20273	107.72	38.92	20.28	14.39	4.25	0.12
江　苏	84	11718	14625	22765	52.53	24.92	8.08	13.94	2.91	-1.27
浙　江	50	8688	12134	18732	61.95	20.10	8.00	8.91	3.19	-4.69
安　徽	60	4922	7412	12207	24.22	7.20	2.31	3.82	1.07	-1.26
福　建	8	577	608	892	1.79	0.94	0.30	0.48	0.16	-0.11
江　西	68	6678	12546	20244	43.60	9.76	5.12	3.92	0.73	0.19
山　东	41	5425	7280	11703	18.27	11.40	4.50	6.00	0.89	-0.25
河　南	8	318	581	1189	0.78	0.34	0.15	0.19	0.01	-0.03
湖　北										
湖　南	13	3981	4389	6860	35.74	8.78	3.43	3.84	1.51	0.17
广　东	39	5332	7672	12007	40.73	11.14	4.77	3.22	3.12	-1.64
广　西	72	5199	10029	16330	31.82	8.20	3.58	2.75	1.88	-0.67
海　南	14	595	1434	2650	1.56	0.49	0.26	0.17	0.06	-0.08
重　庆	13	1509	2263	3385	8.63	2.05	1.09	0.65	0.30	-0.40
四　川	23	2026	3097	4868	10.59	3.57	1.49	1.44	0.50	-1.09
贵　州	33	1298	3807	6302	6.82	2.75	1.06	1.22	0.47	-0.38
云　南	24	693	1782	3211	1.49	0.68	0.28	0.19	0.22	0.03
西　藏	10									
陕　西	15	1514	2090	3920	3.79	1.71	0.50	1.01	0.20	-0.22
甘　肃	27	1838	4242	7317	8.17	3.64	1.31	1.18	1.14	-0.63
青　海	6	39	251	488	0.19	0.04	0.04			
宁　夏	2	53	183	327	0.03	0.05	0.03	0.02		-0.01
新　疆	7	82	359	667	0.07	0.15	0.10	0.06		0.05

6 文化市场

近年来全国文化市场经营机构基本情况

年　份	机构数/个	从业人员/人	资产总计/万元	营业收入/万元	营业利润/万元
2006年	166406	945418	4515546	4148403	926142
2007年	217643	1197610	12956212	7089004	2444242
2008年	221253	1254641	12532138	7465936	2541012
2009年	223893	1288615	12074316	5736445	3505134
2010年	230659	1375660	13806937	8654903	3744175
2011年	238455	1415526	16540928	9766472	5425871
2012年	231132	1416028	18997555	10337954	6093759
2013年	226584	1451818	44258484	13665714	5657414
2014年	220164	1323902	25641255	16142494	4682893
2015年	231709	1564660	53671039	29656347	10020910
2016年	242686	1609329	66760690	44989191	10345244
2017年	257345	1733235	94634340	96723615	12241695
2018年	237055	1667316	120209428	58884050	7182744
2019年	218447	1557344	248140886	92305502	14102049
2020年	207853	1554753	152415716	99104013	17284149
2021年	191018	1511112	165746698	136905626	16368938

近年来全国娱乐场所基本情况

年　份	机构数/个	从业人员/人	资产总计/万元	营业收入/万元	营业利润/万元
2006年	51742	490289	2990424	2101890	329557
2007年	82174	611108	5927457	3546201	583689
2008年	84356	639511	7048155	3709413	659403
2009年	82200	636800	6271305	4130085	1367846
2010年	85854	703520	7635552	4772099	1718734
2011年	92577	758377	9661392	5661798	1939320
2012年	90271	765250	11136779	6048764	1982344
2013年	89652	835658	34317748	8842052	2084672
2014年	84179	729516	16144969	11023662	2606315
2015年	79816	673640	11050577	5570354	1361661
2016年	77071	632527	10510102	5387254	1257926
2017年	78616	600106	10313538	5468701	1306909
2018年	70584	528238	9212288	5209738	1123267
2019年	67358	542514	17277257	5359387	717719
2020年	65439	532538	10394735	4192570	253275
2021年	50504	511075	11615310	4855771	302846

近年来全国互联网上网服务营业场所(网吧)基本情况

年 份	机构数/个	从业人员/人	资产总计/万元	营业收入/万元	营业利润/万元
2006年	114273	443745	2210843	2016913	329557
2007年	133163	539460	4304405	3434114	1036162
2008年	134267	565707	5307279	3645153	913361
2009年	138048	580749	5585437	3785362	1510735
2010年	140376	584912	5864306	3626809	1490620
2011年	141275	567170	6282208	3754922	1565375
2012年	135683	529362	8818719	3539807	1431362
2013年	131013	478242	8051486	3879399	1425890
2014年	129289	452105	7429194	4477597	1962040
2015年	134847	480260	6939291	4009643	1302975
2016年	141587	488209	7484979	4323160	1312916
2017年	143434	440853	6947788	3825868	1071760
2018年	124266	346686	5592315	2946316	767578
2019年	116807	311859	4858896	2443944	416879
2020年	106165	247148	3853536	1815333	-171908
2021年	101758	201499	3535745	1696309	-229617

2021年全国文化市场经营机构基本情况

	机构数/个	从业人员/人	资产总计/千元	损益/千元				
				营业收入	营业成本	养老、医疗、失业等保险费	本年发放工资总额	营业利润
总 计	**191018**	**1511112**	**1657466983**	**1369056258**	**1205367781**	**34266509**	**2559092283**	**163689380**
按城乡分：								
城市	115001	758021	1423833697	1304852533	1139688624	31411345	2535684330	165163978
县城	53958	658149	209265019	54932607	55997551	2608921	15179713	-1064163
县以下	22059	94942	24368267	9271118	9681606	246243	1085641	-410435
按经营范围分：								
娱乐场所	50504	511075	116153098	48557713	45529418	1437746	15725606	3028459
互联网上网服务营业场所(网吧)	101758	201499	35357450	16963086	19259321	373390	5328609	-2296174
非公有制艺术表演团体	16339	341251	58233502	13750422	15919181	1305422	7223605	-2168065
非公有制艺术表演场馆	1917	49819	75678016	12545941	13771767	684121	3493569	-1225845
经营性互联网文化单位	10069	308107	947772874	930186214	807463441	28744898	2476669413	122722786
艺术品经营机构	6146	20499	44169054	9000494	7630662	222603	3350400	1369823
演出经纪机构	4285	78862	380102989	338052388	295793991	1498329	47301081	42258396

2021年全国娱乐场所

	机构数/个	从业人员/人	资产总计/千元		
				营业收入	营业成本
总　　计	**50504**	**511075**	**116153098**	**48557713**	**45529418**
按城乡分：					
城市	23356	267266	52528441	28578804	27071246
县城	17736	188113	46219794	14884574	13284103
县以下	9412	55696	17404863	5094335	5174069
按行业分：					
歌舞娱乐场所	44466	475153	103303857	42067712	39428896
游艺娱乐场所	6038	35922	12849241	6490001	6100522

2021年全国互联网上网服务

	机构数/个	从业人员/人	资产总计/千元					
				营业收入			营业成本	
					网费收入	其他收入		养老、医疗、失业等保险费
总　　计	**101758**	**201499**	**35357450**	**16963086**	**13526618**	**3436263**	**19259321**	**373390**
按城乡分：								
城市	73349	104791	19234653	9691730	7781272	1910657	10862596	222291
县城	16373	63834	11492422	5026672	3931143	1095305	5030000	95797
县以下	12036	32874	4630375	2244684	1814203	430301	3366725	55302

基本情况

损益/千元					游戏游艺设备数量/个	游戏游艺设备进出口数量/个
养老、医疗、失业等保险费	缴纳著作权许可使用费	本年发放工资总额	本年应交税金总额	营业利润		
1437746	**673247**	**15725606**	**1101990**	**3028459**	**570962**	**66384**
892248	335192	8244952	612354	1507623	306395	30146
404919	256396	5850075	329311	1600529	206437	25633
140579	81659	1630579	160325	-79693	58130	10605
1208991	639299	14277670	955304	2638969	232851	53459
228755	33948	1447936	146686	389490	338111	12925

营业场所(网吧)基本情况

损益/千元							终端数量/个	经营面积/万平方米	本年新增投入/千元	门店数量/个
		在营业成本中								
本年发放工资总额	本年应交税金总额	房租	人工成本	宽带费用	其他费用	营业利润				
5328609	**201988**	**7682459**	**2503165**	**3151787**	**2000577**	**-2296174**	**4183249**	**1577.39**	**3905250**	**67264**
3048858	114613	4818039	1425262	1119015	1000944	-1170864	2184755	818.32	1757660	30438
1548777	45377	1824778	691630	1218327	470180	-3285	1299176	499.73	1807600	21426
730974	41998	1039642	386273	814445	529453	-1122025	699318	259.34	339990	15400

2021年全国经营性互联网

	机构数/个	从业人员/人	资产总计/千元	营业收入	网络音乐	网络动漫	网络表演	其他	营业成本
总　计	**10069**	**308107**	**947772874**	**930186214**	**16511712**	**32635932**	**196323720**	**684714065**	**807463441**
按城乡分：									
城市	9351	300175	942739035	923570756	16448251	32455380	196107040	678559315	802052623
县城	467	5584	4135993	5315900	59351	166544	108400	4981585	4798849
县以下	251	2348	897846	1299558	4110	14008	108280	1173165	611969
按经营类别分：									
网络游戏	1396	55674	291120124	415080805	14446920	1584419	137611400	261438131	352306085
网络音乐	2398	51750	163997804	133875624	224829	9209537	111760	124329525	103030878
网络动漫	3031	57850	165616403	154980244	536233	1280208	35440620	117723405	144649706
网络表演	1903	142833	327038543	226249541	1303730	20561768	23159940	181223004	207476772
其他	1341								

续表

	本年应交税金总额	经营面积/万平方米	知识产权/种	拥有自主知识产权网络音乐数	拥有自主知识产权网络动漫数	注册用户数/个	运营网络文化产品数/种	网络音乐数
总　计	**28512245**	**587.88**	**1253893**	**158778**	**42998**	**73684651285**	**439584887**	**394311173**
按城乡分：								
城市	28316641	502.79	1248059	156402	42562	73025433163	439317956	394091306
县城	112505	9.27	5244	1726	382	615868414	238863	215849
县以下	83099	75.82	590	650	54	43349708	28068	4018
按经营类别分：								
网络游戏	10273390	70.13	472926	150114	8429	11753893283	395303668	364048699
网络音乐	9086671	155.86	125627	2467	28298	7645173464	2150352	113099
网络动漫	4480767	163.93	17713	1578	364	48028479418	27810674	19750112
网络表演	4671417	198.08	637627	4619	5907	6257105120	14320193	10399263
其他								

文化单位基本情况

损益/千元								工资、福利费、税金/千元	
				营业利润	营业外收入		利润总额	本年发放工资总额	本年支付的职工福利费
养老、医疗、失业等保险费	住房公积金和住房补贴	差旅费	工会经费			政府补助			
28744898	**9393054**	**10978447**	**915970**	**122722786**	**63547284**	**1786041**	**-17556277**	**2476669413**	**2930295**
28654187	9371466	10961728	897320	121518142	63477055	1754069	-18539674	2475588873	2890814
51682	17111	14377	18389	517057	64241	26346	1551430	937542	34343
39029	4477	2342	261	687587	5988	5626	-568033	142998	5138
3185910	1120095	473526	151059	62774735	50216743	864555	12413908	2270799307	912410
4540872	1737514	318089	55225	30844733	6537887	399767	-17246008	41756579	985903
13176464	4090099	8444247	155104	10330557	1607267	256473	8179214	9539557	316497
7841652	2445346	1742585	554582	18772761	5185387	265246	-20903391	154573970	715485

								出口情况	
		网络动漫数			网络表演主播数				
国产网络音乐数量	进口网络音乐数量		国产网络漫画数量	进口网络动画数量		国内网络主播数	国外网络主播数	出口额/千元	出口网络文化产品数量/个
135435922	**258875251**	**3724244**	**3130111**	**594133**	**41549470**	**41508868**	**40602**	**14049056**	**32567**
135216073	258875233	3706518	3112478	594040	41520132	41479534	40598	14045695	32557
215842	7	16954	16865	89	6060	6057	3	3361	9
4007	11	772	768	4	23278	23277	1		1
115769929	248278770	3493360	2927551	565809	27761609	27721732	39877	507220	24405
28945	84154	213098	185277	27821	1824155	1823743	412	11267877	7288
18892651	857461	2544	2358	186	8058018	8057825	193	1422052	638
744397	9654866	15242	14925	317	3905688	3905568	120	851907	236

2021年全国艺术品

	机构数/个	从业人员/人	资产总计/千元		
				营业收入	营业成本
总　计	**6146**	**20499**	**44169054**	**9000494**	**7630662**
按城乡分：					
城市	4979	13167	38624333	7947038	6635004
县城	858	4176	4337586	791816	813602
县以下	309	3156	1207135	261640	182056
按经营类别分：					
画廊	680	2649	4026301	909598	779180
画店	566	1461	1164597	539916	590212
艺术品拍卖企业	98	1387	8318475	919733	710990
艺术品展览机构	371	3842	13761903	2245061	1996693
艺术品电商平台企业	178	3744	4259563	2841665	1600765
文化产权交易所	817	7093	12327014	1482699	1900136
艺术品鉴定机构	42	200	247599	42739	36672
艺术品评估机构	17	123	63602	19083	16014
其他	3377				

续表

		经营面积/万平方米			
	本年应交税金总额		交易量/件	交易金额/千元	结算数量/件
总　计	**1564152**	**224.15**	**614165**	**47171410**	**1391337**
按城乡分：					
城市	1140023	101.42	562837	47148476	723641
县城	268504	71.31	39432	16300	373984
县以下	155625	51.42	11896	6634	293712
按经营类别分：					
画廊	129961	28.10	5653	476765	175537
画店	110413	7.22	14117	8925	128716
艺术品拍卖企业	253885	7.41	520008	17331462	56868
艺术品展览机构	660578	68.18	10304	7083	70906
艺术品电商平台企业	194580	7.54	28015	5319	330806
文化产权交易所	205002	104.37	35934	29341423	627054
艺术品鉴定机构	9067	0.79	134	433	1050
艺术品评估机构	666	0.55			400
其他					

经营机构基本情况

损益/千元					工资、福利费、税金/千元	
养老、医疗、失业等保险费	住房公积金和住房补贴	差旅费	工会经费	营业利润	本年发放工资总额	本年支付的职工福利费
222603	**71882**	**78162**	**13781**	**1369823**	**3350400**	**101394**
195571	67105	56761	10228	1312030	2436652	76618
20065	2978	15086	2363	-21788	832786	19311
6967	1799	6315	1190	79581	80962	5465
24049	7745	8316	1308	130412	333550	8541
9890	3063	7213	676	-50295	736541	2762
31967	11194	16393	1156	208745	208289	6586
57250	14957	15355	3105	248361	371980	12461
43553	16001	7859	1351	1240903	910993	33470
51977	17630	19326	6160	-417437	768151	36605
3230	620	2383	22	6066	13437	334
687	672	1317	3	3068	7459	635

拍卖情况					
结算金额/千元	展览（预展）场次/次	展览交易数量/件	展览交易金额/千元	艺术品进出口批次/次	艺术品进出口数量/件
13913370	**15839**	**513904**	**2689407**	**2676**	**475902**
7236410	5942	205008	384729	1613	36518
3739840	8402	53067	2146632	692	332262
2937120	1495	255829	158046	371	107122
1755370	1941	100107	697568	218	3213
1287160	901	6166	9318	107	1673
568680	723	10897	6443	81	1109
709060	4796	49296	242553	701	16398
3308060	839	12351	29756	374	13593
6270540	6498	334726	1703537	1162	439881
10500	28	328	142	33	35
4000	113	33	90		

2021年全国演出

	机构数/个	从业人员/人		资产总计/千元	
			演出经纪人员		营业收入
总　计	**4285**	**78862**	**11841**	**380102989**	**338052388**
按城乡分：					
城市	3966	72622	10828	370707235	335064205
县城	268	5372	874	9167706	2617282
县以下	51	868	139	228048	370901

续表

	工资、福利费、税金/千元		演　出项目数/个		
	本年支付的职工福利费	本年应交税金总额		涉外项目	港澳台项目
总　计	**1426275**	**14232199**	**98322**	**2809**	**617**
按城乡分：					
城市	1407061	14037763	95223	2728	537
县城	16656	158548	2776	20	27
县以下	2558	35888	323	61	53

经纪机构基本情况

损益/千元							
营业成本					营业利润	本年发放工资总额
	养老、医疗、失业等保险费	住房公积金和住房补贴	差旅费	工会经费		
295793991	**1498329**	**45510**	**418223**	**108947**	**42258396**	**47301081**
293067155	1447048	44710	398854	74477	41997047	46364995
2380049	46915	270	16340	34385	237234	887038
346787	4366	530	3029	85	24115	49048

	演出场次/万场次				观众人次/人次	经营面积/万平方米
内地项目		涉外项目演出场次	港澳台项目演出场次	内地项目演出场次		
94843	**71.32**	**13.15**	**0.40**	**57.71**	**424282862**	**1024.79**
91955	67.12	13.06	0.39	53.59	416012920	943.29
2679	2.92	0.08		2.85	7047837	75.47
209	1.28	0.01	0.01	1.27	1222105	6.03

2021年全国各地区文化市场经营机构基本情况

地区	机构数/个	从业人员/人	资产总计/千元	损益/千元				
				营业收入	营业成本	养老、医疗、失业等保险费	本年发放工资总额	营业利润
全国	**191018**	**1511112**	**1657466983**	**1369056258**	**1205367781**	**34266509**	**2559092283**	**163689380**
北京	3102	88610	493175720	581859907	510265540	9859423	153317477	71594326
天津	1722	18515	50816921	31655817	28824906	294864	2128263	2830907
河北	6626	26902	4665331	1619951	2282496	50530	482617	-662557
山西	4477	29743	5900840	1515930	1501777	61895	548913	14172
内蒙古	2796	13815	3049420	835917	818667	36267	274384	17259
辽宁	4157	24495	12338311	2957099	3024352	185363	2843661	-67260
吉林	2953	9840	2962496	930773	935430	45939	317900	-4649
黑龙江	3525	13933	5142208	1288547	1521350	81505	417809	-232804
上海	3049	60822	227022263	122914143	93232244	1454992	2267589283	29681906
江苏	17382	79131	55422649	21837149	18550700	7033396	8258839	3286458
浙江	8594	126478	83983654	86248178	80322755	6106432	34031494	5926073
安徽	12414	68895	16069534	11503574	9362922	756209	2480379	2140667
福建	5522	62214	24777782	12444614	11536117	269225	2778542	908525
江西	4219	28518	5889846	2501993	2383755	89166	978429	118249
山东	15947	62062	30233515	9652004	9411705	454743	2068505	240324
河南	15791	85877	21403787	11504220	10967783	239913	1825051	536453
湖北	8434	37369	26014622	27081318	24652047	307559	2642914	2429291
湖南	8606	76390	76314588	38359238	34299865	396147	5435868	4059365
广东	12824	237076	350524986	271684248	239649416	2909685	47669359	32034789
广西	2425	28566	6715499	3146102	2951245	502549	5633138	194877
海南	2750	18425	21697047	61454701	60010419	1292538	2857519	1444307
重庆	5177	51330	19537151	7967332	7155280	258170	1921023	812093
四川	14835	81467	41418302	30599243	24841079	987781	4391086	5758219
贵州	3663	38806	14215168	9913035	9186232	101753	1656210	726817
云南	6942	47079	14329058	3594350	3415225	95447	1323036	179142
西藏	892	7544	6848040	5082113	4884768	8695	297010	197352
陕西	4508	31180	6017781	3013220	3098579	132283	2393268	-85352
甘肃	3454	26266	9563455	2677396	2904672	131416	1034477	-227266
青海	650	8769	1571555	545585	815065	68965	827860	-269481
宁夏	1112	5747	16101697	1202370	1148895	10718	197764	53479
新疆	2470	15248	3743757	1466191	1412495	42941	470205	53699

2021年各地区娱乐场所基本情况

地区	机构数/个	从业人员/人	资产总计/千元	损益/千元					
				营业收入	营业成本	养老、医疗、失业等保险费	本年发放工资总额	本年应交税金总额	营业利润
全　国	**50504**	**511075**	**116153098**	**48557713**	**45529418**	**1437746**	**15725606**	**1101990**	**3028459**
北　京	472	5016	1528068	781758	814642	39199	190720	20461	-32901
天　津	384	4034	717109	393892	400615	13918	103517	5915	-6726
河　北	1490	8237	2100846	808412	1096516	19753	215817	46213	-288111
山　西	1070	7644	1343690	494726	443568	10435	174309	14428	51167
内蒙古	1273	5422	997714	381770	311860	18326	129836	8173	69917
辽　宁	2118	10009	1794082	702948	658483	47114	211378	31788	44462
吉　林	962	4261	869449	314331	285339	10300	111614	36390	28997
黑龙江	1603	5634	1355118	339300	305518	8332	119561	6888	33780
上　海	980	14430	6695044	3170382	2974960	121862	626072	148423	195430
江　苏	4131	30413	5032817	3365550	3190221	117060	970732	60788	175352
浙　江	2954	47212	7111557	5105512	4619154	155520	1452175	86433	486369
安　徽	2018	15560	3040456	1456848	1313259	36702	494418	21908	143598
福　建	2084	34667	9641208	3230394	3018841	69836	1085312	53366	211570
江　西	1046	13946	2020357	1078881	930598	17381	420423	19540	148289
山　东	2064	12990	2209590	1136403	1038856	39775	387748	19398	97557
河　南	1542	13102	1829508	813551	760240	24541	319456	18347	53313
湖　北	1264	11385	2436402	1058655	990371	35166	358190	17009	68287
湖　南	1778	25502	4020865	1993189	1858328	50005	791216	36873	134863
广　东	4249	74804	10394371	6455472	6365577	267574	2265102	202850	89893
广　西	874	16221	2016399	1233974	1164168	25431	466647	19360	69816
海　南	514	6140	845426	504989	488608	17920	222406	9652	16384
重　庆	1405	14160	2044603	1445176	1294231	46982	514265	26294	150959
四　川	3642	31784	4891713	3009303	2622860	105746	1018049	61553	386470
贵　州	1819	25274	5103728	2037410	1773081	37374	831170	41577	264330
云　南	3839	32975	9752119	2365317	2114680	38604	916326	37346	250647
西　藏	532	6349	5173882	1381179	1388114	5317	241085	9337	-6930
陕　西	956	8719	1453894	780424	758025	13818	274802	14388	22401
甘　肃	1367	8284	1662272	742471	675244	12037	269914	9696	67239
青　海	248	2476	315941	192424	161631	3373	66828	3471	30794
宁　夏	671	3583	15850134	1084857	1024061	6433	149133	3611	60796
新　疆	1155	10842	1904736	698215	687769	21912	327385	10514	10447

2021年各地区互联网上网

地区	机构数/个	从业人员/人	资产总计/千元	
				营业收入
全国	**101758**	**201499**	**35357450**	**16963086**
北京	297	1227	183002	76899
天津	775	1725	301517	151912
河北	4200	5242	880012	337757
山西	2486	4273	612855	259752
内蒙古	1247	3354	545087	233340
辽宁	1429	3343	454767	217279
吉林	1585	2762	485161	213738
黑龙江	1703	3605	586948	200371
上海	711	3453	2681225	557824
江苏	10554	12567	2167127	1235118
浙江	2987	10556	1702659	1134392
安徽	6992	10700	1934038	1008170
福建	2190	3833	526112	367344
江西	2596	6584	1070690	616584
山东	10724	9869	1495160	792933
河南	10100	15140	2118147	850504
湖北	6013	8374	1423093	706420
湖南	5751	18078	3110842	1596840
广东	5745	15712	2140668	1490462
广西	1031	5347	585524	351778
海南	899	1692	218963	119764
重庆	2004	8370	1245235	776985
四川	9256	19033	2745114	1576369
贵州	1649	7155	2688447	582127
云南	2775	5720	947187	404113
西藏	337	943	271869	122991
陕西	2562	5320	868048	384317
甘肃	1351	2547	501254	216643
青海	202	919	217221	90127
宁夏	404	1417	230270	107931
新疆	1203	2639	419208	182302

服务营业场所(网吧)基本情况

损益/千元				
营业成本	养老、医疗、失业等保险费	本年发放工资总额	本年应交税金总额	营业利润
19259321	**373390**	**5328609**	**201988**	**-2296174**
124599	4891	29929	967	-47704
613968	3150	42880	1650	-462054
652771	6372	100826	3844	-315019
282804	3645	78099	3021	-23051
251931	3802	68664	2248	-18584
281112	6331	68835	2169	-63830
245931	3671	64397	2533	-32191
265905	3601	59866	1954	-65534
587544	16970	162825	9435	-29717
1320520	32847	397713	13142	-85409
1193275	31445	373917	24122	-58870
958407	17942	281074	12218	49766
370924	5577	126678	2308	-3589
553824	9086	177354	6661	62762
788254	21539	209420	9727	4681
943065	15292	286282	10408	-92559
747983	15943	226956	6129	-41550
2482239	27170	475766	14922	-885402
1651741	52283	495810	39694	-161306
348191	6537	113826	1722	3590
127087	3738	40807	1252	-7318
725773	13552	241837	4025	51220
1542128	35344	518770	10245	34258
562672	9795	180132	5118	19463
419120	4914	133316	2958	-15000
119298	1883	37429	1217	3694
457196	6161	140964	3980	-72875
232666	2848	66768	1760	-16021
87068	921	27656	617	3060
107543	1392	35368	686	392
213782	4748	64445	1256	-31477

2021年各地区经营性互联网

地区	机构数/个	从业人员/人	资产总计/千元	损益/千元					
				营业收入					营业成本
					网络音乐	网络动漫	网络表演	其他	
全国	**10069**	**308107**	**947772874**	**930186214**	**16511712**	**32635932**	**196323720**	**684714065**	**807463441**
北京	1493	60759	369693395	417135788	1045428	604201	115626060	299860250	364938517
天津	137	5784	30528748	19807652	463190	247783	7358790	11737887	17618422
河北	15	66	25574	13220			120	13100	22855
山西	18	251	103530	28352	30	2727	630	24965	18627
内蒙古	10	100	61962	28768	547	410	600	27207	43848
辽宁	218	3315	3407469	955075	1815	7691	64010	881590	756408
吉林	26	274	919616	194227		122	4130	189977	147444
黑龙江	36	973	144745	90143	2318	4076	520	83232	89992
上海	519	20890	93934765	91873702	504794	2483917	4339370	84545625	64287614
江苏	500	10480	13243941	9295980	299198	351374	853550	7791744	6599896
浙江	614	16620	48725965	65078993	325374	20628207	5095490	39029922	61377291
安徽	232	2874	7421483	7930943	2062	9845	115520	7803556	6001196
福建	359	5595	6284991	5784203	218362	1103843	436750	4025257	5042635
江西	70	877	692788	418424	70532	65630	830	281444	368565
山东	230	3413	5226238	3376325	1315	39251	253760	3082016	2622457
河南	776	8718	9638235	7481432	13010	10237	104720	7353595	6892998
湖北	628	7653	11753398	14928757	229233	1633126	7920330	5146107	13587540
湖南	181	7808	27158141	17396247	7132	3742990	2343560	11302567	14725329
广东	1163	117037	279276662	205018508	10641503	811444	43758670	149806909	186087133
广西	421	4543	1658635	1123953	1881	6462	47500	1068162	1029640
海南	943	6301	7435444	30352366	12909	380008	6642330	23317109	29226247
重庆	278	4105	4083716	3992806	186301	109916	747370	2949249	3343672
四川	927	15698	23102881	22276230	2424162	316573	589320	18944981	17528037
贵州	13	217	139772	98027	20	21020	20	76967	100392
云南	26	375	372158	162970	4764	4697	760	152755	161696
西藏	3	58	574697	3281266				3281266	3212440
陕西	173	2513	1207161	842534	830	48387	17680	775633	666136
甘肃	38	347	341382	844656	625	1079	1040	841905	679906
青海	7	44	25108	4010	2434	371		1205	4086
宁夏	2	3	115	58				58	282
新疆	13	416	590159	370599	51943	545	290	317825	282140

文化单位基本情况

								工资、福利费、税金/千元	
养老、医疗、失业等保险费	住房公积金和住房补贴	差旅费	工会经费	营业利润	营业外收入	政府补助	利润总额	本年发放工资总额	本年支付的职工福利费
28744898	**9393054**	**10978447**	**915970**	**122722786**	**63547284**	**1786041**	**-17556277**	**2476669413**	**2930295**
9380762	5425785	463253	79777	52197252	50959826	539869	12083248	150361779	438445
183313	75086	23402	10787	2189234	134387	156116	1722841	1546189	23764
588	158	45	73	-9636	5	900	-9103	2903	182
1898	450	239	156	9725	1773	15592	-18474	12853	578
1746	274	871	127	-15082	12	20000	646	5740	273
38578	14346	4485	4231	198668	80963	6367	-472800	169179	8764
6035	2327	375	340	46785	1234	430	19010	39620	1599
4667	1081	714	454	151	15394	12550	8379	24300	925
947239	377381	107026	24546	27586079	271463	162560	20329892	2263802607	340151
6615718	89340	8167441	25100	2696080	87823	45705	-1828476	3838001	50751
5699822	1851544	112481	62753	3701702	4557781	234232	-61642184	29369726	771738
631950	34833	12296	61135	1929744	34739	27749	392279	1054882	101414
66755	49434	16958	8862	741578	123091	45626	405421	694308	20000
15954	5528	5631	151	49859	4926	3246	-146732	148005	13228
166265	17014	9183	1827	753868	37096	26199	782244	369206	11240
80121	15211	19834	4633	588437	57788	8287	-1508521	522588	19509
126477	132633	26396	1655	1341218	64231	48087	-47002	1020713	36862
117396	41579	84721	6673	2670913	114632	145851	2371898	2167186	60889
2083740	735025	1624345	530304	18931370	1466155	142972	12134779	11167353	292117
458149	5368	6824	2113	94321	15522	11553	8830	4954660	9006
1233704	211254	227129	17309	1126135	137162	6474	-178346	2368098	233854
98138	51545	8424	1370	649141	5231446	7951	4542966	539530	15717
746184	245689	41926	66777	4748204	61564	58384	-6872931	2076550	468096
2335	630	361	247	-2366	859	3283	-1736	11555	398
3251	1082	1107	634	1275	12354	4284	-2646	23360	758
969	283	132		68826	17608	99	86026	10885	441
24922	5995	9171	3620	176398	10570	8080	-3238	322319	8658
1756	244	1266	137	164747	41884	41849	196396	11622	349
329	123	257	8	-75	566	557	405	2090	220
11				-224			-144	171	
6126	1812	2154	171	88459	4430	1189	90796	31435	369

续表

地　区		经营面积/万平方米	知识产权/种			注册用户数/个	运营网络文化产品数/种	
	本年应交税金总额			拥有自主知识产权网络音乐数	拥有自主知识产权网络动漫数			网络音乐数
全　国	**28512245**	**587.88**	**1253893**	**158778**	**42998**	**73684651285**	**439584887**	**394311173**
北　京	11765370	51.78	46351	14267	8619	51036621655	42710930	40842825
天　津	885401	6.7	2728	831	465	916215419	17212129	17005425
河　北	90	1.56	17			42758	8	
山　西	196	0.65	33			985467	12330	10000
内蒙古	699	0.23	4	1	3	4111	55	17
辽　宁	54151	24.25	1383	134	852	72965712	6774	143
吉　林	4329	0.24	1439	3	160	340789	166	
黑龙江	7759	1.97	291	72		1362756	7001	6230
上　海	3427275	32.11	20937	6064	6298	5570800408	48716478	25574404
江　苏	266125	17.17	5831	439	1072	1154846372	28388018	28300811
浙　江	6030311	105.11	670419	65266	1612	2181311929	61650969	60174832
安　徽	360247	6.34	1271	77	87	40499626	1338	130
福　建	152855	7.73	35923	419	7587	2744895517	83284	55064
江　西	8917	1.04	599	13	241	152108165	6287	192
山　东	183875	8.36	5852	1487	684	44332051	7157	5001
河　南	108954	38.54	3488	3630	1282	37230830	79636	55014
湖　北	550255	7.35	13217	328	1294	957819046	7304774	112131
湖　南	416594	10.46	16255	803	1236	1022705787	448966	405448
广　东	1524665	127.35	383484	52814	4150	6659915034	192441877	181519079
广　西	22015	10.34	2447	226	110	3300205	3091	617
海　南	1433393	8.06	7199	1414	3730	600774914	208370	37354
重　庆	145539	5.95	1692	232	774	33351295	87473	70275
四　川	663899	34.16	26607	6637	2038	400131282	40109649	40052685
贵　州	657	0.5	510	208	23	14227044	558	511
云　南	2568	1.12	1203	1149	13	989527	2734	2617
西　藏	412428	0.07	17			29646	10	10
陕　西	48859	76.3	1962	64	488	34402971	52217	38217
甘　肃	17449	0.57	1635	1518	71	1328297	10889	10753
青　海	127	0.08	15	14		127610	29765	29630
宁　夏		0.01				12001	130	50
新　疆	17243	1.78	1084	668	109	973061	1824	1708

								出口情况	
国产网络音乐数量	进口网络音乐数量	网络动漫数	国产网络漫画数量	进口网络动画数量	网络表演主播数	国内网络主播数	国外网络主播数	出口额/千元	出口网络文化产品数量/个
135435922	**258875251**	**3724244**	**3130111**	**594133**	**41549470**	**41508868**	**40602**	**14049056**	**32567**
36648524	4194301	79457	78036	1421	1788648	1788435	213	67743	516
17005425		1338	1330	8	205366	205366		15642	38
					8	8			
10000		2305	2305		25	25			
17		5	5		33	33			
143		1111	1111		5520	5511	9	50	
		152	152		14	14			
6230		251	251		520	520		497	21
6091320	19483084	3486285	2920581	565704	19655789	19616117	39672	9808269	63
2584808	25716003	2484	2470	14	84723	84689	34	259060	493
10114518	50060314	22365	22259	106	1453772	1453771	1	57772	87
130		408	408		800	800		1370606	66
53471	1593	24038	18425	5613	4182	4182		288197	242
192		5871	5871		224	224			
4956	45	1727	1724	3	429	429			16
52872	2142	4407	4039	368	20215	20129	86	34410	514
112130	1	52112	32111	20001	7140531	7140524	7	366090	29
355309	50139	7996	7579	417	35522	35521	1	673326	5598
22174057	159345022	12857	12444	413	10909941	10909820	121	851259	24140
617		189	187	2	2285	2280	5	247143	4
37209	145	6070	6033	37	164946	164945	1	2063	8
70275		1906	1905	1	15292	15282	10		5
40048432	4253	2930	2910	20	54034	54003	31	6545	717
511		22	22		25	25			
2615	2	100	98	2	17	17			
10									
20210	18007	7521	7519	2	6479	6068	411	384	10
10553	200	94	94		42	42			
29630		135	135						
50					80	80			
1708		108	107	1	8	8			

2021年各地区艺术品

地　区	机构数/个	从业人员/人	资产总计/千元		
				营业收入	营业成本
全　国	**6146**	**20499**	**44169054**	**9000494**	**7630662**
北　京	178	1707	12511335	1403244	1920660
天　津	34	176	463215	62404	59233
河　北	48	138	204442	12982	13286
山　西	56	904	1863515	49242	36471
内蒙古	59	290	40047	8816	6591
辽　宁	75	207	78962	35674	29308
吉　林	184	37	14356	1567	1658
黑龙江	14	80	14080	1118	767
上　海	267	2650	7681962	2425344	2092368
江　苏	823	2675	4848601	1002131	685644
浙　江	243	2343	4369167	1854763	535723
安　徽	259	424	460058	74453	56710
福　建	218	569	432413	271350	242018
江　西	100	86	49525	31939	26761
山　东	1087	2075	5517044	654497	821184
河　南	1025	851	429487	97039	231438
湖　北	48	72	57183	6409	5657
湖　南	140	1186	1061164	233361	228126
广　东	451	1039	2026508	338615	282122
广　西	4	8	120	190	70
海　南	111	98	475499	2153	3366
重　庆	102	803	162740	67824	59419
四　川	162	663	611715	231763	187765
贵　州	9	192	14690	12195	11175
云　南	5	10	1060	430	248
西　藏					
陕　西	141	288	108518	45821	38650
甘　肃	254	646	577642	59026	44308
青　海	48	282	94006	16144	9936
宁　夏					
新　疆	1				

经营机构基本情况

损益/千元					工资、福利费、税金/千元	
养老、医疗、失业等保险费	住房公积金和住房补贴	差旅费	工会经费	营业利润	本年发放工资总额	本年支付的职工福利费
222603	**71882**	**78162**	**13781**	**1369823**	**3350400**	**101394**
43756	15962	13414	1288	-517417	669143	18833
1779	621	642	41	3169	9242	311
687	50	2080	24	-304	3303	371
962	300	1378	214	12770	14974	958
121	40	160	86	2224	1547	131
1482	172	541	157	6367	5181	10551
72	14	12	8	-91	727	33
18		70		351	99	4
59769	16150	18994	2457	332976	326675	12774
34939	16339	7452	2600	316483	823888	9006
19229	9473	4253	477	1319036	324063	7195
1494	232	2048	1307	17744	19539	671
4299	1954	1950	340	29333	38929	1556
18	10	63	10	5179	1702	66
20044	4494	3956	1299	-166686	115253	7019
3642	492	1935	630	-134395	22499	1520
498	52	603	55	752	2309	100
4658	1181	2683	943	5236	136119	4115
8722	1956	8832	280	56489	76507	8625
13		5		120	70	5
631	275	194	54	-1213	3952	132
2830	488	924	236	8402	19946	2733
9869	823	3334	363	44000	34423	1823
684		263	113	1020	2893	273
18				182	204	10
472	89	593	73	7170	6780	560
1731	705	1429	686	14718	218838	1750
166	10	354	40	6208	471595	10269

续表

地　区	本年应交税金总额	经营面积/万平方米	交易量/件	交易金额/千元	结算数量/件
全　国	**1564152**	**224.15**	**614165**	**47171410**	**1391337**
北　京	296710	16.97	36259	9399970	60861
天　津	7814	0.95	9215	98399	7830
河　北	172	1.05			5560
山　西	4308	19.86	3745	1836	60926
内蒙古	101	3.27	344	453	9703
辽　宁	26725	2.52	1853	1110	9983
吉　林	5013	3.94	130	48	3610
黑龙江		0.87	10	50	73
上　海	199372	18.27	47487	2542656	72432
江　苏	226384	26.92	15212	5400	222820
浙　江	93119	5.84	422912	33787972	35316
安　徽	1595	3.87	21064	4146	159655
福　建	10868	13.99	803	47750	21446
江　西	10	6.08	61	12	799
山　东	31598	48.12	6173	6434	194869
河　南	2376	12.82	2260	1403	30033
湖　北	182	0.49	124	272	1247
湖　南	361468	7.56	11042	2579	94261
广　东	40796	7.20	25099	795094	172203
广　西	1	0.02	18	90	18
海　南	576	0.42	606	60	2415
重　庆	98001	2.75	59	125	59180
四　川	9148	11.89	206	478	56274
贵　州	288	0.19	6	15	2006
云　南	8	0.04	35	100	35
西　藏					
陕　西	447	2.07	645	465558	33783
甘　肃	1978	4.95	6621	9267	48323
青　海	145094	1.23	2176	133	25676
宁　夏					
新　疆					

拍卖情况					
结算金额/千元	展览(预展)场次/次	展览交易数量/件	展览交易金额/千元	艺术品进出口批次/次	艺术品进出口数量/件
13913370	**15839**	**513904**	**2689407**	**2676**	**475902**
608610	299	21911	10016	397	3248
78300	442	6218	52340	144	5056
55600	6	10	87	2	30
609260	180	7270	3191	54	1021
97030	103	1225	1410	67	189
99830	109	677	914	17	1794
36100	10	30	28	1	1
730	40	50	138		
724320	1061	76116	101585	432	8218
2228200	1439	21086	262258	421	6776
353160	294	2439	23658	16	149
1596550	609	17591	8511	7	339
214460	290	1912	7372	207	13285
7990	377	67	151	16	80
1948690	3423	60180	27591	246	331508
300330	1013	5392	1871	5	12
12470	18	1	120		
942610	518	39043	13020	53	669
1722030	1365	29433	655357	302	100364
180	6	2	11		
24150	86	58	87	9	40
591800	521	209577	1859	52	2489
562740	1227	2107	8048	6	23
20060	24	6	30	1	
350	1				
337830	175	2239	2593	4	10
483230	2121	6879	6916	197	581
256760	82	2385	1500245	20	20

2021年各地区演出

地　区	机构数/个	从业人员/人	演出经纪人员	资产总计/千元	营业收入
全　国	**4285**	**78862**	**11841**	**380102989**	**338052388**
北　京	135	6259	443	105946297	161172768
天　津	192	2342	547	12426736	10531096
河　北	56	334	101	524686	162608
山　西	70	973	233	260428	229170
内蒙古	56	411	163	185520	60291
辽　宁	107	1284	325	1142672	260612
吉　林	47	273	111	81510	72329
黑龙江	72	1073	270	1502359	304809
上　海	243	9764	763	109961037	22769464
江　苏	584	7861	1293	17885958	4751921
浙　江	292	5228	983	10719760	10244502
安　徽	24	345	67	69335	24802
福　建	161	2206	377	1572556	1754832
江　西	46	270	85	216186	55305
山　东	255	2791	670	5862494	2030294
河　南	165	1675	311	1937712	777117
湖　北	125	2477	123	9340652	10046102
湖　南	122	5495	378	30461273	15514578
广　东	757	16176	2147	41812855	55771218
广　西	23	958	89	1199674	263623
海　南	138	1799	385	10047272	30118714
重　庆	79	2141	306	1219414	483785
四　川	110	1521	336	5907175	2735038
贵　州	57	1437	258	3430846	6820511
云　南	45	379	153	257670	83465
西　藏	3	41	6	791302	287959
陕　西	146	1546	397	801647	339233
甘　肃	79	680	238	3846877	154364
青　海	25	555	77	90150	42986
宁　夏					
新　疆	71	568	206	600936	188892

经纪机构基本情况

损益/千元						
营业成本	养老、医疗、失业等保险费	住房公积金和住房补贴	差旅费	工会经费	营业利润	本年发放工资总额
295793991	**1498329**	**45510**	**418223**	**108947**	**42258396**	**47301081**
141157172	274585	190	35786	5660	20015600	1638598
9311474	40050	2480	12697	1755	1219620	209645
156625	3387		2256	612	5981	26512
211815	4859	40	1041	329	17358	25702
64752	2330	10	995	591	-4463	15926
237831	11203	20	3002	767	22781	2118131
64964	1836		1019	179	7363	12036
376743	12614	10	3084	840	-71932	59321
20971381	174012	5720	59174	7907	1798079	1908648
4493873	102835	1310	52810	7701	258056	1534842
9824528	84726	2170	24054	4990	419974	1520489
19203	1058		541	176	5599	6411
1594207	22521	120	9995	3042	160631	259353
55893	1725	540	2045	193	-589	18797
2232254	48542	100	16961	9229	-201958	252077
786665	11844	200	6018	1723	-9548	108842
8878604	90846	10	5406	878	1167498	852309
12980738	88003	22370	30572	5701	2533838	1156882
42462064	378550	9060	106450	6261	13309147	32949890
241447	9349		808	531	22176	61250
29823560	18419	160	4725	31842	295155	122385
387510	9815	100	3769	1656	96275	92068
2128525	45448	210	13146	10070	606510	452789
6363263	28069	180	10872	2191	457252	512088
81703	1695	150	1438	76	1759	21335
158500	359		44		129459	3469
307596	12157	290	4473	2950	31632	1276809
161453	6666	70	2093	622	-7089	37855
65981	4354		702	95	-22994	20687
193667	6472		2247	380	-4774	25935

续表

地　区	工资、福利费、税金/千元		演　出 项目数/个		
	本年支付 的职工 福利费	本年应交 税金总额		涉外项目	港澳台项目
全　国	**1426275**	**14232199**	**98322**	**2809**	**617**
北　京	60700	7061092	23080	101	12
天　津	9574	723040	23384	66	14
河　北	2383	7359	161	6	
山　西	386	5911	272	2	4
内蒙古	991	3613	169	5	2
辽　宁	3274	22601	814	31	4
吉　林	512	2252	91	1	
黑龙江	1482	38183	460	6	1
上　海	113827	436653	23950	269	47
江　苏	47818	325268	3538	187	50
浙　江	35105	159203	4996	1132	104
安　徽	573	755	399	1	3
福　建	9686	1019901	1011	51	11
江　西	2922	2536	410	59	53
山　东	8463	127654	1687	174	8
河　南	7034	18602	779	22	19
湖　北	24629	198972	514	1	1
湖　南	30871	365863	1292	55	33
广　东	795417	2218462	5428	292	164
广　西	1095	89195	307	3	
海　南	6088	650320	596	108	11
重　庆	1788	50680	1053	31	7
四　川	37904	36311	916	18	21
贵　州	13520	419153	666	49	12
云　南	423	3797	463	110	14
西　藏		18602	101	2	
陕　西	204635	211981	848	22	15
甘　肃	2430	7639	515	4	7
青　海	1331	1425	293		
宁　夏					
新　疆	1414	5176	129	1	

内地项目	演出场次/万场次	涉外项目演出场次	港澳台项目演出场次	内地项目演出场次	观众人次/人次	经营面积/万平方米
94843	**71.32**	**13.15**	**0.40**	**57.71**	**424282862**	**1024.79**
22967	15.01	0.73		14.29	31289644	23.99
23304	8.95	0.35	0.02	8.55	5435996	22.02
155	0.11	0.07		0.04	174650	5.72
266	0.26			0.26	1250492	9.91
162	0.25	0.05		0.19	449162	3.85
776	0.43	0.11		0.30	1809507	17.96
90	0.02			0.02	74647	0.90
453	0.27	0.04		0.24	643718	15.00
23634	15.92	0.97	0.05	14.91	46417054	39.99
3251	5.36	0.85	0.01	4.51	42896399	155.02
3760	4.66	2.85	0.01	1.77	14514940	125.10
395	0.10			0.10	681700	6.42
949	0.59	0.21		0.37	815773	24.85
298	0.06	0.03	0.01	0.03	84370	1.49
1505	1.66	0.37		1.30	24297839	34.10
738	0.29	0.13		0.16	840999	25.66
512	0.12	0.02		0.10	110862445	4.36
1204	2.00	0.99	0.22	0.79	33482074	127.20
4972	8.16	1.98	0.08	6.11	62052169	137.26
304	0.28	0.01		0.27	4993515	5.53
477	1.27	0.82		0.44	11476353	105.79
1015	1.03	0.66		0.38	1269831	9.84
877	0.42			0.41	1464432	20.04
605	0.23	0.04		0.19	6569834	11.67
339	1.81	1.61		0.20	8034625	2.73
99	0.02			0.01	81090	
811	1.60	0.26		1.33	7867884	15.63
504	0.28			0.28	3580245	33.70
293	0.05			0.05	607898	6.27
128	0.11			0.11	263577	32.79

7 文 物

按年份各地区文物业藏品数

单位：件(套)

地　区	1995年	2000年	2005年	2010年	2015年	2019年	2020年	2021年
全　国	**11331575**	**12491531**	**19964963**	**28642200**	**41388558**	**51301927**	**50891012**	**55804468**
北　京	167342	181864	1152341	3735879	3678397	4426246	4653639	5582440
天　津	546695	553684	598813	955735	1025328	1056414	1105699	1106233
河　北	617098	668097	527123	554831	613234	564751	578198	599096
山　西	394648	397373	897875	775959	1197673	1759224	1834054	1872753
内蒙古	352021	367847	442177	461499	572423	1055315	1278889	1319143
辽　宁	225092	214994	423106	724758	754521	890550	614612	1468786
吉　林	163694	168976	190796	299574	461091	669961	685391	871955
黑龙江	162820	166115	168899	218877	773220	1016202	1022374	1004267
上　海	203424	268984	1496698	1444185	3850202	4907843	2115495	3464779
江　苏	771836	803066	1933152	2490474	2601976	2839683	2566899	2478972
浙　江	396543	494206	869053	896263	1331284	1554476	1666243	1782954
安　徽	328780	432385	446566	822095	1021742	1086317	963140	981711
福　建	218598	263587	419697	445866	561053	684439	749831	753102
江　西	202575	241239	387165	643335	609512	614660	687073	793978
山　东	591720	792763	811316	1448056	2090547	4617164	4875467	4900786
河　南	1021544	1260014	1435202	1833281	2101398	2102575	2119935	2193023
湖　北	560737	615162	983730	1464517	1947865	2451046	2571659	2679736
湖　南	278609	277841	532768	857677	985246	1016508	804243	872678
广　东	456762	498102	988920	1121797	1283237	1561236	2658274	2881374
广　西	232666	211091	301908	347472	508649	388157	440823	496105
海　南	24938	48731	30140	58398	45155	150445	192176	195728
重　庆		237413	301849	754363	689914	624807	672506	806016
四　川	675154	457941	752459	1147088	3679655	4312962	4849733	4893470
贵　州	36892	41579	54690	119594	139048	153374	218920	264434
云　南	214693	244475	299465	453712	1301043	1668431	1653623	1697796
西　藏	127026	68650	212691	143071	262984	287755	393805	274339
陕　西	502005	533192	883408	946083	2885836	4077113	4042375	4599006
甘　肃	249723	280812	429726	546332	609895	695668	773582	801225
青　海	75233	97052	141121	186276	179008	91858	103151	97208
宁　夏	37881	48620	77025	84093	103783	367622	370692	402394
新　疆	72457	94477	107777	150646	241046	262365	239061	245989

按年份各地区博物馆机构数

单位：个

地区	1995年	2000年	2005年	2010年	2015年	2019年	2020年	2021年
全国	**1194**	**1384**	**1581**	**2435**	**3852**	**5132**	**5452**	**5772**
北京	17	25	34	41	40	81	80	79
天津	14	14	18	18	22	68	71	69
河北	31	43	46	65	107	136	148	172
山西	69	76	86	89	100	158	159	182
内蒙古	17	25	33	54	84	125	172	168
辽宁	26	30	39	61	64	65	65	65
吉林	16	16	18	57	76	107	107	105
黑龙江	29	41	46	76	158	193	191	177
上海	12	11	25	27	99	98	107	116
江苏	72	86	99	213	312	345	367	366
浙江	59	68	80	100	224	366	406	425
安徽	30	37	43	120	171	219	230	223
福建	64	81	82	94	98	130	132	140
江西	82	81	82	108	137	143	172	189
山东	56	59	75	114	312	541	577	629
河南	66	70	79	111	248	340	336	367
湖北	88	94	91	120	175	213	214	227
湖南	57	66	73	81	113	117	122	162
广东	114	128	146	169	177	241	296	339
广西	37	39	49	64	124	131	142	169
海南	17	15	16	16	18	27	35	39
重庆		14	18	37	78	104	105	111
四川	54	50	55	108	225	256	258	267
贵州	4	8	11	59	73	91	92	97
云南	22	30	32	120	86	140	161	165
西藏	2	2	2	2	7	7	8	13
陕西	59	67	82	106	249	294	309	312
甘肃	52	65	69	102	150	224	226	228
青海	8	14	15	18	23	24	24	24
宁夏	3	4	6	6	12	55	54	64
新疆	12	23	28	71	86	90	81	78

2021年全国

	机构数/个	从业人员/人			
			专业技术人才		
				正高级职称	副高级职称
总　计	**10545**	**181492**	**55221**	**3006**	**8712**
按单位类型分：					
文物科研机构	132	5970	2955	357	675
文物保护管理机构	2257	30212	8998	165	1151
博物馆	5772	125704	41257	2350	6518
文物行政部门	2086	13883			
其他文物机构	298	5723	2011	134	368
按隶属关系分：					
中央	12	3758	2063	284	582
省区市	311	21765	9421	853	2116
地市	1782	53061	18267	874	3003
县市区	8440	102908	25470	995	3011
按部门分：					
文物部门	8302	148484	46888	2200	7334
其他部门	2243	33008	8333	806	1378

续表 1

	在藏品数中				
	本年从有关部门接收文物数	本年藏品征集数	本年修复藏品数/件(套)		
				一级品	二级品
总　计	**85848**	**520053**	**124372**	**287**	**10316**
按单位类型分：					
文物科研机构	1341		51581	50	7813
文物保护管理机构	1910	29353	23653	12	25
博物馆	81461	411340	47644	220	2360
文物行政部门	1136	11656	806	5	72
其他文物机构		67704	688		46
按隶属关系分：					
中央	19	12208	22042	43	7722
省区市	6198	171996	22593	74	962
地市	61294	95280	39910	108	1040
县市区	18337	240569	39827	62	592
按部门分：					
文物部门	84028	403138	117963	263	10256
其他部门	1820	116915	6409	24	60

文物业基本情况

中级职称	安全保卫人员	登记注册志愿者/人	藏品数/件(套)	一级品	二级品	三级品	本年新增藏品/件(套)
22886	**38064**	**242124**	**55804468**	**99557**	**650116**	**3802778**	**869237**
1092	386	667	1639465	1658	4472	28872	35581
3800	5434	12115	1483468	6863	22151	134092	48683
17228	32154	229223	46648282	85960	598330	3438616	682885
			1485915	3865	18780	191182	13350
766	90	119	4547338	1211	6383	10016	88738
848	930	495	3422992	14963	288245	878094	34401
3863	3500	28083	16736725	38761	196385	1402164	210863
7948	10949	82627	10562711	17562	79943	642796	252172
10227	22685	130919	25082040	28271	85543	879724	371801
19843	30781	184718	41929432	94497	636760	3754008	701447
3043	7283	57406	13875036	5060	13356	48770	167790

三级品	基本陈列/个	临时展览/个	参观人次/万人次	未成年人参观人次	境外观众参观人次	门票销售总额/千元	本年收入合计/千元
23268	**17597**	**15608**	**84590.57**	**19911.55**	**376.49**	**5169934**	**70465551**
13568	17	37	325.11	31.77	0.27	95055	4885599
488	781	439	9415.00	1757.62	27.92	2103742	9648731
8686	16799	15132	74850.45	18122.24	348.35	2971137	39965014
366							11890393
160							4075814
13092	47	123	1094.71	116.96	8.66	358824	2614736
3031	496	889	6661.90	1327.28	28.40	658718	13102809
3562	3584	4705	26634.68	5538.15	46.50	1584586	22703207
3583	13470	9891	50199.28	12929.16	292.93	2567806	32044799
22999	11217	12274	68160.66	16120.90	273.15	4276547	61524980
269	6380	3334	16430.09	3790.83	103.30	893387	8940571

续表 2

	财政拨款预算收入	上级补助收入	事业预算收入	经营收入	附属单位上缴收入
总　计	**55689425**	**1931725**	**4312165**	**2003554**	**14200**
按单位类型分：					
文物科研机构	2962930	10144	1517441	170150	
文物保护管理机构	7831263	288910	794010	173906	6454
博物馆	33204102	1620808	1804205	1485907	7746
文物行政部门	11144037				
其他文物机构	547093	11863	196509	173591	
按隶属关系分：					
中央	1729632		536785	95650	
省区市	9836263	1645	1952352	265545	947
地市	20178112	214159	757432	340482	960
县市区	23945418	1715921	1065596	1301877	12293
按部门分：					
文物部门	50936239	784383	4097643	791629	10719
其他部门	4753186	1147342	214522	1211925	3481

续表 3

	劳务费	福利费	各种税金支出	对个人和家庭补助支出	抚恤金和生活补助
总　计	**3238190**	**258312**	**199239**	**1106636**	**199922**
按单位类型分：					
文物科研机构	839116	7033	67085	86856	8201
文物保护管理机构	275227	51200	21803	217704	64968
博物馆	1829546	174766	86775	628113	84073
文物行政部门	170714	16710	10955	163354	39605
其他文物机构	123587	8603	12621	10609	3075
按隶属关系分：					
中央	138499	6630	17365	33261	3630
省区市	754109	40676	70436	228004	38068
地市	1120400	63665	56997	520634	85008
县市区	1225182	147341	54441	324737	73216
按部门分：					
文物部门	3035159	210741	166791	993571	139074
其他部门	203031	47571	32448	113065	60848

其他收入	本年支出合计(千元)	基本支出	项目支出	经营支出	在支出合计中		
					工资福利支出	商品和服务支出	差旅费
6514482	**76312166**	**27563387**	**37533077**	**2354725**	**20278012**	**24213158**	**399680**
224934	4639189	980500	3435168	183292	643793	3178223	101572
554188	10056720	4007760	5616823	145002	2926555	3132083	30738
1842246	46122858	19694598	19271365	1895324	14794836	14144230	212324
746356	12057613	2521636	8843203		1689873	3392583	44800
3146758	3435786	358893	366518	131107	222955	366039	10246
252669	2637898	1234542	1292066	242	792497	1126020	16470
1046057	12155422	3387947	7712116	251730	2654108	5303764	156538
1212062	24555584	10074517	12756820	332649	7793582	8954371	85647
4003694	36963262	12866381	15772075	1770104	9037825	8829003	141025
4904367	64469512	23065057	34572057	869756	17596483	22019427	358945
1610115	11842654	4498330	2961020	1484969	2681529	2193731	40735

其他资本性支出	各种设备、交通工具、图书购置费	资产总计/千元	固定资产原值	实际使用房屋建筑面积/万平方米	展览用房	文物库房	实际拥有产权面积/万平方米
8116413	**992479**	**604267397**	**247635618**	**4742.35**	**1708.97**	**269.83**	**3726.23**
321178	82570	6454587	1175893	44.91	9.80		20.82
1006230	39315	20901642	8178585	1109.26	108.96	15.84	946.76
5464348	800096	516465715	226709836	3443.92	1572.21	251.01	2652.58
1208321	62309	38766090	9221835	108.38			78.63
116336	8189	21679363	2349469	36.26	18.16	3.04	27.34
442688	69737	6783301	2787716	55.00	12.05	6.59	60.68
1634458	326681	42331286	16649674	357.78	126.72	46.64	214.75
2510927	280158	204870926	108380979	1078.10	467.50	73.30	1269.57
3528340	315903	350281884	119817249	3251.47	1102.70	143.30	2181.23
6518571	917491	394391617	188991859	3705.37	1215.75	205.25	3034.86
1597842	74988	209875780	58643759	1037.33	493.42	64.73	691.32

2021年全国文物保护

	机构数/个	从业人员/人			
			编制人员数	在编人员数	专业技术人才
总　　计	**2257**	**30212**	**20016**	**17106**	**8998**
按隶属关系分：					
中央					
省区市	10	343	184	157	113
地市	261	10293	7176	6243	2933
县市区	1986	19576	12656	10706	5952
按部门分：					
文物部门	2225	27632	17865	15278	8543
其他部门	32	2580	2151	1828	455
按机构类型分：					
区域性文物保护管理机构	1634	15515	10461	9197	6045
专门为一处或几处文物保护单位设立的保护管理机构	623	14697	9555	7909	2953

续表 1

		在藏品数中			本年修复文物数/件(套)
	三级品	本年新增藏品/件(套)	本年从有关部门接收文物数	本年藏品征集数	
总　　计	**134092**	**48683**	**1910**	**29353**	**23653**
按隶属关系分：					
中央					
省区市	9254				3
地市	9988	9811	553	2332	3578
县市区	114850	38872	1357	27021	20072
按部门分：					
文物部门	133281	48509	1910	29353	23653
其他部门	811	174			
按机构类型分：					
区域性文物保护管理机构	98008	47472	1791	28688	23258
专门为一处或几处文物保护单位设立的保护管理机构	36084	1211	119	665	395

管理机构基本情况

正高级职称	副高级职称	中级职称	安全保卫人员	登记注册志愿者人数/人	藏品数/件(套)	文物藏品	一级品	二级品
165	**1151**	**3800**	**5434**	**12115**	**1483468**	**882221**	**6863**	**22151**
6	23	37	75		114937	438	108	1346
102	525	1291	1179	3222	146692	91480	316	1030
57	603	2472	4180	8893	1221839	790303	6439	19775
154	1062	3607	5266	11984	1475364	879617	6843	22070
11	89	193	168	131	8104	2604	20	81
118	779	2573	2657	7833	1200627	775426	4574	14885
47	372	1227	2777	4282	282841	106795	2289	7266

一级品	二级品	三级品	基本陈列/个	临时展览/个	参观人次/万人次	未成年人参观人次	境外观众参观人次	举办社会教育活动/次
12	**25**	**488**	**781**	**439**	**9415.10**	**1757.67**	**27.93**	**20545**
					26.92	0.38		14
	1	159	158	60	3608.09	436.21	2.83	4090
12	24	329	623	379	5780.09	1321.08	25.10	16441
12	25	488	774	431	8719.57	1710.63	27.92	20353
			7	8	695.52	47.04	0.01	192
2	22	438	573	348	4378.06	851.62	9.95	11658
10	3	50	208	91	5037.04	906.08	17.97	8887

续表 2

			门票销售总额/千元		
	参加活动人次/万人次	未成年人参加人次		省部级及以上科研课题数/项	专利/项
总　计	**488.05**	**192.24**	**2103742**	**9**	**3**
按隶属关系分：					
中央					
省区市	0.24	0.05	9830	1	
地市	97.75	31.83	997826	5	2
县市区	390.06	160.36	1096086	3	1
按部门分：					
文物部门	481.96	191.70	1706136	9	3
其他部门	6.10	0.54	397606		
按机构类型分：					
区域性文物保护管理机构	257.76	102.64	520673	5	2
专门为一处或几处文物保护单位设立的保护管理机构	230.31	89.61	1583069	4	1

续表 3

				本年支出合计/千元	
	经营收入	附属单位上缴收入	其他收入		基本支出
总　计	**173906**	**6454**	**554188**	**10056720**	**4007760**
按隶属关系分：					
中央					
省区市			5260	126605	53034
地市	60249	689	323864	4505287	1634406
县市区	113657	5765	225064	5424828	2320320
按部门分：					
文物部门	164707	6454	551672	9050288	3600531
其他部门	9199		2516	1006432	407229
按机构类型分：					
区域性文物保护管理机构	39033	10	126259	6123719	2288677
专门为一处或几处文物保护单位设立的保护管理机构	134873	6444	427929	3933001	1719083

本年完成科研成果					本年收入合计/千元			
专著或图录/册	论文数/篇	古建维修、考古发掘报告/册	获国家奖/项	获省、部奖/项		财政拨款预算收入	上级补助收入	事业预算收入
1291	**280**	**28**	**6**	**24**	**9648731**	**7831263**	**288910**	**794010**
4	12				221189	128914	52	86963
1264	184	9	4	11	4281291	3480484	47955	368050
23	84	19	2	13	5146251	4221865	240903	338997
1258	273	25	6	23	8809008	7021019	285180	779976
33	7	3		1	839723	810244	3730	14034
1231	187	24	5	20	5921265	4956148	197721	602094
60	93	4	1	4	3727466	2875115	91189	191916

项目支出	经营支出	在支出合计中						
		工资福利支出	商品和服务支出					对个人和家庭补助支出
				差旅费	劳务费	福利费	各种税金支出	
5616823	**145002**	**2926555**	**3132083**	**30738**	**275227**	**51200**	**21803**	**217704**
71802		41628	63879	1316	2211	305	289	1109
2765678	75661	1298114	1757121	10023	153049	21870	16083	148567
2779343	69341	1586813	1311083	19399	119967	29025	5431	68028
5028521	134437	2629016	2530975	30132	237538	50293	21632	147708
588302	10565	297539	601108	606	37689	907	171	69996
3618172	33289	1632209	1916690	23710	167765	33785	17323	105457
1998651	111713	1294346	1215393	7028	107462	17415	4480	112247

续表 4

				资产总计/千元	固定资产原值
	抚恤金和生活补贴	其他资本性支出	各种设备、交通工具、图书购置费		
总　计	**64968**	**1006230**	**39315**	**20901642**	**8178585**
按隶属关系分：					
中央					
省区市	240	4599	341	183576	34598
地市	52551	383474	14231	13158914	4670819
县市区	12177	618157	24743	7559152	3473168
按部门分：					
文物部门	16094	984948	38657	19482784	7952232
其他部门	48874	21282	658	1418858	226353
按机构类型分：					
区域性文物保护管理机构	12509	697535	21594	8926623	3660178
专门为一处或几处文物保护单位设立的保护管理机构	52459	308695	17721	11975019	4518407

续表 5

	进行考古发掘情况				主办刊物/种
	考古发掘面积/万平方米	出土器物/件(套)	原址保护展示面积/万平方米	异地保护展示面积/万平方米	
总　计	**344.96**	**39475**	**182.81**	**0.21**	**16**
按隶属关系分：					
中央					
省区市	1.52	952			
地市	91.71	12666	23.30	0.10	9
县市区	251.73	25857	159.51	0.11	7
按部门分：					
文物部门	344.96	39475	182.81	0.21	16
其他部门					
按机构类型分：					
区域性文物保护管理机构	343.67	37349	4.82	0.21	10
专门为一处或几处文物保护单位设立的保护管理机构	1.29	2126	177.99		6

实际使用房屋建筑面积/万平方米	展览用房	文物库房（含标本室）	实际拥有产权面积/万平方米	文物保护规划和方案设计/项	文物保护维修情况 国保单位保护维修项目数/个	保护维修面积/平方米	省保单位保护维项修目数/个	市、县保单位保护维修项目数/个
1109.56	**109.05**	**16.03**	**946.81**	**988**	**538**	**17186567**	**482**	**665**
1.66	0.32	0.01	4.21		8	400	3	
87.81	24.83	2.56	688.59	74	80	494118	40	34
1020.09	83.90	13.46	254.01	914	450	16692049	439	631
1094.20	107.76	15.87	945.60	933	519	17117648	481	664
15.39	1.30	0.15	1.21	55	19	68919	1	1
185.13	67.65	10.02	222.38	853	379	12848303	448	655
924.47	41.41	5.99	724.43	135	159	4338264	34	10

国际合作项目数/个	文化创意产品情况 文化创意产品种类/种	文化创意产品销售收入/千元	文化创意产品销售利润/千元	文博单位新媒体情况 举办线上展览/个	网站年访问量/次	创建微信公众号、微博账号/个	微信公众号、微博账号关注人数/人
1	**1937**	**952715**	**455820**	**127**	**62262010**	**337**	**7459723**
		32			144232	4	6376
	1719	822138	416761	16	59764929	126	4254400
1	218	130545	39059	111	2352849	207	3198947
1	1924	951913	455595	125	59262010	329	5308192
	13	802	225	2	3000000	8	2151531
1	1377	131852	39412	117	58139529	199	2730911
	560	820863	416408	10	4122481	138	4728812

2021年全国博物馆

	机构数/个	从业人员/人	编制人员数	在编人员数	专业技术人才	正高级职称
总　计	**5772**	**125704**	**61025**	**54182**	**41257**	**2350**
其中：免费开放	5060	100853	48588	42555	34130	1929
按机构类型分：						
综合性	1985	52071	27507	24572	19595	989
历史类	1955	46691	22740	19949	13284	619
艺术类	593	7001	2683	2339	2481	292
自然科技类	222	5641	2918	2635	2099	173
其他	1017	14300	5177	4687	3798	277
按隶属关系分：						
中央	5	3053	2647	2422	1756	214
省区市	139	15407	9276	8471	6846	574
地市	1155	37329	19227	17438	14008	677
县市区	4473	69915	29875	25851	18647	885
按系统分：						
文物部门管理的国有博物馆	3666	96720	50472	45199	33855	1611
其他行业性国有博物馆	672	15931	7832	6795	4256	273
非国有博物馆	1434	13053	2721	2188	3146	466

续表 1

	三级品	在藏品数中			本年修复文物数/件(套)
		本年新增藏品/件(套)	本年从有关部门接收文物数	本年藏品征集数	
总　计	**3438616**	**682885**	**81461**	**411340**	**47644**
其中：免费开放	2635754	544730	53683	331767	43483
按机构类型分：					
综合性	1866281	334356	48599	206846	28486
历史类	995749	128203	6230	62330	14084
艺术类	138614	14405	68	6255	2374
自然科技类	308609	106991	62	85062	1316
其他	129363	98930	26502	50847	1384
按隶属关系分：					
中央	878094	34401	19	12208	1187
省区市	1243929	162659	5739	134356	10809
地市	594218	206963	59387	91441	16762
县市区	722375	278862	16316	173335	18886
按系统分：					
文物部门管理的国有博物馆	3392138	553239	79641	328394	41235
其他行业性国有博物馆	33939	54946	1750	27969	2046
非国有博物馆	12539	74700	70	54977	4363

基本情况

副高级职称	中级职称	安全保卫人员/人	登记注册志愿者人数/人	藏品数/件(套)	文物藏品	一级品	二级品
6518	**17228**	**32154**	**229223**	**46648282**	**26308305**	**85960**	**598330**
5403	14367	26341	198184	37034423	20586391	65430	307481
3281	8584	14132	100676	18714068	13575848	49863	205703
1870	5441	11757	70040	11104657	8406178	27446	313525
391	911	1668	10115	2442361	353379	2107	37705
366	787	1113	23617	6083668	636881	2474	8380
610	1505	3484	24775	8303528	3336019	4070	33017
492	793	925	494	3418340	3390309	14962	288245
1499	2853	3254	27777	11130705	7593276	34436	173186
2234	6093	9540	78970	9313236	6129723	16756	76334
2293	7489	18435	121982	22786001	9194997	19806	60565
5361	14538	25039	171948	32895754	23109690	80939	585922
708	1744	3678	30847	5590263	431117	3259	10137
449	946	3437	26428	8162265	2767498	1762	2271

一级品	二级品	三级品	基本陈列/个	临时展览/个	参观人次/万人次	未成年人参观人次	境外观众参观人次
220	**2360**	**8686**	**16799**	**15132**	**74850.45**	**18122.24**	**348.35**
175	1749	7627	15066	13955	63059.94	16297.46	293.70
103	1495	6514	7051	7400	24878.51	6980.79	113.45
106	730	1868	4622	4139	36314.62	7535.86	146.94
2	79	146	1377	1484	3032.75	698.28	20.50
1	21	28	725	370	3332.31	1156.43	29.29
8	35	130	3024	1739	7292.53	1751.16	38.07
20	114	28	47	123	1094.71	116.96	8.66
54	853	2507	489	866	6510.95	1307.39	28.19
97	903	3094	3417	4631	22835.56	5090.52	43.65
49	490	3057	12846	9512	44409.23	11607.37	267.85
196	2300	8417	10426	11806	59116.13	14378.68	245.01
18	20	144	2451	1187	10250.04	2222.85	52.70
6	40	125	3922	2139	5484.52	1520.85	50.58

续表 2

	举办社会教育活动/次	参加活动人次/万人次	未成年人参加人次	门票销售总额/千元	省部级及以上科研课题数/项
总　　计	**323244**	**29538.21**	**11068.28**	**2971137**	**687**
其中：免费开放	276325	24391.82	8368.19	182543	570
按机构类型分：					
综合性	105191	16757.47	5662.08	611353	331
历史类	141494	10142.20	4054.73	1397796	163
艺术类	10947	306.85	145.46	27410	35
自然科技类	33387	1112.78	561.36	216512	87
其他	32225	1219.05	644.69	718066	71
按隶属关系分：					
中央	7352	23.14	8.54	358824	54
省区市	38127	18594.98	6381.71	628929	260
地市	69066	4059.90	1711.06	511664	204
县市区	208699	6860.19	2966.97	1471720	169
按系统分：					
文物部门管理的国有博物馆	218228	26089.67	9710.20	2475356	561
其他行业性国有博物馆	83289	2854.54	1025.89	411180	114
非国有博物馆	21727	594.19	332.27	84601	12

续表 3

	财政拨款预算收入		上级补助收入	事业预算收入	经营收入
	中央财政免费开放补助资金	地方财政免费开放补助资金			
总　　计	**2080093**	**2125409**	**1620808**	**1804205**	**1485907**
其中：免费开放	2062241	2077109	1045990	895703	310448
按机构类型分：					
综合性	978772	781272	1132532	811796	316806
历史类	882637	282194	221067	439091	707860
艺术类	70201	947338	48643	276598	89044
自然科技类	46122	17522	60036	175839	93142
其他	102361	97083	158530	100881	279055
按隶属关系分：					
中央	5010			335148	95650
省区市	515045	454009	931	578865	24813
地市	825167	412430	146329	165490	182293
县市区	734871	1258970	1473548	724702	1183151
按系统分：					
文物部门管理的国有博物馆	1887798	1078920	477196	1603717	283181
其他行业性国有博物馆	191247	95973	237151	197497	794435
非国有博物馆	1048	950516	906461	2991	408291

本年完成科研成果						本年收入合计/千元	
专利/项	专著或图录/册	论文数/篇	古建维修、考古发掘报告/册	获国家奖/项	获省、部奖/项		财政拨款预算收入
370	**1241**	**7094**	**114**	**209**	**808**	**39965014**	**33204102**
289	967	5623	86	190	687	30886808	27140152
151	532	3537	87	82	350	19895485	16488770
28	362	2221	19	74	208	12795611	11057824
77	106	314	4	23	59	2656175	2127224
43	103	585	2	11	89	1875896	1488715
71	138	437	2	19	102	2741847	2041569
	123	892	4	7	8	1987058	1419461
68	307	2371	14	43	102	8084910	7329897
47	372	2151	66	104	322	13532720	12668586
255	439	1680	30	55	376	16360326	11786158
206	1001	6219	112	168	581	32399104	29288880
46	136	740	1	14	138	4289436	2871797
118	104	135	1	27	89	3276474	1043425

附属单位上缴收入	其他收入		本年支出合计/千元	基本支出	项目支出	经营支出	
		捐赠收入					工资福利支出
7746	**1842246**	**306221**	**46122858**	**19694598**	**19271365**	**1895324**	**14794836**
7746	1486769	212873	36569560	15528292	15195602	1210197	11867226
3933	1141648	136161	21799061	10751559	8838325	951445	7366634
582	369187	88975	13905267	5568111	7150754	383741	4252219
2350	112316	55676	3281647	729755	877342	64442	848804
777	57387	1086	2050886	732621	1129032	96803	542713
104	161708	24323	5085997	1912552	1275912	398893	1784466
	136799	38446	2034914	966565	1068107	242	738632
947	149457	18355	7645501	2479650	5078443	24028	1969822
271	369751	116942	15117256	7480865	6392869	171023	5831815
6528	1186239	132478	21325187	8767518	6731946	1700031	6254567
4265	741865	114007	35738164	15609881	16908109	420920	12417066
14	188542	37582	4281327	1770548	1943169	322491	1225337
3467	911839	154632	6103367	2314169	420087	1151913	1152433

续表 4

	在支出合计中				
	商品和服务支出	差旅费	劳务费	福利费	各种税金支出
总　计	**14144230**	**212324**	**1829546**	**174766**	**86775**
其中：免费开放	11196765	169109	1582997	96813	33947
按机构类型分：					
综合性	7385556	106545	1197004	95581	32545
历史类	4788899	63465	466919	41419	35141
艺术类	427414	12424	31673	7520	3739
自然科技类	661565	7607	32347	5607	4434
其他	880796	22283	101603	24639	10916
按隶属关系分：					
中央	859800	5659	100050	6147	16776
省区市	2837261	54925	251686	27014	8453
地市	5129110	55535	505042	34442	18180
县市区	5318059	96205	972768	107163	43366
按系统分：					
文物部门管理的国有博物馆	12560859	172313	1664209	128130	54498
其他行业性国有博物馆	1276038	13481	80484	14886	27066
非国有博物馆	307333	26530	84853	31750	5211

续表 5

			本年度可移动文物保护情况		
	文物库房（含标本室）面积	实际拥有产权面积/万平方米	数字化保护/项	预防性保护/项	国际合作项目数/个
总　计	**251.43**	**2653.06**	**256264**	**17778**	**196**
其中：免费开放	215.16	2125.65	170521	17254	157
按机构类型分：					
综合性	132.96	990.83	43053	6880	64
历史类	54.15	1002.20	132088	6833	49
艺术类	18.60	100.80	6224	934	45
自然科技类	14.19	131.28	64607	19	12
其他	31.99	428.13	10292	3112	26
按隶属关系分：					
中央	6.59	52.65	85369	7	21
省区市	43.92	185.60	46449	3666	52
地市	70.68	546.20	1769	1985	31
县市区	130.24	1868.61	122677	12120	92
按系统分：					
文物部门管理的国有博物馆	186.98	1967.99	243992	12652	116
其他行业性国有博物馆	18.72	359.59	7509	2954	26
非国有博物馆	46.04	325.53	4763	2172	54

对个人和家庭补助支出	抚恤金和生活补贴	其他资本性支出	各种设备、交通工具、图书购置费	资产总计/千元	固定资产原值	实际使用房屋建筑面积/万平方米	展览用房
628113	**84073**	**5464348**	**800096**	**516465715**	**226709836**	**3444.60**	**1572.66**
508297	67405	4342954	716319	471434863	199312263	2901.19	1294.33
356720	50096	1647534	432678	318462938	129008992	1670.50	672.26
193271	26293	1777273	266422	60905010	25282679	941.69	459.30
25384	2210	1261850	28437	60938457	18851008	196.90	103.77
12398	2802	405746	42872	45009530	31202605	194.20	124.61
40340	2672	371945	29687	31149780	22364552	441.93	213.34
27002	2766	400365	58468	5159756	2380196	52.21	10.90
136837	25658	1378119	259600	32111638	15411010	314.04	113.80
301341	22963	1438188	239148	178311000	102012965	933.87	437.35
162933	32686	2247676	242880	300883321	106905665	2144.48	1010.61
585454	72099	3887849	725766	312485092	168645136	2432.83	1087.40
37216	8847	627215	56531	141904094	20337857	433.84	245.85
5443	3127	949284	17799	62076529	37726843	578.33	239.74

主办刊物/种	文化创意产品情况			文博单位新媒体情况			
	文化创意产品种类/种	文化创意产品销售收入/千元	文化创意产品销售利润/千元	举办线上展览/个	网站年访问量/次	创建微信公众号、微博账号/个	微信公众号、微博账号关注人数/人
446	**77777**	**4936814**	**783130**	**13619**	**937820783**	**385374**	**344498827**
377	59758	4259012	607141	12640	743850602	341829	263355193
142	22057	3248296	538836	7631	248750733	12073	77436718
131	27898	1495804	207267	3620	433072145	353191	208791759
56	16701	85644	14078	668	16544319	1853	7299000
26	4104	54565	5061	632	41406813	2653	13789299
91	7017	52505	17888	1068	198046773	15604	37182051
7	891	403945	102693	86	57286787	27	8554496
51	19746	170346	35173	579	97720323	1554	36354967
141	26033	2410473	190324	3288	382619868	45683	200286987
247	31107	1952050	454940	9666	400193805	338110	99302377
283	48022	4420753	618004	11083	655716594	363788	127360795
63	11773	128656	31313	659	133354857	16638	188041417
100	17982	387405	133813	1877	148749332	4948	29096615

2021年文物保护科学

	机构数/个	从业人员/人	编制人员数	在编人员数	专业技术人才	正高级职称
总　计	**132**	**5970**	**4114**	**3447**	**2955**	**357**
按性质分：						
考古研究	88	4179	2844	2385	2077	259
古建研究	14	750	443	410	356	30
其他研究	30	1041	827	652	522	68
按隶属关系分：						
中央	1	159	159	102	100	32
省区市	43	3260	2279	1918	1684	234
地市	72	2378	1512	1289	1090	90
县市区	16	173	164	138	81	1
按部门分：						
文物部门	131	5958	4102	3435	2955	357
其他部门	1	12	12	12		
按经费来源分：						
文物经费	112	4919	3349	2853	2439	297
科研经费	12	933	688	520	451	57
其他经费	8	118	77	74	65	3

续表 1

		在藏品数中			
	三级品	本年新增藏品/件(套)	本年从有关部门接收文物数	本年修复文物数/件(套)	一级品
总　计	**28872**	**35581**	**1341**	**51581**	**50**
按性质分：					
考古研究	23085	29598		15765	1
古建研究	4987	4642		1196	
其他研究	800	1341	1341	34620	49
按隶属关系分：					
中央				20695	23
省区市	13789	7263		11344	17
地市	13861	28318	1341	19388	10
县市区	1222			154	
按部门分：					
文物部门	28872	35581	1341	51581	50
其他部门					
按经费来源分：					
文物经费	26964	18885	1341	37223	40
科研经费	1384	16475		14277	10
其他经费	524	221		81	

研究机构基本情况

副高级职称	中级职称	安全保卫人员	登记注册志愿者人数/人	藏品数/件(套)	文物藏品	一级品	二级品
675	**1092**	**386**	**667**	**1639465**	**1048893**	**1658**	**4472**
459	765	214	383	1193765	609171	1580	3531
93	156	46	164	431834	430281	53	844
123	171	126	120	13866	9441	25	97
41	1	4		4419			
414	620	147	288	836042	349914	1329	2653
215	443	223	349	784443	685273	227	1670
5	28	12	30	14561	13706	102	149
675	1092	386	667	1639465	1048893	1658	4472
567	883	350	533	1305841	995214	1371	3916
98	171	26	134	327847	49055	277	360
10	38	10		5777	4624	10	196

二级品	三级品	基本陈列/个	临时展览/个	参观人次/万人次	未成年人参观人次	境外观众参观人次
7813	**13568**	**17**	**37**	**325.11**	**31.77**	**0.27**
61	128	14	22	145.22	23.53	0.12
64	58	2	12	9.59	1.95	0.10
7688	13382	1	3	170.30	6.29	0.05
7608	13064					
61	363	7	23	124.00	19.50	0.23
123	141	9	14	191.04	11.46	0.04
21		1		10.07	0.81	
7813	13568	17	37	325.11	31.77	0.27
7722	13510	16	33	316.43	30.72	0.17
31	58	1	4	3.18	0.38	0.10
60				5.50	0.67	

续表 2

	举办社会教育活动/次	参加活动人次/万人次	未成年人参加人次	门票销售总额/千元	省部级及以上科研课题数/项
总　计	**224**	**2.53**	**0.83**	**95055**	**153**
按性质分：					
考古研究	145	1.63	0.57	19748	93
古建研究	24	0.22	0.14	610	5
其他研究	55	0.68	0.12	74697	55
按隶属关系分：					
中央	4	0.02			30
省区市	94	1.21	0.26	19959	91
地市	122	1.24	0.56	75096	31
县市区	4	0.06	0.01		1
按部门分：					
文物部门	224	2.53	0.83	95055	153
其他部门					
按经费来源分：					
文物经费	207	2.45	0.81	93634	135
科研经费	17	0.08	0.02	211	18
其他经费				1210	

续表 3

	上级补助收入	事业预算收入	经营收入	其他收入	本年支出合计/千元
总　计	**10144**	**1517441**	**170150**	**224934**	**4639189**
按性质分：					
考古研究	9544	1250700	52973	198110	3549658
古建研究	500	163070	94119	4497	452740
其他研究	100	103671	23058	22327	636791
按隶属关系分：					
中央		97539		5958	136149
省区市	502	1261525	121888	46104	2761015
地市	9642	157141	48262	171283	1690826
县市区		1236		1589	51199
按部门分：					
文物部门	10144	1517441	170150	224934	4637689
其他部门					1500
按经费来源分：					
文物经费	9493	1278341	146242	193918	3662271
科研经费	601	239100	23058	21443	945381
其他经费	50		850	9573	31537

本年完成科研成果						本年收入合计/千元	
专利/项	专著或图录/册	论文数/篇	古建维修、考古发掘报告/册	获国家奖/项	获省、部奖/项		财政拨款预算收入
28	**135**	**1154**	**278**	**6**	**42**	**4885599**	**2962930**
11	93	954	261	4	27	3825617	2314290
5	21	79	16	1	5	439178	176992
12	21	121	1	1	10	620804	471648
7	17	29				143969	40472
18	94	745	107	4	32	2939934	1509915
3	24	376	171	1	10	1745731	1359403
		4		1		55965	53140
28	135	1154	278	6	42	4884099	2961430
						1500	1500
24	116	912	150	6	31	3843818	2215824
4	16	224	125		10	1009767	725565
	3	18	3		1	32014	21541

基本支出	项目支出	经营支出	在支出合计中			
			工资福利支出	商品和服务支出	差旅费	劳务费
980500	**3435168**	**183292**	**643793**	**3178223**	**101572**	**839116**
688530	2762686	64295	481535	2642378	87473	647250
92560	267538	92642	71864	246201	5004	144249
199410	404944	26355	90394	289644	9095	47617
111144	25004		3109	82335	4600	29015
573093	2026888	132582	402791	1856224	88763	434452
275406	1352934	50710	221090	1228247	8100	375206
20857	30342		16803	11417	109	443
979070	3435098	183292	642397	3178119	101565	839116
1430	70		1396	104	7	
873826	2597360	156937	548416	2525759	87494	673653
92672	820273	26355	83352	640693	13388	164524
14002	17535		12025	11771	690	939

续表 4

	福利费	税金支出	对个人和家庭补助支出	抚恤金和生活补贴	其他资本性支出
总　计	**7033**	**67085**	**86856**	**8201**	**321178**
按性质分：					
考古研究	4813	54818	74891	7371	209142
古建研究	1419	11257	5990	385	37305
其他研究	801	1010	5975	445	74731
按隶属关系分：					
中央		67	3489	361	14215
省区市	4836	59059	69071	6838	214149
地市	2083	7840	13932	977	83609
县市区	114	119	364	25	9205
按部门分：					
文物部门	7033	67085	86759	8201	321178
其他部门			97		
按经费来源分：					
文物经费	6317	46756	77920	3725	248086
科研经费	688	19641	7227	4348	68433
其他经费	28	688	1709	128	4659

续表 5

	进行考古发掘情况			
	考古发掘面积/万平方米	出土器物/件(套)	原址保护展示面积/万平方米	异地保护展示面积/万平方米
总　计	**271.86**	**588762**	**22.42**	**0.17**
按性质分：				
考古研究	269.49	583557	22.42	0.17
古建研究	1.86	4521		
其他研究	0.51	684		
按隶属关系分：				
中央				
省区市	184.05	521406	3.16	0.17
地市	87.39	65460	19.26	
县市区	0.42	1896		
按部门分：				
文物部门	271.86	588762	22.42	0.17
其他部门				
按经费来源分：				
文物经费	244.36	529270	22.42	0.17
科研经费	27.47	59432		
其他经费	0.03	60		

	各种设备购置费	资产总计/千元	固定资产原值	公用房屋建筑面积/万平方米	文物库房(含标本室)面积	实验室面积	实际拥有产权面积/万平方米	文物保护规划和方案设计/项
	82570	**6454587**	**1175893**	**44.91**	**9.80**	**1.68**	**20.82**	**324**
	67760	4716992	767815	31.59	8.27	1.01	13.35	98
	8150	495420	82214	4.22	0.72	0.04	0.52	87
	6660	1242175	325864	9.12	0.81	0.63	6.95	139
	5043	458277	73893	1.31	0.28	0.13	1.31	99
	55555	4667329	713256	24.93	5.71	1.22	12.67	174
	21927	1274969	375418	17.79	3.60	0.16	6.79	43
	45	54012	13326	0.88	0.21	0.17	0.05	8
	82570	6454443	1175749	44.90	9.80	1.68	20.82	324
		144	144	0.01				
	69649	5155679	989934	36.59	8.58	1.47	16.41	294
	12779	1263634	181924	7.17	1.13	0.20	0.21	30
	142	35274	4035	1.15	0.09	0.01	4.20	

	国际合作项目数/个	主办刊物/种	文博单位举办新媒体情况			
			举办线上展览/个	网站年访问量/次	创建微信公众号、微博账号/个	微信公众号、微博账号关注人数/人
	12	**18**	**8**	**84182252**	**281**	**2254546**
	9	13	6	83535577	58	1700255
		2	2	65239	108	36567
	3	3		581436	115	517724
	3	1		261061	6	56510
	5	13	4	83353291	140	1501633
	4	4	3	563320	135	696403
			1	4580		
	12	18	8	84182252	281	2254546
	6	13	7	1963261	170	2135349
	6	4	1	82218991	7	113128
		1			104	6069

2021年全国各地区

地区	机构数/个	从业人员/人						登记注册志愿者/人
			专业技术人才				安全保卫人员	
				正高级职称	副高级职称	中级职称		
全国	**10545**	**181492**	**55221**	**3006**	**8712**	**22886**	**38064**	**242124**
北京	217	7599	1866	126	303	590	1642	13214
天津	114	1923	842	42	141	350	268	3250
河北	523	8692	2286	129	460	907	2099	4242
山西	418	9148	2238	81	259	918	1675	5467
内蒙古	261	3759	1538	87	309	637	795	2183
辽宁	142	3919	1329	65	207	711	656	3696
吉林	167	2541	1075	92	253	399	365	2950
黑龙江	373	3119	1228	82	279	529	704	5287
上海	176	5124	2207	74	294	875	690	11490
江苏	511	8990	2974	236	505	1230	2357	17426
浙江	609	11822	3302	206	560	1284	2171	27878
安徽	312	4009	1462	68	211	591	931	4941
福建	204	3239	1207	76	189	423	810	7226
江西	273	4917	1449	80	203	698	1201	8548
山东	795	13815	4791	220	739	2049	2611	25837
河南	685	12438	3090	171	441	1258	2590	16020
湖北	347	6073	2295	118	290	1077	1336	9831
湖南	328	5788	1325	46	181	581	1118	7516
广东	504	8671	2632	109	287	1167	1760	18558
广西	336	3907	1314	64	183	585	772	3769
海南	74	947	290	7	28	89	254	534
重庆	199	3694	1043	75	202	439	1090	12472
四川	568	9752	2499	88	258	982	2118	7937
贵州	213	2711	672	15	97	247	538	978
云南	423	3255	1706	67	378	813	695	2994
西藏	330	1608	198	10	23	58	217	8
陕西	644	15113	3293	172	421	1338	3095	7631
甘肃	390	6853	1824	59	269	732	1418	6937
青海	107	797	214	14	33	92	172	147
宁夏	117	1294	435	20	75	170	350	1892
新疆	173	2217	534	23	52	219	636	770

文物业基本情况

				在藏品数中					
藏品数/件(套)	一级品	二级品	三级品	本年新增藏品数/件(套)	本年从有关部门接收文物数	本年藏品征集数	本年修复藏品数/件(套)	一级品	二级品
55804468	**99557**	**650116**	**3802778**	**869237**	**85848**	**520053**	**124372**	**287**	**10316**
5582440	4318	13092	379521	79932	1179	60655	619	1	11
1106233	1055	5450	135000	3179	99	2003	545	3	16
599096	1488	13719	46765	23633	195	3472	865	14	374
1872753	4635	9804	65846	164573	29024	133196	4256	19	317
1319143	2210	6112	11483	5948	525	1521	1287	1	56
1468786	4839	29394	291436	13108	540	10119	1654	9	190
871955	597	6309	31673	36846	58	1777	241		
1004267	2676	5615	45473	7179	1005	5580	3073		131
3464779	3359	43744	188794	39638	148	33464	424	1	24
2478972	3875	21471	298053	40796	5766	19317	4026	7	43
1782954	2351	11258	84960	41341	2464	17497	1805	14	15
981711	6858	31807	76733	3744	198	2538	1195		72
753102	1099	3212	103246	14686	4947	7060	439	43	94
793978	1780	7493	66498	20063	379	2739	2267	3	65
4900786	6017	15022	110686	38681	19336	14609	12627	30	265
2193023	2581	19183	239958	14351	703	2888	4169	11	93
2679736	3606	10064	129747	10934	951	6134	16817	20	174
872678	2435	7980	73317	8528	200	5894	6954	21	123
2881374	2276	16441	70269	43162	1294	27840	1730	3	44
496105	342	5780	43360	8401	104	7047	372		42
195728	190	799	3354	1687	963	658	309	1	45
806016	1259	2737	29921	38811	3925	28005	2242		9
4893470	4201	7882	104495	77537	328	65436	22085	9	96
264434	610	1970	6917	27405	587	25794	641	1	2
1697796	1065	2225	19914	10621	5760	3888	3359	4	11
274339	5055	28241	59076	2095	547	1231	24		
4599006	7351	15534	84709	31149	1701	4229	4295	18	149
801225	4528	12499	105297	10194	1701	3328	1920	2	107
97208	705	1500	3229	227	96	131	567	2	5
402394	367	3844	8755	14608	1093	9028	375	1	3
245989	866	1690	6199	1779	13	767	1148	6	18

续表 1

地　　区	三级品	基本陈列/个	临时展览/个	参观人次/万人次	未成年人参观人次	境外观众参观人次	门票销售总额/千元	本年收入合计/千元
全　　国	**23268**	**17597**	**15608**	**84590.57**	**19911.55**	**376.49**	**5169934**	**70465551**
北　　京	11	235	213	1671.49	238.29	6.62	245972	5291257
天　　津	261	214	217	1130.30	212.48	14.37	22025	818705
河　　北	273	451	487	2208.68	548.47	1.51	225949	1486323
山　　西	1856	404	207	2179.39	476.28	6.36	224730	3869867
内 蒙 古	175	460	188	983.71	249.73	8.18	1358	818237
辽　　宁	103	237	235	1361.37	234.15	3.20	77556	4290365
吉　　林	27	229	377	589.07	132.23	3.20	25302	517655
黑 龙 江	602	439	406	1097.43	198.47	0.30	335	772992
上　　海	99	352	392	2025.04	442.92	22.58	204476	3967596
江　　苏	180	1075	1109	6435.12	1562.81	8.70	111300	3715634
浙　　江	161	1486	1493	5446.01	1293.30	11.26	776227	5590536
安　　徽	616	649	673	2062.28	540.16	3.73	10356	1039005
福　　建	97	409	801	2136.34	784.21	21.18	11488	861971
江　　西	302	664	738	4768.86	1567.45	21.89	37393	1528232
山　　东	1239	2891	1275	5539.70	1586.70	13.99	480309	3073179
河　　南	561	796	780	5996.41	1440.56	23.26	286028	3170910
湖　　北	513	775	545	3661.99	985.93	64.69	553534	1894473
湖　　南	978	392	406	6299.19	1696.68	15.43	27688	3157806
广　　东	116	1011	1415	4036.65	1012.88	7.49	74144	5624881
广　　西	60	389	335	2632.65	582.06	24.38	2787	1469462
海　　南	186	120	114	357.17	106.72	1.68	6728	241013
重　　庆	300	290	426	2529.07	529.82	5.45	81813	1223951
四　　川	334	753	629	6537.55	1110.29	21.24	437088	2900748
贵　　州	19	212	181	2220.78	392.89	29.54	13062	759622
云　　南	131	655	438	1498.84	349.27	11.80	6889	724004
西　　藏	1	35	16	81.42	4.90		8239	903777
陕　　西	296	928	442	3929.19	632.75	8.03	469067	4565224
甘　　肃	463	594	655	2779.08	614.37	6.66	331726	2028905
青　　海	6	71	32	104.42	25.82	0.11		468285
宁　　夏	64	163	98	572.81	117.56	0.42	56917	282726
新　　疆	146	171	162	623.85	124.44	0.58	624	793474

						本年支出合计/千元		
财政拨款预算收入	上级补助收入	事业预算收入	经营收入	附属单位上缴收入	其他收入		基本支出	项目支出
55689425	**1931725**	**4312165**	**2003554**	**14200**	**6514482**	**76312166**	**27563387**	**37533077**
2343223	69569	831430	20239		2026796	4649485	1594904	1417480
726230	3275	21931	38602	947	27720	1429084	363734	508014
1287274	4040	113131	30815		51063	1723656	810010	894467
3386508	22735	66895	88035		305694	3917697	759836	2928521
772970	17694	10399	10263		6911	1220631	312968	781843
4240078	19662	25370	1389		3866	4380048	3580236	791054
443352	6953	26224	8398		32728	525312	191738	308092
731106	22559	7282	971		11074	794351	246689	540955
2825491	49914	576652	63936	4	451599	3736082	1248730	2173679
3220847	36565	150987	109070		198165	3975760	1602138	1971645
4431634	49831	392417	104074	689	611891	5969801	2029352	3244199
865382	59115	77187	7818	2291	27212	1045560	374372	609521
707799	43543	9154	22309	364	78802	948935	314789	572050
1241623	72866	14072	142273	386	57012	1540141	418945	876432
2034537	18044	214416	471772	3188	331222	3876596	1688830	1472447
2449670	54954	427060	145770		93456	3280385	1137959	1866346
1272996	101712	152493	89873	5807	271592	1998623	652165	969217
1705447	531685	59428	178448		682798	2931119	968050	1278007
4973867	388068	65429	48520		148997	6641312	2379927	2886351
1346475	7175	4684	95699	185	15244	2099867	463868	903146
216338	9166	7757	2593		5159	252376	65790	179384
976257	21391	106963	32267	106	86967	1286951	368367	790934
2682364	42313	54722	53253	10	68086	3185063	858911	2206773
717483	19527	5295	6030		11287	2073765	478947	418316
556204	41402	77601	13117		35680	772187	317740	390306
741834	8182	15240	1131	60	137330	797567	300566	387170
4075097	113415	77904	85326		213482	5137367	1566450	2905809
1674686	70034	165215	2903	153	115914	1844641	804838	897300
397021	8972	6337			55955	503979	119438	365431
219238	3951	1853	32702	10	24972	299769	133307	137959
696762	13413	9852	308		73139	836158	175251	568163

续表 2

地区	经营支出	在支出合计中						
		工资福利支出	商品和服务支出					对个人和家庭补助支出
				差旅费	劳务费	福利费	各种税金支出	
全　国	**2354725**	**20278012**	**24213158**	**399680**	**3238190**	**258312**	**199239**	**1106636**
北　京	79325	899261	1640562	3911	31979	34535	27692	47448
天　津	83638	720107	252236	3028	8600	2899	1767	13256
河　北	14836	562208	698686	9023	108491	8261	4718	39102
山　西	68245	616962	1264940	15257	159388	14575	4376	32497
内蒙古	103072	249236	275823	10820	38505	2123	4985	7278
辽　宁	1117	2661213	1346069	6704	90868	1049	188	65411
吉　林	8671	163228	203882	4093	33198	2368	582	7348
黑龙江	2414	182036	191812	2694	27442	1200	34	15188
上　海	41940	767432	1419571	5094	17934	8495	5937	10592
江　苏	99492	1107608	1644730	23774	232101	9831	3778	93098
浙　江	61726	1567850	2057117	17512	218578	41910	10268	83141
安　徽	15528	282335	419686	8506	45665	2757	2146	21685
福　建	29889	234240	364443	4718	52755	882	269	11880
江　西	31580	435830	390281	16197	38180	7077	489	16624
山　东	299166	1175710	1364901	15637	115172	7452	24774	121691
河　南	80346	787097	1086686	17557	402802	7102	40981	46908
湖　北	71184	500883	643164	16065	122550	7030	5870	28232
湖　南	657827	461675	755323	29471	139607	31299	986	41423
广　东	183909	1367783	1511298	16449	63477	7813	8689	149992
广　西	95448	345140	351987	13523	19631	2477	4855	11200
海　南	1555	55209	127390	3268	34142	52	313	749
重　庆	19512	292736	475275	22153	95428	1898	3971	54460
四　川	42746	744349	1236287	34077	124249	7388	8932	42980
贵　州	20480	661124	741402	19527	483766	1058	414	9973
云　南	7645	274601	225095	7913	53672	2603	8022	6292
西　藏	879	248874	40439	6382	3123	14		4089
陕　西	203481	1312533	1453386	22574	210017	32297	1109	28906
甘　肃	9146	495872	545551	18240	85116	3998	3991	44558
青　海	10	75465	89384	2104	5846	34	306	4230
宁　夏	18488	94841	110277	2342	11411	296	1241	2607
新　疆	1188	142077	159455	4597	25998	909	191	10537

抚恤金和生活补助	其他资本性支出	各种设备购置费	资产总计/千元	固定资产原值	实际使用房屋建筑面积/万平方米	展览用房	文物库房	实际拥有产权面积/万平方米
199922	**8116413**	**992479**	**604267397**	**247635618**	**4742.35**	**1708.97**	**269.83**	**3726.23**
5674	233588	23880	22636213	5540820	111.90	46.60	6.33	137.32
5729	72888	10937	4373225	2239506	46.63	19.38	4.72	78.15
3564	398783	23942	4408854	2739674	115.30	60.12	7.36	80.27
7133	433536	29032	11038319	2863458	167.56	45.49	7.68	124.50
1305	161392	90563	5398298	4509815	113.67	61.63	6.84	54.50
10272	42232	4836	6144849	2995243	84.57	32.77	6.65	131.96
1935	56956	15622	1300535	859286	51.66	27.36	4.35	21.79
1265	41857	11981	3199343	1997862	72.36	49.77	4.60	34.43
3091	725449	28918	19680014	7977719	96.98	46.18	6.64	40.79
6246	551981	137190	261359888	101752480	307.87	130.64	15.40	200.04
8527	543579	51581	32661867	10863070	264.20	130.99	16.32	697.24
5802	55185	21687	3223451	2126569	110.99	51.39	8.20	59.24
1435	100566	32629	2251821	1390491	90.08	38.10	6.09	60.76
3709	86263	23324	2222285	866332	119.21	60.19	9.34	276.97
45323	97562	27271	13612274	8472023	343.63	168.63	30.83	419.70
6374	615108	41462	9598398	3344291	183.53	87.81	17.19	93.93
2601	263099	33992	11555784	9699491	312.98	100.98	14.60	113.87
13990	243551	30856	23411825	17886728	109.20	46.60	8.79	92.18
9070	1237333	66482	21255281	14599837	223.06	81.77	12.38	179.18
3398	208185	7299	3922861	2000692	81.45	37.41	5.04	55.14
110	23191	10406	1965656	1522452	22.59	10.04	2.15	16.02
6376	113095	35588	3388713	1251112	82.80	41.39	6.65	46.64
13510	358471	31294	9277628	4899606	186.33	83.59	13.71	177.29
2669	49645	33694	4584495	2848093	51.12	23.08	3.94	35.95
2187	45687	7821	50458885	1957221	91.26	37.25	6.59	71.73
215	186923	81	895028	112149	838.05	4.79	3.61	16.74
12434	426207	39455	45655081	21382669	197.97	74.22	13.73	178.91
9038	97651	18651	10620869	3684682	113.45	47.15	8.44	115.95
430	69073	16620	2066816	589315	14.84	6.41	0.92	12.13
488	19294	6317	1625607	1191308	34.17	19.99	2.01	21.33
2392	115395	9331	3689933	683908	47.94	25.20	2.14	20.90

2021年全国各地区文物

地区	机构数/个	从业人员/人						
			编制人员数	在编人员数	专业技术人才			
						正高级职称	副高级职称	中级职称
全国	**2257**	**30212**	**20016**	**17106**	**8998**	**165**	**1151**	**3800**
北京	27	968	385	337	164		4	33
天津	7	105	119	98	67	2	11	33
河北	155	3493	2883	2180	747	29	113	306
山西	82	1452	877	777	445	3	40	178
内蒙古	83	638	492	424	383	16	67	153
辽宁	61	1253	809	713	336	4	45	171
吉林	52	287	200	200	185	6	37	86
黑龙江	54	186	179	148	122	7	33	54
上海	5	98	100	84	67	1	4	15
江苏	47	426	244	226	156	7	31	71
浙江	86	2894	2232	1897	924	27	156	346
安徽	79	400	299	275	238	5	32	88
福建	55	343	243	199	152	7	13	54
江西	63	446	250	235	124	1	12	68
山东	85	2675	2141	1707	1011	7	133	433
河南	126	2186	1437	1110	467	8	53	218
湖北	41	671	287	268	247		10	114
湖南	39	586	415	386	88		5	48
广东	26	313	277	172	74		7	33
广西	70	392	307	282	209	1	17	86
海南	12	207	66	63	45		1	13
重庆	38	196	147	141	101	1	16	43
四川	174	2073	1282	1179	577	10	43	233
贵州	64	424	293	242	195		18	66
云南	136	896	735	670	631	11	144	319
西藏	228	1053	666	579	65	4	9	11
陕西	183	3803	1796	1775	751	4	55	365
甘肃	54	809	453	375	246	2	19	76
青海	28	82	26	25	21	1	3	8
宁夏	22	292	175	160	122	1	19	53
新疆	75	565	201	179	38		1	25

保护管理机构基本情况

安全保卫人员	登记注册志愿者人数/人	藏品数/件(套)	文物藏品	一级品	二级品	三级品	在藏品数中	
							本年新增藏品/件(套)	本年从有关部门接收文物数
5434	**12115**	**1483468**	**882221**	**6863**	**22151**	**134092**	**48683**	**1910**
499	94	22271	11233	200	365	1509	229	
7	22	58	44		2	5		
926	199	94716	93135	289	1647	9576	175	67
332	362	121061	60616	299	694	3124	212	4
54	47	48016	38311	63	280	974	70	3
176	169	43982	20716	112	691	10550		
15	29	9409	9170	10	33	153	23	18
18	20	13346	8810	24	54	768	20	
	122	2028						
51	236	9019	7307	16	68	589	79	
417	3827	112435	84089	96	252	2817	4339	10
42	253	34853	15491	219	357	6889	32	4
60	545	4271	105	2	8	648	40	40
132	1414	50522	29981	72	492	6025	5259	93
100	86	79404	46740	26	204	1454	160	
404	625	112267	73740	63	946	22227	455	
158	152	27419	9002	74	209	1176	240	157
137	498	17446	7636	231	298	2518	196	45
44	181	12005	8603		23	329	27	
60	92	37166	23910	26	387	3358	199	21
49	8	973	552		1	4	73	
28	120	31383	29217	7	143	1641	530	182
196	803	130295	116772	550	1130	17318	4231	6
71	195	33657	5129	40	197	545	23136	2
161	644	99661	42709	177	157	2190	711	106
173	7	186307	33939	3926	12098	29479	355	38
624	1040	105410	65345	197	826	6526	2167	646
175	153	1718	1273	31	64	107	10	3
35	8	12341	11227	44	142	291		
91	151	24203	23541	53	348	1159	5309	463
199	13	5826	3878	16	35	143	406	2

续表 1

地　区	本年藏品征集数	本年修复文物数/件(套)	一级品	二级品	三级品	基本陈列/个	临时展览/个	参观人次/万人次
全　国	**29353**	**23653**	**12**	**25**	**488**	**781**	**439**	**9415.10**
北　京	216					25	5	565.36
天　津							1	0.02
河　北	21	34	8	2	11	25	12	480.89
山　西	204	288		9	124	12	8	480.73
内 蒙 古		30		2	11	22	4	20.92
辽　宁						34	28	151.12
吉　林	5					4	11	8.59
黑 龙 江	20					10	12	9.67
上　海						4	4	21.14
江　苏		490				31	11	88.26
浙　江	289	512	2		1	143	44	1375.76
安　徽	12	7				16	4	100.45
福　建						9	8	357.43
江　西	405	177		2	22	74	72	415.07
山　东	120	120			4	23	15	532.40
河　南	267	58			25	4	7	907.82
湖　北	20					16	15	610.05
湖　南	148	43				15	13	512.90
广　东	27					37	28	187.69
广　西	175					36	16	115.21
海　南	73					22	2	88.31
重　庆	236	256		1	156	6	2	20.70
四　川	1513	20480			20	29	23	451.25
贵　州	23124					21	3	156.69
云　南	528	835	2	3	7	50	40	322.98
西　藏		4			1			32.04
陕　西	1481	313		6	106	76	18	1147.38
甘　肃								122.58
青　海						4	9	5.86
宁　夏	469	6				10	4	78.89
新　疆						23	20	46.94

						本年完成科研成果		
未成年人参观人次	境外观众参观人次	举办社会教育活动/次	参加活动人次/万人次	未成年人参加人次	门票销售总额/千元	省部级及以上科研课题数/项	专利/项	专著或图录/册
1757.67	**27.93**	**20545**	**488.05**	**192.24**	**2103742**	**9**	**3**	**1291**
19.65	1.51	61	3.30	0.17	163281			1
0.01								1
63.55	0.10	95	5.02	2.78	214954	1		
68.26	0.38	344	19.13	7.03	59349	1		
5.33	0.05	562	3.69	1.08				
16.13	0.80	249	6.90	3.48	17949			2
2.31		85	0.90	0.44				1
3.91		4	3.70	2.85	48			
2.87	0.01	30	1.49	1.38		1		3
16.59		193	5.28	2.91	3596			1
183.82	2.23	1949	59.36	8.47	230238	1		14
20.54		47	8.98	2.25	9100			1
245.35	0.02	4056	20.68	6.72	7564			2
148.27	0.39	1382	34.32	25.05	950			4
37.07	0.72	271	6.09	2.81	407672			29
88.92	0.51	459	1.81	0.51	158446			16
188.13	13.12	61	8.43	4.15	533098			
178.45	1.74	757	144.60	52.94	9618			
51.88	0.18	346	15.58	8.54	19122			
37.49	1.13	203	3.14	2.27				
26.08	0.22	199	11.07	6.05	5324			
2.60		2	0.15	0.03	40		1	
36.53	1.18	405	10.17	7.12	138320		1	3
34.06	2.15	299	18.26	7.97	8462			2
64.50	0.26	6230	34.92	8.55	5381	1		1203
0.23		272	1.17	0.15	8239			
168.34	0.34	1360	33.68	11.85	63303	1		2
11.37	0.85	87	1.42	0.75	19667	2	1	5
2.60		17	1.29	0.50				
17.28	0.04	340	3.32	2.69	19397	1		
15.55		180	20.20	10.75	624			1

续表 2

地　区	论文数/篇	古建维修、考古发掘报告/册	获国家奖/项	获省、部奖/项	本年收入合计/千元	财政拨款预算收入	上级补助收入
全　国	**280**	**28**	**6**	**24**	**9648731**	**7831263**	**288910**
北　京					797127	589843	
天　津	5				48888	42923	
河　北	7	1			582786	500344	3427
山　西	7				828877	593371	7808
内蒙古					142431	136398	5227
辽　宁	4	3			168108	142145	4270
吉　林					47209	40132	4318
黑龙江	1			1	26983	26983	
上　海	7				141493	64316	
江　苏	9		1	1	267057	231684	3940
浙　江	43	5	1	8	1283321	841355	36513
安　徽	3	2			186350	148657	34954
福　建	11				127282	88124	13605
江　西	2			8	114619	96069	15700
山　东	5				815252	792652	1615
河　南	3	2			353569	275774	11291
湖　北	7	1			157846	97611	38953
湖　南	6		1		159437	135794	8451
广　东					95984	73775	6154
广　西	5	1			217756	213636	2965
海　南					27123	19062	4807
重　庆	4	1			57751	57751	
四　川	76	4	2	4	1116848	1078912	13009
贵　州	3	4			92329	87507	4501
云　南	16	4			230689	204073	12794
西　藏					269820	129578	7900
陕　西	8		1		761196	655603	33661
甘　肃	45			2	148006	131500	1662
青　海					61292	59803	
宁　夏	2				84440	63940	2829
新　疆	1				236862	211948	8556

事业预算收入	经营收入	附属单位上缴收入	其他收入	本年支出合计/千元	基本支出	项目支出	经营支出	在支出合计中	
								工资福利支出	商品和服务支出
794010	**173906**	**6454**	**554188**	**10056720**	**4007760**	**5616823**	**145002**	**2926555**	**3132083**
200032	2420		4832	789125	430503	358002	608	189036	319043
5740			225	59154	31599	27393		23087	34104
38184	15520		25311	677462	301966	369837	5659	259021	218592
12059	4706		210933	668524	143013	486611	4399	112942	193069
806				188641	61069	124770		55751	33763
18916	1257		1520	205337	174609	25624	1117	84852	90148
45			2714	56023	25482	30530		22404	24911
				27836	19128	8431		15094	6823
75994			1183	76909	29865	47044		27067	48628
21994	4066		5373	278059	86029	164741	25099	70390	156645
281142	71783	689	51839	1278570	602611	622502	40730	432735	405283
250			2489	183257	77254	97669	120	40321	39856
300	7086		18167	130194	35806	81798	10543	26919	44504
973			1877	126341	37993	80888	150	27619	16575
11485	6904		2596	998782	396277	580537	10610	335159	485912
36509	19656		10339	376431	185678	154863	12119	136643	102019
13283	2186	5695	118	151604	65437	84360	450	50094	25220
2388	5752		7052	176972	68229	99736	6619	40646	35702
12698			3357	92094	41408	49918		32557	47205
1119			36	171345	80906	89405		76469	24975
2006	1127		121	23816	10101	12032	128	11888	7334
				91548	27848	62120	1580	21869	22472
5261		10	19656	1292167	232358	1048584		210692	342873
221			100	63749	32522	18265	100	27661	7217
1801			12021	249109	119523	106937	118	93339	71814
4958	1131	60	126193	240746	193685	21268	849	88851	7544
34193	28634		9105	807073	340456	424497	23548	299046	234325
4572	1550		8722	146597	79335	62403	275	52956	36099
			1489	52348	3528	46596	10	3065	1511
649			17022	97422	27541	68704	3	25603	37087
6432	128		9798	279485	46001	160758	168	32779	10830

续表 3

地　区	差旅费	劳务费	福利费	各种税金支出	对个人和家庭补助支出	抚恤金和生活补贴	其他资本性支出
全　国	**30738**	**275227**	**51200**	**21803**	**217704**	**64968**	**1006230**
北　京	41	10425	13075	2722	15089	618	167315
天　津	2111	1107	139	128	1451	561	349
河　北	1548	29624	5489	245	11802	1223	175226
山　西	1271	7004	1565	346	1914	627	56604
内蒙古	889	4086	144		1572	394	3666
辽　宁	298	17033	993	153	12567	7625	1960
吉　林	358	1416	33		139	3	2891
黑龙江	223	752	10		1412	188	238
上　海	87	629	399		237	122	936
江　苏	914	28613	1063	743	4854	385	31269
浙　江	2044	30685	15807	7447	45222	1443	93498
安　徽	1000	3197	233	41	3525	306	8098
福　建	270	2907	143	15	1144	125	5074
江　西	739	2303	219	31	1520	392	4010
山　东	610	29076	581	56	66931	42529	2895
河　南	1980	17542	1164	3223	14170	649	9910
湖　北	511	4097	585	47	739	120	28916
湖　南	1666	5160	805	179	2908	528	31352
广　东	43	4318	202		1987	4	1088
广　西	695	2282	63	7	898	382	10275
海　南	45	1454		28	424	33	1551
重　庆	1533	5346	199		936	275	18803
四　川	5504	22284	869	4299	7812	2570	238780
贵　州	462	1384	129	56	1007	19	1713
云　南	2716	8891	314	352	2413	804	16555
西　藏	801	26	3		2315	215	51
陕　西	1274	19123	6742	167	3037	999	77116
甘　肃	711	8674	217	833	5472	463	6000
青　海	29	207	5	168	66	3	3322
宁　夏	218	4390		517	547	227	6457
新　疆	147	1192	10		3594	1136	312

各种设备购置费	资产总计/千元	固定资产原值	实际使用房屋建筑面积/万平方米	展览用房	文物库房（含标本室）	实际拥有产权面积/万平方米	文物保护规划和方案设计/项	国保单位保护维修项目数/个
39315	**20901642**	**8178585**	**1109.56**	**109.05**	**16.03**	**946.81**	**988**	**538**
4032	1075579	234642	7.69	1.36	0.15	3.89	15	29
341	80044	26612	0.35					1
5233	972940	497567	15.22	6.19	1.10	8.12	21	70
2378	829449	408347	10.69	2.42	0.62	43.50	44	18
90	464427	184644	5.28	2.41	0.28	1.66	37	24
610	233426	95951	11.45	2.01	0.42	91.85	8	6
533	25095	12805	1.55	0.59	0.21	0.03	3	7
94	33852	22422	1.68	0.81	0.11	0.43		4
420	109788	27079	0.97	0.82		0.09		1
205	201593	48120	7.21	3.47	0.23	6.19	18	4
2914	6580390	2381727	53.61	29.89	0.51	598.29	157	63
457	236918	59370	3.92	1.09	0.39	0.68	74	23
475	121043	12564	2.93	0.89	0.04	0.64	88	33
75	57105	17466	10.37	5.60	0.46	36.49	23	11
1409	1117867	209958	12.85	6.19	0.37	1.80	35	17
3514	1718040	267970	16.34	4.99	1.62	11.60	19	18
2610	287711	177285	5.17	1.98	0.20	5.45	15	14
79	1047899	378079	7.26	2.78	0.64	14.43	42	10
387	104386	32120	7.37	3.12	0.08	1.22	33	5
242	182302	27742	4.58	2.29	0.31	2.70	7	21
824	61812	54999	1.76	0.76	0.01	4.66	3	2
203	54462	6411	3.15	1.29	0.78	0.31	36	8
1363	1251596	557958	22.32	2.98	1.76	36.68	123	41
81	63504	36309	4.53	1.74	0.21	2.27	36	9
5877	392192	227234	22.73	4.84	0.59	12.45	67	40
51	103951	37517	824.81	2.11	3.46	3.89	2	
2782	2221311	1170124	28.10	8.27	0.88	40.78	34	18
28	229939	148309	4.69	1.61	0.22	9.59	22	21
15	67720	53699	1.30	0.74	0.07	3.52	6	9
1933	742514	598076	4.20	1.92	0.19	0.60	7	7
60	232787	165479	5.48	3.89	0.12	3.00	13	4

续表 4

地区	文物保护维修情况			进行考古发掘情况			
	保护维修面积/平方米	省保单位保护维修项目数/个	市、县保单位保护维修项目数/个	考古发掘面积/万平方米	出土器物/件(套)	原址保护展示面积/万平方米	异地保护展示面积/万平方米
全国	**17186567**	**482**	**665**	**344.96**	**39475**	**182.81**	**0.21**
北京	14649	6	25		20		
天津	9858	1	1	1.52	872		
河北	1690009	23	2	84.13	747		
山西	16536	7	22	22.00	200		0.01
内蒙古	2110336	9	8				
辽宁	100520	5	1	0.13	150		
吉林	2542051	4					
黑龙江	2933650	2	2				
上海	686	1	2		80		
江苏	4258533	6	13	32.53	3006	0.38	0.10
浙江	107429	74	142	49.92	4503	0.16	
安徽	2302488	30	45	0.02	300		
福建	30692	39	67	5.40			
江西	23853	18	19	0.08	1002	0.07	
山东	194075	18	11	48.77	2310		
河南	29414	30	20	65.82	2578		
湖北	75230	8	2	0.18	63	0.25	
湖南	9459	20	14	20.01	20		
广东	15948	9	22				
广西	185486	20	16	0.15	16		
海南	7017					18.74	
重庆	3459	22	28	0.51	947		
四川	124300	52	43	8.97	8504	0.01	
贵州	23554	11	14			159.00	
云南	110083	34	136	3.63	11664		
西藏	368	2					
陕西	3073	17	5	0.09	175	4.20	0.10
甘肃	2250	3					
青海	219981	6	3				
宁夏	13873	3		0.07	700		
新疆	27707	2	2	1.03	1618		

主办刊物/种	文化创意产品情况			文博单位新媒体情况			
	文化创意产品种类/种	文化创意产品销售收入/千元	文化创意产品销售利润/千元	举办线上展览/个	网站年访问量/次	创建微信公众号、微博账号/个	微信公众号、微博账号关注人数/人
16	**1937**	**952715**	**455820**	**127**	**62262010**	**337**	**7459723**
				1	379623	5	1181183
						1	6300
1	23			1	250000	9	568140
	55			3	27425	10	147947
	20	7	2	9	6000	5	3492
				5	353200	7	56756
				3	1000	5	4273
				10	9500	2	3869
					144232	6	16547
1					96000	9	208784
2	1005	2103	468	29	2327941	33	1345127
1				1		6	8845
				6	41069	8	28673
1	112	129001	38670	36	472017	66	42350
				1	1918951	11	2220908
1	10	1	-10	1	17544	7	8843
				2	383643	5	118010
1	6	540	135	2	25630	10	158299
	9			8	43	4	604397
	12	5			282556	30	6297
						1	2000
				2		2	5114
3	307	1545	499	3	108647	11	219990
	17					5	11010
2	275	818489	415804		5078370	12	33748
	2					3	4694
1	16			2	50270621	40	326044
2	68	1024	252	1	2787	13	35340
				1	64980	2	2719
					231	8	79844
						1	180

2021年全国各地区

地　区	机构数/个	从业人员/人	编制人员数	在编人员数	专业技术人才	正高级职称	副高级职称
全　国	**5772**	**125704**	**61025**	**54182**	**41257**	**2350**	**6518**
北　京	79	4657	2222	2207	1145	81	208
天　津	69	1567	1095	1032	702	25	105
河　北	172	4469	2261	1999	1349	75	290
山　西	182	4620	1920	1675	1315	53	150
内蒙古	168	2978	1574	1382	1093	57	227
辽　宁	65	2465	1300	1349	967	56	153
吉　林	105	2050	1268	1144	835	81	201
黑龙江	177	2872	1538	1234	1063	71	234
上　海	116	4178	2889	2605	1967	65	224
江　苏	366	7990	3392	3053	2712	217	450
浙　江	425	6766	2708	2267	2143	157	355
安　徽	223	3472	1407	1210	1185	60	165
福　建	140	2824	1323	1135	1018	60	164
江　西	189	4164	2171	1853	1263	68	175
山　东	629	10114	4535	3892	3380	194	553
河　南	367	7837	3405	2775	2198	117	299
湖　北	227	4664	2572	2251	1851	98	243
湖　南	162	4100	2055	1775	1138	35	155
广　东	339	6545	3076	2746	2384	97	254
广　西	169	2839	1358	1173	1032	48	144
海　南	39	685	223	157	240	7	26
重　庆	111	3258	1505	1318	858	66	159
四　川	267	6879	2804	2462	1755	71	184
贵　州	97	1879	632	573	459	12	74
云　南	165	2119	1253	1081	1042	54	229
西　藏	13	284	171	148	102	3	11
陕　西	312	8511	3959	3844	2103	126	275
甘　肃	228	5303	2684	2436	1413	48	222
青　海	24	470	204	188	156	8	25
宁　夏	64	885	335	336	264	14	40
新　疆	78	1207	539	460	369	12	32

博物馆基本情况

中级职称	安全保卫人员/人	登记注册志愿者人数/人	藏品数/件(套)	文物藏品	一级品	二级品	三级品	本年新增藏品/件(套)
17228	**32154**	**229223**	**46648282**	**26308305**	**85960**	**598330**	**3438616**	**682885**
435	1139	13120	2507722	1026367	3016	6822	374721	35370
293	259	3210	762720	253828	1055	5445	134959	1303
530	1159	4043	430874	256237	998	10985	30043	22848
527	1188	4784	1635012	1117543	3898	8702	60289	163003
455	732	2114	1253740	1025928	1942	5696	10356	5873
532	476	3527	538510	322701	1860	14172	147039	3685
293	350	2921	854346	573943	587	6251	31423	36823
459	684	5267	987239	323874	2641	5520	43953	7159
815	687	11368	3407545	440470	3340	43520	187797	9124
1111	2292	17110	1970348	1051022	3834	21305	296728	28308
859	1752	24051	1572122	709640	2164	10597	77551	36034
487	887	4688	925034	585821	6608	31419	69354	3692
357	750	6676	748831	554379	1097	3204	102598	14646
605	1061	7134	725931	384147	1667	6630	57229	14683
1445	2497	25721	4712435	2633558	5970	14693	108327	38455
850	2109	15180	1257209	605861	2281	16872	200195	7599
868	1155	9678	2190909	1447425	3206	8530	102064	9206
484	978	7016	698711	491579	1899	6581	61027	7180
1074	1708	18377	2544257	801748	2258	16275	68044	41602
473	710	3673	411996	293125	297	5059	36167	7630
73	205	526	178695	138198	182	765	3233	1584
366	1045	12352	725555	505719	1252	2593	28279	37450
662	1903	7113	4657256	3303898	3651	6749	85422	70063
176	467	783	213868	127887	564	1709	6101	3956
477	534	2350	1594615	507185	888	2066	17683	9907
34	41	1	76533	7926	1068	15824	27057	1740
795	2434	6591	4387060	2690725	6834	13880	72672	12857
588	1232	6784	589624	401258	4337	12033	104140	6292
68	132	117	74966	65713	510	1070	2534	227
96	259	1741	373387	94103	314	3496	7575	9299
148	404	713	222892	176188	780	1622	5962	886

续表 1

地　区	在藏品数中		本年修复文物数/件(套)				基本陈列/个
	本年从有关部门接收文物数	本年藏品征集数		一级品	二级品	三级品	
全　国	**81461**	**411340**	**47644**	**220**	**2360**	**8686**	**16799**
北　京	1179	28202	619	1	11	11	210
天　津	99	952	545	3	16	261	214
河　北	128	3451	780	5	372	212	425
山　西	27665	132989	3640	19	302	1703	389
内蒙古	522	1521	1255	1	54	164	438
辽　宁	52	1843	1642	6	186	98	203
吉　林	40	1772	241			27	225
黑龙江	1005	5560	3073		131	602	429
上　海	148	5705	391	1	24	99	348
江　苏	5766	16604	2765	7	29	177	1044
浙　江	2305	16419	1088	11	15	159	1343
安　徽	194	2526	1163		72	591	633
福　建	4907	7060	418	43	94	97	400
江　西	286	2334	1830	3	3	280	590
山　东	19336	14489	7229	27	249	1087	2867
河　南	653	2621	1343	11	61	453	788
湖　北	563	4857	2902	10	94	265	759
湖　南	86	4836	3889	20	105	800	376
广　东	1294	27202	943	3	44	116	973
广　西	83	6300	359		42	60	352
海　南	963	555	199	1	23	105	98
重　庆	3743	27224	1377		8	116	283
四　川	322	62419	1088	9	87	244	721
贵　州	585	2660	389	1	2	19	191
云　南	5654	3360	2518	2	8	124	605
西　藏	509	1231					35
陕　西	920	2737	1600	6	84	114	852
甘　肃	1698	2246	1669	2	107	463	594
青　海	96	131	410	1	2	1	67
宁　夏	630	8559	344	1	3	64	153
新　疆	11	767	748	6	18	146	147

临时展览/个	参观人次/万人次	未成年人参观人次	境外观众参观人次	举办社会教育活动/次	参加活动人次/万人次	未成年人参加人次	门票销售总额/千元	省部级及以上科研课题数/项
15132	**74850.45**	**18122.24**	**348.35**	**323244**	**29538.21**	**11068.28**	**2971137**	**687**
208	1106.13	218.61	5.12	4301	4789.88	2141.41	82691	24
216	1130.28	212.47	14.37	3640	65.12	28.60	22025	4
475	1727.65	484.94	1.41	4806	301.73	144.34	10995	14
177	1544.59	401.60	5.86	9654	571.34	96.06	91568	15
184	962.79	244.40	8.13	5319	2234.72	740.47	1358	7
207	1210.24	218.04	2.40	2244	116.81	45.21	59607	7
366	580.47	129.92	3.20	4122	82.44	34.94	25302	7
394	1087.76	194.56	0.30	2344	299.46	71.32	287	5
388	2003.91	440.05	22.57	37794	1214.84	332.10	204476	43
1097	6329.87	1544.74	8.68	16641	876.85	328.34	107704	40
1449	4070.23	1109.49	9.05	14846	301.59	151.49	545989	37
669	1961.83	519.62	3.73	7756	427.66	271.14	1256	9
793	1778.92	538.83	21.17	3419	161.01	66.11	3924	7
666	4353.76	1419.21	21.50	13888	437.31	205.02	36443	21
1258	4955.84	1549.54	13.26	18963	715.92	441.58	72637	31
765	5081.81	1350.07	22.74	15084	679.42	330.09	127183	61
530	3051.91	797.80	51.57	41408	1844.16	820.42	20436	17
393	5776.30	1517.44	13.69	26672	676.98	307.16	18070	27
1387	3848.95	961.00	7.32	14624	1058.89	345.43	55022	36
319	2517.34	544.58	23.25	5312	9795.45	2971.56	2786	20
112	268.87	80.64	1.46	415	39.32	24.85	1404	2
424	2508.17	527.19	5.45	6870	767.28	220.35	81773	52
605	6068.29	1070.88	20.06	15090	985.01	487.45	297558	25
178	2064.09	358.83	27.39	9342	121.08	65.07	4600	
398	1175.87	284.77	11.54	5623	147.51	49.16	1508	41
16	49.39	4.68		83	20.81	1.53		
424	2781.80	464.41	7.69	8665	209.72	106.08	405764	25
652	2599.50	584.84	5.73	9619	351.46	162.81	292559	50
23	98.57	23.22	0.11	695	8.42	3.68		
94	493.93	100.28	0.38	4306	75.82	30.42	37388	5
142	566.68	108.63	0.56	2347	137.06	35.55		1

续表 2

地　区	本年完成科研成果						本年收入合计/千元
	专利/项	专著或图录/册	论文数/篇	古建维修、考古发掘报告/册	获国家奖/项	获省、部奖/项	
全　国	**370**	**1241**	**7094**	**114**	**209**	**808**	**39965014**
北　京	22	65	467	2	1	17	1886077
天　津		11	70			9	627866
河　北	1	32	149	3	4	18	646725
山　西	4	9	174	1	13	35	744985
内蒙古	1	31	130	1	8	11	624088
辽　宁		33	136	1		2	3876230
吉　林	14	10	72		1	3	399046
黑龙江		11	62	1		10	725415
上　海	11	78	422	5	4	61	3033515
江　苏	44	70	442	8	13	86	2702205
浙　江	15	107	318	9	26	70	2242664
安　徽	3	21	132		2	5	642727
福　建	2	22	103	1	2	7	628360
江　西	2	27	119	3	29	53	1029523
山　东	29	47	366	12	14	108	1572949
河　南	17	50	303		19	58	1348122
湖　北	1	35	260	20	13	57	1154962
湖　南	67	50	284	13	3	34	2570123
广　东	16	101	395	9	4	24	3404245
广　西	11	17	207	1	6	11	578031
海　南	1	7	38	2	7	13	164907
重　庆	27	53	453	1	2	33	1025478
四　川	6	63	185	7	3	16	1409847
贵　州	25	27	61		5	6	514570
云　南	12	22	84	1	3	7	336181
西　藏			5		1		276084
陕　西	17	55	221		14	23	1805478
甘　肃	17	54	391	7	4	15	1312117
青　海		1	9		1	1	195410
宁　夏	4	6	31			3	152874
新　疆	1	3	113	2		4	347152

财政拨款预算收入	财政拨款预算收入		上级补助收入	事业预算收入	经营收入	附属单位上缴收入	其他收入	
	中央财政免费开放补助资金	地方财政免费开放补助资金						捐赠收入
33204102	**2080093**	**2125409**	**1620808**	**1804205**	**1485907**	**7746**	**1842246**	**306221**
1442548	11563	1640	69569	291578	17819		64563	42229
597061	22891	8899	3275	16191	4387	947	6005	1735
601154	115204	24634	613	9323	15295		20340	506
654878	33199	46229	12209	36589	13320		27989	
594230	40056	8190	12467	9546	1101		6744	
3857461	28901	65827	10838	6454	132		1345	
344483	36466	8067	2635	22382	8398		21148	1
686401	65581	5721	22559	4470	971		11014	192
2268636	55497	3419	49914	500387	63936	4	150638	2246
2388194	99794	139831	32625	128993	105004		47389	1863
2012442	76939	45517	13318	34838	32291		149775	106480
583580	60478	48207	24161	9160	7818	2291	15717	852
519778	49108	22780	29858	4585	15223	364	58552	10118
790828	135605	39857	57166	13099	126786	386	41258	2631
1014547	80124	70265	16329	7499	464018	3188	67368	4321
1167452	86620	42587	33331	36268	81670		29401	5036
909535	100107	246471	62659	66276	64629	112	51751	2480
1206225	128031	93592	523234	30040	172696		637928	2031
2876005	102012	909187	381914	41607	48520		56199	22012
554688	39130	38915	4210	3565	1580	185	13803	2721
148373	6953	2593	4359	5751	1466		4958	3
876869	82042	36047	21391	33298	32267	106	61547	30928
1305440	173210	53498	25373	22046	28600		28388	7018
480020	91021	48176	15026	5074	6030		8420	510
278356	38197	16695	28608	3612	13117		12488	311
275306		1654	280	435			63	
1631100	87321	50314	79614	42274	32068		20422	4682
1125382	149142	23303	68322	76187	1353	153	40720	16156
180839	12676	2573	8972	4483			1116	
113439	17279	14262	1122	1204	29582	10	7517	213
299391	49936	6459	4857	1843	180		40881	500

续表 3

地　区	本年支出合计/千元	基本支出	项目支出	经营支出	工资福利支出	商品和服务支出	差旅费
全　国	**46122858**	**19694598**	**19271365**	**1895324**	**14794836**	**14144230**	**212324**
北　京	1806402	1055196	570660	78717	626293	851655	3633
天　津	1236373	316915	410520	52346	666828	173621	745
河　北	794644	438997	346270	9177	249426	330801	3063
山　西	817784	218149	551500	10888	212347	311768	3646
内蒙古	966859	239719	628882	81354	180329	206407	5428
辽　宁	3937064	3340408	593212		2535596	1103327	2389
吉　林	392564	150348	221363	8671	128736	133914	2546
黑龙江	742859	214168	522261	2414	159218	171434	1514
上　海	2910567	1166140	1676872	41940	698896	1024199	4823
江　苏	2974624	1397629	1330551	74393	951693	1068942	17200
浙　江	2718324	986316	1313687	20996	863827	860955	6944
安　徽	681332	267442	362236	15408	220577	284364	4125
福　建	718710	252062	417142	19346	203831	301426	3507
江　西	1000343	355227	457662	15943	378660	333993	11708
山　东	2245381	1215990	579101	288556	783110	600376	5497
河　南	1485577	607755	693430	34054	443107	380937	5492
湖　北	1299335	472409	671269	44379	360761	489527	8956
湖　南	2326842	746540	916863	651208	325533	552440	18026
广　东	4378031	1858784	1234054	183909	1019426	912105	6819
广　西	1255817	271964	379957	2806	204763	195569	9055
海　南	182597	49518	128561	1427	37352	113623	2979
重　庆	1087024	322066	652437	17932	254994	382331	14646
四　川	1534955	548817	917854	24089	471629	698687	15438
贵　州	1868959	406779	307605	20380	597140	681490	15616
云　南	356071	172135	152755	7527	162642	104979	2802
西　藏	294577	39596	252659	30	37003	10740	758
陕　西	2195978	820237	955721	161551	737024	457857	11719
甘　肃	1176337	537601	561337	8871	376725	361784	14619
青　海	199331	83465	104625		40822	62796	847
宁　夏	164206	90415	49226	15750	56049	54350	717
新　疆	338477	85246	242986	1020	71867	68033	1408

在支出合计中							资产总计/千元	
劳务费	福利费	各种税金支出	对个人和家庭补助支出	抚恤金和生活补贴	其他资本性支出	各种设备、交通工具、图书购置费		固定资产原值
1829546	**174766**	**86775**	**628113**	**84073**	**5464348**	**800096**	**516465715**	**226709836**
19345	19951	8394	28745	4073	51732	15540	7266209	3835352
6145	2130	472	6053	450	69153	7210	3517506	2198571
48025	2283	2219	22143	1705	190394	12350	2800560	2166635
47356	2766	2272	5089	1332	85061	7833	4734578	1871593
22884	1797	94	5144	753	157369	90131	4880850	4316465
58150	56	35	51076	2093	39396	3359	5715739	2878040
16084	2167	298	6001	1257	53510	14638	1211735	815237
21423	1042	34	11625	462	41395	11887	3145018	1973887
16516	7716	5937	8956	2723	720611	27912	16523422	7429892
105051	8662	2672	77838	5048	477293	134679	260454254	101551644
90905	18698	2636	19469	3076	187206	31968	24718937	8028311
20604	2438	545	12017	1735	46233	20878	2935352	2064641
47459	739	238	10432	1310	94821	32154	2114103	1377343
25310	6655	438	12846	3023	58619	19482	2011899	812679
59993	6818	15549	48214	2345	84990	20472	11877408	8197559
47017	4474	5063	22206	3944	285755	18172	6276805	2844841
85434	4871	3476	21601	791	167448	29049	10578931	9261595
109128	29898	596	31494	12332	193231	27627	22034619	17397745
50308	5397	1939	90800	2414	1061504	55683	18575295	13737583
10685	1960	930	6552	1966	148569	5325	3336008	1900074
31542	52	285	325	77	20682	9499	1691879	1459801
71647	1699	2167	13509	6086	88370	30346	2813708	1189964
71056	5950	3501	29922	8299	88091	23437	7612041	4166920
459915	691	323	6629	2271	37378	30156	4067549	2641212
19499	2174	7180	2885	1383	14716	1944	49660019	1711396
1139	5		88		185214		645181	13897
88752	23705	339	12325	3887	192410	17798	18103496	14578758
53328	3098	1966	27896	5258	73272	18042	8899733	2741634
4066	18	14	2957	413	60854	12199	1404869	289762
2855	284	327	1432	245	7387	3226	837728	583784
17875	425	60	4842	556	81319	8632	860528	292825

续表 4

地　区	实际使用房屋建筑面积/万平方米	展览用房	文物库房(含标本室)面积	实际拥有产权面积/万平方米	本年度可移动文物保护情况		国际合作项目数/个
					数字化保护/项	预防性保护/项	
全　国	**3444.60**	**1572.66**	**251.43**	**2653.06**	**256264**	**17778**	**196**
北　京	95.64	40.15	6.12	128.94	54	22	12
天　津	42.87	18.75	3.40	76.68	32	6	
河　北	96.42	53.56	6.33	71.60	220	9	2
山　西	134.60	41.91	6.95	66.38	11	18	13
内蒙古	107.70	59.02	6.60	52.52	9	19	
辽　宁	70.44	30.73	6.26	37.95	4	14	
吉　林	48.39	26.69	4.12	20.39	3	201	
黑龙江	70.16	48.72	4.51	34.02	9	1018	3
上　海	89.49	41.81	6.64	37.91	56698	1252	31
江　苏	296.83	126.47	15.21	193.00	665	554	7
浙　江	203.69	99.48	15.84	95.64	42129	971	20
安　徽	104.37	50.33	7.83	58.55	516	3090	
福　建	86.82	37.15	6.07	60.12	14	21	5
江　西	105.46	54.29	8.90	238.07	65208	179	4
山　东	324.73	161.26	30.51	414.32	691	5177	10
河　南	157.69	80.76	15.60	79.12	147	76	7
湖　北	297.83	96.62	13.08	96.98	7	13	2
湖　南	98.50	43.10	8.20	75.80	1016	73	5
广　东	187.92	77.22	12.36	165.39	51	216	14
广　西	72.10	34.69	4.74	50.94	8	17	
海　南	20.68	9.32	2.15	11.34	3	3	
重　庆	78.31	39.80	5.89	46.07	171	35	3
四　川	159.37	79.32	11.89	128.64	1443	2514	12
贵　州	42.79	21.29	3.74	30.59	5	13	
云　南	66.19	31.98	6.03	56.98	1371	215	10
西　藏	9.96	2.67	0.16	11.91			
陕　西	148.53	65.05	12.71	121.00	357	1998	11
甘　肃	93.63	45.16	8.25	95.73	16	26	4
青　海	12.10	5.52	0.86	8.17	3	5	
宁　夏	29.61	18.03	1.82	20.58	10	8	
新　疆	39.57	20.91	2.07	15.08	24	8	

主办刊物/种	文化创意产品情况			文博单位新媒体情况			
	文化创意产品种类/种	文化创意产品销售收入/千元	文化创意产品销售利润/千元	举办线上展览/个	网站年访问量/次	创建微信公众号、微博账号/个	微信公众号、微博账号关注人数/人
446	**77777**	**4936814**	**783130**	**13619**	**937820783**	**385374**	**344498827**
16	1631	26227	6284	96	188791029	1664	26168003
7	615	7591	2283	132	33593153	107	3376632
8	1477	8027	4005	818	8868801	778	6687718
12	546	5372	2069	153	5695994	75	3443607
1	304	503	188	137	1519495	215	518563
6	1496	1287255	31121	170	13736587	2846	1736019
6	434	60127	34313	226	4888859	480	629269
7	829	430	201	520	3955099	1495	2797461
28	17592	78940	4636	161	60691990	736	37889201
37	5290	67302	10454	646	125319850	55644	162209447
46	2816	10909	2685	422	10958959	1735	7635755
10	582	6061	132	322	4500181	257	2137300
13	1688	3726	-19	973	26415424	742	1709716
18	1770	174711	34792	354	9868334	852	3102336
46	6151	201851	50079	915	23132412	1559	5336357
20	3775	51385	11648	312	44621646	926	6041822
14	2321	1193766	283251	291	22675044	38770	13080586
15	1183	179726	86457	117	16742762	357	4850861
32	9792	52655	6337	445	42268301	257697	10133558
11	651	637	245	155	3786363	964	1183152
	124	933	466	25	1917312	51	165689
16	2260	27162	5898	645	7275993	4964	4410766
13	5248	55289	2824	490	164258437	4187	15425894
7	1644	2544	1123	47	1742535	37	729369
9	1989	963072	95358	1613	17105826	990	1168215
	106	217	43	13	30079	3	24579
23	2983	21366	1782	344	11832353	816	8423351
17	1246	27430	1469	2910	23986699	5797	3845639
	35	13046		7	152313	84	103488
1	71	3644	1	16	126756	252	882315
	237	965	312	58	75410	267	97663

2021年全国各地区文物部门

地　区	机构数/个	从业人员/人					
			编制人员数	在编人员数	专业技术人才		
						正高级职称	副高级职称
全　国	**3666**	**96720**	**50472**	**45199**	**33855**	**1611**	**5361**
北　京	65	3706	1837	1866	972	59	186
天　津	68	1495	1042	979	639	25	104
河　北	95	3305	1722	1507	961	49	204
山　西	156	4287	1802	1597	1242	44	140
内蒙古	126	2427	1378	1225	1019	52	210
辽　宁	62	2406	1272	1321	956	56	152
吉　林	71	1334	892	780	654	58	158
黑龙江	98	1986	1181	939	741	47	172
上　海	40	1767	1313	1101	910	39	116
江　苏	254	6413	2786	2540	2348	159	383
浙　江	161	4716	2298	1995	1750	112	298
安　徽	147	2456	1128	966	900	24	124
福　建	107	2501	1184	1006	900	51	152
江　西	154	3518	1958	1640	1140	49	160
山　东	267	5526	2974	2701	2355	90	386
河　南	229	6125	3083	2482	1784	55	217
湖　北	135	3659	2176	1961	1590	54	193
湖　南	125	3021	1583	1431	868	18	116
广　东	205	5074	2672	2417	2066	53	220
广　西	117	2398	1189	1017	930	37	128
海　南	20	518	209	149	212	7	25
重　庆	66	2421	1200	1054	612	42	109
四　川	210	5977	2562	2249	1514	37	161
贵　州	91	1802	620	562	449	9	73
云　南	112	1454	983	846	805	25	166
西　藏	13	284	171	148	102	3	11
陕　西	195	6755	3433	3385	1713	74	222
甘　肃	144	4212	2231	2063	1271	41	201
青　海	24	470	204	188	156	8	25
宁　夏	26	447	203	202	171	8	25
新　疆	78	1207	539	460	369	12	32

管理的国有博物馆基本情况

中级职称	安全保卫人员/人	登记注册志愿者/人	藏品数/件(套)	文物藏品	一级品	二级品	三级品	本年新增藏品/件(套)
14538	**25039**	**171948**	**32895754**	**23109690**	**80939**	**585922**	**3392138**	**553239**
370	929	11911	2409107	1014670	2960	6691	373707	33281
279	246	3126	726259	251299	1055	5445	134959	1205
367	891	2157	326213	235742	939	10957	29935	7344
507	1101	4288	1538496	1116033	3895	8698	59989	162868
420	524	1689	1162164	1010567	1942	5696	10156	3507
524	468	3517	520331	314173	1840	14142	146989	3685
227	236	2381	655315	553425	558	5958	31130	36359
334	492	3879	629605	279170	2528	5152	41442	6716
359	320	3925	1361401	333029	1477	36924	173667	1630
984	1754	12590	1418510	1007925	3169	20044	291343	25502
740	1276	16180	1170628	620167	2136	10313	76578	22036
391	644	4296	672805	567590	6537	31219	66357	3511
335	654	4987	692833	532175	1086	3166	102017	14602
566	902	5977	560996	377044	1553	6326	56541	14583
1071	1396	14664	3319706	2565291	5867	14411	106832	25314
703	1727	13703	965443	566162	2079	16138	195605	5735
770	814	8329	1484050	1347982	3178	8437	99877	7593
377	778	5097	611999	448709	1767	6215	59048	3996
954	1311	15584	2321112	759799	1423	15792	66563	36530
440	614	3290	392183	288463	297	5051	36136	6935
71	148	499	153419	133469	180	719	3233	1344
275	834	9522	644549	491329	1194	2422	26549	35504
591	1569	5680	1145083	948715	3164	6528	84660	26518
174	449	783	207493	127587	557	1614	5795	3954
397	372	1999	543434	480431	880	2053	17505	8943
34	41	1	76533	7926	1068	15824	27057	1740
660	1985	4327	2957262	2663147	6757	13678	71690	10996
545	957	5536	442535	372145	4287	11878	102623	5002
68	132	117	74966	65713	510	1070	2534	227
64	146	707	70092	63316	314	3494	7565	792
148	404	713	222892	176188	780	1622	5962	886

续表 1

地　区	在藏品数中		本年修复文物数/件(套)				基本陈列/个
	本年从有关部门接收文物数	本年藏品征集数		一级品	二级品	三级品	
全　国	**79641**	**328394**	**41235**	**196**	**2300**	**8417**	**10426**
北　京	1078	27693	612		10	6	177
天　津	99	952	536	3	16	261	201
河　北	128	3036	663	5	372	212	263
山　西	27665	132929	3640	19	302	1703	347
内蒙古	522	973	1024	1	54	164	345
辽　宁	52	1843	1642	6	186	98	195
吉　林	28	1320	241			27	150
黑龙江	1005	5178	799		131	602	259
上　海	9	1551	221		7	63	101
江　苏	5634	14854	2759	7	29	177	839
浙　江	2290	13255	819	11	15	156	712
安　徽	194	2457	1065		49	545	433
福　建	4907	7043	404	43	94	97	333
江　西	227	2313	1727	3	3	280	521
山　东	19110	5304	5666	10	246	1084	953
河　南	653	1401	951	11	61	353	450
湖　北	562	3962	2752	10	94	265	508
湖　南	72	3147	3613	20	95	799	295
广　东	545	24912	872	3	43	114	635
广　西	21	6141	349		42	60	273
海　南	963	381	174	1	23	99	45
重　庆	3743	26263	1345		8	114	160
四　川	322	19074	960	9	87	244	541
贵　州	583	2660	317	1	2	19	184
云　南	5654	2821	2476	2	8	124	364
西　藏	509	1231					35
陕　西	744	1153	1438	1	79	103	428
甘　肃	1616	1282	1588	2	107	459	346
青　海	96	131	410	1	2	1	67
宁　夏	580	159	237	1	3	14	72
新　疆	11	767	748	6	18	146	147

临时展览/个	参观人次/万人次	未成年人参观人次	境外观众参观人次	举办社会教育活动/次	参加活动人次/万人次	未成年人参加人次	门票销售总额/千元	省部级及以上科研课题数/项
11806	**59116.13**	**14378.68**	**245.01**	**218228**	**26089.67**	**9710.20**	**2475356**	**561**
174	961.51	173.99	4.89	3338	4780.19	2137.17	81392	22
214	997.60	173.30	14.26	3515	64.72	28.31	7956	4
389	1302.66	360.04	1.07	2646	165.46	93.13	8550	11
152	1383.49	349.26	4.24	9105	547.14	81.04	90478	15
164	767.90	187.78	8.13	2774	2210.89	727.80	1358	7
205	1149.51	197.47	2.40	2163	106.69	39.15	59607	7
280	454.48	104.59	3.18	2116	58.81	28.10	19635	6
332	803.63	138.07	0.07	1481	126.23	50.90	215	4
196	881.38	182.25	17.19	8188	307.61	61.09	20784	17
911	5133.77	1335.01	7.42	13746	693.25	299.69	59241	35
1036	2982.95	857.23	3.57	9307	205.11	114.64	523521	34
547	1530.99	403.60	3.26	5891	126.88	60.66		3
681	1653.14	501.00	20.79	2641	146.93	57.38	673	7
620	3893.48	1296.32	10.22	9771	380.90	185.36	10318	16
774	3035.23	969.32	9.76	12394	372.34	217.37	20912	26
548	4178.01	1080.95	10.54	12930	562.20	270.78	83585	54
381	2574.86	675.99	28.89	35014	1748.30	779.57	14179	13
314	4236.69	1219.88	13.63	11765	452.16	239.40	17981	19
1141	3264.73	786.30	5.71	11336	979.56	313.92	47481	35
255	1519.13	402.26	7.44	2722	9739.32	2931.03	2087	18
96	176.63	57.32	1.33	337	25.07	17.42		2
292	1616.39	352.67	3.08	3737	478.22	159.92	78702	49
486	5464.27	936.99	16.66	13824	947.60	462.52	288520	23
177	2050.42	352.21	27.28	6988	120.13	64.32	1628	
332	1013.65	232.14	5.81	4316	133.92	44.07		11
16	49.39	4.68		83	20.81	1.53		
225	2331.11	346.34	2.41	6987	159.53	71.00	387449	17
502	1657.25	382.74	2.44	4793	200.41	102.69	290280	49
23	98.57	23.22	0.11	695	8.42	3.68		
78	291.92	70.17	0.01	3926	60.67	22.47		2
142	566.68	108.63	0.56	2347	137.06	35.55		1

续表 2

地　区	本年完成科研成果						本年收入合计/千元
	专利/项	专著或图录/册	论文数/篇	古建维修、考古发掘报告/册	获国家奖/项	获省、部奖/项	
全　国	**206**	**1001**	**6219**	**112**	**168**	**581**	**32399104**
北　京	16	54	319	2	1	9	1664336
天　津		9	67			8	563344
河　北		22	124	3	3	10	483542
山　西	3	9	174	1	13	28	710717
内蒙古		24	122	1	6	6	504829
辽　宁		33	136	1		2	3874595
吉　林	12	6	50		1	3	355536
黑龙江		8	56	1		8	647445
上　海	5	44	259	5	2	12	1722373
江　苏	44	63	376	8	10	68	2309798
浙　江	7	85	282	9	16	51	1933498
安　徽	3	16	120		1	3	551970
福　建		16	102	1	1	5	603187
江　西	2	24	109	3	29	52	818717
山　东	5	28	347	11	8	69	949092
河　南	15	37	263		16	52	1182972
湖　北	1	28	249	20	13	53	1093601
湖　南		35	187	13	3	24	1092738
广　东	4	92	348	8	3	13	2025557
广　西	7	15	205	1	2	5	541688
海　南	1	7	38	2	7	13	156159
重　庆	25	36	401	1	2	29	717194
四　川	3	56	172	7		12	1360780
贵　州	25	27	61		5	6	508031
云　南		5	53	1	2	4	273941
西　藏			5		1		276084
陕　西	12	40	181		11	10	1694723
甘　肃	15	53	376	7	4	13	1161694
青　海		1	9		1	1	195410
宁　夏		2	23				91343
新　疆	1	3	113	2		4	347152

财政拨款预算收入	财政拨款预算收入		上级补助收入	事业预算收入	经营收入	附属单位上缴收入	其他收入	
	中央财政免费开放补助资金	地方财政免费开放补助资金						捐赠收入
29288880	**1887798**	**1078920**	**477196**	**1603717**	**283181**	**4265**	**741865**	**114007**
1301891	11063	1640	22526	276307	15001		48611	28313
535495	22891	8899	1917	16125	4387	947	4473	1735
475573	85318	16754	613	2793	1849		2714	23
635280	32343	33633	10376	36589	2811		25661	
477465	39556	7897	11237	9272	772		6083	
3855826	28101	65827	10838	6454	132		1345	
318285	35966	6479	560	21033			15658	
641777	54341	5634	794	3833			1041	
1340698	53492	1750	265	345250	133		36027	
2110194	92234	62444	16075	128476	27208		27845	927
1859910	76667	36267	2552	34757	798		35481	2937
505912	58582	47333	21150	9160	3100	226	12422	852
518834	49108	21944	27852	4585	9290		42626	3
713548	128436	30748	56746	13099	8815	386	26123	1800
896939	66164	52704	9593	6317	7408	2600	26235	1622
1102097	82730	34687	28594	36266	6560		9455	2723
871927	96357	244407	56238	65283	50944		49209	2400
1007215	85367	85072	16849	29775	9597		29302	233
1938654	92882	55927	17073	41533	2171		26126	5806
526515	34752	38613	1903	2804	676		9790	2447
145845	6053	965		5566			4748	3
625036	66353	30895	19505	28809	18615	106	25123	330
1296253	172532	50304	13752	20329	6166		24280	6415
480020	91021	48176	14426	5074	683		7828	10
247656	38197	14870	8841	3612	5449		8383	160
275306		1654	280	435			63	
1562147	74160	31528	75065	39383	4246		13882	200
1038801	130231	20475	16855	68130	460		37448	16122
180839	12676	2573	8972	4483			1116	
84090	15279	12362	892	1194	80		5087	
299391	49936	6459	4857	1843	180		40881	500

续表 3

地　区	本年支出合计/千元	基本支出	项目支出	经营支出	工资福利支出	商品和服务支出	差旅费
全　国	**35738164**	**15609881**	**16908109**	**420920**	**12417066**	**12560859**	**172313**
北　京	1512679	889422	526664	9409	543896	746745	2900
天　津	1151422	305998	336486	52346	656322	150369	729
河　北	614698	338530	274481	1687	179977	272678	2038
山　西	774875	198695	537330	6727	201165	307620	3507
内蒙古	840342	224753	520324	80954	168006	166961	4649
辽　宁	3935429	3339422	593163		2534705	1102784	2389
吉　林	339843	126921	210886	500	106545	123293	2251
黑龙江	661761	158773	501471	130	123167	153047	1141
上　海	1583531	591184	987860	123	353457	624922	2543
江　苏	2535995	1259919	1192655	20853	832896	913441	15690
浙　江	1957658	686720	1182082	1006	519607	839967	6112
安　徽	561678	207408	324457	3195	173297	249171	3041
福　建	671344	226421	416708	9554	194761	298354	3163
江　西	917187	318955	430993	13515	350459	318025	11030
山　东	1042810	544899	461007	7561	376633	408540	3019
河　南	1298404	530565	669108	5244	376074	351880	4225
湖　北	1200801	427552	640770	33645	329968	476730	8523
湖　南	967242	418012	532666	7914	223032	292189	5088
广　东	2077137	823476	1190810	30930	664989	874773	6195
广　西	545587	175514	356186	278	183356	181657	3696
海　南	169443	43072	124437	40	32586	112015	2921
重　庆	799589	256230	441455	9429	204583	332268	12358
四　川	1467942	521096	907481	5457	448829	693752	14726
贵　州	1845504	403791	307455	779	594938	681365	15608
云　南	280070	135267	135277	5230	119472	94601	2466
西　藏	294577	39596	252659	30	37003	10740	758
陕　西	2009667	760931	912244	109285	671573	431743	10340
甘　肃	1010250	468191	483768	3761	330178	332014	12833
青　海	199331	83465	104625		40822	62796	847
宁　夏	97977	53292	41508	76	34271	28586	460
新　疆	338477	85246	242986	1020	71867	68033	1408

在支出合计中							资产总计/千元	
			对个人和家庭补助支出		其他资本性支出			固定资产原值
劳务费	福利费	各种税金支出		抚恤金和生活补贴		各种设备、交通工具、图书购置费		
1664209	**128130**	**54498**	**585454**	**72099**	**3887849**	**725766**	**312485092**	**168645136**
18153	18611	7893	23875	2127	45693	13182	4731166	2857359
1941	2095	399	6053	450	17960	6507	2140263	1307956
40108	1575	88	16946	1358	144907	5489	1533190	1190054
45946	2395	2063	5082	1326	84945	7786	4303399	1559590
22310	1687	48	5121	738	111670	80791	4054286	3614779
58150	56	35	51075	2093	39396	3359	5713167	2876607
15093	1978	287	5928	1243	51580	14310	999900	682825
19814	833	9	10140	177	39447	10804	1473757	878197
13674	4396	1062	5352	1614	398302	21232	7289505	1212813
102410	8322	1911	71907	3179	447089	133235	149210291	97450575
88999	17936	1097	18386	2572	162499	28456	4769630	2792485
16864	1780	239	8982	1592	38390	19283	1270968	784424
47038	587	167	10430	1308	93809	31153	1889879	1227622
23636	5713	211	12551	2896	56182	18659	1666660	652087
45514	2244	538	45342	2158	46188	11433	5935458	4819078
40867	2838	1888	20282	2781	275323	15332	3770899	1637949
82118	4153	3388	21377	781	158754	28421	9884224	8738536
30468	4808	250	26587	10065	153508	15604	4308363	1019319
48210	4571	1443	89443	2252	172442	54677	5817091	4662767
7558	557	629	6537	1956	128545	4359	1542791	826725
30230		279	325	77	20382	9430	1468005	1413374
61296	1519	1801	10944	4767	84939	27672	2114999	932646
70000	5606	3042	29871	8299	87691	23352	6185350	2964147
459915	576	321	6629	2271	37376	30155	3875324	2487987
17774	1059	6431	2880	1383	13581	1784	48740750	1341058
1139	5		88		185214		645181	13897
82615	22874	205	11725	3700	185473	12675	16186674	13591550
47681	2664	1923	25439	4962	57924	14826	3201930	1868000
4066	18	14	2957	413	60854	12199	1404869	289762
2697	102	1	1356	239	6102	2501	336839	277947
17875	425	60	4842	556	81319	8632	860528	292825

续表 4

地　区	实际使用房屋建筑面积/万平方米	展览用房	文物库房(含标本室)面积	实际拥有产权面积/万平方米	本年度可移动文物保护情况		国际合作项目数/个
					数字化保护/项	预防性保护/项	
全　国	**2432.83**	**1087.40**	**186.98**	**1968**	**243992**	**12652**	**116**
北　京	83.27	36.12	5.50	120	53	19	9
天　津	34.87	16.45	3.05	69	32	6	
河　北	69.88	37.05	5.17	46	219	4	1
山　西	123.71	34.12	6.14	58	11	18	13
内蒙古	91.38	50.55	4.99	46	9	19	
辽　宁	69.19	29.89	6.24	38	4	14	
吉　林	31.68	18.14	3.14	12	2	199	
黑龙江	42.66	30.68	2.66	13	8	13	
上　海	35.09	13.89	4.61	8	49843	541	14
江　苏	248.35	98.62	13.12	140	664	552	7
浙　江	126.10	56.20	10.29	60	40448	89	9
安　徽	74.31	33.82	5.35	35	516	3089	
福　建	78.46	33.15	5.25	58	12	18	
江　西	88.91	44.67	7.85	233	65179	149	3
山　东	167.05	85.43	13.40	232	362	5044	6
河　南	114.03	56.52	11.89	59	12	29	5
湖　北	93.40	43.31	9.98	72	3	9	1
湖　南	69.68	31.47	6.60	58	3	26	2
广　东	148.63	55.80	9.65	151	40	75	7
广　西	53.35	28.46	4.23	21	7	16	
海　南	14.10	5.37	1.88	9	3	3	
重　庆	56.05	26.97	4.09	25	160	7	1
四　川	125.83	58.38	8.90	85	831	2439	7
贵　州	40.62	19.99	3.49	28	5	13	
云　南	44.86	21.07	3.18	48	102	49	1
西　藏	9.96	2.67	0.16	12			
陕　西	108.86	42.88	10.06	84	52	168	5
甘　肃	68.47	28.87	5.64	57	15	24	4
青　海	12.10	5.52	0.86	8	3	5	
宁　夏	16.20	9.53	0.95	13	1		
新　疆	39.57	20.91	2.07	15	24	8	

主办刊物/种	文化创意产品情况			文博单位举办新媒体情况			
	文化创意产品种类/种	文化创意产品销售收入/千元	文化创意产品销售利润/千元	举办线上展览/个	网站年访问量/次	创建微信公众号、微博账号/个	微信公众号、微博账号关注人数/人
283	**48022**	**4420753**	**618004**	**11083**	**655716594**	**363788**	**127360795**
12	1497	26227	6284	86	76762084	1362	24688842
7	519	7057	2264	124	2242060	104	1686561
3	1248	11	2	799	7139909	515	6356361
9	209	3287	919	152	5695994	66	3416244
1	196	173	28	131	1336084	208	424342
6	1496	1287255	31121	170	13734587	846	1736019
3	157	58869	31123	208	4082140	461	571417
3	783	365	198	487	3423969	1402	1107262
11	12085	26677	1203	62	16599946	476	3329190
32	4231	60131	8308	516	122751062	45651	9283728
32	1690	6447	1832	373	7636691	1490	6609765
4	473	1031	123	235	4045729	91	1190693
8	290	1989	23	827	22669440	690	820780
11	1701	134884	21263	298	6273058	528	2720013
17	1863	13301	3401	714	18247674	469	2718524
14	3577	45198	9554	190	14157968	697	4778800
9	788	1192877	283126	246	11081489	38092	2455664
8	436	10379	2534	101	13686106	261	3890845
19	2169	37755	3220	349	38979086	256300	9500090
7	559	464	120	120	3639962	633	900970
	120	933	466	23	1513116	9	146069
6	1495	26487	5748	316	4254881	4588	3575601
13	4262	52571	1955	287	154440214	4142	12970716
7	1624	2319	1067	47	1722535	33	724349
8	1152	961694	96055	1439	14381372	785	934366
	106	217	43	13	30079	3	24579
12	1140	16865	1593	178	9090721	534	7924841
13	972	27330	1425	2430	18468857	2959	3352542
	35	13046		7	152313	84	103488
1	21	4	1	11	115271	15	765975
	237	965	312	58	75410	267	97663

主要统计指标解释

1. **藏品：**藏品是文博机构根据收藏品的文化属性、自然属性等情况所划分的文物藏品、标本藏品、模型藏品（含具有收藏、展示价值的雕塑、绘画等艺术作品）和复制品藏品的总和。本指标所统计的藏品是指报告期末，该机构已经整理并登记入账的藏品数。尚未整理或正在整理的藏品，在整理造册入账后列入下年统计。一级品、二级品、三级品均根据入账情况如实统计。

藏品数：指按历年来以件、套为计量单位统计的藏品数量。即单件藏品编一个号的按一件计算，成套藏品按整体编一个号的，也按一件计算（其组成部分即使有分号，也按一件计）。不易计数的藏品，如粮食、药材及液体等，不论数量多少，均按一件计算。

2. **本年新增藏品数：**指本年从各种渠道获得的新增入库藏品总数。

3. **本年从有关部门接收文物数：**指本年从公安、工商、海关等司法及检查部门移交接收的文物。

4. **本年藏品征集数：**本年从社会上征集为馆藏的文物数量（包括标本数）。

5. **本年修复文物数：**本年运用技术手段进行修复保养的馆藏文物数量（包括标本）。

6. **基本陈列：**指由本馆设计布陈、地点固定、时间较长的展出。

7. **举办展览：**展览指在本机构内设置，由本馆设计布陈、形式比较多样的展出。同一内容的巡回展览，均按一个计算。展览的计量单位不是指每次展出的文物藏品件数。与系统外机构合办的展览，由本馆统计；与系统内机构合办的，由主办馆统计。基本陈列不作为展览统计。

8. **参观人次和未成年人参观人次：**参观人次指本报告期末，向社会开放的文物保护管理机构当年接待的所有参观人次的累计数。

未成年人参观人次是指接待有组织的集体参观人次与零散观众中能够确切统计的未成年人参观人次的总和。

9. **本年承担课题、项目数：**指本机构报告期内承担的课题和项目数量。

10. **专利数：**向中央及地方专利局申请并得到承认的专利数量。

11. **专著或图录：**由本单位人员完成，经过正式出版部门编印出版的科技专著、高等院校教科书、科普著作和论文集。

12. **论文数：**是指由本机构的人员完成，并在省级以上刊物公开发表的论文数之和。

13. **古建维修报告：**地上不可移动文物维修保护工程全过程记录及应用技术研究介绍的综合性技术报告。

8 教育、科技、动漫及其他

2021年文化和旅游部门

	机构数/个	从业人员/人	双师型	专业技术人才	正高级职称
总　计	**107**	**13127**	**3650**	**9487**	**513**
本科以上艺术学校	7	2622	835	1978	181
高等职业学院	67	7658	2292	5630	256
中等专业学校	17	1797	309	1146	31
文化和旅游干部院校	14	346	40	267	11
其他教育机构	2	704	174	466	34

续表 1

	就业人数	招生数/人	中职生	高职生	在校生数/人
总　计	**17506**	**45022**	**14070**	**28543**	**137008**
本科以上艺术学校	3949	7995	1000	6257	25657
高等职业学院	12358	30183	9351	19926	89314
中等专业学校	11	3838	3283	246	12570
文化和旅游干部院校		518	159		1951
其他教育机构	1188	2488	277	2114	7516

教育机构基本情况

副高级职称	中级职称	毕业生数/人	中职生人数	升学人数	就业人数	高职生人数	升学人数
2183	**4350**	**36846**	**10815**	**6255**	**3858**	**24117**	**4196**
496	872	6701	848	581	212	5227	818
1313	2593	23824	6411	3811	2061	16863	2967
239	516	3222	3145	1664	1378	11	
37	110	860	128	89	34	60	
98	259	2239	283	110	173	1956	411

影视类	戏剧戏曲类	音乐类	舞蹈类	美术设计类	杂技曲艺类	其他	在校生中高职生人数/人
5863	**8005**	**19698**	**23176**	**21321**	**2252**	**56693**	**83153**
2496	2477	5729	4565	5018	212	5160	18489
2600	3904	11265	13252	12085	1549	44659	57305
297	1004	1589	3704	892	309	4775	520
	374	303	741	168	108	257	302
470	246	812	914	3158	74	1842	6537

续表 2

	本年收入合计/千元	财政拨款预算收入	上级补助收入	事业预算收入	经营收入
总　计	**4781228**	**3833713**	**6125**	**801642**	**25519**
本科以上艺术学校	1051502	794589		220834	7015
高等职业学院	2993276	2442592	5101	479428	8285
中等专业学校	453147	375751		50099	10141
文化和旅游干部院校	123907	119981	1024	2834	
其他教育机构	159396	100800		48447	78

续表 3

	差旅费	劳务费	福利费	各种税金支出	对个人和家庭补助支出
总　计	**24969**	**228236**	**30603**	**6452**	**306117**
本科以上艺术学校	5063	57145	7348	935	82235
高等职业学院	15583	133233	21319	3130	186148
中等专业学校	3235	29443	1219	2038	18225
文化和旅游干部院校	606	3505	87	71	3821
其他教育机构	482	4910	630	278	15688

其他收入	本年支出合计/千元	基本支出	项目支出	经营支出	在支出合计中	
					工资福利支出	商品和服务支出
114229	**4869143**	**3173121**	**1603031**	**26715**	**2347464**	**1446743**
29064	1047692	774444	266596	6652	544536	322773
57870	3047797	1914692	1058997	9026	1432763	863353
17156	475300	304757	158686	11035	236526	161158
68	139633	72488	66773		52658	51644
10071	158721	106740	51979	2	80981	47815

抚恤金和生活补助	其他资本性支出	各种设备、交通工具、图书购置费	资产总计/千元	固定资产净值	实际使用房屋建筑面积/万平方米	教学用房面积	实际拥有产权面积/万平方米
20878	**530082**	**193459**	**11296599**	**6944490**	**374.80**	**215.47**	**268.64**
4348	93265	31499	3475259	2927149	88.59	43.24	74.26
14612	345936	132407	6091500	3269042	213.16	126.10	149.28
1191	50271	27972	1451843	702827	47.23	30.92	25.88
44	26374	1454	112560	26021	10.89	7.31	4.89
683	14236	127	165437	19451	14.93	7.93	14.33

2021年各地区文化和

地　区	机构数/个	从业人员/人	双师型	专业技术人才	正高级职称	副高级职称	中级职称	毕业生数/人
全　国	**107**	**13127**	**3650**	**9487**	**513**	**2183**	**4350**	**36846**
北　京	2	496	127	385	22	74	177	428
天　津	3	343	148	293	21	82	126	976
河　北	5	736	176	419	15	108	197	1816
山　西	13	1119	214	896	30	222	405	2101
内蒙古	4	409	9	315	8	87	124	375
辽　宁	3	82		45	3	12	30	95
吉　林	1	5		3			1	
黑龙江	4	384	87	297	29	82	170	575
上　海								
江　苏	13	1140	356	881	36	217	439	3182
浙　江	6	2092	829	1490	144	379	620	7465
安　徽	4	85	24	43	1	1	18	540
福　建	9	711	146	425	39	90	181	1646
江　西	2	355	108	312	10	64	113	1165
山　东	4	691	193	580	27	127	319	3829
河　南	7	246	19	201	4	51	77	1003
湖　北	6	631	184	416	19	101	171	2017
湖　南	3	658	204	417	30	92	214	2228
广　东	2	338	226	289	4	71	117	451
广　西	2	128	26	114	13	31	46	362
海　南	1	133	73	100	4	20	41	152
重　庆	2	572	182	406	5	51	233	2126
四　川	3	1016	191	674	35	130	357	2930
贵　州								
云　南								
西　藏								
陕　西	3	127	52	103		16	49	106
甘　肃								
青　海	1	118		84	4	22	35	190
宁　夏	2	238	76	199	7	34	48	938
新　疆	1	64		50		4	16	150

旅游部门教育机构基本情况

						招生数/人			在校生数/人
中职生人数			高职生人数				中职生	高职生	
	升学人数	就业人数		升学人数	就业人数				
10815	**6255**	**3858**	**24117**	**4196**	**17506**	**45022**	**14070**	**28543**	**137008**
268	217	36	160	16	137	429	259	170	2069
57	51		919	40	787	1274	68	1206	4067
406	290	101	1410	292	161	2174	783	1391	7645
1130	542	408	971	266	536	3024	1164	1728	9425
250	213	37				475	410		1548
9	7	2				146			536
154	109	42	421	150	225	820	155	665	2615
689	346	343	2191	434	1640	3791	680	2963	12452
663	598	33	6111	1087	4987	7965	688	6437	23795
445	125	320				189	119		649
191	113	49	1444	333	1070	2601	661	1931	6218
280	190	90	885	188	576	1554	342	1212	4753
1168	641	527	2661	224	2272	5180	3585	1595	14633
621	202	419				844	310		3732
842	623	48	1175	141	1034	3964	1013	2951	9147
383	200	112	1779	139	1456	2316	407	1600	8008
451	274	177				581	581		2143
221	86	116				549	408		1480
152	95	57				194	194		1179
408	387		1718	440	1213	2203	266	1937	6014
974	342	632	1956	411	1188	3329	969	2360	10188
91	60	4				273	258		714
190	55	135				183	183		695
622	429	96	316	35	224	964	567	397	3036
150	60	74							267

续表 1

地　区	影视类	戏剧戏曲类	音乐类	舞蹈类	美术设计类	杂技曲艺类	其他
全　国	**5863**	**8005**	**19698**	**23176**	**21321**	**2252**	**56693**
北　京	62	621	293	597	186	185	125
天　津		232	377	266	1842	160	1190
河　北	406	394	1006	1643	966	224	3006
山　西	97	923	2568	2514	1210	70	2043
内蒙古	33	7	548	460	500		
辽　宁	100	6	102	299	6	19	4
吉　林							
黑龙江	60	148	650	565	394	35	763
上　海							
江　苏	462	622	1105	1579	1401	108	7175
浙　江	851	972	3863	1414	1172	138	15385
安　徽				181			468
福　建	66	130	1020	1136	2191	36	1639
江　西	448	334	672	1885	1031	17	366
山　东	228	494	697	1618	779		10817
河　南	141	648	815	983	162	923	60
湖　北	399	514	1644	2131	2075	25	2359
湖　南	1842	953	982	1298	1346		1587
广　东	21	102	681	386	788		165
广　西		39	169	637	131	196	308
海　南	27	140	202	507	171		132
重　庆	115	143	823	587	1062	33	3251
四　川	470	246	791	1108	3210	83	4280
贵　州							
云　南							
西　藏							
陕　西		242	168	219	85		
甘　肃							
青　海			145	350	105		95
宁　夏	35	95	363	575	493		1475
新　疆			14	238	15		

在校生中高职生人数/人	本年收入合计/千元	财政拨款预算收入	上级补助收入	事业预算收入	经营收入	其他收入	本年支出合计/千元	基本支出
83153	**4781228**	**3833713**	**6125**	**801642**	**25519**	**114229**	**4869143**	**3173121**
457	242278	224929		11285	4950	1114	234835	191304
2017	130147	93101		34390		2656	131680	122980
5070	225219	190037		33556		1626	199774	121959
4798	318273	281000	796	28121	7252	1104	319435	189033
	62161	60107		2048		6	63086	50855
	20524	17504		3020			22242	3290
	454	454					453	453
1808	86247	73457		12468		322	87977	66246
8735	489943	418384	2101	58339	560	10559	533064	344625
16958	1245486	1009028		203054		33404	1282909	795959
	7482	3888	1057	696	876	965	9810	5258
4454	221550	167296	642	40424	7393	5795	238212	174331
3409	101050	74825		20450	2616	3159	92306	46721
9491	256332	196511		54515		5306	252804	168487
	36855	33388	509	1817		1141	35987	32533
5806	232068	179133	903	50572		1460	232124	175373
6344	193946	102271		76520		15155	188469	108678
	171288	166993		2953		1342	210133	120084
302	40048	31148		824		8076	37892	13337
	64277	63823		447		7	64353	45059
5403	190616	133430		56127		1059	174201	92342
7057	223674	156934		54610	1497	10633	222735	140698
	24390	19657	117	4156		460	24194	18064
	38525	33320		3380		1825	39290	25049
1044	70565	62355		6760	375	1075	71566	36691
	20312	18635				1677	20349	12139

续表 2

地区			在支出合计中					
	项目支出	经营支出	工资福利支出	商品和服务支出	差旅费	劳务费	福利费	各种税金支出
全国	**1603031**	**26715**	**2347464**	**1446743**	**24969**	**228236**	**30603**	**6452**
北京	39442	4089	140483	79261	83	6287	1361	167
天津	8700		92491	25254	114	4515	641	70
河北	77814		90729	71339	1040	6218	611	203
山西	124613	5574	158530	128110	2699	17090	2363	293
内蒙古	12231		45259	14145	841	1697	820	
辽宁	711		12280	2603	2		2	
吉林			364	6		6		
黑龙江	21731		48629	20405	383	3815	567	
上海								
江苏	185037	3401	270410	157846	2352	22265	802	638
浙江	480530		495817	413097	7324	69842	17277	150
安徽	2412	1877	4026	1803	60	160	41	1
福建	56594	7286	124927	60303	1610	8487	31	150
江西	42969	2616	55641	17995	647	1433	577	45
山东	84317		126855	67960	1598	18270	262	349
河南	2999		25931	7410	295	2523	229	16
湖北	56751		113154	83685	1407	26850	3963	1855
湖南	77892		73037	40503	469	3818		627
广东	51401		123643	34568	138	310	101	
广西	24554		22950	9639	194	607		215
海南	19294		23050	30768	554	3541		
重庆	81859		65961	36193	1006	2789	227	274
四川	80540	1497	114844	74455	1325	9972	719	300
贵州								
云南								
西藏								
陕西	6130		15771	3922	24	1372	9	
甘肃								
青海	14241		21520	4851	215	1302		20
宁夏	34500	375	31425	18728	487	3369		153
新疆	8079		9237	10209	30	6181		

对个人和家庭补助支出	抚恤金和生活补助	其他资本性支出	各种设备购置费	资产总计/千元	固定资产净值	实际使用房屋建筑面积/万平方米	教学用房面积	实际拥有产权面积/万平方米
306117	**20878**	**530082**	**193459**	**11296599**	**6944490**	**374.80**	**215.47**	**268.64**
9910	1964	300	59	299029	196852	8.36	5.68	2.41
13302	1253	632	540	306901	290727	7.87	4.53	7.77
15071	1341	3860	575	192021	114891	17.27	10.23	8.86
15082	1853	15046	8581	295078	123802	14.64	13.07	7.67
2596	286	1085	1085	57997	38017	6.30	4.59	3.81
1477	1460	148		22661	1172	1.65	0.29	0.15
6				162	7	0.01	0.01	
16243	429	1488	1488	25858	12666	4.65	3.22	2.89
36752	1747	61357	8892	1261500	515447	38.98	23.37	26.11
66107	5085	234083	109269	3075431	1870713	90.63	50.12	72.74
495	20	3486	90	73213	38249	2.89	1.30	2.06
10961	373	30280	14592	491273	330715	17.75	10.03	11.33
6075	342	12594	4009	88757	52319	4.71	1.99	3.97
13089	503	13106	5761	628635	451337	20.76	9.70	11.04
1932	217	157	157	23305	13154	11.90	5.01	3.52
15347	876	7436	5570	473613	303666	17.67	15.72	12.52
21371	657	46653		1487922	1244679	27.51	12.00	27.45
6442	12			388505	380197	10.65	6.05	5.56
2842	417	2460	2460	110490	54865	3.86	3.72	3.82
754	252	8563	5501	287096	205995	6.75	3.03	6.75
16323	476	47138	9393	585646	283578	15.98	4.72	9.31
17955	771	15352	1243	563674	70138	26.25	13.62	16.29
680	282	45		26261	22781	2.31	1.98	2.35
7889	140	5029	5029	53892	29669	2.10	2.07	1.18
4237	12	15115	7429	296073	219543	8.85	5.89	15.25
772				39036	16256	1.54	1.03	0.87

2021年艺术科研

	机构数/个	从业人员/人	专业技术人才	正高级职称	副高级职称
总　计	**179**	**4917**	**3523**	**403**	**925**
按行业分：					
文化科技研究	57	1814	1026	99	245
综合性艺术研究	82	2111	1749	266	531
地方戏艺术研究	30	634	508	29	105
其他科研机构	10	358	240	9	44
按经费来源分：					
科研经费	11	1352	694	136	253
文化和旅游经费	163	3404	2715	255	642
其他经费	5	161	114	12	30
按隶属关系分：					
中央	3	1176	552	121	223
省区市	27	1045	879	121	245
地市	113	2314	1872	160	441
县市区	36	382	220	1	16
按部门分：					
文化和旅游部门	178	4915	3522	403	925
其他部门	1	2	1		

续表 1

	获省部级奖	本单位拥有知识产权数量/项	主导技术标准数量/项	所办刊物/种
总　计	**60**	**92**	**25**	**71**
按行业分：				
文化科技研究	11	47	25	24
综合性艺术研究	36	12		37
地方戏艺术研究	8	11		5
其他科研机构	5	22		5
按经费来源分：				
科研经费	6	47	25	18
文化和旅游经费	49	23		52
其他经费	5	22		1
按隶属关系分：				
中央	7	69	25	14
省区市	38	2		27
地市	12	21		28
县市区	3			2
按部门分：				
文化和旅游部门	60	92	25	71
其他部门				

机构基本情况

中级职称	本年完成科研项目/个	国家级	省级	文化科研项目	本年度科研项目获奖/项	获国家级奖
1450	**289**	**38**	**103**	**148**	**97**	**23**
453	67	7	21	39	28	7
638	167	27	67	73	48	9
254	30	2	9	19	15	7
105	25	2	6	17	6	
245	76	12	40	24	12	
1139	188	24	57	107	79	23
66	25	2	6	17	6	
182	56	13	19	24	10	
336	146	22	57	67	52	11
831	78	1	24	53	30	10
101	9	2	3	4	5	2
1450	289	38	103	148	97	23

申请专利数/项	论文及资料		本年收入合计/千元	财政拨款预算收入	上级补助收入	事业预算收入
	专著数/部	论文数(省级及以上刊物公开发表/篇				
49	**133**	**1756**	**2091722**	**1801893**	**2787**	**249467**
40	36	336	552870	380943	1959	155177
7	76	1306	1315267	1254290	290	39836
1	16	11	124974	116774	508	6236
1	5	103	98611	49886	30	48218
40	56	1067	1127635	926699		182958
8	72	595	895841	858567	2787	19123
1	5	94	68246	16627		47386
41	51	1071	1120250	878051		227944
7	39	481	380527	364261	166	7270
1	39	202	564093	534886	2591	12138
	4	2	26852	24695	30	2115
49	133	1756	2091715 7	1801893	2787	249467

续表 2

	经营收入	其他收入	本年支出合计/千元	基本支出
总　计	**1192**	**36383**	**1952888**	**957245**
按行业分：				
文化科技研究		14791	488646	293930
综合性艺术研究	1192	19659	1254062	510766
地方戏艺术研究		1456	126725	81410
其他科研机构		477	83455	71139
按经费来源分：				
科研经费		17978	928788	296649
文化和旅游经费	1192	14172	969930	615992
其他经费		4233	54170	44604
按隶属关系分：				
中央		14255	904956	282520
省区市	1192	7638	358019	232518
地市		14478	662999	418521
县市区		12	26914	23686
按部门分：				
文化和旅游部门	1192	36376	1952881	957238
其他部门		7	7	7

续表 3

	福利费	各种税金支出	对个人和家庭补助支出	抚恤金和生活补助
总　计	**7167**	**4589**	**119146**	**15491**
按行业分：				
文化科技研究	2180	1170	26361	3351
综合性艺术研究	3221	1540	81118	7861
地方戏艺术研究	568	199	7310	1317
其他科研机构	1198	1680	4357	2962
按经费来源分：				
科研经费	1227	2133	32764	2786
文化和旅游经费	4703	943	84956	12459
其他经费	1237	1513	1426	246
按隶属关系分：				
中央	1917	3646	27926	2164
省区市	1951	516	34700	4244
地市	3249	427	54445	8917
县市区	50		2075	166
按部门分：				
文化和旅游部门	7167	4589	119146	15491
其他部门				

项目支出	经营支出	在支出合计中			
		工资福利支出	商品和服务支出		
				差旅费	劳务费
906779	**131**	**711436**	**613941**	**12916**	**82542**
193961		211222	203410	3856	20469
658990	131	374686	346385	6670	49249
43262		77965	34561	1109	7546
10566		47563	29585	1281	5278
632138		189426	352534	4434	46259
266825	131	497563	241029	7378	32368
7816		24447	20378	1104	3915
620686		170504	359453	4990	46474
124933	131	176097	122764	4114	13811
158798		345691	129303	3682	21901
2362		19144	2421	130	356
906779	131	711429	613941	12916	82542
		7			

其他资本性支出	各种设备、交通工具、图书购置费	资产总计/千元	固定资产净值	实际使用房屋建筑面积/万平方米	科研房屋面积	实际拥有产权面积/万平方米
381235	**23711**	**3586059**	**1091822**	**33.02**	**5.15**	**6.78**
25247	5953	646243	289385	4.90	1.03	1.17
353558	16662	2501709	504532	19.98	3.65	3.40
2353	1019	307440	260776	6.49	0.39	0.78
77	77	130667	37129	1.65	0.08	1.43
350984	20612	2931436	743240	18.79	1.34	1.35
30209	3057	536128	343137	13.47	3.77	5.43
42	42	118495	5445	0.75	0.04	
343822	20240	2561698	460105	14.51	1.14	1.16
5791	1782	152123	55441	4.96	2.62	1.65
31596	1667	859711	568468	12.82	1.11	3.89
26	22	12527	7808	0.73	0.28	0.08
381235	23711	3585856	1091822	32.94	5.11	6.78
		203		0.08	0.04	

2021年各地区艺术

地　区	机构数/个	从业人员/人					本年完成科研项目/个
			专业技术人才				
				正高级职称	副高级职称	中级职称	
全　国	**179**	**4917**	**3523**	**403**	**925**	**1450**	**289**
北　京							
天　津	1	41	38	4	8	9	
河　北	12	180	163	14	33	67	21
山　西	21	1064	731	42	155	369	23
内蒙古	6	161	125	14	41	52	4
辽　宁	6	94	79	8	17	40	2
吉　林	6	160	149	21	64	42	6
黑龙江	3	75	66	14	14	23	2
上　海							
江　苏	6	51	45	7	10	16	4
浙　江	4	91	46	9	6	16	4
安　徽	10	118	99	7	18	40	17
福　建	9	103	86	10	20	37	12
江　西	9	160	143	8	28	61	1
山　东	4	139	114	17	25	50	33
河　南	16	189	159	13	33	57	7
湖　北	9	95	76	10	11	32	8
湖　南	7	94	81	7	16	38	9
广　东	7	96	73	7	20	27	1
广　西	9	209	195	17	67	76	24
海　南	1	8	3	3			
重　庆	1	37	31	4	10	12	6
四　川	4	172	133	14	25	53	22
贵　州	3	36	32	3	9	14	1
云　南	9	94	84	7	17	36	8
西　藏	1	20	12		3	3	2
陕　西	4	68	54	6	16	20	9
甘　肃	3	90	78	6	13	48	
青　海	1	13	11	1	4	5	
宁　夏	2	30	27	5	9	10	5
新　疆	2	53	38	4	10	15	2

科研机构基本情况

国家级	省级	文化科研项目	本年度科研项目获奖/项	获国家级奖	获省部级奖	本单位拥有知识产权数量/项	主导技术标准数量/项
38	**103**	**148**	**97**	**23**	**60**	**92**	**25**
	2	19	8		8	10	
	17	6	8	4	4		
1	2	1				1	
		2					
1	3	2					
		2	3	2	1		
	4		5	1	1		
		4	5		1		
2	5	10	6	2	4		
3		9	8	4	4		
	1		1	1			
2	19	12	22	4	14	1	
1	3	3	1		1		
	6	2				5	
5	1	3					
		1					
1	3	20	6	2	4	6	
		6	3	1	2		
3	10	9	2		2		
	1						
3	1	4	2		2		
1		1	2	2			
1	1	7	3		3		
	5		2		2		
1		1					

续表 1

地　区	所办刊物/种	申请专利数/项	论文及资料		本年收入合计/千元		
			专著数/部	论文数(省级及以上刊物公开发表/篇		财政拨款预算收入	上级补助收入
全　国	**71**	**49**	**133**	**1756**	**2091722**	**1801893**	**2787**
北　京							
天　津					16526	16162	
河　北	6		2	40	37235	37234	
山　西	2		2	22	147307	139796	600
内蒙古	2	1	2	25	41693	40614	
辽　宁				3	21649	21649	
吉　林	1			1	46459	43667	
黑龙江	1		1	40	15629	15556	
上　海							
江　苏	1			67	23140	21340	
浙　江	5		1	16	60108	50565	810
安　徽	3		11	35	29158	28817	51
福　建	1		5	39	23799	23201	
江　西	2		2	44	81716	81716	
山　东	4		11	52	48577	44635	
河　南	3		2	48	40125	38482	500
湖　北	2	1	1	36	23716	23500	8
湖　南	1		1	34	24858	24778	
广　东	4		10	48	51825	49411	300
广　西	2		4	45	60909	57950	336
海　南					1964	1964	
重　庆	1		10	10	19256	17391	
四　川	3	6	7	18	58613	51080	
贵　州	3				7614	7544	
云　南	1			20	18919	17193	16
西　藏	2		1	8	5457	5457	
陕　西	3		4	4	12715	12590	
甘　肃	1			2	14682	14442	160
青　海	1			5	10358	10347	6
宁　夏	1		5	11	9726	9057	
新　疆	1			12	17739	17704	

事业预算收入	经营收入	其他收入	本年支出合计/千元	基本支出	项目支出	经营支出
249467	**1192**	**36383**	**1952888**	**957245**	**906779**	**131**
		364	16365	11751	4614	
		1	32653	29153	3499	
2115		4796	148782	95242	52927	
		1079	46712	26725	19986	
			111307	17372	10508	
102		2690	49741	44150	5590	
40		33	15693	14141	1552	
766		1034	22825	19523	3302	
8281		452	59327	36724	22603	
285		5	30061	26562	3499	
217		381	25341	20592	4749	
			63002	28422	34578	
		3942	49695	35672	14022	
530		613	38589	34855	3476	
		208	23876	17382	6351	
78		2	24016	16430	7580	
150		1964	52164	41314	10841	
1030		1593	61809	44433	15882	
			1964	1764	200	
1836		29	21268	8067	13201	
6075	1192	266	54379	35391	18425	131
		70	7213	5745	1467	
18		1692	18204	15249	2953	
			5336	4941	395	
		125	15237	10938	4291	
		80	14381	12775	1366	
		5	10554	3614	6940	
		669	9480	7080	2056	
		35	17958	8718	9240	

续表 2

地区	在支出合计中						
	工资福利支出	商品和服务支出	差旅费	劳务费	福利费	各种税金支出	对个人和家庭补助支出
全　国	**711436**	**613941**	**12916**	**82542**	**7167**	**4589**	**119146**
北　京							
天　津	8757	5718	34	249	356		1825
河　北	22015	3620	172	229	229		5291
山　西	93542	25276	410	2342	1441	40	6746
内蒙古	22325	12199	316	1888	283		2581
辽　宁	16783	8916	103	107	2		2481
吉　林	28899	8135	374	713	453	1	12497
黑龙江	9262	2138	104	52	217		4228
上　海							
江　苏	12509	4860	346	1361		11	4726
浙　江	28199	27525	137	5408	481	160	2849
安　徽	18927	4166	221	708	125		4694
福　建	16265	5522	160	1734	4	6	2270
江　西	26821	22665	627	4070	280	19	1299
山　东	24243	14321	536	3088			4644
河　南	27366	4725	252	1169	271	46	5021
湖　北	13317	6633	273	2263	166		3154
湖　南	12191	2169	30	174		98	2320
广　东	28890	12747	381	1251	211	107	9996
广　西	37105	16323	1011	1660	8	103	4207
海　南	1481	121	5	4			153
重　庆	7510	13470	689	2134	7	2	87
四　川	26411	21999	550	2592	375	337	5361
贵　州	4766	1622	154	511			594
云　南	13790	3035	244	563	83		420
西　藏	3350	1952	157	64			
陕　西	9018	4939	85	340	22		942
甘　肃	11072	1456	171	231	146	13	1064
青　海	2676	7183	68	136			672
宁　夏	5617	2647	59	667			665
新　疆	7825	8406	257	360	90		433

抚恤金和生活补助	其他资本性支出	各种设备购置费	资产总计/千元	固定资产净值	实际使用房屋建筑面积/万平方米	科研房屋面积	实际拥有产权面积/万平方米
15491	**381235**	**23711**	**3586059**	**1091822**	**33.02**	**5.15**	**6.78**
220	65	65	3059	760	0.13	0.11	
193	1399	25	12093	1391	0.34		
1327	14624	901	86364	27585	4.05	0.38	0.89
582	7878	161	14749	6796	0.23	0.20	0.20
898			27519	25158	0.51	0.03	0.02
1962	176	141	12684	3193	0.52	0.11	0.50
338	65	65	666	301	0.19		
70	127		7660	760	0.23	0.13	
204	140		204721	176793	0.16	0.10	
929	91	91	10658	3991	0.34	0.07	0.27
111	627	100	240289	228781	4.22	0.13	
24	146		12277	5833	0.64		
79	6487	387	226060	64878	0.20		0.05
237	149	146	11880	6851	0.36	0.01	0.06
64	83	83	1701	1171	0.35	0.01	0.01
720	3478	149	5851	2215	0.09		0.06
150	224	216	7268	1775	0.36		0.07
467	550	25	28440	8754	0.86	0.71	0.72
	9		673	453	0.05	0.02	
	201	56	25223	18390	1.55	1.55	
2999	176	176	44073	32150	1.39	0.10	1.49
594	30	28	1059	443	0.07	0.01	0.01
393	19	19	6210	625	0.13	0.07	0.05
	34	34	883	130			
8	9		7978	5865	0.84	0.04	0.79
529	80	80	12227	4648	0.36		0.36
116	23		736	252			
109			3159	774	0.07	0.03	0.07
4	523	523	8201	1001	0.27	0.20	

2021年全国动漫

	机构数/个	从业人员/人		资产、负债、所有者权益/千元			
			具有大专以上学历人员	资产总计	固定资产原值	当年提取的折旧总额	负债合计
总　　计	**452**	**22002**	**19129**	**32131424**	**3219350**	**732793**	**15023810**
按城乡分：							
城市	443	21573	18757	31251194	3154016	724070	14674982
县城	9	429	372	880230	65334	8723	348828
县以下							
按登记注册类型分：							
内资企业	450	21992	19120	32121959	3219350	732793	15022971
港澳台商投资企业							
外商投资企业	2	10	9	9465			839
按机构类型分：							
漫画创作企业	42	845	735	1318004	82767	7027	281369
动画创作、制作企业	334	17169	14773	25885184	2459844	634403	11780593
网络动漫(含手机动漫)创作制作企业	26	1236	1176	1337669	49707	11275	413924
动漫舞台剧(节)目创作演出企业	1	3	2				
动漫软件开发企业	26	1091	1037	2059755	379054	72258	2128828
动漫衍生产品研发设计企业	23	1658	1406	1530812	247978	7830	419096

续表

	工会经费	动漫产品研究开发经费	营业利润	营业外收入	政府补助(补贴收入)	营业外支出	利润总额
总　　计	**15832**	**1237927**	**841820**	**261398**	**157074**	**86648**	**1016570**
按城乡分：							
城市	13281	1177277	777580	259514	155340	85368	951726
县城	2551	60650	64240	1884	1734	1280	64844
县以下							
按登记注册类型分：							
内资企业	15832	1236575	839121	261352	157074	86644	1013829
港澳台商投资企业							
外商投资企业		1352	2699	46		4	2741
按机构类型分：							
漫画创作企业	547	70730	-1036	9984	5719	2495	6453
动画创作、制作企业	12392	765721	551661	166786	124144	74341	644106
网络动漫(含手机动漫)创作制作企业	99	68088	-17005	16284	10242	4607	-5328
动漫舞台剧(节)目创作演出企业	20	56					
动漫软件开发企业	2050	197356	-15394	28548	5404	1130	12024
动漫衍生产品研发设计企业	724	135976	323594	39796	11565	4075	359315

注：本表中的动漫企业是指经原文化部、财政部、国家税务总局三部门认定的动漫企业。

企业基本情况

			损益/千元						
所有者权益合计	实收资本（股本）	国家资本金	营业总收入	主营业务收入	自主开发生产动漫产品收入	营业总成本	养老、失业等保险费	住房公积金和住房补贴	差旅费
17107614	**16238206**	**791316**	**12076529**	**11977716**	**6981935**	**11234709**	**283625**	**87287**	**105088**
16576212	16070992	761316	11547605	11454174	6682295	10770025	277400	83239	94961
531402	167214	30000	528924	523542	299640	464684	6225	4048	10127
17098988	16236206	791316	12070746	11972148	6981935	11231625	283625	87287	105088
8626	2000		5783	5568		3084			
1036635	545102	85000	630327	627515	383792	631363	14641	5488	1891
14104591	14069049	296316	8544027	8477245	4354688	7992366	214385	57431	86400
923745	199495	10000	710932	698966	376917	727937	12712	2590	5791
			171	171		171	30	22	30
-69073	926235	400000	903004	900644	747705	918398	24217	9711	6012
1111716	498325		1288068	1273175	1118833	964474	17640	12045	4964

工资、福利费、税金/千元								
本年发放工资总额	本年支付的职工福利费	本年应缴税金总额	经营面积/万平方米	本单位拥有知识产权数量/项	自主知识产权动漫软件/个	原创漫画作品/部	原创动画作品/部	动漫舞台剧演出场次/场
2252052	**75895**	**778145**	**70.34**	**99442**	**15057**	**11194**	**10194**	**854**
2144902	71692	751487	69.24	95532	15032	11190	10176	850
107150	4203	26658	1.09	3910	25	4	18	4
2251293	75685	777793	70.34	99442	15057	11194	10194	854
759	210	352						
90146	2639	15162	2.33	5294	225	1651	35	10
1646038	53219	640009	49.26	66680	4417	4829	9075	495
104042	3187	20004	2.10	10167	7556	1769	282	2
13								
188845	12843	35368	2.46	4362	2683	2573	599	245
222968	4007	67602	14.22	12939	176	372	203	102

2021年各地区

地　　区	机构数/个	从业人员/人		资产、负债、所有者权益/千元				
			具有大专以上学历人员	资产总计	固定资产原值	当年提取的折旧总额	负债合计	所有者权益合计
全　国	**452**	**22002**	**19129**	**32131424**	**3219350**	**732793**	**15023810**	**17107614**
北　京	31	963	798	807811	32428	14160	207505	600306
天　津	13	333	279	562073	119650	8209	129988	432085
河　北	15	683	664	261765	29242	9603	50097	211668
山　西	17	7	4	86428	528		39882	46546
内蒙古	5	43	41	166140	3078	733	35660	130480
辽　宁	9	129	107	171058	17475	8715	57823	113235
吉　林	8	208	196	617970	128643	8493	526957	91013
黑龙江	8	405	285	137754	54922	2735	89058	48696
上　海	34	1367	1102	2337353	542728	19780	922909	1414444
江　苏	54	982	776	1341300	217823	19147	788544	552756
浙　江	15	1067	964	7762270	527458	430604	3273387	4488883
安　徽	18	1162	1083	909869	83090	6923	325518	584351
福　建	32	1769	1624	2736915	354361	70210	2372090	364825
江　西	16	377	349	274495	53275	5873	111255	163240
山　东	9	382	354	432531	10497	1099	175197	257334
河　南	4	150	138	242283	10529	1101	32025	210258
湖　北	18	2223	1979	2269644	88495	7323	554337	1715307
湖　南	32	1135	901	1241024	279315	11398	449905	791119
广　东	59	7198	6379	7153299	481933	83623	2946576	4206723
广　西	9	193	184	136860	13820	2852	31274	105586
海　南								
重　庆	6	358	258	289462	17522	3475	129808	159654
四　川	3	304	154	289686	15885	3714	129867	159819
贵　州								
云　南	9	215	181	95481	13797	420	28600	66881
西　藏	2	12	8	21832	962	830	4407	17425
陕　西	11	147	144	100188	19959	6016	57132	43056
甘　肃	6	59	56	1533100	42130	4192	1458750	74350
青　海								
宁　夏	5	81	77	115494	55998	856	78260	37234
新　疆	4	50	44	37339	3807	709	16999	20340

注：本表中的动漫企业是指经原文化部、财政部、国家税务总局三部门认定的动漫企业。

动漫企业基本情况

		损益/千元						
实收资本（股本）	国家资本金	营业总收入	主营业务收入	自主开发生产动漫产品收入	营业总成本	养老、失业等保险费	住房公积金和住房补贴	差旅费
16238206	**791316**	**12076529**	**11977716**	**6981935**	**11234709**	**283625**	**87287**	**105088**
304577	30055	546036	541216	152667	537317	19230	5741	788
288484		232425	231049	58735	242579	4744	1700	209
73646	30	135931	117885	60174	116440	6626	614	3081
15000		171	171		496	30	22	30
121031		12612	10392	5235	11467	357	95	210
143690		52262	52262	49110	48715	1238	472	429
168382	65000	48951	48423	44101	56278	3159	905	172
73249		108306	107260	66836	119110	2086	100	246
476099	157782	1047285	1037135	356320	1173663	39266	11235	2260
555072	33000	361671	355434	205661	345031	14881	5425	2923
9261948		348554	345847	119096	346934	20369	5715	1355
146020	16500	504812	504637	316310	434149	7970	1770	11745
1322604	403000	1404046	1396779	1361147	1254069	30045	19421	7729
111024	3000	176146	173775	12935	146420	1355	2511	4652
84800		274810	267854	69911	237072	3372	588	3422
114232		82338	82338	62078	75856	913	387	892
202948		961197	950845	288083	863255	12153	2330	3165
499237	67999	726179	710192	395845	661889	9995	4794	11395
1769251		4252832	4247821	2845841	3797421	83459	20781	42299
85500		39119	38017	32392	41644	1570	114	452
62500	14950	148317	147833	127016	122496	3897	1239	3555
77076		437447	437447	299927	413037	12694	981	350
40060		90663	90609	23067	86627	1966	188	902
6000		1307	1307		5423	153		42
62730		59567	59535	23145	60759	1022	74	173
89500		2535	1708	548	3888	411	11	39
70046		7898	7833	981	18520	280	74	2082
13500		13112	12112	4774	14154	384		491

续表

地区	工会经费	动漫产品研究开发经费	营业利润	营业外收入	政府补助（补贴收入）	营业外支出	利润总额	本年发放工资总额
全国	**15832**	**1237927**	**841820**	**261398**	**157074**	**86648**	**1016570**	**2252052**
北京	1240	30068	8719	6434	771	1318	13835	140258
天津	358	32175	-10154	5697	850	152	-4609	32029
河北	29	7828	19491	4452	3819	718	23225	53793
山西	20	56	-325				-325	118
内蒙古	97	220	1145	907		95	1957	1551
辽宁	105	2351	3547	21435	752	164	24818	8043
吉林	180	401	-7327	1410	1246	740	-6657	17948
黑龙江	144	12734	-10804	8718	8628	1232	-3318	9187
上海	827	145520	-126378	18568	10927	42429	-150239	222051
江苏	451	30307	16640	14891	13336	13435	18096	97418
浙江	675	51961	1620	11396	5227	6412	6604	91406
安徽	521	57921	70663	8669	7212	565	78767	124308
福建	2361	193214	149977	35990	18740	4095	181872	284567
江西	130	4698	29726	274	165	829	29171	22389
山东	2	5706	37738	5463	2972	395	42806	45782
河南	140	7882	6482	2122	2117	1270	7334	10201
湖北	313	36822	97942	13169	10791	765	110346	163435
湖南	2863	92712	64290	3415	2063	3378	64327	137434
广东	4302	459289	455411	75435	54722	3259	527587	681483
广西	6	4052	-2525	3545	3266		1020	8786
海南								
重庆	726	17816	25821	608	596	44	26385	39739
四川	26	21566	24410	4198	15	78	28530	29096
贵州								
云南		7182	4036	5162	1114	4031	5167	15848
西藏		1969	-4116	3452	3452		-664	92
陕西	25	5470	-1192	3706	2574	1061	1453	8533
甘肃	13	308	-1353	50		3	-1306	1803
青海								
宁夏	218	6969	-10622	2206	1719	180	-8596	2429
新疆	60	730	-1042	26			-1016	2325

工资、福利费、税金/千元		经营面积/万平方米	本单位拥有知识产权数量/项		原创漫画作品/部	原创动画作品/部	动漫舞台剧演出场次/场
本年支付的职工福利费	本年应缴税金总额			自主知识产权动漫软件/个			
75895	**778145**	**70.34**	**99442**	**15057**	**11194**	**10194**	**854**
4000	19383	0.72	3191	385	434	76	
333	7432	0.63	683	89	167	25	10
639	3212	0.81	307	62	33	64	41
		0.11	34		34	37	
76	554	0.08	12		12	3	2
175	3059	0.67	138	55	4	36	
227	3261	2.55	1363	77	326	353	
111	893	14.49	3881	14	805	766	4
4590	234784	4.77	8746	392	852	282	39
1182	18510	4.88	9919	285	1296	316	253
3231	29011	1.32	1894	134	288	96	28
3580	22581	4.79	384	108	77	270	
15258	43458	3.16	20099	10508	2813	618	3
3410	2688	1.20	1242	84	8	11	4
1224	7936	0.69	2026	79	1127	67	60
327	1297	0.21	620	33	501	11	10
4467	46362	2.14	15631	217	190	69	1
5515	28069	16.00	8184	179	448	483	112
23249	278468	6.45	16154	1756	1389	6146	262
877	817	0.55	454	34	24	60	2
926	8511	0.63	552	223	18	34	
908	14603	0.70	333	148		2	
1053	476	0.27	589	61	93	76	5
75		0.11	32		3	2	
195	1940	1.18	2661	47	219	233	12
54	250	0.30	103	12	21	22	
177	207	0.58	91	42	8	13	6
36	383	0.35	119	33	4	23	

2021年文化和旅游

	机构数/个	从业人员/人	事业编制人员	本年收入合计/千元	财政拨款预算收入	文化和旅游类经费
总　计	**3244**	**111049**	**44092**	**124364252**	**117676937**	**81859135**
中央	1	953		994089	954159	630729
省区市	31	4255	172	13043828	12766742	11497174
地市	339	19187	3968	25687289	23980680	17755008
县市区	2873	86654	39952	84639046	79975356	51976224

续表 1

	劳务费	福利费	税金支出	对个人和家庭补助支出	抚恤金和生活补助	其他资本性支出
总　计	**2148257**	**169292**	**47692**	**2901133**	**702709**	**15783606**
中央	31070	159		38920	4999	16128
省区市	53020	10407	7623	205346	39044	518720
地市	357497	28399	1551	891562	130321	3040838
县市区	1706670	130327	38518	1765305	528345	12207920

行政主管部门基本情况

在文化和旅游类经费中：行政运行	在文化和旅游类经费中：一般行政管理事务	在文化和旅游类经费中：文化活动等经费	本年支出合计/千元	基本支出	项目支出	在支出合计中：工资福利支出	在支出合计中：商品和服务支出	差旅费
14104337	**4322982**	**31580354**	**126025715**	**26016076**	**95829147**	**16237247**	**41624108**	**560581**
105266	15250	510213	1128546	347008	781538	201741	799612	14128
1135245	279739	3880258	13029007	1529117	11499528	1078091	4825686	64170
3692265	1062722	7459110	26997917	5328267	20393747	3648599	11133653	152512
9171561	2965271	19730773	84870245	18811684	63154334	11308816	24865157	329771

各种设备购置费	资产总计/千元	固定资产净值	实际使用房屋建筑面积/万平方米	实际拥有产权面积/万平方米	本辖区内非物质文化遗产名录项目/个：国家级项目	保护单位	省级项目
1331799	**130617359**	**51468626**	**1072.41**	**765.01**	**1557**		**12410**
1641	964346	331246	30.41	30.41	1557		
115179	14410309	1955090	62.11	31.13	2376	2344	12410
156488	28088311	11347203	196.21	117.24	1451	1173	7645
1058491	87154393	37835087	783.68	586.23	1963	1548	10496

续表 2

	保护单位	市级项目	保护单位	县级项目	保护单位	国家级代表性传承人
总　计	**12361**	**29634**	**14051**	**87331**	**33220**	**3068**
中央						
省区市	12361					2082
地市	4298	29634	14051			963
县市区	6260	31413	14600	87331	33220	1240

续表 3

	辖区内非物质文化遗产生态保护区/个			非物质文化遗产保护专项经费投入/千元		
	省级	市级	县级		中央财政投入	省级财政投入
总　计	**184**	**108**	**631**	**6728820**	**2378024**	**1508992**
中央				775980	775980	
省区市	184			1282505	471072	327327
地市	102	108		1225159	541305	351487
县市区	212	289	631	3445176	589667	830178

本辖区内非物质文化遗产代表性传承人/人							
学徒人数	省级代表性传承人	学徒人数	市级代表性传承人	学徒人数	县级代表性传承人	学徒人数	国家级
	15526	**77730**	**30636**	**174191**	**99163**	**791948**	**21**
							21
14536	15526	77730					19
20079	7178	65624	30636	174191			26
195991	9992	247113	34164	439868	99163	791948	47

			辖区内展示传习场所				
市级财政投入	县级财政投入	其他投入	非物质文化遗产馆/个	民营非物质文化遗产馆/个	代表性项目数/个	收藏实物数/件	场馆面积/万平方米
1154851	**1389020**	**297933**	**10399**	**12187**	**106064**	**2952562**	**755.19**
265473	173059	45574	4086	1945	19036	365355	350.66
189850	87858	54659	1953	2313	17737	1616399	180.34
699528	1128103	197700	4360	7929	69291	970808	224.19

续表 4

	参观人次/万人次	传承体验中心/个	民营传承体验中心/个	代表性项目数/个	收藏实物数/件	场馆面积/万平方米
总　计	**13819.01**	**40390**	**7296**	**480141**	**1048492**	**568.21**
中央						
省区市	2888.90	3394	2621	13744	182584	172.69
地市	8183.84	8110	1347	121062	249888	142.59
县市区	2746.27	28886	3328	345335	616020	252.93

续表 5

	举办民俗活动/次	参与人次/万人次	开展非遗工作人员培训班/个	培训人次/万人次	开展传承人培训班/个	培训人次/万人次
总　计	**51545**	**5328.47**	**11241**	**42.21**	**39264**	**126.14**
中央						
省区市	9113	2062.04	1315	4.78	3164	10.26
地市	28764	862.97	2667	6.80	9640	37.45
县市区	13668	2403.46	7259	30.63	26460	78.43

				辖区内宣传展示培训活动			
	传承所(点)/个			举办展览		举办演出/场	
参观人次/万人次		场馆面积/万平方米	培训学徒/人		参观人次/万人次		观众人次/万人次
4437.86	**119531**	**923.16**	**2483387**	**29996**	**5579.89**	**100415**	**5592.45**
2382.82	8155	136.69	263883	5358	2097.37	24203	1327.28
633.10	46525	251.72	296507	7582	1249.05	27821	1954.68
1421.94	64851	534.75	1922997	17056	2233.47	48391	2310.49

调查成果							
项目资源总量(累计)/件	征集实物/件(套)	征集文本资料/册	录音资料/小时	录像资料/小时	调查报告/篇	出版成果/册	资源清单/册
1362982	**402182**	**89095**	**105346**	**170191**	**30263**	**277495**	**166817**
209566	104334	20267	11609	18996	2638	33380	16246
280552	77928	26125	52906	100897	7734	82275	17712
872864	219920	42703	40831	50298	19891	161840	132859

2021年文物行政

	机构数/个	从业人员/人	编制人员数	在编人员数	藏品数/件(套)	文物藏品	一级品
总　计	**2086**	**13883**	**10079**	**8802**	**1485915**	**1383016**	**3865**
中央	1	111	118	111	1	1	1
省区市	32	722	700	685	846000	846000	2694
独立编制文物局	13	524	521	497			
行政部门内设机构(不挂牌)	8	88	70	79	846000	846000	2694
合署办公(挂牌)	11	110	109	109			
地市	253	2365	1744	1398	178978	154279	229
独立编制文物局	39	768	626	481	6841	6841	
行政部门内设机构(不挂牌)	126	1054	661	513	171969	147422	229
合署办公(挂牌)	88	543	457	404	168	16	
县市区	1800	10685	7517	6608	460936	382736	941
独立编制文物局	180	2545	1778	1551	93723	87549	337
行政部门内设机构(不挂牌)	1197	5856	4097	3566	247966	184478	374
合署办公(挂牌)	423	2284	1642	1491	119247	110709	230

续表 1

	财政拨款预算收入	文物类经费	在文物类经费中			本年支出合计/千元	基本支出
			行政运行	一般行政管理事务	文物保护等经费		
总　计	**11144037**	**3780592**	**507039**	**150683**	**1487219**	**12057613**	**2521636**
中央	102001	80899	21221	23448	29800	115867	37808
省区市	742830	585271	196676	44929	216440	654438	177343
独立编制文物局	439867	417238	180703	36739	156023	376566	133040
行政部门内设机构(不挂牌)	173648	40958	3926		20064	148513	28859
合署办公(挂牌)	129315	127075	12047	8190	40353	129359	15444
地市	2507099	989360	129366	31456	423160	2897791	589036
独立编制文物局	791162	544440	75592	16060	191538	862212	146482
行政部门内设机构(不挂牌)	1249189	330129	31116	10581	162190	1510546	341047
合署办公(挂牌)	466748	114791	22658	4815	69432	525033	101507
县市区	7792107	2125062	159776	50850	817819	8389517	1717449
独立编制文物局	921076	444272	41402	6089	178410	1150954	297710
行政部门内设机构(不挂牌)	5278163	1176658	86560	41691	518866	5570625	1083204
合署办公(挂牌)	1592868	504132	31814	3070	120543	1667938	336535

主管部门基本情况

		在藏品数中							
二级品	三级品	本年新增藏品/件(套)	本年从有关部门接收文物数	本年藏品征集数	本年修复文物数/件(套)	一级品	二级品	三级品	本年收入合计/千元
18780	**191182**	**13350**	**1136**	**11656**	**806**	**5**	**72**	**366**	**11890393**
									102991
14000	131000	8735	459	8276	12	3	4	5	762058
									456433
14000	131000	8735	459	8276	12	3	4	5	174539
									131086
886	23540	1304	13	1291	182	1	13	168	2765237
18	129								812474
868	23395	1304	13	1291	182	1	13	168	1479184
	16								473579
3894	36642	3311	664	2089	612	1	55	193	8260107
1143	10460	69	67	2	131		11	52	1063325
2036	20302	2306	409	1342	445		44	139	5555049
715	5880	936	188	745	36	1		2	1641733

									在支出合计中
项目支出	在支出合计中								
	工资福利支出	商品和服务支出					对个人和家庭补助支出		其他资本性支出
			差旅费	劳务费	福利费	各种税金支出		抚恤金和生活补贴	
8843203	**1689873**	**3392583**	**44800**	**170714**	**16710**	**10955**	**163354**	**39605**	**1208321**
78054	23709	77455	302	2252			2354	503	6952
474053	137618	408730	8305	10347	1143		13862	3008	25665
243526	105702	204277	4836	5852	1143		7114	2439	24521
116612	22277	123561	2273	4008			1532	554	1144
113915	9639	80892	1196	487			5216	15	
2114906	391312	741028	11210	29532	4761	6375	55080	7876	544339
715527	94744	154889	2581	13982	1214	27	7466	1889	372198
978279	223016	328356	6556	8047	1950	6348	39412	3647	120575
421100	73552	257783	2073	7503	1597		8202	2340	51566
6176190	1137234	2165370	24983	128583	10806	4580	92058	28218	631365
699281	204417	245926	4324	32588	1291	3952	9589	2546	204571
4211422	722276	1604728	15943	47948	7130	403	65130	20280	269491
1265487	210541	314716	4716	48047	2385	225	17339	5392	157303

续表 2

	各种设备购置费	资产总计/千元	固定资产净值	实际使用房屋建筑面积/万平方米	实际拥有产权面积/万平方米	与国外文博机构合作项目数/个
总　计	**62309**	**38766090**	**9221835**	**108.38**	**78.63**	**38**
中央		213114	27575	0.4	5.64	9
省区市	10238	422374	43055	3.3	4.49	29
独立编制文物局	9399	278063	40735	2.87	2.81	21
行政部门内设机构(不挂牌)	839	141884	1582	0.21	1.68	1
合署办公(挂牌)		2427	738	0.22		7
地市	3935	10283757	1216709	35.03	26.46	
独立编制文物局	2750	5678440	196257	1.68	0.46	
行政部门内设机构(不挂牌)	1099	4313813	915179	28.88	21.77	
合署办公(挂牌)	86	291504	105273	4.48	4.23	
县市区	48136	27846845	7934496	69.65	42.04	
独立编制文物局	8328	22361610	5184646	16.77	15.94	
行政部门内设机构(不挂牌)	30897	4863283	2391614	41.64	20.32	
合署办公(挂牌)	8911	621952	358236	11.24	5.78	

续表 3

	本辖区对外开放的省级及以上文物保护单位数/个	本级财政专项安排文物保护经费/千元	本级出台地方性文物业法规、规章/部	进出境文物审核数/件(套)	允许出境文物数	临时进境文物数
总　计	**8861**	**3366650**	**3104**	**25699**	**302**	**8857**
中央						
省区市	7962	2723455	12	25699	302	8857
独立编制文物局	5598	2569703	6	11122	262	5669
行政部门内设机构(不挂牌)	751	24174	1	85		
合署办公(挂牌)	1613	129578	5	14492	40	3188
地市	287	253942	24			
独立编制文物局	17	99165	8			
行政部门内设机构(不挂牌)	165	76420	9			
合署办公(挂牌)	105	78357	7			
县市区	612	389253	3068			
独立编制文物局	38	38976	8			
行政部门内设机构(不挂牌)	422	209657	3041			
合署办公(挂牌)	152	140620	19			

对外交流情况				本级举办业务培训情况					
与国外文博机构签署协议或备忘录数/个	赴港澳台人员数/人次	与港澳台交流项目数/个	参加国际组织活动数/个	举办业务培训班/个	培训业务人员数/人	本辖区文物点/处	全国重点文物保护单位	省级重点文物保护单位	市县级文物保护单位
14	**17**	**13**	**5**	**1081**	**79091**	**623760**	**5058**	**20655**	**123185**
4		4							
10	17	9	4	104	33038	623760	5058	20655	123185
8	9	8	4	66	29737	405777	2884	10715	62192
1				15	1822	87714	1021	4186	18532
1	8	1		23	1479	130269	1153	5754	42461
			1	159	8968				
			1	46	2644				
				57	2839				
				56	3485				
				818	37085				
				99	4209				
				509	23422				
				210	9454				

				文物保护单位保护维修情况					
临时出境文物数	接收移交文物数	文物拍卖标的审核数/个	禁止上拍文物标的数	国保单位保护维修项目数/个	保护维修面积/平方米	省保单位保护维修项目数/个	市、县保单位保护维修项目数/个	本级出台落实中央文物领域的政策性文件/份	文物安全巡查次数/次
941	**420**	**554471**	**2797**	**620**	**3762366**	**838**	**883**	**341**	**285263**
								30	
941	369	551132	2764	176	1071017	199	90	23	6577
915	316	367433	1963	50	97552	11	76	18	964
	4	13606	109	55	958865	106	6	2	155
26	49	170093	692	71	14600	82	8	3	5458
		3339	33	128	1062242	120	187	74	65361
				37	413123	36	71	6	7256
		3339	33	37	380141	30	31	44	47037
				54	268978	54	85	24	11068
	51			316	1629107	519	606	214	213325
				48	298153	70	70	10	15615
	51			170	784161	331	338	156	166013
				98	546793	118	198	48	31697

2021年艺术展览

	机构数/个	从业人员/人					藏品/件(套)		
			专业技术人才					文物藏品数	非文物藏品数
				正高级职称	副高级职称	中级职称			
总　　计	**824**	**7418**	**4612**	**450**	**891**	**1794**	**712001**	**17629**	**633531**
其中：免费开放	625	5622	3545	283	659	1402	624768	10248	587017
按登记注册类型分：									
国有	755	6796	4452	439	880	1749	686227	16899	612740
集体	5	51	25	1	1	10	2614	601	2013
其他	64	571	135	10	10	35	23160	129	18778
按隶属关系分：									
中央	2	224	145	55	48	42	135518		135518
省区市	45	1612	1004	205	214	335	175071	562	174509
地市	242	2648	1842	150	405	758	164710	2499	144322
县市区	535	2934	1621	40	224	659	236702	14568	179182
按管理部门分：									
文化和旅游部门	774	6786	4426	436	868	1743	687304	17528	613038
其他部门	50	632	186	14	23	51	24697	101	20493
按机构类型分：									
美术馆	566	5056	2883	183	514	1142	605484	16854	535842
画院	59	714	524	142	125	177	43732	507	43225
美术馆(画院)	116	1193	828	89	166	328	62775	268	54454
剧目创作室	83	455	377	36	86	147	10		10

续表 1

			年度展览总量/个		参观人次/万人次		学术成果		
	陶艺	其他		自主办展数量		未成年人参观人次	专著或图录/册	论文数/篇	学术活动/次
总　　计	**4471**	**72675**	**7549**	**4980**	**3517.79**	**789.18**	**6233**	**1330**	**1358**
其中：免费开放	4255	70973	6831	4541	3045.3	721.32	3311	736	942
按登记注册类型分：									
国有	3112	70158	7013	4602	3132.52	692.38	3394	1323	1220
集体		5	40	40	0.96	0.39		3	
其他	1359	2512	496	338	384.3	96.42	2839	4	138
按隶属关系分：									
中央	549	14455	83	37	35.54	3.79	22	492	169
省区市	530	35582	612	289	582.69	87.38	98	298	217
地市	651	7156	2638	1662	1271.35	278.07	1456	292	359
县市区	2741	15482	4216	2992	1628.21	419.94	4657	248	613
按管理部门分：									
文化和旅游部门	3077	68894	7091	4665	3152.78	733.26	6196	1290	1155
其他部门	1394	3781	458	315	365	55.92	37	40	203
按机构类型分：									
美术馆	4048	66891	6244	4176	3028.47	699.96	3195	558	828
画院	200	3413					52	448	211
美术馆(画院)	223	2361	1282	796	487.37	88.32	2946	149	223
剧目创作室		10	23	8	1.95	0.9	40	175	96

创作机构基本情况

国画	油画	版画	雕塑	水粉、水彩	设计	连环画、漫画	民间艺术	书法	摄影、多媒体	漆艺
146986	**29648**	**63678**	**7168**	**14199**	**4683**	**14074**	**113026**	**88720**	**72395**	**1808**
120573	27046	62039	6713	13127	4363	13747	112202	80013	70202	1764
138115	27841	63148	6822	13956	4278	14073	112734	85153	71542	1808
444	7	3	1	3				1550		
8427	1800	527	345	240	405	1	292	2017	853	
20057	4040	8613	2450	1205		4249	74193	3314	2081	312
38672	8455	19691	2183	4764	688	4881	13047	11825	33039	1152
53409	8282	14382	1383	4413	3305	2814	6185	27793	14381	168
34848	8871	20992	1152	3817	690	2130	19601	45788	22894	176
138963	27756	62160	6802	13892	4668	14066	112924	86364	71683	1789
8023	1892	1518	366	307	15	8	102	2356	712	19
99007	25067	56284	6160	12806	4637	13653	108734	67571	69242	1742
28010	1288	2923	332	190		174	267	5561	858	9
19969	3293	4471	676	1203	46	247	4025	15588	2295	57

本年收入合计/千元	财政拨款预算收入				上级补助收入	事业预算收入	经营收入	附属单位上缴收入	其他收入
		免费开放	中央资金	收藏专项经费					
3161871	**2707703**	**245649**	**79981**	**144662**	**57778**	**180048**	**97915**	**10**	**118417**
2526017	2176694	219297	73189	133218	37800	146887	56774	10	107852
3003543	2670459	242417	78616	144662	38279	178958	8278	10	107559
10829	7901	380	240				2928		
147499	29343	2852	1125		19499	1090	86709		10858
234959	151074	32200		24060		82319			1566
1059017	948178	57317	1900	58186	150	74758	3352		32579
1179922	1063621	88281	38076	48058	32354	11735	3937		68275
687973	544830	67851	40005	14358	25274	11236	90626	10	15997
3028533	2623371	242458	79411	134823	56701	180048	57991	10	110412
133338	84332	3191	570	9839	1077		39924		8005
2087847	1693000	181637	62384	125083	53987	140607	93984	10	106259
388208	355434	19379	3542	10527	2320	24526	2803		3125
550400	527836	44633	14055	9052	1446	14146	1128		5844
135416	131433				25	769			3189

续表 2

	本年支出合计/千元	基本支出	项目支出		经营支出	在支出合计中			
				收藏经费		工资福利支出	商品和服务支出	差旅费	劳务费
总　　计	**3194185**	**1517595**	**1572833**	**143692**	**51435**	**1027085**	**1360997**	**16519**	**102116**
其中：免费开放	2529980	1141849	1319872	131906	36361	762529	1164096	13267	87030
按登记注册类型分：									
国有	3015061	1452858	1519630	141624	10990	978002	1331798	16190	101386
集体	10258	6732	524		3002	3168	6944	7	31
其他	168866	58005	52679	2068	37443	45915	22255	322	699
按隶属关系分：									
中央	239140	108073	131067	21054		77198	102928	737	7881
省区市	1043880	414252	623073	61186	2678	292647	513531	5379	39034
地市	1192437	597627	579066	44157	6446	400139	565571	6369	34989
县市区	718728	397643	239627	17295	42311	257101	178967	4034	20212
按管理部门分：									
文化和旅游部门	3040059	1433503	1527668	133653	38382	982879	1337476	16249	100938
其他部门	154126	84092	45165	10039	13053	44206	23521	270	1178
按机构类型分：									
美术馆	2092226	954859	1048246	113176	49333	640393	926005	9429	68479
画院	409714	209110	196034	19450	1439	149355	125327	2358	12424
美术馆(画院)	550719	260454	283127	11066	663	167083	261295	3320	16909
剧目创作室	141526	93172	45426			70254	48370	1412	4304

续表 3

			实际拥有产权面积/平方米	公共教育活动			创作情况		
	库房面积	画室面积		讲座/次	教育活动/次	出版物/种	创作项目数量/个	参加展览数量/个	获省部级以上奖项的作品数/部
总　　计	**16.08**	**16.67**	**100.2**	**2843**	**8123**	**3125**	**12255**	**7917**	**1225**
其中：免费开放	14.01	10.68	89.53	2410	7170	2955	6227	5227	725
按登记注册类型分：									
国有	14.36	15.38	91.22	2431	6722	2991	11540	7800	1211
集体	0.07	0.06	2.55	23	70		8	12	8
其他	1.64	1.23	6.43	389	1331	134	707	105	6
按隶属关系分：									
中央	0.53	3.5	2.61	9	12		3	21	36
省区市	2.79	1.37	12.48	321	2351	53	1755	537	334
地市	6.44	4.86	54.89	672	2303	103	5566	3241	570
县市区	6.32	6.94	30.22	1841	3457	2969	4931	4118	285
按管理部门分：									
文化和旅游部门	14.82	15.77	92.86	2531	6931	3081	11377	7884	1222
其他部门	1.25	0.91	7.34	312	1192	44	878	33	3
按机构类型分：									
美术馆	13.01	8.51	74.83	2146	6799	2940			
画院	0.64	5.26	5.09				4783	2943	451
美术馆(画院)	2.42	2.91	20.06	545	1241	45	6583	4891	674
剧目创作室			0.22	152	83	140	889	83	100

福利费	各种税金支出	对个人和家庭补助支出	抚恤金和生活补助	其他资本性支出	各种设备、交通工具、图书购置费	资产总计/千元	固定资产净值	实际使用房屋建筑面积/万平方米	展览用房
10636	**35915**	**111775**	**9594**	**194652**	**37073**	**12387594**	**8035115**	**319.31**	**102.87**
8253	35190	75937	6815	170702	33846	10058680	6427557	272.83	86.15
9557	35574	111629	9589	185145	36985	11482789	7283888	290.93	93.87
4				6		210831	202369	2.78	0.49
1075	341	146	5	9501	88	693974	548858	25.61	8.51
971	234	9177	824	16170	1971	1491605	718471	7.63	1.1
3154	1633	34915	4128	100431	17290	3941783	2797673	69.14	18.2
4104	33417	56061	2979	58298	14341	4713704	2992242	135.03	39.71
2407	631	11622	1663	19753	3471	2240502	1526729	107.51	43.86
10084	35901	109937	9242	182422	36274	11712353	7505766	288.83	94.31
552	14	1838	352	12230	799	675241	529349	30.48	8.56
6888	2390	60289	4397	118440	23585	8554104	5008988	245.52	79.32
1846	71	22510	1491	51312	6258	1590960	1068995	21.59	5.11
1431	33381	16231	1761	20919	6600	2200094	1940754	51.07	18.4
471	73	12745	1945	3981	630	42436	16378	1.15	0.04

培训情况		志愿者服务队伍数/支	志愿者服务队伍人数/人	学术研究情况			文化创意产品情况		
组织培训次数/次	培训人次/万人次			本年承担课题、项目数/个	省部级以上课题项目数	结项课题项目数	文化创意产品种类/种	文化创意产品销售收入/千元	文化创意产品销售利润/千元
1442	**7.37**	**1140**	**40197**	**147**	**58**	**63**	**5805**	**9184**	**3796**
1081	6.15	859	36576	97	35	50	4865	3660	1277
1312	7.13	777	38792	132	58	60	5033	3770	1592
23	0.01	1	40						
107	0.23	362	1365	15		3	772	5414	2204
80	0.04	1	110	13	12		3140	255	-26
70	1.71	63	6617	47	17	29	1123	2284	980
776	2.44	255	11136	40	16	16	280	83	29
516	3.18	821	22334	47	13	18	1262	6562	2813
1422	6.85	883	37725	129	56	58	4841	4422	1740
20	0.52	257	2472	18	2	5	964	4762	2056
		964	34172	86	27	48	5659	8962	3769
300	1.84	21	220	11	9	1	9	117	
1027	4.89	133	5655	23	11	6	137	105	27
115	0.65	22	150	27	11	8			

2021年各地区艺术展览

地　区	机构数/个	从业人员/人	专业技术人才	正高级职称	副高级职称	中级职称	藏品/件(套)	文物藏品数	非文物藏品数
全　国	**824**	**7418**	**4612**	**450**	**891**	**1794**	**712001**	**17629**	**633531**
北　京	1	72	48	26	10	10	10271	506	9765
天　津	5	47	23	1	2	11	2614		2614
河　北	29	212	136	11	35	58	5781		5690
山　西	41	266	176	7	21	67	15041	618	13377
内蒙古	28	216	160	11	32	60	12481	125	12256
辽　宁	6	66	45	14	13	15	2471	27	2444
吉　林	21	160	115	8	31	41	4634	15	4594
黑龙江	11	85	62	14	14	19	2789	234	2789
上　海	22	530	264	17	19	69	35961	881	33320
江　苏	94	957	679	81	159	263	62639	307	59196
浙　江	23	300	138	16	27	60	55281	37	44204
安　徽	23	167	107	10	23	27	9156	972	8073
福　建	17	86	60	8	12	23	7874	447	7552
江　西	47	424	181	6	31	55	11109	438	10883
山　东	82	608	487	33	98	238	53998	3073	35257
河　南	13	141	65	8	12	23	16160		16160
湖　北	16	202	130	20	27	53	17116	37	16606
湖　南	44	312	181	2	31	76	12926	277	12548
广　东	53	815	361	27	64	150	141806	8371	107638
广　西	6	86	62	8	11	37	3838		3838
海　南									
重　庆	14	131	88	10	19	47	5373	16	5357
四　川	72	292	218	9	30	84	22887	892	21995
贵　州	8	131	66	6	12	23	3397		3397
云　南	14	84	73	9	15	30	4521	17	4504
西　藏									
陕　西	7	89	29	3	3	15	21038	94	20944
甘　肃	64	427	288	20	53	112	15126		14717
青　海									
宁　夏	1	9	9	2	2	2	6		6
新　疆	60	279	216	8	37	84	20189	245	18289

创作机构基本情况

国画	油画	版画	雕塑	水粉、水彩	设计	连环画、漫画	民间艺术	书法	摄影、多媒体	漆艺
146986	**29648**	**63678**	**7168**	**14199**	**4683**	**14074**	**113026**	**88720**	**72395**	**1808**
4600	465	677	11			16		606	170	
333	130	622	34	31		4	31	459	396	15
1434	442	934	124	256	21	60	253	803	1110	
2407	134	564	136	335	5	158	1348	6245	1633	4
2021	651	292	37	240	40	81	783	4738	2823	5
781	483	217	18	233	12	72	83	359	97	11
1583	170	86	81	418			18	1783	418	
653	283	1261		26			207	329	18	
8744	2796	3059	395	951	42	2621	3978	3176	4380	10
24586	2838	4694	355	1183	28	234	4064	10314	5799	8
9004	2297	5151	453	1264	1112	2025	1242	3947	1114	23
4682	176	224	398	82		90	258	2059	36	1
2145	262	958	142	147	75	143	160	1063	576	824
2714	457	1144	127	367	10	13	2764	1876	706	57
12278	1433	2734	354	947	18	501	1207	12232	1653	7
1906	548	1003	198	414	208	18	2408	6347	481	16
1949	818	1125	384	897	45	405	2511	1493	1527	318
3290	709	306	49	617	33	214	654	3282	748	
23791	4583	25584	893	2026	2914	2123	1705	3199	33439	91
1244	367	145	17	143		1		933	32	2
1115	286	890	64	248	3	45	382	1408	743	15
7003	1120	620	110	783	17	387	274	7197	3982	50
666	302	405	53	243	8	178	16	1103	300	11
402	207	973	7	176	1	1	69	732	1688	
1094	621	532	52	143	11	12	11299	520	80	
4309	603	206	136	310	55	294	1017	4198	2769	5
6										
2189	2427	659	90	514	25	129	2102	5005	3596	23

续表 1

地区							学术成果		
	陶艺	其他	年度展览总量/个	自主办展数量	参观人次/万人次	未成年人参观人次	专著或图录/册	论文数/篇	学术活动/次
全　国	**4471**	**72675**	**7549**	**4980**	**3517.79**	**789.18**	**6233**	**1330**	**1358**
北　京		3220					11	56	24
天　津	11	548	51	18	51.71	5.67	1	16	5
河　北	23	230	190	115	38.97	7.66	8	3	12
山　西	15	393	347	248	92.56	27.68	13	7	26
内蒙古	122	423	185	75	92.96	14.60	2	8	15
辽　宁	23	55	63	36	23.00	6.36	38	51	36
吉　林	1	36	85	65	13.90	2.15	12	14	6
黑龙江		12	66	36	30.91	6.40	2	1	
上　海	42	3126	312	183	239.69	40.85	47	37	151
江　苏	1330	3763	736	466	424.17	107.75	75	131	175
浙　江	108	16464	268	207	144.72	22.22	2817	4	29
安　徽		67	335	193	95.10	31.98	20	3	24
福　建	114	943	148	108	31.37	10.47	13	3	7
江　西	394	254	426	288	185.80	36.17	4	3	46
山　东	183	1710	732	528	338.75	86.74	71	119	175
河　南	35	2578	140	84	102.99	29.27	19	19	89
湖　北	70	5064	118	80	96.76	28.76	162	43	25
湖　南	446	2200	231	186	330.43	46.88	1532	10	20
广　东	229	7061	717	450	432.47	109.15	1281	143	102
广　西	29	925	103	76	68.77	22.45	1	4	12
海　南									
重　庆	50	108	300	227	105.31	24.94	13	3	36
四　川	217	235	444	325	167.52	42.49	47	116	81
贵　州	20	92	48	43	18.23	8.64	5		3
云　南		248	78	57	25.37	3.13	3	12	3
西　藏									
陕　西	30	6550	69	26	70.60	21.21	2		
甘　肃	393	422	474	327	115.82	24.60	6	19	62
青　海									
宁　夏			22	2	3.00	0.25		1	
新　疆	37	1493	778	494	141.37	16.92	6	12	25

本年收入合计/千元	财政拨款预算收入	免费开放	中央资金	收藏专项经费	上级补助收入	事业预算收入	经营收入	附属单位上缴收入	其他收入
3161871	**2707703**	**245649**	**79981**	**144662**	**57778**	**180048**	**97915**	**10**	**118417**
64795	61246						1813		1736
140							139		1
54854	54752	8470	2880	4845		102			
56830	56063	8161	5521		483				284
51896	51875	5291	3992						21
18331	17492	4132	1150	500	30		528		281
25544	25477	2655	1028	800		52			15
21441	21156	3103	1979	4500					285
439820	345481	1026	200	3138	837	56768	34519		2215
410467	396122	19855	5282	24308	1077	3779	3910		5579
150539	136704	4573	350	5281	56	7129	132		6518
32763	30226	6759	2885	823	924	410			1203
29985	25773	3110	261	4659	2903	360			949
98268	74487	16010	2884	1125	650	310	1400		21421
184256	180261	20543	2760	2954	210	1722			2063
40688	37151	3990	1740	2450		2618			919
102999	98474	6116	1040	10160	950	740			2835
101452	96102	8215	5570	7208	1106	146	3356	10	732
561823	380726	12404	985	30327	46826	19398	51636		63237
14326	13888	1510	840	10	416				22
41821	38874	9744	3800	2557		1444			1503
153129	152932	15019	10756	250		60			137
34009	34009	16196	1373	150					
22501	20894	3519	1624	302		553			1054
35351	32992	1850		1500	500	1368	482		9
83490	79914	14595	10240	900	460	770			2346
2211	2128	440	400	10					83
93183	91430	16163	10441	11845	350				1403

续表 2

地　区	本年支出合计/千元	基本支出	项目支出	收藏经费	经营支出	工资福利支出	商品和服务支出	差旅费	劳务费
全　国	**3194185**	**1517595**	**1572833**	**143692**	**51435**	**1027085**	**1360997**	**16519**	**102116**
北　京	69242	31642	33880	10000	1139	20880	26593	264	2747
天　津	139				139				
河　北	52827	29543	22983	4700		21546	15756	490	1289
山　西	56717	30924	22839	190		21640	21966	222	894
内蒙古	55306	36563	17848			20168	21040	330	1730
辽　宁	17579	10039	7290	1250	100	8554	7043	119	786
吉　林	27382	14490	12152	810		13251	9857	229	1217
黑龙江	21606	12027	9579	4500		9168	3934	26	428
上　海	433639	174498	236871	5040	10747	84443	232322	189	7745
江　苏	411390	256846	145914	9167	6701	183617	170051	2359	9396
浙　江	147063	61955	84114	5668	67	37639	65065	449	7916
安　徽	32625	15393	14393	790		11511	13175	301	1319
福　建	30148	12381	17391	4839		10116	11104	249	2061
江　西	106400	38782	63991	1215	1503	44187	42442	947	3582
山　东	186266	103992	79699	2544	146	74542	67053	768	6328
河　南	39562	18565	20294	2450		10976	10858	92	2083
湖　北	101654	63629	37174	11124	780	24410	61221	311	5509
湖　南	102868	57134	43929	7435	1053	32271	31285	567	1791
广　东	570944	225004	311975	42938	26732	161462	220881	1528	14741
广　西	14428	11335	3093	98		10282	2368	135	63
海　南									
重　庆	42433	22342	17941	1759	1580	18458	19703	1715	4760
四　川	153242	38705	113998	510		29869	110290	1522	4728
贵　州	34294	13820	19235	150		12876	17018	171	2300
云　南	26037	13916	10755	302		12388	10837	103	948
西　藏									
陕　西	39610	12790	26020	1500	668	8636	3897	270	58
甘　肃	86606	45073	34735	1135	30	36576	18391	813	3222
青　海									
宁　夏	2435	1583	852	10		1778	569	10	71
新　疆	92603	56551	32821	2514	50	28643	43350	1603	6523

在支出合计中						资产总计/千元		实际使用房屋建筑面积/万平方米	
福利费	各种税金支出	对个人和家庭补助支出	抚恤金和生活补助	其他资本性支出	各种设备、交通工具、图书购置费		固定资产净值		展览用房
10636	**35915**	**111775**	**9594**	**194652**	**37073**	**12387594**	**8035115**	**319.31**	**102.87**
305	18	2579	948	14829	4212	275190	32471	1.14	0.44
						288	88	4.94	1.46
172	4	3049	91	1422	565	129025	122270	8.56	4.83
302		345	104	1475	850	239826	185542	11.79	5.17
157		1842	116	2270	1327	807966	777492	12.74	4.20
23	51	216	91	730	730	27619	24373	1.43	0.92
132	8	166	32	3588	10	63702	60703	1.72	0.84
118		1706	356	6239		4545	1839	1.83	0.80
1069	285	1443	606	9826	1785	1315186	1063116	29.44	4.85
741	344	26814	400	21132	3382	1500607	1379179	54.66	13.20
1280	430	1832	175	23618	2939	870792	728493	13.50	3.38
81		1620	5	2135	198	98227	22889	5.77	2.55
1	4	449		6814	86	57650	46088	3.09	1.20
260	406	1575	238	6540	93	124759	73544	9.91	5.55
63	4	14154	1494	984	499	1112706	756597	27.40	10.65
395	126	917	16	1471	1168	119390	79696	7.52	2.66
681	32818	1846	139	11993	1599	347305	338235	5.75	2.14
368	50	3483	467	9939	1923	252487	168699	8.58	4.25
2029	675	26755	5	17598	3588	2575063	879192	47.58	13.48
45	2	660	119	28	18	43425	32689	1.21	0.46
136	31	1134	408	1046	282	289476	12590	3.60	1.76
189	64	3640	1229	4058	3868	79674	57093	13.01	5.20
	10	46	15	823	403	239913	226595	6.72	1.36
70	81	411		381		21292	8258	3.27	2.10
3	-33	4	4	1787	7	73192	64218	2.97	2.17
150	303	4007	493	19968	797	73671	39011	8.25	2.75
				88		3556	3360	0.33	0.30
895		1905	1219	7700	4773	149457	132324	14.97	3.10

续表 3

地区			实际拥有产权面积/平方米	公共教育活动			创作情况		
	库房面积	画室面积		讲座/次	教育活动/次	出版物/种	创作项目数量/个	参加展览数量/个	获省部级以上奖项的作品数/部
全　国	**16.08**	**16.67**	**100.20**	**2843**	**8123**	**3125**	**12255**	**7917**	**1225**
北　京	0.02	0.06	1.08				128	89	92
天　津	0.17	0.02		25	114		17		
河　北	0.39	0.54	2.94	72	90	5	160	211	60
山　西	0.62	0.49	1.17	140	238	3	586	147	106
内蒙古	0.30	0.46	9.90	71	138	1	219	291	18
辽　宁	0.07	0.06	0.32	40	77	1	6	500	2
吉　林	0.10	0.13	0.47	16	32	5	68	76	8
黑龙江	0.08	0.33		3	50	6	234	68	16
上　海	0.47	0.21	3.69	313	1416	16	25	16	5
江　苏	2.87	2.23	13.64	403	1104	34	3697	2015	362
浙　江	0.79	0.40	3.16	109	249	26	692	64	5
安　徽	0.26	0.36	0.88	61	190	13	35	53	14
福　建	0.17	0.22	0.71	25	48	14	16	7	
江　西	0.57	0.63	1.63	248	220	8	473	124	34
山　东	1.88	1.34	11.05	241	827	136	1070	279	147
河　南	0.29	0.05	0.24	108	155	14	6	1	1
湖　北	0.27	0.74	4.93	67	888	2609	779	825	25
湖　南	0.55	0.43	4.13	187	121	13	156	167	50
广　东	2.36	0.98	16.93	148	1207	150	937	174	52
广　西	0.09	0.05	2.45	5	132	6	178	62	18
海　南									
重　庆	0.29	0.32	0.86	131	290	15	762	2058	65
四　川	0.95	0.76	2.07	198	226	36	491	217	17
贵　州	0.20	0.29	4.90	9	73		20	12	6
云　南	0.40	0.39	1.54	11	27	1	538	36	38
西　藏									
陕　西	0.26	0.09	2.63	17	45	1	1	10	9
甘　肃	0.33	0.86	2.09	120	101	11	948	295	33
青　海									
宁　夏	0.01	0.01		1	5				
新　疆	0.79	0.72	4.18	65	48	1	10	99	6

培训情况		志愿者服务队伍数/支	志愿者服务队伍人数/人	学术研究情况			文化创意产品情况		
组织培训次数/次	培训人次/万人次			本年承担课题、项目数/个	省部级以上课题项目数	结项课题项目数	文化创意产品种类/种	文化创意产品销售收入/千元	文化创意产品销售利润/千元
1442	**7.37**	**1140**	**40197**	**147**	**58**	**63**	**5805**	**9184**	**3796**
11	1.19			1	1		3	117	
		2	52						
25	0.07	33	815						
24	0.05	17	2626	7	6	2	2		
127	1.32	24	1011				37		
20	0.05	4	46	3	2	2			
18	0.02	5	155	7					
11	0.05	11	627						
5	0.01	260	6099	12		4	1270	5994	2549
229	0.59	69	1988	30	15	11	390	115	6
92	0.67	99	910	2	1		20		
17	0.08	41	1100	3	1	3	21		
2		22	110						
209	0.12	54	1950	3	2	2	10		
244	0.97	77	1867	31	4	22	113	88	12
43	0.22	12	258	10	2	5	30		
13	0.19	14	606	9	5	5	2		
77	0.32	42	1837	2	1	1	180	670	470
56	0.19	150	4247	3		2	467	1663	646
21	0.05	8	227	1		1	30		
31	0.57	22	528				9	65	12
15	0.23	45	1819	6	3	3	31		
3	0.06	4	80						
3	0.03	10	359	3	2				
3	0.03	1	50				3		
53	0.15	42	655	1	1		26		
		1	20						
10	0.10	70	10045				21	217	127

2021年各地区

地　区	机构数/个	从业人员/人	专业技术人才	正高级职称	副高级职称	中级职称	藏品/件(套)	文物藏品数	非文物藏品数
全　国	**682**	**6249**	**3711**	**272**	**680**	**1470**	**668259**	**17122**	**590296**
北　京									
天　津	4	47	23	1	2	11	2614		2614
河　北	28	200	125	10	34	49	5709		5618
山　西	41	266	176	7	21	67	15041	618	13377
内蒙古	27	211	156	11	31	57	11101	125	10876
辽　宁	5	60	43	14	11	15	2471	27	2444
吉　林	13	124	86	4	23	31	4634	15	4594
黑龙江	10	76	54	14	13	16	2659	234	2659
上　海	22	530	264	17	19	69	35961	881	33320
江　苏	48	638	416	40	90	162	52292	307	48849
浙　江	22	290	135	16	25	59	55239	37	44162
安　徽	23	167	107	10	23	27	9156	972	8073
福　建	15	72	46	5	10	19	7065	447	6743
江　西	45	398	161	5	26	51	10779	438	10553
山　东	57	477	368	19	72	176	51894	3073	33153
河　南	11	137	64	8	12	23	16160		16160
湖　北	15	202	130	20	27	53	17116	37	16606
湖　南	36	257	140	2	21	59	12916	276	12539
广　东	46	702	303	15	50	131	137396	8371	103228
广　西	4	63	43	1	8	29	3838		3838
海　南									
重　庆	13	117	80	9	17	42	5373	16	5357
四　川	58	221	158	7	20	60	22887	892	21995
贵　州	6	69	27		5	14	2424		2424
云　南	9	59	50	8	9	21	4502	17	4485
西　藏									
陕　西	7	89	29	3	3	15	21038	94	20944
甘　肃	56	364	242	7	43	100	14187		13778
青　海									
宁　夏	1	9	9	2	2	2	6		6
新　疆	59	258	197	4	32	77	19887	245	17987

美术馆基本情况

国画	油画	版画	雕塑	水粉、水彩	设计	连环画、漫画	民间艺术	书法	摄影、多媒体	漆艺
118976	**28360**	**60755**	**6836**	**14009**	**4683**	**13900**	**112759**	**83159**	**71537**	**1799**
333	130	622	34	31		4	31	459	396	15
1404	424	926	124	256	21	60	253	787	1110	
2407	134	564	136	335	5	158	1348	6245	1633	4
1901	631	262	37	190	40	41	743	4138	2423	5
781	483	217	18	233	12	72	83	359	97	11
1583	170	86	81	418			18	1783	418	
558	283	1261		26			207	294	18	
8744	2796	3059	395	951	42	2621	3978	3176	4380	10
17251	2757	4691	355	1125	28	167	3914	7709	5799	8
8990	2297	5151	453	1264	1112	2025	1238	3923	1114	23
4682	176	224	398	82		90	258	2059	36	1
1408	262	958	142	147	75	143	160	991	576	824
2610	429	1120	127	357	10	13	2764	1808	706	49
10548	1383	2728	345	938	18	501	1207	11998	1613	7
1906	548	1003	198	414	208	18	2408	6347	481	16
1949	818	1125	384	897	45	405	2511	1493	1527	318
3288	709	306	49	617	33	214	647	3282	748	
21955	4249	24274	725	1970	2914	2122	1665	2694	33387	91
1244	367	145	17	143		1		933	32	2
1115	286	890	64	248	3	45	382	1408	743	15
7003	1120	620	110	783	17	387	274	7197	3982	50
399	262	66	46	243	8	178	16	1000	104	11
389	207	973	7	176	1	1	69	726	1688	
1094	621	532	52	143	11	12	11299	520	80	
3685	575	196	136	306	55	294	1017	3925	2769	5
6										
2078	2318	621	88	511	25	129	2102	4966	3596	23

续表 1

地区			年度展览总量/个				学术成果		
	陶艺	其他		自主办展数量	参观人次/万人次	未成年人参观人次	专著或图录/册	论文数/篇	学术活动/次
全　国	**4271**	**69252**	**7526**	**4972**	**3515.84**	**788.28**	**6141**	**707**	**1051**
北　京									
天　津	11	548	51	18	51.71	5.67	1	16	5
河　北	23	230	190	115	38.97	7.66	8	3	12
山　西	15	393	347	248	92.56	27.68	13	7	26
内蒙古	42	423	185	75	92.96	14.60	2	4	12
辽　宁	23	55	63	36	23.00	6.36	38	51	34
吉　林	1	36	85	65	13.90	2.15	12	1	3
黑龙江		12	66	36	30.91	6.40	2	1	
上　海	42	3126	312	183	239.69	40.85	47	37	151
江　苏	1330	3715	721	459	424.10	107.72	55	68	124
浙　江	108	16464	268	207	144.72	22.22	2817	4	29
安　徽		67	335	193	95.10	31.98	20	3	24
福　建	114	943	148	108	31.37	10.47	7	3	2
江　西	318	242	426	288	185.80	36.17	4	3	46
山　东	181	1686	732	528	338.52	86.72	53	106	144
河　南	35	2578	140	84	102.99	29.27	19	19	89
湖　北	70	5064	118	80	96.76	28.76	162	43	25
湖　南	446	2200	231	186	330.43	46.88	1527	10	20
广　东	219	6963	717	450	432.47	109.15	1279	129	99
广　西	29	925	103	76	68.77	22.45	1	4	12
海　南									
重　庆	50	108	300	227	105.31	24.94	13	3	36
四　川	217	235	436	324	165.87	41.64	32	16	42
贵　州	20	71	48	43	18.23	8.64	5		3
云　南		248	78	57	25.37	3.13		1	1
西　藏									
陕　西	30	6550	69	26	70.60	21.21	2		
甘　肃	393	422	474	327	115.82	24.60	5	19	55
青　海									
宁　夏			22	2	3.00	0.25		1	
新　疆	37	1493	778	494	141.37	16.92	4	12	22

本年收入合计/千元	财政拨款预算收入	免费开放	中央资金	收藏专项经费	上级补助收入	事业预算收入	经营收入	附属单位上缴收入	其他收入
2638247	**2220836**	**226270**	**76439**	**134135**	**55433**	**154753**	**95112**	**10**	**112103**
140							139		1
52668	52566	8470	2880	4845		102			
56830	56063	8161	5521		483				284
51700	51679	5291	3992						21
18331	17492	4132	1150	500	30		528		281
21149	21148	2655	1028	800					1
20547	20262	3103	1979	4500					285
439820	345481	1026	200	3138	837	56768	34519		2215
277074	265116	15537	1900	21208	922	2622	3910		4504
142540	128705	4573	350	5281	56	7129	132		6518
32763	30226	6759	2885	823	924	410			1203
22812	21150	3110	261	4659	713				949
89450	65669	16010	2884	1125	650	310	1400		21421
141331	138137	20543	2760	2954	210	1722			1262
40491	36954	3990	1740	2450		2618			919
102988	98463	6116	1040	10160	950	740			2835
88878	83528	8215	5570	7208	1106	146	3356	10	732
506433	326326	12204	985	24710	46826	19398	50646		63237
7892	7454	1510	840		416				22
36827	35382	9744	3800	2557		1444			1
117810	117613	15019	10756	250		60			137
14670	14670	1515	1373	150					
17282	15675	3519	1624	302		553			1054
35351	32992	1850		1500	500	1368	482		9
55395	52204	14415	10080	100	460	385			2346
2211	2128	440	400	10					83
84982	83229	16163	10441	11845	350				1403

续表 2

地　区	本年支出合计/千元	基本支出	项目支出	收藏经费	经营支出	工资福利支出	商品和服务支出	差旅费	劳务费
全　国	**2642945**	**1215313**	**1331373**	**124242**	**49996**	**807476**	**1187300**	**12749**	**85388**
北　京									
天　津	139				139				
河　北	50643	27434	22908	4700		19779	15588	464	1284
山　西	56717	30924	22839	190		21640	21966	222	894
内蒙古	55089	36346	17848			19972	21034	324	1730
辽　宁	16777	9289	7242	1250	100	7826	6970	92	781
吉　林	23017	10865	12152	810		9563	9503	205	1200
黑龙江	20712	11133	9579	4500		8351	3921	26	428
上　海	433639	174498	236871	5040	10747	84443	232322	189	7745
江　苏	278404	160779	110552	7144	6701	113998	134082	1029	5450
浙　江	139064	60272	77798	5668	67	36133	64581	435	7791
安　徽	32625	15393	14393	790		11511	13175	301	1319
福　建	23162	9432	13354	4839		7081	9537	92	1633
江　西	92465	33484	55354	1215	1503	39080	39723	769	3525
山　东	143837	78140	63651	2544	146	56016	61239	634	5869
河　南	39365	18368	20294	2450		10823	10858	92	2083
湖　北	101643	63618	37174	11124	780	24410	61221	311	5509
湖　南	90218	46731	41683	7435	1053	24317	28412	478	1519
广　东	515503	188586	293352	37321	26432	136875	199827	1469	14043
广　西	7842	5416	2426	88		5093	1299	35	63
海　南									
重　庆	37725	19160	16415	1759	1580	15977	17922	1484	4288
四　川	117902	27314	90318	510		21015	85801	1057	3962
贵　州	14718	7173	6307	150		6947	5211	118	1072
云　南	20629	9029	10234	302		8453	9780	50	837
西　藏									
陕　西	39610	12790	26020	1500	668	8636	3897	270	58
甘　肃	58371	36733	15116	335	30	30329	15980	541	3151
青　海									
宁　夏	2435	1583	852	10		1778	569	10	71
新　疆	84402	51788	29384	2514	50	24776	42912	1511	6195

在支出合计中						资产总计/千元		实际使用房屋建筑面积/万平方米	
福利费	各种税金支出	对个人和家庭补助支出	抚恤金和生活补助	其他资本性支出	各种设备、交通工具、图书购置费		固定资产净值		展览用房
8319	**35771**	**76520**	**6158**	**139359**	**30185**	**10754198**	**6949742**	**296.61**	**97.74**
						288	88	4.94	1.46
156	4	2800	83	1422	565	128904	122193	8.55	4.83
302		345	104	1475	850	239826	185542	11.79	5.17
157		1838	116	2265	1322	807166	776692	12.69	4.17
23	51	216	91	730	730	27619	24373	1.38	0.92
132	8	134		3588	10	63162	60515	1.68	0.84
118		1643	356	6239		4445	1743	1.81	0.79
1069	285	1443	606	9826	1785	1315186	1063116	29.44	4.85
402	338	12914	102	11615	3240	1408492	1350228	46.82	11.50
1226	430	1832	175	22468	2420	818782	719694	12.36	3.24
81		1620	5	2135	198	98227	22889	5.77	2.55
1	4	351		4933	86	45765	37607	2.58	0.97
218	367	1563	238	443	93	112357	65588	9.49	5.55
46	2	9905	502	887	402	1016580	754908	26.51	10.36
395	126	917	16	1471	1168	119390	79696	7.52	2.66
681	32818	1835	139	11993	1599	347305	338235	5.73	2.12
201	50	2196	418	9444	1514	241072	158500	8.41	4.24
1820	675	18750	5	16678	3556	2481326	788453	44.50	12.44
27	2	360	119			42150	32508	1.04	0.40
93	29	688	90	1046	282	288542	12245	3.55	1.76
119	1	2023	663	4004	3814	77747	56481	12.88	5.20
	10	32	15	816	403	50259	43820	5.16	0.76
33	81			381		10929	7359	3.08	2.01
3	-33	4	4	1787	7	73192	64218	2.97	2.17
139	303	3225	471	1803	261	37889	30633	7.94	2.71
				88		3556	3360	0.33	0.30
877		1377	1114	7288	4361	147521	131590	14.49	3.08

续表 3

地区			实际拥有产权面积/平方米	公共教育活动			创作情况		
	库房面积	画室面积		讲座/次	教育活动/次	出版物/种	创作项目数量/个	参加展览数量/个	获省部级以上奖项的作品数/部
全　　国	**15.44**	**11.41**	**94.89**	**2691**	**8040**	**2985**	**6583**	**4891**	**674**
北　　京									
天　　津	0.17	0.02		25	114				
河　　北	0.39	0.54	2.94	72	90	5	60	111	50
山　　西	0.62	0.49	1.17	140	238	3	586	147	106
内 蒙 古	0.29	0.45	9.90	71	138	1	215	51	18
辽　　宁	0.07	0.06	0.32	40	77	1	6	500	2
吉　　林	0.10	0.13	0.47	16	32	5	15	75	8
黑 龙 江	0.08	0.32		3	50	6	156	18	16
上　　海	0.47	0.21	3.69	313	1416	16	25	16	5
江　　苏	2.73	1.64	12.22	332	1094	28	610	41	120
浙　　江	0.78	0.36	3.16	109	249	26	664	49	2
安　　徽	0.26	0.36	0.88	61	190	13	35	53	14
福　　建	0.16	0.17	0.30	25	48	14	6	7	
江　　西	0.57	0.63	1.63	248	220	8	465	104	34
山　　东	1.81	1.23	10.82	235	823	15	246	117	75
河　　南	0.29	0.05	0.24	108	155	14	6	1	1
湖　　北	0.27	0.74	4.93	67	888	2609	771	823	24
湖　　南	0.55	0.43	4.13	174	121	13	149	167	47
广　　东	2.29	0.36	15.85	148	1207	150	854	73	30
广　　西	0.09	0.04	2.45	5	132	6	160	62	18
海　　南									
重　　庆	0.29	0.32	0.86	131	287	14	715	2058	64
四　　川	0.95	0.76	2.00	138	211	25	432	216	4
贵　　州	0.20	0.29	4.90	9	29				
云　　南	0.40	0.38	1.47	11	24	1			
西　　藏									
陕　　西	0.26	0.09	2.63	17	45	1	1	10	9
甘　　肃	0.30	0.68	2.08	118	97	10	396	177	24
青　　海									
宁　　夏	0.01	0.01		1	5				
新　　疆	0.79	0.65	4.07	65	48	1	10	15	3

培训情况		志愿者服务队伍数/支	志愿者服务队伍人数/人	学术研究情况			文化创意产品情况		
组织培训次数/次	培训人次/万人次			本年承担课题、项目数/个	省部级以上课题项目数	结项课题项目数	文化创意产品种类/种	文化创意产品销售收入/千元	文化创意产品销售利润/千元
1027	**4.89**	**1097**	**39827**	**109**	**38**	**54**	**5796**	**9067**	**3796**
		2	52						
24	0.07	33	815						
24	0.05	17	2626	7	6	2	2		
126	1.32	23	1006				37		
20	0.05	4	46	3	2	2			
13	0.01	4	150	4					
8	0.04	10	608						
5	0.01	260	6099	12		4	1270	5994	2549
45	0.13	54	1867	16	6	8	390	115	6
92	0.67	99	910	2	1		20		
17	0.08	41	1100	3	1	3	21		
		20	103						
209	0.12	54	1950	3	2	2	4		
202	0.73	70	1815	24	2	17	113	88	12
43	0.22	12	258	10	2	5	30		
13	0.19	14	606	9	5	5	2		
59	0.29	40	1824	1	1	1	180	670	470
20	0.03	147	4188	3		2	467	1663	646
20	0.04	8	227	1		1	30		
29	0.56	22	528				9	65	12
2		41	1781	3	2	2	31		
		3	62						
1	0.02	8	345	1	1				
3	0.03	1	50				3		
43	0.14	38	636				26		
		1	20						
9	0.09	70	10045				21	217	127

附录资料

全国行政区划

(2021年底)　　单位：个

省级区划名称	地　级		县　级				
	区划数	#地级市	区划数	#市辖区	#县级市	#县	#自治县
全　国	**333**	**293**	**2843**	**977**	**394**	**1301**	**117**
北京市			16	16			
天津市			16	16			
河北省	11	11	167	49	21	91	6
山西省	11	11	117	26	11	80	
内蒙古自治区	12	9	103	23	11	17	
辽宁省	14	14	100	59	16	17	8
吉林省	9	8	60	21	20	16	3
黑龙江省	13	12	121	54	21	45	1
上海市			16	16			
江苏省	13	13	95	55	21	19	
浙江省	11	11	90	37	20	32	1
安徽省	16	16	104	45	9	50	
福建省	9	9	84	31	11	42	
江西省	11	11	100	27	12	61	
山东省	16	16	136	58	26	52	
河南省	17	17	157	54	21	82	
湖北省	13	12	103	39	26	35	2
湖南省	14	13	122	36	19	60	7
广东省	21	21	122	65	20	34	3
广西壮族自治区	14	14	111	41	10	48	12
海南省	4	4	25	10	5	4	6
重庆市			38	26		8	4
四川省	21	18	183	55	19	105	4
贵州省	9	6	88	16	10	50	11
云南省	16	8	129	17	18	65	29
西藏自治区	7	6	74	8		66	
陕西省	10	10	107	31	7	69	
甘肃省	14	12	86	17	5	57	7
青海省	8	2	44	7	5	25	7
宁夏回族自治区	5	5	22	9	2	11	
新疆维吾尔自治区	14	4	107	13	28	60	6
香港特别行政区							
澳门特别行政区							
台湾省							

注：乡镇级区划总数包含河北省、新疆维吾尔自治区的各一个区公所。

续表

单位：个

省级区划名称	乡镇级区划数	#镇	#乡级	#街道
全　国	**38556**	**21322**	**8309**	**8925**
北京市	343	143	35	165
天津市	252	125	3	124
河北省	2253	1287	656	310
山西省	1278	631	430	217
内蒙古自治区	1025	509	270	246
辽宁省	1354	640	201	513
吉林省	958	426	181	351
黑龙江省	1316	565	336	415
上海市	215	106	2	107
江苏省	1237	699	19	519
浙江省	1364	618	258	488
安徽省	1512	997	239	276
福建省	1102	655	252	195
江西省	1570	834	562	174
山东省	1825	1072	57	696
河南省	2457	1178	606	673
湖北省	1255	761	161	333
湖南省	1943	1133	389	421
广东省	1609	1112	11	486
广西壮族自治区	1253	806	312	135
海南省	218	175	21	22
重庆市	1031	625	161	245
四川省	3101	2016	626	459
贵州省	1509	831	314	364
云南省	1418	665	539	214
西藏自治区	699	142	534	23
陕西省	1316	973	17	326
甘肃省	1356	892	337	127
青海省	404	140	222	42
宁夏回族自治区	242	103	90	49
新疆维吾尔自治区	1141	463	468	210
香港特别行政区				
澳门特别行政区				
台湾省				

注：乡镇级区划总数包含河北省、新疆维吾尔自治区的各一个区公所。

国民经济和社会发展总量与速度指标

指标	单位	总量指标			
		1978年	2000年	2020年	2021年
人口	**万人**				
总人口(年末)		96259	126743	141212	141260
城镇人口		17245	45906	90220	91425
乡村人口		79014	80837	50992	49835
就业	**万人**				
就业人员		40152	72085	75064	74652
第一产业		28318	36043	17715	17072
第二产业		6945	16219	21543	21712
第三产业		4890	19823	35806	35868
城镇登记失业人员		530	595	1160	1040
国民经济核算					
国民总收入	亿元	3678.7	99066.1	1005451.3	1133239.8
国内生产总值	亿元	3678.7	100280.1	1013567.0	1143669.7
第一产业		1018.5	14717.4	78030.9	83085.5
第二产业		1755.1	45663.7	383562.4	450904.5
第三产业		905.1	39899.1	551973.7	609679.7
人均国民总收入	元	385	7846	71253	80237
人均国内生产总值	元	385	7942	71828	80976
人民生活	**元**				
全国居民人均可支配收入		171	3721	32189	35128
城镇居民人均可支配收入		343	6256	43834	47412
农村居民人均可支配收入		134	2282	17131	18931
财政	**亿元**				
一般公共预算收入		1132.3	13395.2	182913.9	202554.6
一般公共预算支出		1122.1	15886.5	245679.0	245673.0
能源	**万吨标准煤**				
一次能源生产总量		62770.0	138569.7	407295.2	433000.0
能源消费总量		57144.0	146964.0	498314.1	524000.0
固定资产投资					
全社会固定资产投资	亿元		32917.7	527270.3	552884.2
#房地产开发			4984.1	141442.9	147602.1
对外经济贸易					
货物进出口总额	亿元	355.0	39273.3	322215.2	390921.7
出口额		167.7	20634.4	179278.8	217287.4
进口额		187.4	18638.8	142936.4	173634.3
外商直接投资	亿美元		407.2	1443.7	1734.8
农业					
农林牧渔业总产值	亿元	1397.0	24915.8	137782.2	147013.4
主要农产品产量	万吨				
谷　物			40522.4	61674.3	63275.7
棉　花		216.7	441.7	591.0	573.1
油　料		521.8	2954.8	3586.4	3613.2
肉　类		943.0	6013.9	7748.4	8990.0
水产品		465.4	3706.2	6549.0	6690.3
工业					
主要工业产量					
原　煤	亿吨	6.2	13.8	39.0	41.3
天然气	亿立方米	137.3	272.0	1925.0	2075.8
水　泥	万吨	6524.0	59700.0	239470.8	237724.5
粗　钢	万吨	3178.0	12850.0	106476.7	103524.3
钢　材	万吨	2208.0	13146.0	132489.2	133666.8
金属切削机床	万台	18.3	17.7	43.9	60.2
汽　车	万辆	14.9	207.0	2532.5	2625.7
发电机组	万千瓦	483.8	1249.0	13384.5	15976.4
发电量	亿千瓦时	2565.5	13556.0	77790.6	85342.5
规模以上工业企业					
主要指标	亿元				
资产总计			126211	1303499	1466716
营业收入			84152	1083658	1314557
利润总额			4393	68465	92933

注：1.2021年能源数据为初步核算数(下表同)。
2.本表速度指标中，国民总收入、国内生产总值及三次产业增加值、城乡居民收入、财政收支、货币供应量、金融机构人民币各项存贷款余额、保险公司保费金额、保险公司赔款及给付金额等指标均按可比价格计算，固定资产投资类指标平均增长速度按累计法计算，其他指标按绝对数计算。

续表1

指　　标	单位	总量指标			
		1978年	2000年	2020年	2021年
建筑业					
建筑业总产值	亿元		12498	263947	293078
房地产业					
房地产企业房屋施工面积	万平方米		65897	926759	975387
房地产企业房屋竣工面积	万平方米		25105	91218	101412
房地产企业商品房销售面积	万平方米		18637	176086	179433
#住宅			16570	154878	156532
房地产企业商品房销售额	亿元		3935	173613	181930
#住宅			3229	154567	162730
批发、零售和旅游业					
社会消费品零售总额	亿元	1558.6	38447.1	391980.6	440823.2
入境旅客	万人次	180.9	8344.4		
#外国人	万人次	23.0	1016.0		
国内旅客	百万人次		744.0	2879.0	3246.1
国内旅游总花费	亿元		3175.5	22286.3	29190.7
交通运输业					
客运量	万人	253993.0	1478572.5	966539.7	830256.6
铁　路		81491.0	105072.5	220349.9	261170.6
公　路		149229.0	1347392.0	689425.0	508693.3
水　路		23042.0	19386.0	14987.0	16337.1
民　航		231.0	6721.7	41777.8	44055.7
货运量	万吨	319431.4	1358681.7	4725861.9	5298499.1
铁　路		110119.0	178581.0	455236.2	477371.6
公　路		151602.0	1038813.0	3426412.7	3913888.5
水　路		47357.0	122391.0	761629.6	823972.8
民　航		6.4	196.7	676.6	731.8
管　道		10347.0	18700.0	81906.7	82534.4
沿海规模以上港口货物吞吐量	万吨		125603.0	948002.2	997259.0
民用汽车拥有量	万辆	135.8	1608.9	27340.9	29418.6
#私人汽车			625.3	24291.2	26152.0
邮政、电信和信息软件业					
邮政业务总量	亿元	14.9	232.8	21053.2	13698.3
电信业务总量	亿元	19.2	4559.9	136763.3	17197.5
移动电话年末用户	万户		8453.3	159407.0	164282.5
固定电话年末用户	万户	192.5	14482.9	18190.8	18070.1
互联网宽带接入用户	万户			48355.0	53578.7
软件业务收入	亿元			81585.9	95502.0

续表2

指　　标	单位	总量指标			
		1978年	2000年	2020年	2021年
金融业					
社会融资规模存量	万亿元			284.8	314.1
货币和准货币(M_2)	万亿元		13.5	218.7	238.3
货币(M_1)	万亿元		5.3	62.6	64.7
流通中现金(M_0)	万亿元		1.5	8.4	9.1
金融机构人民币各项存款余额	万亿元	0.1	12.4	212.6	232.3
金融机构人民币各项贷款余额	万亿元	0.2	9.9	172.7	192.7
境内股票发行金额	亿元		1515.8	14221.6	15421.5
保险公司保费金额	亿元		1598.0	45257.3	44900.2
保险公司赔款及给付金额	亿元		526.0	13907.1	15608.6
科学技术					
R&D经费支出	亿元		895.7	24393.1	27956.3
发明专利授权数	件		12683	530127	695946
技术市场成交额	亿元		650.8	28251.5	37294.3
教育					
专任教师数	万人				
#普通、职业高等学校		20.6	46.3	183.3	186.6
普通高中		74.1	75.7	193.3	202.8
初中阶段		244.1	328.7	386.1	397.1
小学阶段		522.6	586.0	643.4	660.1
在校生数	万人				
#普通、职业本专科		85.6	556.1	3285.3	3496.1
普通高中		1553.1	1201.3	2494.5	2605.0
初中阶段		4995.2	6256.3	4914.1	5018.4
小学阶段		14624.0	13013.3	10725.4	10779.9
教育经费支出	亿元		3849.1	53033.9	
卫生					
医院	个	9293	16318	35394	36570
执业(助理)医师	万人	97.8	207.6	408.6	428.8
医院床位数	万张	110.0	216.7	713.1	741.4
卫生总费用	亿元	110.2	4586.6	72175.0	76845.0
文化体育					
图书出版总印数	亿册、亿张	37.7	62.7	103.7	118.6
电视节目制作时间	万小时		58.5	328.2	306.0
故事影片产量	部	46	91	531	565
社会保险					
社会保险基金收入	亿元		2644.9	75512.5	96936.8
社会保险基金支出	亿元		2385.6	78611.8	86734.9
参加基本养老保险人数	万人		13617.4	99864.9	102871.4
参加失业保险人数	万人		10408.4	21689.5	22957.9
参加基本医疗保险人数	万人		3786.9	136131.1	136296.7

分地区年末人口数

单位：万人

地　区	2011年	2015年	2016年	2017年	2018年	2019年	2020年	2021年
全　国	**134916**	**138326**	**139232**	**140011**	**140541**	**141008**	**141212**	**141260**
北　京	2024	2188	2195	2194	2192	2190	2189	2189
天　津	1341	1439	1443	1410	1383	1385	1387	1373
河　北	7232	7345	7375	7409	7426	7447	7464	7448
山　西	3562	3519	3514	3510	3502	3497	3490	3480
内蒙古	2470	2440	2436	2433	2422	2415	2403	2400
辽　宁	4379	4338	4327	4312	4291	4277	4255	4229
吉　林	2725	2613	2567	2526	2484	2448	2399	2375
黑龙江	3782	3529	3463	3399	3327	3255	3171	3125
上　海	2356	2458	2467	2466	2475	2481	2488	2489
江　苏	8023	8315	8381	8423	8446	8469	8477	8505
浙　江	5570	5985	6072	6170	6273	6375	6468	6540
安　徽	5972	6011	6033	6057	6076	6092	6105	6113
福　建	3784	3984	4016	4065	4104	4137	4161	4187
江　西	4474	4485	4496	4511	4513	4516	4519	4517
山　东	9665	9866	9973	10033	10077	10106	10165	10170
河　南	9461	9701	9778	9829	9864	9901	9941	9883
湖　北	5760	5850	5885	5904	5917	5927	5745	5830
湖　南	6581	6615	6625	6633	6635	6640	6645	6622
广　东	10756	11678	11908	12141	12348	12489	12624	12684
广　西	4655	4811	4857	4907	4947	4982	5019	5037
海　南	890	945	957	972	982	995	1012	1020
重　庆	2944	3070	3110	3144	3163	3188	3209	3212
四　川	8064	8196	8251	8289	8321	8351	8371	8372
贵　州	3530	3708	3758	3803	3822	3848	3858	3852
云　南	4620	4663	4677	4693	4703	4714	4722	4690
西　藏	309	330	340	349	354	361	366	366
陕　西	3765	3846	3874	3904	3931	3944	3955	3954
甘　肃	2552	2523	2520	2522	2515	2509	2501	2490
青　海	568	577	582	586	587	590	593	594
宁　夏	648	684	695	705	710	717	721	725
新　疆	2225	2385	2428	2480	2520	2559	2590	2589

国内生产总值

年份	国民总收入/亿元	国内生产总值/亿元			
			第一产业	第二产业	第三产业
1978	3678.7	3678.7	1018.5	1755.1	905.1
1979	4100.5	4100.5	1259.0	1925.3	916.1
1980	4587.6	4587.6	1359.5	2204.7	1023.4
1981	4933.7	4935.8	1545.7	2269.0	1121.1
1982	5380.5	5373.4	1761.7	2397.6	1214.0
1983	6043.8	6020.9	1960.9	2663.0	1397.1
1984	7314.2	7278.5	2295.6	3124.7	1858.2
1985	9123.6	9098.9	2541.7	3886.4	2670.8
1986	10375.4	10376.2	2764.1	4515.1	3097.0
1987	12166.6	12174.6	3204.5	5273.8	3696.3
1988	15174.4	15180.4	3831.2	6607.2	4742.0
1989	17188.4	17179.7	4228.2	7300.7	5650.8
1990	18923.3	18872.9	5017.2	7744.1	6111.6
1991	22050.3	22005.6	5288.8	9129.6	7587.2
1992	27208.2	27194.5	5800.3	11725.0	9669.2
1993	35599.2	35673.2	6887.6	16472.7	12313.0
1994	48548.2	48637.5	9471.8	22452.5	16713.1
1995	60356.6	61339.9	12020.5	28676.7	20642.7
1996	70779.6	71813.6	13878.3	33827.3	24108.0
1997	78802.9	79715.0	14265.2	37545.0	27904.8
1998	83817.6	85195.5	14618.7	39017.5	31559.3
1999	89366.5	90564.4	14549.0	41079.9	34935.5
2000	99066.1	100280.1	14717.4	45663.7	39899.1
2001	109276.2	110863.1	15502.5	49659.4	45701.2
2002	120480.4	121717.4	16190.2	54104.1	51423.1
2003	136576.3	137422.0	16970.2	62695.8	57756.0
2004	161415.4	161840.2	20904.3	74285.0	66650.9
2005	185998.9	187318.9	21806.7	88082.2	77430.0
2006	219028.5	219438.5	23317.0	104359.2	91762.2
2007	270704.0	270092.3	27674.1	126630.5	115787.7
2008	321229.5	319244.6	32464.1	149952.9	136827.5
2009	347934.9	348517.7	33583.8	160168.8	154765.1
2010	410354.1	412119.3	38430.8	191626.5	182061.9
2011	483392.8	487940.2	44781.5	227035.1	216123.6
2012	537329.0	538580.0	49084.6	244639.1	244856.2
2013	588141.2	592963.2	53028.1	261951.6	277983.5
2014	644380.2	643563.1	55626.3	277282.8	310654.0
2015	685571.2	688858.2	57774.6	281338.9	349744.7
2016	742694.1	746395.1	60139.2	295427.8	390828.1
2017	830945.7	832035.9	62099.5	331580.5	438355.9
2018	915243.5	919281.1	64745.2	364835.2	489700.8
2019	983751.2	986515.2	70473.6	380670.6	535371.0
2020	1008782.5	1015986.2	77754.1	384255.3	553976.8
2021	1133239.8	1143669.7	83085.5	450904.5	609679.7

注：1.本表按当年价格计算。
2.1980年以后国民总收入(原称国民生产总值)与国内生产总值的差额为来自国外的初次分配收入净额。

续表

年份	工业	建筑业	批发和零售业	交通运输、仓储和邮政业	人均国民总收入/元	人均国内生产总值/元
1978	1621.4	138.9	242.4	182.0	385	385
1979	1786.5	144.6	200.9	193.7	423	423
1980	2014.8	196.3	193.8	213.4	468	468
1981	2067.7	208.0	231.2	220.8	496	497
1982	2183.0	221.6	171.5	246.9	533	533
1983	2399.0	271.7	198.7	275.0	591	588
1984	2815.8	317.9	363.6	338.6	705	702
1985	3478.2	419.3	802.5	421.8	868	866
1986	4000.7	527.3	852.7	499.0	973	973
1987	4621.1	667.5	1059.7	568.5	1122	1123
1988	5814.0	811.8	1483.6	685.9	1377	1378
1989	6525.5	796.1	1536.4	812.9	1537	1536
1990	6904.5	861.7	1269.2	1167.2	1667	1663
1991	8137.9	1017.7	1834.8	1420.5	1916	1912
1992	10340.2	1417.9	2405.4	1689.2	2336	2334
1993	14248.4	2269.9	2817.0	2174.3	3021	3027
1994	19546.3	2968.8	3774.0	2788.2	4073	4081
1995	25023.2	3733.7	4779.4	3244.7	5009	5091
1996	29528.9	4393.0	5600.5	3782.6	5813	5898
1997	33022.6	4628.3	6328.4	4149.1	6406	6481
1998	34133.9	4993.0	6914.3	4661.5	6749	6860
1999	36014.4	5180.9	7492.2	5175.9	7134	7229
2000	40258.5	5534.0	8159.8	6161.9	7846	7942
2001	43854.3	5945.5	9120.8	6871.3	8592	8717
2002	47774.9	6482.1	9996.8	7494.3	9410	9506
2003	55362.2	7510.8	11171.2	7914.8	10600	10666
2004	65774.9	8720.5	12455.8	9306.5	12454	12487
2005	77958.3	10400.5	13968.5	10668.8	14267	14368
2006	92235.8	12450.1	16533.4	12186.3	16707	16738
2007	111690.8	15348.0	20941.1	14605.1	20541	20494
2008	131724.0	18807.6	26186.2	16367.6	24250	24100
2009	138092.6	22681.5	29004.6	16522.4	26136	26180
2010	165123.1	27259.3	35907.9	18783.6	30676	30808
2011	195139.1	32926.5	43734.5	21842.0	35939	36277
2012	208901.4	36896.1	49835.5	23763.2	39679	39771
2013	222333.2	40896.8	56288.9	26042.7	43143	43497
2014	233197.4	45401.7	63170.4	28534.4	46971	46912
2015	234968.9	47761.3	67719.6	30519.5	49684	49922
2016	245406.4	51498.9	73724.5	33028.7	53516	53783
2017	275119.3	57905.6	81156.6	37121.9	59514	59592
2018	301089.3	65493.0	88903.7	40337.2	65246	65534
2019	311858.7	70648.1	95650.9	42466.3	70131	70328
2020	313071.1	72995.7	95686.1	41561.7	71489	72000
2021	372575.3	80138.5	110492.7	47061.2	80237	80976

居民人均可支配收入

单位：元

指标	2013年	2014年	2015年	2016年	2017年	2018年	2019年	2020年	2021年
一、全国居民可支配收入	**18310.8**	**20167.1**	**21966.2**	**23821.0**	**25973.8**	**28228.0**	**30732.8**	**32188.8**	**35128.1**
1.工资性收入	10410.8	11420.6	12459.0	13455.2	14620.3	15829.0	17186.2	17917.4	19629.4
2.经营净收入	3434.7	3732.0	3955.6	4217.7	4501.8	4852.4	5247.3	5306.8	5892.7
3.财产净收入	1423.3	1587.8	1739.6	1889.0	2107.4	2378.5	2619.1	2791.5	3075.5
4.转移净收入	3042.1	3426.8	3811.9	4259.1	4744.3	5168.1	5680.3	6173.2	6530.5
二、城镇居民可支配收入	**26467.0**	**28843.9**	**31194.8**	**33616.2**	**36396.2**	**39250.8**	**42358.8**	**43833.8**	**47411.9**
1.工资性收入	16617.4	17936.8	19337.1	20665.0	22200.9	23792.2	25564.8	26380.7	28480.8
2.经营净收入	2975.3	3279.0	3476.1	3770.1	4064.7	4442.6	4840.4	4710.8	5381.9
3.财产净收入	2551.5	2812.1	3041.9	3271.3	3606.9	4027.7	4390.6	4626.5	5052.0
4.转移净收入	4322.8	4815.9	5339.7	5909.8	6523.6	6988.3	7563.0	8115.8	8497.3
三、农村居民可支配收入	**9429.6**	**10488.9**	**11421.7**	**12363.4**	**13432.4**	**14617.0**	**16020.7**	**17131.5**	**18930.9**
1.工资性收入	3652.5	4152.2	4600.3	5021.8	5498.4	5996.1	6583.5	6973.9	7958.1
2.经营净收入	3934.8	4237.4	4503.6	4741.3	5027.8	5358.4	5762.2	6077.4	6566.2
3.财产净收入	194.7	222.1	251.5	272.1	303.0	342.1	377.3	418.8	469.4
4.转移净收入	1647.5	1877.2	2066.3	2328.2	2603.2	2920.5	3297.8	3661.3	3937.2

注：从2013年起，国家统计局开展了全国住户收支与生活状况调查，2013年及以后年份的数据来源于此调查，与2013年前的分城镇和农村住户调查的调查范围、调查方法、指标口径有所不同。

居民人均消费支出

单位：元

指　　标	2013年	2014年	2015年	2016年	2017年	2018年	2019年	2020年	2021年
一、全国居民消费支出	**13220.4**	**14491.4**	**15712.4**	**17110.7**	**18322.1**	**19853.1**	**21558.9**	**21209.9**	**24100.1**
1.食品烟酒	4126.7	4493.9	4814.0	5151.0	5373.6	5631.1	6084.2	6397.3	7178.1
2.衣着	1027.1	1099.3	1164.1	1202.7	1237.6	1288.9	1338.1	1238.4	1418.7
3.居住	2998.5	3200.5	3419.2	3746.4	4106.9	4646.6	5054.8	5215.3	5641.1
4.生活用品及服务	806.5	889.7	951.4	1043.7	1120.7	1222.7	1280.9	1259.5	1423.2
5.交通通信	1627.1	1869.3	2086.9	2337.8	2498.9	2675.4	2861.6	2761.8	3155.6
6.教育文化娱乐	1397.7	1535.9	1723.1	1915.3	2086.2	2225.7	2513.1	2032.2	2598.9
7.医疗保健	912.1	1044.8	1164.5	1307.5	1451.2	1685.2	1902.3	1843.1	2115.1
8.其他用品及服务	324.7	358.0	389.2	406.3	447.0	477.5	524.0	462.2	569.4
二、城镇居民消费支出	**18487.5**	**19968.1**	**21392.4**	**23078.9**	**24445.0**	**26112.3**	**28063.4**	**27007.4**	**30307.2**
1.食品烟酒	5570.7	6000.0	6359.7	6762.4	7001.0	7239.0	7732.6	7880.5	8678.1
2.衣着	1553.7	1627.2	1701.1	1739.0	1757.9	1808.2	1831.9	1644.8	1842.8
3.居住	4301.4	4489.6	4726.0	5113.7	5564.0	6255.0	6780.2	6957.7	7405.3
4.生活用品及服务	1129.2	1233.2	1306.5	1426.8	1525.0	1629.4	1689.3	1640.0	1819.6
5.交通通信	2317.8	2637.3	2895.4	3173.9	3321.5	3473.5	3671.3	3474.3	3932.0
6.教育文化娱乐	1988.3	2142.3	2382.8	2637.6	2846.6	2974.1	3328.0	2591.7	3322.0
7.医疗保健	1136.1	1305.6	1443.4	1630.8	1777.4	2045.7	2282.7	2172.2	2521.3
8.其他用品及服务	490.4	532.9	577.5	594.7	651.5	687.4	747.2	646.2	786.1
三、农村居民消费支出	**7485.1**	**8382.6**	**9222.6**	**10129.8**	**10954.5**	**12124.3**	**13327.7**	**13713.4**	**15915.6**
1.食品烟酒	2554.4	2814.0	3048.0	3266.1	3415.4	3645.6	3998.2	4479.4	5200.2
2.衣着	453.8	510.4	550.5	575.4	611.6	647.7	713.3	712.8	859.5
3.居住	1579.8	1762.7	1926.2	2147.1	2353.5	2660.6	2871.3	2962.4	3314.7
4.生活用品及服务	455.1	506.5	545.6	595.7	634.0	720.5	763.9	767.5	900.5
5.交通通信	874.9	1012.6	1163.1	1359.9	1509.1	1690.0	1836.8	1840.6	2131.8
6.教育文化娱乐	754.6	859.5	969.3	1070.3	1171.3	1301.6	1481.8	1308.7	1645.5
7.医疗保健	668.2	753.9	846.0	929.2	1058.7	1240.1	1420.8	1417.5	1579.6
8.其他用品及服务	144.2	163.0	174.0	186.0	200.9	218.3	241.5	224.4	283.8

农村贫困状况

年份	1978年标准		2008年标准		2010年标准	
	贫困人口/万人	贫困发生率/%	贫困人口/万人	贫困发生率/%	贫困人口/万人	贫困发生率/%
1978	25000	30.7			77039	97.5
1980	22000	26.8			76542	96.2
1981	15200	18.5				
1982	14500	17.5				
1983	13500	16.2				
1984	12800	15.1				
1985	12500	14.8			66101	78.3
1986	13100	15.5				
1987	12200	14.3				
1988	9600	11.1				
1989	10200	11.6				
1990	8500	9.4			65849	73.5
1991	9400	10.4				
1992	8000	8.8				
1994	7000	7.7				
1995	6540	7.1			55463	60.5
1997	4962	5.4				
1998	4210	4.6				
1999	3412	3.7				
2000	3209	3.5	9422	10.2	46224	49.8
2001	2927	3.2	9029	9.8		
2002	2820	3.0	8645	9.2		
2003	2900	3.1	8517	9.1		
2004	2610	2.8	7587	8.1		
2005	2365	2.5	6432	6.8	28662	30.2
2006	2148	2.3	5698	6.0		
2007	1479	1.6	4320	4.6		
2008			4007	4.2		
2009			3597	3.8		
2010			2688	2.8	16567	17.2
2011					12238	12.7
2012					9899	10.2
2013					8249	8.5
2014					7017	7.2
2015					5575	5.7
2016					4335	4.5
2017					3046	3.1
2018					1660	1.7
2019					551	0.6
2020					0	0

注：1．1978年标准：1978—1999年称为农村贫困标准，2000—2007年称为农村绝对贫困标准。
2．2008年标准：2000—2007年称为农村低收入标准，2008—2010年称为农村贫困标准。
3．2010年标准：即现行农村贫困标准。现行农村贫困标准为每人每年生活水平2300元(2010年不变价)。
4．2020年，我国现行农村贫困标准下的农村贫困人口全部脱贫。